글쓰기를 위한 책읽기

교양도서 100선

글쓰기를 위한 책읽기

교양도서 100선

임영봉
신현규
김미선

보고사

머리말

이 책은 대학생들에게 요구되는 필독 교양 도서에 대한 해제집으로 여기서 거론되고 있는 100권의 책들은 동서고금에 걸쳐 '고전'으로 그 가치가 널리 인정된 경우이다. 이 책의 공동 저자들은 대학생을 비롯한 많은 일반 독자들을 고전의 세계와 책 읽기의 즐거움 속으로 인도하는 길잡이 역할을 해주기를 기대하는 마음으로 이 책을 펴내게 되었다.

애초에 이 책은 글쓰기 강좌의 보조 자료집으로 기획되었다. 책의 제목을 '글쓰기를 위한 책 읽기'로 정한 이유도 여기에 있다. 이 책의 저자들은 대학에서 글쓰기 강좌를 담당해오면서 강의를 보조하는 다양한 자료의 활용 문제를 놓고 오랫동안 고민해오던 중, 이 책을 기획하게 되었다. 글쓰기 강좌의 경우, 무엇보다 실제로 글을 써보는 실습 과정이 우선 되지만, 그것이 내실 있게 이루어지기 위해서는 글쓰기 행위 전반을 뒷받침하는 여타의 요소들에 대한 체계적 학습이 수반되어야만 한다.

글쓰기 능력의 개발을 자신의 목표로 삼고 있는 연습의 과정은 궁극적으로 '읽기'와 '생각하기'라는 두 개의 요소에 의해 뒷받침될 때에만 비로소 효과적일 수 있다. 우리는 항상 '쓰기(작문) – 읽기(독해) – 생각하기(사고)'라는 하나의 맥락과 순환 과정을 염두에 둘 필요가 있다. 한 개인이 가진 글쓰기의 능력은 언제든지 이 세 가지 요소 전반에 대한 감각 혹은 체험의 깊이에 정비례하는 것으로 나타난다는 사실을 기억해두자.

'읽기'는 그 무엇으로도 대신할 수 없다. 그만큼 좋은 책을 읽는 일은 절대적 가치를 가지고 있다. 훌륭한 책은 일단 훌륭한 '형태-표현'에 대한 경험 속으로 독자를 이끈다. 물론 훌륭한 책, 특히 고전으로 인정된 책들이 가진 가치는 그 이상이다. 그것은 무엇보다 읽는 이를 움직인다. '감동'이라고 부르는 요소가 바로 그것이다. 책은 우리를 웃음 짓게 하고, 슬프게 만들기도 하며 다른 어떤 경우에는 읽는 '나'를 골치 아프게 만들거나 심각함에 빠뜨리기도 한다. 중요한 것은 그러한 감동이 마음의 움직임, 즉 '책과 더불어 생각한다'는 데서 비롯되는 어떤 운동이라는 사실이다. 그러므로 읽기는 정신의 운동과 다르지 않다.

우리는 읽기라는 행위를 통해 생각의 폭과 깊이를 확대해나가는 일련의 사고 연습을 수행하는 셈이다. 그런 사고의 깊이와 넓이는 결과적으로 그 사람이 가진 글쓰기 능력과 정비례하는 것으로 나타난다.

여기서 우리가 가려 뽑은 100권의 교양도서는 문학작품에서 과학에 이르기까지 전분야에 걸쳐 있는데 앞서 강조한 바처럼 이런 읽기 자료들이 쓰기-읽기-생각하기라는 일련의 맥락에서 면밀하게 검토되고 적절하게 구사될 것을 기대한다. 그래서 저자들은 이 책이 글쓰기 실습 과정에서 유용하게 활용될 목적을 염두에 두고, 따로 '부록'을 첨가했다.

도서 분야별로 〈연습문제〉를 예시하고, 마지막에 '글쓰기의 절차'와 '서평 쓰기의 사례들'을 제시했다. 이 책에서 우리가 제시하고 있는 간단한 문제와 이론들은 그 활용의 한 가지 사례에 해당할 뿐이다. 이 책을 계기로 글쓰기 교육 현장에서 더 많은 훌륭한 방안들이 나오기를 기대한다.

마지막으로 이 책이 다루고 있는 고전의 세계, 교양 도서의 가치에 대해 한 마디 해두고자 한다. 우리 모두가 잘 알고 있는 것처럼 '교양'(敎養, culture)의 말뜻은 '가르쳐서 길러낸다'는 데 있다. 교양 혹은 교양적 지식이란 보편적 문화이상(文化理想)에 입각하여 자신의 인격을 형성해나가는 과정과 그 성과를 의미한다. 물론 이러한 노력의 과정과 내용은 시대의 문화적 지향성에 따라 달라질 수 있지만, 그 중심에는 '인간'이 놓여 있다는 사실을 명심해두자.

오랫동안 '휴머니즘'이라고 불려온 인간적 가치의 세계는 현재 '인간중심주의'라는 개념으로 비판되고 있는 상황이다. 이와 같은 상황은 휴머니즘이 애초에 그 자신이 가졌던 진정성과 활력을 잃어버리고 제도화함으로써 우리 자신에 대해 억압적으로 작용하게 되었기 때문이다. 그러니까 역시 문제의 핵심은 휴머니즘의 폐기가 아니라, 인간중심적 가치의 회복과 재건에 놓여있을 뿐이다.

지금 우리는 거대한 자본의 대두와 그것이 생산하는 지식이나 기술이 인간을 압도하는 상황 속에 서 있다. 새로운 시대에 대응하는 보편적 교양 교육의 과정과 내용이 필요한 만큼, 읽기와 쓰기의 가치에 대한 재발견의 노력 또한 지속적으로 요구되고 있다. 읽고 쓰는 행위 가운데서 인간은 스스로 하나의 우주이자 한 인격의 주체로서 그 자신을 자각하게 된다. 그것은 무엇으로도 대신할 수 없는 인간의 특권적 영역임을 다시 한 번 상기하자.

2006년 초봄
임영봉 · 신현규 · 김미선

차례

서문 … 5

제1부 문학과 예술

001 금오신화 金鰲新話 …… 17

002 춘향전 春香傳 …… 20

003 열하일기 熱河日記 …… 23

004 대동기문 大東奇聞 …… 26

005 당시선 唐詩選 …… 29

006 삼국지연의 三國志演義 …… 32

007 고문진보 古文眞寶 …… 35

008 홍루몽 紅樓夢 …… 38

009 무정 無情 …… 41

010 고향 故鄕 …… 44

011 천변풍경 川邊風景 …… 48

012 광장 廣場 …… 52

013 분지 糞池 …… 56

014 서울, 1964년 겨울 …… 59

015 부초 浮草 …… 62

016 당신들의 천국 …… 66

017 사람의 아들 …… 69

018 토지 土地 ·················· 72

019 태백산맥 太白山脈 ·················· 76

020 그리스로마 신화 ·················· 80

021 오이디푸스 왕 ·················· 83

022 일리아드/오딧세이 ·················· 87

023 셰익스피어 4대 비극 ·················· 90

024 폭풍의 언덕 ·················· 93

025 황무지 ·················· 97

026 악의 꽃 ·················· 100

027 페스트 ·················· 103

028 양철북 ·················· 106

029 성 城 ·················· 109

030 마의 산 ·················· 113

031 안나 카레니나 ·················· 117

032 카라마조프가의 형제들 ·················· 121

033 아Q정전 阿Q正傳 ·················· 125

034 영혼의 산 ·················· 129

035 설국 雪國 ·················· 132

036 백년 동안의 고독 ·················· 135

037 픽션들 ·················· 139

038 파블루 네루다 시선집 ·················· 142

039 시학 詩學 ·················· 146

040 문심조룡 文心雕龍 ·················· 149

041 예술작품의 근원 ·················· 152

042 불의 시학의 단편들 ·················· 155

043 문학이란 무엇인가 ·· 158

044 발터 벤야민의 문예이론 ·· 162

045 문학과 예술의 사회사 ·· 166

046 한국미의 조명 ·· 169

047 구수한 큰 맛 ·· 172

048 화인열전 ·· 175

연습문제 ·· 178

제2부 역사와 철학

049 삼국유사 三國遺事 ··· 183

050 징비록 懲毖錄 ·· 186

051 조선상고사 朝鮮上古史 ··· 189

052 매천야록 梅泉野錄 ··· 192

053 사기 史記 ·· 195

054 역사 歷史 ·· 198

055 역사린 무엇인가 ·· 201

056 목민심서 牧民心書 ··· 204

057 논어 論語 ·· 207

058 맹자 孟子 ·· 210

059 노자 老子 ·· 213

060 장자 莊子 ·· 216

061 벽암록 碧巖錄 ·· 219

062 우파니샤드 ·· 222

063 대학·중용 大學·中庸 ⋯⋯⋯⋯⋯⋯⋯⋯⋯ 225

064 철학에세이 ⋯⋯⋯⋯⋯⋯⋯⋯⋯⋯⋯⋯⋯ 228

065 소크라테스의 변명 ⋯⋯⋯⋯⋯⋯⋯⋯⋯⋯ 231

066 정치학 政治學 ⋯⋯⋯⋯⋯⋯⋯⋯⋯⋯⋯⋯ 234

067 유토피아 ⋯⋯⋯⋯⋯⋯⋯⋯⋯⋯⋯⋯⋯⋯ 237

068 순수이성비판 純粹理性批判 ⋯⋯⋯⋯⋯⋯ 240

069 실증주의서설 ⋯⋯⋯⋯⋯⋯⋯⋯⋯⋯⋯⋯ 243

070 차라투스트라는 이렇게 말했다 ⋯⋯⋯⋯ 246

연습문제 ⋯⋯⋯⋯⋯⋯⋯⋯⋯⋯⋯⋯⋯⋯⋯ 249

제3부 사회와 과학

071 슬픈 열대 ⋯⋯⋯⋯⋯⋯⋯⋯⋯⋯⋯⋯⋯⋯ 253

072 소유냐 삶이냐 ⋯⋯⋯⋯⋯⋯⋯⋯⋯⋯⋯⋯ 256

073 미디어의 이해 ⋯⋯⋯⋯⋯⋯⋯⋯⋯⋯⋯⋯ 259

074 오래된 미래 ⋯⋯⋯⋯⋯⋯⋯⋯⋯⋯⋯⋯⋯ 262

075 꿈의 해석 ⋯⋯⋯⋯⋯⋯⋯⋯⋯⋯⋯⋯⋯⋯ 265

076 이데올로기의 종언 ⋯⋯⋯⋯⋯⋯⋯⋯⋯⋯ 268

077 자본론 ⋯⋯⋯⋯⋯⋯⋯⋯⋯⋯⋯⋯⋯⋯⋯ 271

078 군주론 ⋯⋯⋯⋯⋯⋯⋯⋯⋯⋯⋯⋯⋯⋯⋯ 274

079 리바이어던 ⋯⋯⋯⋯⋯⋯⋯⋯⋯⋯⋯⋯⋯ 277

080 자유론 ⋯⋯⋯⋯⋯⋯⋯⋯⋯⋯⋯⋯⋯⋯⋯ 280

081 프로테스탄티즘의 윤리와 자본주의 정신 283

082 법의 정신 ⋯⋯⋯⋯⋯⋯⋯⋯⋯⋯⋯⋯⋯⋯ 286

083 성과 속 ·················· 289

084 열린사회와 그 적들 ·················· 292

085 에밀 ·················· 295

086 이기적 유전자 ·················· 298

087 털 없는 원숭이 ·················· 301

088 엔트로피 ·················· 304

089 카오스 ·················· 307

090 과학 혁명의 구조 ·················· 310

091 생명이란 무엇인가 ·················· 313

092 부분과 전체 ·················· 316

093 이중나선 ·················· 319

094 코스모스 ·················· 322

095 종의 기원 ·················· 325

096 곤충기 ·················· 328

097 상대성 이론 ·················· 331

098 조건 반사 ·················· 334

099 인간 본성에 대하여 ·················· 337

100 정재승의 과학 콘서트 ·················· 340

연습문제 ·················· 343

부록 ·················· 345

• 글쓰기의 절차 ·················· 347
• 서평쓰기 ·················· 360

제1부

문학과 예술

금오신화 金鰲新話

김시습(1435–1493)

『금오신화』는 조선 전기에 김시습(金時習)이 지은 한문 소설집으로 한국 전기소설(傳奇小說)의 효시이다. 「만복사저포기」 「이생규장전」 「취유부벽정기」 「용궁부연록」 「남염부주지」 등 5편이 수록되어 있다.

원래는 이 5편이 작자가 지은 전부가 아니었던 것으로 추정되나, 현재는 이 5편밖에 전해지지 않고 있다. 그것도 국내에는 필사본밖에 없고 일본에서 간행된 것을 1927년 『계명(啓明)』 제19호 육당 최남선에 의하여 소개되었다.

생육신(生六臣) 김시습은 어릴 때부터 신동(神童)으로 이름이 높았다. 3세 때 보리를 맷돌에 가는 것을 보고 "비는 아니 오는데 천둥소리 어디서 나는가, 누른 구름 조각조각 사방으로 흩어지네(無雨雷聲何處動, 黃雲片片四方分)."라는 시를 읊었다 하며, 5세 때 이 소식을 들은 세종에게 불려가 총애를 받았다. 15세 되던 해 어머니를 여의고 외가에 몸을 의탁했으나, 3년이 채 못 되어 외숙모도 별세하여 다시 상경했을 때는 아버지도 중병을 앓고 있었다. 이러한 가정적 역경 속에서 훈련원 도정(都正) 남효례(南孝禮)의 딸을 아내로 맞이하였으나 그의 앞길은 순탄하지 못하였다. 이어 삼각산 중흥사(重興寺)에서 공부하다가 수양대군이 단종을 내몰고

왕위에 올랐다는 소식을 듣고 통분하여, 책을 태워버리고 중이 되어 이름을 '설잠'이라 하고 전국으로 방랑의 길을 떠났다.

9년간을 방랑하다가 1463년(세조 9) 효령대군의 권유로 잠시 세조의 불경언해 사업을 도와 내불당(內佛堂)에서 교정 일을 보았으나 1465년(세조 11) 다시 경주 남산에 '금오산실(金鰲山室)'을 짓고 입산하였다. 2년 후 효령대군의 청으로 잠깐 원각사(圓覺寺) 낙성회에 참가한 일이 있으나 누차 세조의 소명을 받고도 거절, 금오산실에서 한국 최초의 한문소설 『금오신화』를 지었고, 『산거백영(山居百詠)』(1468)을 썼다.

이곳에서 6~7년을 보낸 후 다시 상경하여 성동(城東)에서 농사를 지으며 『산거백영 후지』(1476)를 썼다. 1481년(성종 12)에 환속, 안씨를 아내로 맞이하였다. 그러나 1483년 다시 서울을 등지고 방랑의 길을 나섰다가 충남 부여의 무량사에서 죽었다. 그는 끝까지 절개를 지켰고, 유·불 정신을 아울러 포섭한 사상과 탁월한 문장으로 일세를 풍미하였다. 1782년(정조 6) 이조판서에 추증, 영월의 육신사(六臣祠)에 배향되었다.

『금오신화』의 소설적인 특성은 주인공들이 모두 재자가인(才子佳人) 인물이라는 점과 문장 표현이 한문 문언문(文言文)으로 사물을 극히 미화시켜 표현한 점, 그리고 현실적인 것과 거리가 먼 신비로운 내용을 그린 점 등인데, 이는 전기소설의 일반적인 성격이며 이런 점에서 중국소설 『전등신화』의 영향이 있었음을 보게 된다. 나아가서 이들 작품 세계는 인간성을 긍정하고 현실 속에서 제도·인습·전쟁·인간 등의 운명 등과 강력히 대결하려는 인간의 의지를 표현하고 있는 점에서 이 작품을 높이 평가할 수 있다.

「남염부주지」는 경주에 살던 박생(朴生)이 불교를 믿지 않았는데, 꿈속에서 남쪽 염부주(炎浮洲 : 염라국)에 다녀온 후 크게 깨닫는다는 줄거리이다.

「만복사저포기」는 남원의 떠돌이 노총각 양생(梁生)이 만복사에서 부처와 '저포'를 하여 이기자 소원이었던 배필을 맞았다. 그러나 그녀는 어

『전등신화(剪燈新話)』는 중국 명나라 구우(瞿祐)의 단편 전기소설집(傳奇小說集)으로 일찍이 한국에 들어와서 영향을 주었다.

저포(樗蒲)는 나무로 만든 주사위를 던져서 승부를 겨루는 놀이를 말한다.

느 귀족의 죽은 딸이 현신한 영혼이었다. 실망한 양생은 그 후 지리산으로 약초를 캐러 간 후 소식이 끊겼다는 줄거리이다. 이 작품을 두고 중국의 『전등신화』를 본뜬 것이라고 흔히들 말하나, 이 작품에 이르러 한국의 소설문학이 비로소 그 형태를 완전히 갖추게 되었으므로 단순한 모방이라고만 볼 수 없다.

「이생규장전」은 처음에는 살아 있는 남녀 간의 사랑을 묘사하다가 나중에는 살아 있는 남자와 죽은 여자 사이의 사랑을 묘사했다. 애정소설이며, 구조유형상 명혼소설(冥婚小說) 또는 시애소설(屍愛小說)이라고도 부른다. 참혹한 현실을 역설적이며 사실적으로 묘사하여 현실의 비극을 강렬하게 고발하였으며, 일원론적 세계관에 입각하여 주의 깊게 현실이 지닌 문제점을 드러내고 있다는 점에서 현실주의적 경향이 짙은 작품이다. 오늘날까지도 중요한 문학적 가치와 소설사적 의의를 지닌 작품으로 높이 평가된다.

「취유부벽정기」는 평양의 부벽루(浮碧樓)에서 선녀와 더불어 논 이야기로서, 생육신의 한 사람인 작자는 이 작품 속에서 기자(箕子)를 들어 단종을 폐위시킨 세조의 처사를 은연중 비난하였다.

고려 시대의 패관 문학에서 싹튼 소설적 창작 활동을 발전시켜 본격적인 고소설을 개척했다고 평가받는 『금오신화』는 특히 작품 무대를 우리나라로 설정했고, 우리나라 사람들이 등장하며, 우리나라의 역사를 부각시키고, 우리나라의 꿋꿋한 독립적인 기상을 나타냈다는 점에서 그 의의가 더없이 큰 고전이다.

◉ 금오신화
•구인환 역— 신원문화사 •설중환 역 – 소담출판사 •김인숙 역 – 청목출판사

002
춘향전 春香傳

春香傳

閔 濟

中央大學校 出版部

민간설화(民間說話, folktale)는 일반 민중 사이에 전해져 내려오는 신화·설화·민담 등을 줄거리로 한, 많은 사람들의 입으로 전해 내려온 이야기이다.

야담(野談)은 정사(正史)와 대응하는 외사(外史), 즉 사관(史官) 이외의 사람이 꾸민 역사를 이르는데, 이를테면 민간에 떠돌아다니는 궁중비화와 정치 뒷이야기 따위가 그것이다.

퇴기(退妓)는 기안(妓案)에서 물러난 기생을 말하는데 기생퇴물의 약자이다.

『춘향전』은 판소리 12마당 중의 하나이다. 조선 영·정조 전후의 작품으로 추측될 뿐, 작자와 연대는 미상이다. 처음 판소리로 민중과 함께 광대에 의하여 불리어지고, 이미 민간설화로 유전한 여러 설화가 집성되어 『춘향전』이 이루어진 것이다.

숙종 이전의 연대를 가진 야담에 『춘향전』의 일부와 내용을 같이하는 것으로 '암행어사설화', '염정설화' 등이 20여 종이나 된다. 사실 그만큼 『춘향전』의 줄거리는 단순하다. 『춘향전』의 구조로 따져볼 때 그것은 『춘향전』과 『이어사전(李御史傳)』과의 합성으로 보인다.

남원부사의 아들 이몽룡과 퇴기 월매의 외동딸 춘향이 서로 사랑에 빠졌을 때 이도령의 아버지가 서울로 옮기게 되어 두 사람은 이별의 쓰라림을 맛보게 된다.

이 때 새로 부임한 남원부사 변학도는 수청을 들지 않는다는 이유로 춘향을 옥에 가두고 고초를 받게 하여 죽을 지경에 빠뜨린다. 서울로 간 이몽룡은 과거에 급제하여 암행어사가 되어 내려온다. 부사의 생일 잔칫날 각 읍의 수령들이 모인 자리에서 통쾌하게 어사 출도를 하여 부사를 파직시키고 춘향을 구해내어 백년을 해로한다는 이야기이다.

이러한 줄거리는 여러 종의 『춘향전』 사본에서는 대개 같으나 그 세부 내용이 사뭇 달라지는데 이것은 『춘향전』이 판소리로, 판소리라는 구비문학의 전통으로 말미암은 것이다.

춘향의 신분도 애초에는 기생으로부터, 성참판이나 성천총(成千摠)의 서녀(庶女)로 되기도 하였으니 이는 『춘향전』이 양반들의 구미에 맞게 변질된 과정이기도 하다. 판소리 생성 당시부터 현재에 이르기까지 『춘향전』이 민중의 갈채를 받은 것은 사실이나 그 문학적 중량감은 『구운몽』에는 미치지 못한다.

그러나 춘향과 몽룡의 계급을 초월한 사랑, 특권계급을 대표하는 변학도와 이에 대한 평민들의 저항, 특히 변학도에 항거하여 이도령에 대한 절개를 지키는 춘향의 모습은 모순을 내포하면서도 상승을 희구하는 조선 후기 민중의 자화상을 나타내는 것이다.

이도령이 극적으로 내려와 변학도를 응징하는 모습은 현실적으로는 불가능한 것이지만 그것은 바로 민중의 꿈을 표현한 것이다.

이 자아의 신장과 꿈의 형상이 조선 후기 민중들에게 갈구되는 새로운 시대의 이미지를 심어 주었기 때문에 열렬히 환영받았다. 춘향의 수절이 당시의 봉건윤리에도 합치되었기 때문에 양반이나 하층민 누구에게나 영합되는 국민문학적 폭을 지니고 있어 민중 최고의 고전이 될 수 있었던 것으로 여겨진다.

따라서 『춘향전』은 기록문학이고, 『춘향가』는 구비문학이다. 소설 『춘향전』은 문자로 정착되면서 어느 정도 기록자의 창의성이 가미되었을 것이나, 전체 골격은 『춘향가』와 같다.

『춘향전』의 인물 표현은 작가에 의해 직접 제시되며, 그 수법은 외면을 묘사하는 방법이 두드러지고 또 매우 주관적이어서 독자마다 다르게 받아들인다. 춘향은 '난초, 가는 버들, 박 속, 물속의 연꽃' 등으로 제시되는데 독자는 나름대로 자기가 상상하는 가장 아름다운 모습으로 그린다. 그것은 다른 인물도 마찬가지다.

『구운몽(九雲夢)』은 조선 후기 숙종 때 서포(西浦) 김만중(金萬重)이 지은 불후의 명작으로, 후대 소설에 많은 영향을 끼쳤는데 『옥루몽』, 『옥련몽』 등을 들 수 있다.

『춘향전』의 등장인물 춘향(春香)은 봄의 향기가 연상되는 여인이며, 몽룡(夢龍)은 등용문에 오르는 인물이다. 일반적으로 고소설의 등장인물은 주제와 관계되는 것이 많다. 『구운몽』의 양소유(楊少游)는 이승에서 잠깐 논다는 뜻이기 때문에 주제는 인생무상이 된다. 『흥부전』의 '흥부'는 흥하고 복 받는 인물, '놀부'는 놀고먹는 심술장이로 주제는 형제간의 우애 또는 권선징악이 된다.

『춘향전』에서 장면 극대화라는 판짜기의 원리로 춘향을 이해할 때, 춘향의 행위가 왜 일관성을 잃은 것처럼 보이도록 묘사 또는 서술되고 있는가에 대한 해답을 찾을 수 있다. 그것은 다분히 오락 지향이며 흥미 본위이기에 기이한 이야기이면서 동시에 장면마다의 강렬성을 지향했음을 보인다.

『춘향전』의 이본(異本)은 외국어로 번역된 것까지 합치면 무려 70~80여 종이나 된다. 이 중 대표적인 것으로는 1754년(영조 30)경에 유진한(柳振漢)에 의하여 이루어진 한시본(漢詩本, 200구)이 있고, 목판본으로 경판본(16장·30장)·안성체본(22장)·완판본(45장·95장), 사본으로서 고대본(高大本)이 가장 오랜 것으로 되어 있다. 일사본 2종, 신재효본, 춘향가 남창·동창 2본 등이 있다.

『춘향전』은 양반과 서민이 함께 즐길 수 있는 작품 가운데 의식적으로 강조된 민중의식, 평등사상은 서민계급이 현실에 대하여 비판과 반항의식을 갖게 하였다. 반봉건적 문학의 시도로 높은 평가를 받아야 하며, 춘향전에 나타난 참신한 구성은 한국소설사 큰 의의를 갖는다.

◉ 춘향전
• 구인환 역―신원문화사 • 민제 역주―중앙대학교 출판부 • 송석옥 역―믿음사
• 구인환 감수―푸른생각 • 한국고전편집위원회―장락

003
열하일기 熱河日記

박지원(1737-1805)

『열하일기』는 26권 10책, 규장각도서로 조선 정조 때의 실학자 연암(燕巖) 박지원(朴趾源)의 중국 기행문집이다. 1780년(정조 4) 그의 종형인 **박명원**을 따라 청나라 고종의 칠순 잔치에 가는 도중 열하(熱河)의 문인들과 사귀고, 연경의 명사들과 교유하며 그곳 문물제도를 목격하고 견문한 바를 각 분야로 나누어 기록하였다.

6월 24일 압록강 국경을 건너는 데에서부터 시작하여 요동(遼東)·성경(盛京)·산해관(山海關)을 거쳐 북경(北京)에 도착하고, 열하로 가서, 8월 20일 다시 베이징에 돌아오기까지 약 2개월 동안 겪은 일을 날짜 순서에 따라 항목별로 적었다.

박지원은 돈령부지사(敦寧府知事)를 지낸 조부 슬하에서 자라다가 16세에 조부가 죽자 결혼, 처숙(妻叔) 이군문(李君文)에게 수학, 학문 전반을 연구하다가 30세부터 실학자 홍대용과 사귀고 서양의 신학문에 접하였다.

이용후생에 도움이 되는 청나라의 실제적인 생활과 기술을 눈여겨보고 귀국, 기행문 『열하일기』를 통하여 청나라의 문화를 소개하고 당시 한국의 정치·경제·사회·문화 등 각 방면에 걸쳐 비판과 개혁을 논차

박명원(朴明源, 1725-1790)은 1738년(영조 14) 영조의 딸과 결혼, 금성위(錦城尉)에 봉해지고, 품계가 수록대부(綏祿大夫)에 이르렀다. 1776년 사은사(謝恩使)로 청나라에 다녀온 뒤 3차례나 사은사의 임무를 수행하였다.

이용후생(利用厚生)은 풍요로운 경제와 행복한 의·식·주 생활을 뜻하는 용어로 『상서(尙書)』의 「대우모(大禹謨)」 '정덕(正德)·이용(利用)·후생(厚生)·유화(惟和)'란 구절에서 이미 나온 말이다. 중요한 차이가 있다면 '정덕'은 빼고 이용·후생만 따온 점이다.

였다.

박지원은 당시 홍대용·박제가 등과 함께 청나라의 문물을 배워야 한다는 이른바 북학파의 영수로 이용후생의 실학을 강조하였다. 특히 자유기발한 문체를 구사하여 여러 편의 한문소설을 발표, 당시의 양반계층 타락상을 고발하고 근대사회를 예견하는 새로운 인간상을 창조함으로써 많은 파문과 영향을 끼쳤다. 이덕무·박제가·유득공·이서구 등이 그의 제자들이며 정경대부가 추증되었다.

연암의 대표작인 이 『열하일기』는 발표 당시 보수파로부터 비난을 받기도 하였으나, 중국의 신문물을 망라한 서술, 그곳 실학사상의 소개로 수많은 조선시대 연경 기행문학의 정수로 꼽힌다. 이 책은 당초부터 명확한 정본(正本)이나 판본(版本)도 없었고, 여러 필사본이 유행되어 이본(異本)에 따라 그 편제의 이동이 심하다.

이 책에는 중국의 역사·지리·풍속·습상(習尙)·고거(攷據)·토목·건축·선박·의학·인물·정치·경제·사회·문화·종교·문학·예술·고동(古董)·지리·천문·병사 등에 걸쳐 수록되지 않은 분야가 없을 만큼 광범위하고 상세히 기술되었다. 경치나 풍물 등을 단순히 묘사한 데 그치지 않고 이용후생 면에 중점을 두어 수많은 『연행록』중에서도 백미(白眉)로 꼽힌다.

권1 「열하일기서(序)」「도강록(渡江錄)」의 서문은 필자 미상이나, 풍습 및 관습이 치란(治亂)에 관계되고, 성곽·건물·경목(耕牧)·도야(陶冶) 등 이용후생에 관계되는 일체의 방법을 거짓 없이 기술하였다고 설명하였다. 또 「도강록」은 압록강에서 요양(遼陽)까지 15일간(1780.6.24 ~7.9)의 기행문으로 중국인이 이용후생적인 건설에 심취하고 있음을 서술하였다. 특히, 권10 「옥갑야화(玉匣夜話)」는 이본에 따라서 「진덕재야화(進德齋夜話)」로 된 것도 있다. 여기 수록된 「허생전(許生傳)」은 연암 소설뿐만 아니라 한국 소설문학사에서도 중요한 자리를 차지하는 작품이다.

필사본(筆寫本)은 인쇄에 의하지 않고 손으로 글을 써서 만든 책으로, 사본(寫本)·수서본(手書本)·서사본(書寫本)·초사본(鈔寫本 : 중국) 등 여러 용어가 있다.

그 밖에 권19 「찰습륜포(札什倫布)」의 찰습륜포란 티베트어(語)로 '대승(大僧)이 살고 있는 곳'이라는 뜻으로, 열하에 있을 때의 반선에 대한 기록이다. 권20 「망양록(忘羊錄)」은 음악에 관하여 중국학자들과 서로의 견해를 피력한 기록이다. 권21 「심세편(審勢編)」은 당시 조선 사람의 오망(五妄)과 중국 사람의 삼난(三難)을 역설한 기록이다. 북학(北學)에 대한 예리한 이론을 펼쳤다.

권22 「곡정필담(鵠汀筆譚)」은 중국학자 윤가전(尹嘉銓)과 더불어 전날 태학(太學)에서 미진하였던 토론을 계속한 기록이다. 즉, 「태학유관록」 중에서 미흡하였던 이야기인 월세계·지전(地轉)·역법·천주 등에 대한 논술이다. 권23 「동란섭필(銅蘭涉筆)」은 동란재에 머물 때 쓴 수필이다. 주로 가사·향시·서적·언해·양금 등에 대하여 쓴 것이다. 권24 「산장잡기(山莊雜記)」는 열하산장에서의 여러 가지 견문기이다. 특히 「야출고북구기(夜出古北口記)」, 「일야구도하기(一夜九渡河記)」, 「상기(象記)」 등은 가장 비장하고 기괴하게 묘사되었다.

권25 「환희기(幻戲記)」는 광피사표패루(光被四表牌樓) 아래서 중국 요술쟁이의 여러 가지 연기를 구경한 소감을 적은 이야기이다. 권26 「피서록(避暑錄)」은 열하의 피서 산장에서 지낸 기록이다. 주로 조선과 중국 두 나라의 시문에 대한 논평이다.

『열하일기』는 실학의 획기적 성과로 뛰어난 동시에 우리 문학사에 하나의 기념비적 고전 작품이다.

◉ 열하일기
•리상호 역―보리 •전규태 역―범우사 •전영진 역―총신문화사 •민족문화추진회 편―솔

004
대동기문 大東奇聞

강효석

『대동기문』은 1925년 서울의 한양서원에서 조선시대의 인물들에 얽힌 일화를 모은 신활자본 4권 1책이다. 강효석(姜斅錫)이 편찬하고 윤영구(尹甯求)와 이종일(李鐘一)이 교정하여 출간하였다.

강효석은 호가 치당(痴堂)으로 시에 능하였다. 1920년대 한양서원을 직접 경영하면서 자신의 여러 저서를 펴냈다. 일제강점기에 한국 역사에 대한 지식과 인물 상식을 넓혀 주기 위하여 일생을 바친 인물이다.

그는 "자기 것은 업신여기고 남의 것만을 그렇게 부러워해도 되는 것이냐?"고 당시의 시대상을 혹평하면서 이 책을 서술하였다. 이 책의 내용들은 『국조방목』, 『문헌비고』, 『지봉유설』, 『목민심서』, 『명신록』, 『상신록』, 『명장전』, 『조야집요』, 『소대기년』, 『인물고』, 『향토지』, 『비명』, 『행장』, 『세보』 등 200여 종의 문헌과 출전에서 광범위하게 조사·연구를 거듭한 끝에 꼭 필요한 사람들의 필요한 이야기를 골라 수록한 것이다.

그리고 당시 『대동기문』의 서문을 쓴 번천(樊川) 김영한(金甯漢)은 "오획(烏獲)은 무게 천근을 드는 장사였지만 자신의 몸은 들지 못하였으니 어찌하여 남의 물건을 드는 데는 그렇게 강하고 자신에게는 그렇게도 약하였던가. 우리나라 사람들의 문제점은 어디에 있을까? 새 것을 좋아하고

오획(烏獲)은 중국 전국시대에 진나라의 힘 있는 장사를 말한다.

기이함을 숭상하며 우리 것은 업신여기고 남의 것을 배우기에 급급하다는 데 문제가 있다. 주(周), 진(秦), 한(漢), 당(唐) 등 중국 역사에 대해서는 부녀자나 아이들까지도 거침없이 설명하면서 단군, 기자 등 우리 역사에 대해서는 노숙한 선비를 자처하는 사람들까지도 상세히 알지 못하는 사람이 있다"하며, 우리나라 사람은 중국 역사나 바다 멀리 남의 나라 역사보다도 우리나라 사람의 이야기를 먼저 알아야 한다고 강조하였다.

또한 『대동기문』의 서문에 글 쓴 목적에 대해서도 언급하고 있다.

"이 책은 기이한 일을 실은 책이므로 괴이한 이야기도 있고 익살맞은 사실도 실렸으며 야인의 사적도 기록되었다. 그러므로 역사 속의 패사라면 말이 되지만 그저 평범한 일상적인 글이라고 할 수는 없다. 물론 그 속에는 아름다움 이야기와 추악한 이야기가 함께 실려 있고 좋은 이야기와 나쁜 이야기가 섞여 있으니 그 가치 판단은 마땅히 독자가 해야 한다. 만약 새것을 좋아하고 우리 것을 소홀히 여기는 자가 곁에 있다가 하하 웃으면서 이 책이 진부했지 기이할 게 무엇이냐고 비웃는다면, 아마 자네는 틀림없이 송나라 사람은 송나라 관을 써야 되고 노나라 사람은 노나라 역사를 읽어야 하듯이 우리나라 사람은 우리나라 이야기를 알아야 한다고 말 할 걸세."

『대동기문』에는 대학자, 문무고관, 효자, 충신, 열녀 등이 등장하는가 하면 말단서리, 상민, 천민, 노비, 기녀 그리고 역적들까지 등장하여 각자의 굽힐 줄 모르는 개성 있는 삶을 펼쳐 놓았다. 의리와 지조를 지킨 선비 이야기, 괴이하고 해학적인 이야기, 효도와 충절에 관한 이야기, 학문과 예술에 관한 이야기 그리고 국가와 사회를 위한 큰 공과 업적에 관한 이야기들이 고루 담겨 있어 우선 흥미진진하다.

『대동기문』의 발간은 3·1운동 이후 이른바 문화정치가 실시되면서 민족문화에 대한 접근이 어느 정도 용인된 상황에서 이루어졌다. 배극렴(裵

패사(稗史)는 패관문학(稗官文學)을 말하는 것으로, 임금의 정사를 돕기 위하여 가설항담(街說巷談)을 모아 엮은 설화문학(說話文學)이라 할 수 있다.

克廉)이 태조에게 국새를 바치고 방석(芳碩)을 세자로 민 일로부터 을사조약 후 민영환(閔泳煥)의 자결에 이르는 총 716항의 사건이 각 왕대별 순서에 따라 수록되어 있다. 부록으로 고려 말에 절개를 지킨 인물들에 대한 98항이 실려 있다.

항목마다 인물과 내용을 밝힌 제목을 붙였으며, 말미에 200여 종의 서적과 비문·행장·족보 등 광범한 출전 문헌을 밝혔는데 간혹 기재하지 않은 것도 있다. 본문은 한문으로 서술하되 토를 붙였고, 해당 인물의 신변에 대해 간략히 정리한 후 사건을 서술하였다.

중종 대부터 인조 대에 이르는 시기에 가장 많은 기사가 있다. 인조반정 때 궁궐에 숙직하던 윤지경(尹知敬)이 당당하게 행동한 것과 같은 단순한 사건으로부터 순조 대에 김기서(金基敍)가 고려 청로장군(淸虜將軍)의 귀신과 사귄 것 같은 기이한 일에 이르기까지 다양한 내용이 실려 있다. 수록 사건의 선정과 서술에 서인의 시각이 엿보이기도 하지만 당론과 같은 정치적 입장은 최대한 억제되었다.

예를 들어 정여립에 대해 그 모반은 사실로 서술하였으나 그로 인한 동인·서인의 분쟁은 일체 기록하지 않았으며, 서인 대 남인이나 노론 대 소론의 분쟁에 대해서도 전혀 거론하지 않았다.

⦿ 대동기문
•권영대 역—화산문화 •편집부—보경문화사 •이민수 역—명문당

정여립(鄭汝立,1546-1589)은 한강이 얼 때를 틈타 한양으로 진격하여 반란을 일으키려 한다고 고발당한 후, 관군에 포위되자 자살하였다.

005
당시선 唐詩選

『당시선』에서 당시(唐詩)는 중국 당 왕조(618~907)의 시를 말한다. 당 나라 때는 중국 서정시의 전성기이고, 그 시는 중국문학뿐만 아니라, 인류 의 문학에도 위대한 유산으로 되어 있다. 당시의 원류를 이루는 것은 위 (魏)·진(晉) 이후, 귀족 사회에서 발달되어 온 육조(六朝)의 시지만, 그것 이 이 시대에 원숙한 예술로서 결실을 보게 된 밑바닥에는 일어서기 시작 한 상공업자·농민의 굳센 생활력과 이민족과의 접촉으로 인한 세계의 확대가 있었다.

중국을 흔히 '시의 나라'라고 한다. 중국은 오랜 역사를 통해 방대하고 다양한 문화를 이루었는데, 그 문화유산을 대표하는 것이 시라는 뜻이다. 현전하는 중국의 문헌 중 가장 오래된 것은 『시경』이다.

시를 짓는 능력이 관리 선발의 기준이었던 당대(唐代) 이후 청대(淸代) 까지 거의 모든 지식인이 시를 창작했다는 점에서도 중국은 시의 나라라 고 불릴 만하다.

수천 년 중국 시 역사에 있어서 가장 높은 성취를 이루었다고 평가 받는 것이 당대에 창작된 시로 이백(李白), 두보(杜甫), 왕유(王維), 백거 이(白居易) 등 여러 대가가 수많은 시를 지었는데, 이 중 명편들은 오늘날

『시경(詩經)』은 춘추 시대의 민요를 중심으로 하여 모은, 중국에서 가장 오래된 시집으 로 국풍(國風)·소아(小雅)· 대아(大雅)·송(頌)의 4부로 구성되며, 국풍은 여러 나라 의 민요, 아(雅)는 공식 연회에 서 쓰는 의식가(儀式歌), 송은 종묘의 제사에서 쓰는 악시 (樂詩)이다.

까지 많은 사람에게 널리 읽히고 있다.

중국의 시가 중국 문화의 뛰어난 부분이고, 당시가 중국 시를 대표하기 때문에 중국 문화에 관심이 있는 독자라면 당연히 당시를 읽어야 할 것이다. 그러나 현전하는 당시는 그 양이 너무 많다.

청대에 편찬된 '전당시(全唐詩)'만 보더라도 시인의 수가 2,000명이 넘고 수록된 시가 거의 5만 수가 되니 일반인이 이를 모두 통독한다는 것은 어려운 일이다. 따라서 예로부터 여러 사람이 명편을 골라서 편찬하는 작업을 해 그 중 대표성을 갖는 선집(選集)이 널리 보급됐다. 당시에는 여러 시인의 갖가지 정감이 표출되어 있다.

이 밖에도 인간의 다양한 서정과 사상이 녹아 있어서, 이런저런 시를 읽다 보면 절로 한시의 세계 속에 빠져들게 된다. 따라서 당시의 유명한 시들은 현대인으로 하여금 선인이 삶 속에서 추구한 풍류와 인간에 대한 따뜻한 애정을 새삼 음미하게 해준다. 또한 기계문명과 물질만능주의 속에서 정신세계의 가치를 잊고 사는 우리의 모습을 되돌아보게 하는 계기가 될 것이다.

당시(唐詩)는 일반적으로 **초당·성당·중당·만당**의 4시기로 구분할 수 있다.

초당의 대표적 시인으로는 사걸(四傑)로 불린 왕발(王勃)·양형(楊炯)·노조린(盧照鄰)·낙빈왕(駱賓王)을 들 수 있다. 이 시기의 시는 외형의 미를 다루는 남조시풍(南朝詩風)의 계승 면이 강하고, 시의 운율을 다듬어 **근체시**의 시형을 완성시켜, 다음 대의 성운(盛運)에 앞장 선 공적이 크다.

성당, 즉 시문학이 융성한 때는 현종황제의 치세에 해당되며 당조(唐朝)의 국력이 최고에 달한 시기였는데, 이 시기는 대시인이 속출한 문학의 최성기이다. 대표적 시인으로서는 이 시기 전반에 활약한 이백과 후반에 활약한 두보가 있다.

이백은 이 시기 전반의 화려한 세상을 반영하여 오로지 쾌락을 노래하

초당(初唐) 거의 7세기
성당(盛唐) 대략 8세기 전반
중당(中唐) 8세기 후반~9세기 전반
만당(晩唐) 9세기 후반~10세기 초기

근체시(近體詩)는 절구(絕句)와 율시(律詩)로 나뉜다.

는 시를 특색으로 하였다. 또 두보는 전란에 휩쓸린 후반의 어두운 세태를 반영하여 날카로운 우수(憂愁)의 노래를 특색으로 하였으며, 장편의 고시(古詩)에서는 민중을 대신하여 세상의 부조리에 대한 항의의 노래를 지었고, 율시(律詩)에서는 세밀한 감정을 정밀한 시형(詩型) 안에 주입시켜 이 시형의 실질적인 완성자가 되었다.

그 밖에도 이름난 시인으로 맹호연(孟浩然)·왕유(王維)·고적(高適)·잠삼(岑參)·왕창령(王昌齡)·왕지환(王之渙) 등을 들 수 있다.

중당의 시인으로는 한유(韓愈)와 백거이를 들 수 있다. 한유는 기험·호방하다는 장대한 미(美)를 사랑하였고, 백거이는 평이하고 찬찬한 표현으로 『장한가』, 『비파행』 등의 작품을 남겼다. 『신악부(新樂府)』라고 하는 사회시(社會詩)를 창시하여 당대를 통해 최다수의 독자를 얻었다. 이외에 유종원·이하(李賀)가 있다.

만당을 대표하는 시인으로는 이상은(李商隱)·두목(杜牧)·온정균(溫庭筠) 등을 들 수 있는데, 일반적으로 이 시기의 시는 감상적·퇴폐적인 경향을 지니고 있다.

당나라의 모든 시인들의 전 작품을 수록한 것은 청나라의 강희제 칙편(勅編)의 『전당시(全唐詩)』(900권)인데, 거기에는 대강 2,200명의 시 4만 8,000여 수가 실려 있다.

● 당시선
·김학주 역-명문당 ·이병한 외-서울대출판부 ·고은 역-민음사

『장한가(長恨歌)』는 중국 당대의 시인 백거이가 젊은 시절에 지은 서사적인 장가로, 제재는 현종(玄宗) 황제와 양귀비(楊貴妃)의 비련(悲戀)에 관한 것이며, 4장으로 되었다.

006

삼국지연의 三國志演義

나관중(1330-1400)

『삼국지연의』는 중국 원나라 때의 소설가 나관중이 지은 장편 역사소설이다. 중국 4대 기서(奇書)의 하나로, 원명은 『삼국지통속연의(三國志通俗演義)』라 한다. 또한 삼국의 정사(正史)를 알기 쉬운 말로 이야기한 책이라는 뜻에서 『삼국지평화(三國志平話)』라고도 부른다.

진수의 『삼국지』에 서술된 위·촉·오 3국의 역사에서 취재한 것이다. 3국이 정립하여 싸우는 이야기는 그 전투의 규모가 웅장하고, 인간의 온갖 지혜와 힘을 총동원하여 치열한 공방전이 되풀이되는 만큼, 옛날부터 중국인들 사이에 흥미 있는 이야기로 전하여 오다가 9세기(당나라 말기)경에는 이미 연극으로 꾸며진 흔적이 있고, 송대(宋代 : 11~13세기)에는 직업적인 배우까지 나왔다.

이것이 책으로 엮어진 것은 원나라 지치연간(至治年間 : 1321~1323)에 그림을 붙여 간행한 『전상삼국지평화(全相三國志平話)』(3권)이며, 이것은 현존하는 최고본(最古本)이다. 이 책은 일종의 강담용(講談用) 대본 같은 것이어서 문장이 조잡하고 유치하였다. 그러나 원나라 때에는 이 평화(平話)를 바탕으로 하여 많은 희곡이 만들어졌으며, 나관중은 이 평화를 철저하게 개작하고, 많은 역사적 사실을 곁들여 이 책을 완성시켰다.

진수(陳壽, 233~297)는 중국 서진(西晉)의 역사가로 『삼국지(三國志)』를 지었는데, 사천성 파서(巴西)의 호족으로서, 그의 아버지와 그는 촉한(蜀漢)에서 벼슬하였다. 진(晉)나라의 학자 장화(張華)가 그의 재능을 인정하여 치서시어사(治書侍御史)의 관직에까지 올랐다.

원본은 전하지 않고, 현존하는 최고본은 1494년의 서문이 있는 홍치본(弘治本)으로, 이 책도 실은 1522년에 간행한 것이다. 24권 240절로 나누어 기술하였으며 이것이 가장 원형에 가까운 것으로 생각된다. 그 후 분권(分卷)을 없애고, 2절을 1회로 하여 모두 120회로 만들었다. 청나라 때는 모종강의 개정본이 나와, 이것이 다른 책을 압도하고 정본(定本)이 되었다.

이야기의 내용은 대략 전·후반으로 나누어지며, 전반에서는 유비·관우·장비 3인의 결의형제를 중심으로 나중에 제갈공명이 가담하게 되는데, 절정은 유비와 손권의 연합군이 조조의 대군을 화공(火攻)으로 무찌르는 적벽의 대전이며, 이것이 3국이 분립하게 되는 원인이 된다.

후반에서는 관우·장비·유비가 연이어 죽은 다음 제갈공명의 독무대가 되고, 공명이 6차에 걸친 북정(北征)에서 병사(病死)하는 「추풍오장원(秋風五丈原)」의 1절이 절정을 이루게 된다.

현재 우리 주위에서 볼 수 있는 『삼국지연의』는 크게 두 종류가 있는데, 그 중 하나는 유비가 어머니를 위해 차(茶)를 사려고 강가에서 기다리는 것에서 이야기가 시작하는 것이고, 다른 하나는 '한 번 나누어진 것은 언젠가는 다시 하나로 합쳐지게 된다(分久必合)' 서사를 시작으로 노식(盧植) 선생 밑에서 공손찬과 유비가 동문수학하는 이야기로 시작되는 것이다. 둘 다 처음을 제외하고는 기본적인 내용이 모두 같지만, 근래에는 후자 쪽이 훨씬 더 널리 퍼져 가고 있다.

소설의 주요인물은 유비 등 3인과 공명이지만, 조조의 성격도 잘 묘사되어 있다. 가장 생기가 넘치는 것은 관우와 장비 두 사람이며, 특히 장비의 순진하고 솔직한 성격은 대중의 많은 사랑을 받았다.

무용(武勇)과 지모(智謀)로 이어지는 전투의 서술이 태반을 차지하고 있으나, 이야기의 전개가 적당한 템포로 진행되고, 독자의 흥미를 이끌어가는 수법이 매우 뛰어나 중국의 많은 역사소설 중에서 가장 훌륭한 작품이다.

모종강(毛宗崗)은 중국 청나라 초기의 문인·문학평론가로 『삼국지연의(三國志演義)』에 평점을 달았다. 그의 손을 거친 뒤 『삼국지연의』는 구조와 줄거리는 치밀해지고 언어는 더욱 간결해졌지만 그래도 오류는 발견된다. 이렇게 하여 60권 120회로 나온 판본을 '모본(毛本)'이라고 한다.

관제묘(關帝廟)는 중국 삼국
시대 촉한(蜀漢)의 장수 관우
(關羽)를 모신 사당으로 관왕
묘(關王廟)·무묘(武廟)라고
도 한다. 관우는 관성제군(關
聖帝君)·관보살(關菩薩)이
라고도 하며, 무운(武運)과 재
운(財運)의 수호신으로서 한
(漢)민족의 신앙의 대상이다.

우리나라에서도 예부터 대중적인 읽을거리로 널리 읽혀져 왔으며, 특히 그 속에 담긴 유비 현덕을 중심으로 한 한실(漢室)에 대한 충성이라든가, 공명의 지략, 유비·관우·장비의 결의 등은 유교적 이념을 국시(國是)로 삼았던 조선시대에는 크게 환영을 받았다.

그 중에서도 관우의 장한 의기와 절개는 민간신앙으로까지 발전하여 관제교(關帝敎)가 생겨나고, **관제묘(關帝廟)**가 곳곳에 세워지기까지 하였다.

신문학 이전에는 한문으로 된 원본이 수입되어 읽혔으나 그 후 수많은 국역본이 나와 널리 대중의 인기를 차지하게 되었다.

김동성(金東成) 역(5권, 을유문화사), 최영해(崔暎海) 역(3권, 정음사), 월탄(月灘) 박종화(朴鍾和) 역(3권, 어문각), 김광주(金光洲) 역(삼중당) 등의 국역본이 있다.

근래 이문열과 황석영의 국역본 『삼국지』가 발간되어 많은 독자층을 확보하고 있다. 이중 '평역(評譯)'으로 구성된 『평역 삼국지』는 몇몇 기관들에 의해 '청소년 권장도서'로 선정된 것에 다소 다른 의견이 있다. 사회에서 지켜져야 할 원칙과 정의로움에 앞서 변칙적인 처세 논리와 정치적 해석에 의한 접근을 한 『평역 삼국지』는 기성세대가 되어 읽어도 늦지 않을 것이다.

◉ 삼국지연의
  •황석영 역—창작과비평사 •김구용 역—솔 •이성학 역—선진문화사

007
고문진보 古文眞寶

『고문진보』는 중국의 시문선집(詩文選集)으로 주나라부터 송나라에 이르는 고시(古詩)·고문(古文)의 주옥편(珠玉篇)을 모아 엮은 책이다.

전집 10권, 후집 10권으로 되어 있으며, 편자인 황견(黃堅)과 편찬 경위 등에 대하여서는 분명하지 않으나, 송나라 말기에서 원나라 초기에 걸친 시기의 편저임은 확실하다. 1366년 정본(鄭本)의 서문에 따르면, 당시에 이미 주석도 있었고 오랫동안 세상에 보급되었다고 한다.

전집에는 권학문(勸學文)·오언고풍단편(五言古風短篇)·오언고풍장편·칠언단편·칠언장편·장단구(長短句)·가(歌)·행(行)·음(吟)·인(引)·곡(曲) 등 10체(體) 217편의 시가 수록되어 있다.

후집에는 사(辭)·부(賦)·설(說)·해(解)·서(序)·기(記)·잠(箴)·명(銘)·문(文)·송(頌)·전(傳)·비(碑)·변(辯)·표(表)·원(原)·논(論)·서(書) 등 17체 67편의 문장을 수록하였다.

내용과 편수에서 차이가 나는 여러 간본(刊本)이 있다. 한국의 활자본으로는 1949년에 나온 덕흥서림본 등이 있다.

퇴계 이황의 「언행록」에 "사람들은 시를 공부하기 위하여 『고문진보』를 보통 600번씩이나 읽으면서 암송을 하는데, 나는 200번을 읽고 암송하

퇴계 선생의 『퇴계집(退溪集)』에 『언행록(言行錄)』 6권이 들어있다.

게 되었고, 그 뒤로는 한결 시를 쉽게 지을 수 있었다"고 하는 내용에서 알 수 있듯이 이 책은 우리나라에서 한문 문장 교과서로 많이 읽혀졌다.

중국에서는 청나라 때부터 「고문사류찬」이나, 「고문관지」 같은 책이 유행하면서 거의 자취를 감추어 버렸지만 우리나라와 일본에서는 크게 유행하였는데, 특히 우리나라에서는 사서(四書)와 삼경(三經) 이외에 가장 많이 읽혀진 책 중의 하나이다.

이렇듯 우리 선인들이 시문을 짓는 교과서로 사용하면서 동양적 사고방식과 문화 발전에 유형·무형으로 지대한 영향을 준 『고문진보』는 우리 정신문화에 대한 인식의 폭을 넓혀 주는 소중한 책이다. 『고문진보』를 읽다 보면 두 가지 사실에 주목하게 된다.

첫째, 시문 선집이기도 하지만 교훈서를 겸하고 있다.

학문을 권장하는 권학문이나 소식이나 백거이 등의 현실을 풍자한 사회시를 통해 시라는 것이 단순히 아름다움만을 추구하며 자연을 읊는 것만 아니다. 현실 속에서 파생된 사회적 산물임을 각인시키고 통치자의 잘못을 풍자를 통해 은근슬쩍 꼬집으면서 사회 변화와 인식의 도구로 사용하였다.

둘째 고체시는 수록하면서 근체시는 배제하고 있다.

근체시란 당나라 때 변려문의 영향으로 시에서 대구(對句)와 전고(典故)를 많이 사용하고 음율적인 요소까지 엄격하게 규정한 율시(律詩) 같은 시를 말한다.

이 책의 편자가 근체시를 배제한 정확한 이유는 알 수 없으나 내용보다는 형식에 치중하여 문장을 아름답게 꾸미는 데에 중심을 두는 근체시의 특성 때문인 것 같다. 꼭 그런 것만도 아닌데, 편자는 근체시가 사회와 인간 삶에 대한 발전적 사고를 담보하지 못한다고 생각했는지도 모른다.

또한 고문(古文)은 '옛날 글', 진보(眞寶)는 '참된 보배'라는 뜻으로, 『고문진보』는 '옛날 글 가운데 참된 보물만 모아둔 책'이라고 정의할 수 있다.

시를 공부하는 교과서의 역할을 해 온 『고문진보』는 1964년 최인욱의

음율적 요소는 한 음절 안에서 소리의 높이에 변화가 없는 평성과 그렇지 못한 측성의 배열 규칙 같은 것을 말한다.

율시(律詩)는 규율, 음율이 엄격한 시를 말한다.

번역본(을유문화사 발행)을 처음으로 여러 출판사에서 번역 출판되었다. 국한문 혼용에 일본에서 발행된 『고문진보』의 체제를 너무 많이 모방하고 있어 현재의 독자들에게는 난해한 고전이 되어 버렸다. 이에 현대인에 알맞은 다양한 번역본들이 나와 있다.

　『고문진보』는 많은 사람들이 읽는 글이다. 과거 중국의 학자와 문장가들의 사상과 생활이 남겨 있는 글이다. 그들의 사상과 생활을 이해하는데 필요함은 말할 것도 없고, 특히 우리 선인들의 사상과 생활을 담아 놓은 많은 문집과 그 밖의 전적(典籍)을 해득하기 위해서는 이 책에 나오는 글을 통해 문리(文理)를 얻지 않으면 안 된다.

◉ 고문진보
•이장우 외 역―을유문화사　•노태준 역해―홍신문화사　•박일봉 역―육문사

문리(文理)는 문장조리(文章條理)의 약자로, 문장의 조리가 있다는 뜻이다.

008
홍루몽 紅樓夢

조설근(1715–1763)

조설근은 본래 이름이 조점(曹霑)이다.

『홍루몽』은 중국 청나라 때 **조설근(曹雪芹)**이 지은 장편소설이다. 『석두기(石頭記)』, 『금옥연(金玉緣)』, 『금릉십이차(金陵十二釵)』, 『정승록(情僧錄)』, 『풍월보감(風月寶鑑)』 등이라고도 한다. 이 소설의 판본(版本)은 80회본과 120회본이 있는데, 80회본은 필사본이다. 120회본은 고악(高鶚)이 쓴 40회본을 덧붙여서 1791년경 정위원(程偉元)에 의해 간행되어 '정갑본(程甲本)'이라 하고, 이 '정갑본'을 개정한 것이 1792년에 간행하였다는 '정을본'이다.

뇌락(磊落)은 마음이 활달하여 작은 일에 거리낌 없음을 말한다.

조설근은 강소성(江蘇省) 남경 출생으로 성격이 **뇌락**하고 얼굴빛이 검었으며, 술을 좋아하고 시문(詩文)에 뛰어났다. 그의 집안은 **정백기(正白旗)**라는 이름난 귀족이며, 강희제의 두터운 신임을 받아 4대에 걸쳐 남경의 어용 직물 제조소의 장관인 강녕직조(江寧織造)의 벼슬을 지낸 부자였다.

정백기(正白旗)는 한군(漢軍) 팔기(八旗)의 하나이다.

그러나 설근이 3세 무렵에 할아버지 조인(曹寅)을 신임하던 강희제가 죽자, 옹정제(雍正帝)의 황위계승문제에 얽혀 가산을 몰수당하고, 북경(北京) 교외로 이사하였다. 그는 시와 그림을 팔아 술에 빠져 살면서, 어렸을 때의 추억을 바탕으로 약 10년간 심혈을 쏟아 중국문학사상 명작으로 이름 높은 『홍루몽』을 썼으나, 끝마치지 못한 채 죽었다.

무대는 주로 금릉에 있는 가씨(賈氏)의 저택 안이다. 등장인물은 500명이 넘는다. 주인공은 옥을 입에 물고 태어난, 여성의 몸은 물로 되어 있고 남자의 몸은 진흙으로 되었다는 말을 할 정도의 페미니스트인 가보옥(賈寶玉)과, 총명하지만 병약한 그의 사촌 누이동생 임대옥(林黛玉), 그리고 가정적이며 건강한 설보채(薛寶釵)이다.

많은 사람들의 사치와 대관원(大觀園) 등의 건축으로 차차 기울기 시작하는 가씨 집안에서, 보옥은 보채에 대해서도 호감을 가지지만 대옥과의 결혼을 더 원한다.

그러나 집안의 실권을 쥔 할머니 사태군(史太君)은 대옥의 몸이 허약하여 이를 허락하지 않는다. 할머니의 계략에 속은 보옥이 보채와 결혼하던 날, 대옥은 쓸쓸히 숨을 거둔다.

인생무상을 느낀 보옥은 과거장에서 그대로 실종된다. 후일 아버지 가정(賈政)과 비릉(毘陵)의 나루터에서 만나지만, 보옥은 목례만 보내고 승려와 도사 사이에 끼여 눈길 속으로 사라진다.

『홍루몽』의 원작 부분에서 등장인물에 대한 세밀한 성격묘사와 속작(續作) 부분의 기복이 넘치는 구성 등 청대(淸代)의 으뜸가는 소설로 꼽힌다.

『홍루몽』은 1792년 '징을본(程乙本)'이 초간(初刊)된 이래, 100종 이상의 간본(刊本)과 『홍루몽보(補)』『후(後)홍루몽』『속(續)홍루몽』『홍루환(幻)몽』『홍루중(重)몽』 등 30종 이상의 속작이 나왔고, 작자와 모델에 관한 평론 등 연구가 계속되었다.

근대 이후, 호적(胡適)·유평백(兪平伯) 등은 이 작품에 대하여 조설근의 자전적 소설이라는 결론을 내렸다. 중국의 고전소설 『홍루몽』을 연구하는 학문을 '홍학(紅學)'이라고 하였다. 『홍루몽』과 관련된 다양하고 전문적인 연구를 일괄하여 부르는 이름이다.

'홍학(紅學)'은 5·4운동을 기점으로 구홍학과 신홍학으로 나누며, 구홍

금릉(金陵)은 지금의 중국 남경(南京)이다.

호적(胡適, 1891.12.17-1962.2.24)은 1914년 미국 코넬대학교를 졸업하고, 컬럼비아대학교에서 J.듀이에게 교육학을 배웠다. 유학시절 잡지 『신청년』에 논문 「문학 개량 추의(芻議)」를 발표, 구어(口語)에 의한 문학을 제창하여 문학혁명의 계기를 만들었다.

학은 『석두기색은(石頭記索隱)』을 쓴 채원배(蔡元培)와 『홍루몽색은』을 쓴 왕몽완(王夢阮) 등 색은파(索隱派)로 대표된다.

5 · 4운동 이후에는 서구문물의 영향을 받아 새로운 관점과 방법론으로 『홍루몽』을 연구하였는데, 호적(胡適)은 「홍루몽고증」을 통해 색은파의 수수께끼 풀이식 연구태도를 비판했고, 유평백은 『홍루몽변』(1923)에서 조설근의 자전적 소설이라는 결론을 내렸다.

이때부터 '홍학'은 중국문화를 연구하는 학문의 하나로 자리 잡았고, 1980년에는 국제학술대회가 개최될 정도로 세계적인 학문으로 발전하였다.

◉ 홍루몽
· 조설근―예하 · 조설근―중국청년출판사 · 안의운 역―청년사 · 허용구 역―동광출판사

009
무정 無情

이광수(1892–1950)

　『무정』은 한국 최초 근대적 장편소설로 평가받고 있는 작품으로 1917년 「매일신보」에 연재되었다. 식민지 시대 초기 일본 유학파 중의 한 명이었던 『무정』의 작가 춘원(春園) 이광수는 자신이 체험했던 근대세계를 문학의 형식으로 표현하고자 했던 인물이다. 우리나라 최초의 본격 신문 연재 소설이기도 했던 『무정』은 작품에 묘사된 '자유로운' 애정풍속과 도덕관 등의 측면에서 각계각층의 독자들로부터 열광적인 반향을 불러일으켰다.

　이야기의 주인공 경성학교 영어교사 '이형식'은 수업을 끝내고 긴 장로의 집을 찾아간다. 명년에 미국 유학을 떠날 예정인 김장로의 딸 '선형'이에게 영어를 가르치기 위해서이다. 동경 유학을 마친 인텔리 지식인인 형식은 일찍이 고아가 되어 역경을 겪은 바 있다. 그날 밤 하숙집에 돌아온 형식은 주인 노파로부터 낯선 아가씨가 찾아왔다는 말을 전해 듣는다. 형식을 찾아온 여자는 뜻밖에도 '박영채'였다. 다음날 형식은 신문기자인 친구 '신우선'과 함께 영채를 찾아 나선다. 그들은 청량리 근처의 한 암자에서 영채를 발견하는데 기생이 돼서도 정절을 지켜오던 그녀는 배학감과 김현수에게 강제로 능욕을 당한 직후였다.

영채는 어린 시절 고아로 떠돌던 형식을 데려다 기르고 자식처럼 보살펴준 은사이자 선각자인 '박 진사'의 딸로서 그녀와 형식은 일찍이 정혼한 바 있다. 그러나 박 진사의 개화 운동이 세상 사람들의 몰이해로 인해 실패하고 가세마저 기울자 형식과 영채는 헤어지고 말았다. 그 무렵 열세 살의 영채는 감옥에 갇힌 아버지와 오빠들을 돕기 위해 돈 200원을 받고 평양에서 계월향이라는 기생이 되었고, 감옥의 부형이 세상을 비관하여 자결을 해버리자 서울로 오게 되었던 것이다. 이런 사연을 눈물겹게 토로한 영채의 편지를 읽던 형식은 참담한 심정을 가누지 못한다.

그동안 형식을 사모하며 정조를 지켜온 영채는 더럽혀진 자신의 몸을 비관하여 대동강에 투신하리라는 유서를 남기고 서울 떠난다. 영채의 유서를 쥐고 그녀를 뒤따라 평양에 간 형식은 소득 없이 돌아와 학교를 그만두기에 이른다. 그러던 중에 뜻밖에 선형과의 혼사가 이루어져 약혼식을 치르고 함께 미국 유학을 떠날 준비를 한다.

한편, 평양 가는 열차 속에서 영채는 우연히 신여성 '병욱'을 만나게 되고 그녀로부터 새로운 세상에 대한 눈을 뜨게 된다. 병욱의 호의로 함께 동경 유학길에 나선 영채는 열차 속에서 미국 유학을 떠나는 형식·선형 일행과 마주친다. 형식은 새삼스레 애정과 의리 간의 갈등에 빠지게 되고, 선형과 영채 사이에도 미묘한 불협화음이 생긴다. 그러나 잠시 뒤 기차는 삼랑진 수재 현장에 이르러 연착하게 되고 그곳에서 네 명의 젊은이들은 고통을 당하는 수재민을 위해 자선음악회 등 봉사활동을 벌인다. 마지막 대목에서 그들은 토론을 통해 허물어진 민족의 장래를 담당할 역군으로서 사명을 다짐한다. "어둡던 세상이 평생 어두울 것도 아니요, 무정할 것도 아니다. 우리는 우리의 힘으로 밝게 하고, 유정하게 하고, 즐겁게 하고, 가능하게 하고, 굳세게 할 것이로다. 기쁜 웃음과 만세의 부르짖음으로 지나간 세상을 조상(弔喪)하는 '무정(無情)'을 마치자."

우리 근대문학사의 기념비를 이루고 있는 『무정』에서 우리는 식민주의와 근대화가 동시에 밀어닥치는 역사의 한복판에 서 있는 당대 지식인의 운명을 엿볼 수 있다. 작가는 이 작품에서 이형식이라는 교사 주인공의 형상을 통해 민족주의적 이상과 계몽주의적 정열을 노골적으로 드러내고 있다. 『무정』은 봉건적 유습을 간직하고 있는 박영채와 신여성인 병욱, 근대적 인간형인 이형식을 비롯한 다양한 유형의 인물을 설정하여 상호 갈등을 전개시킴으로써 식민지시대 초기의 격동하는 시대상과 가치관의 변화 양상을 집약적으로 표현하고 있다.

이 작품의 또 다른 특징 중 하나는 이야기의 구도가 '사제 관계'를 축으로 삼고 있다는 점이다. 선각자 박 진사와 형식, 영어교사 형식과 선형, 그리고 삼랑진에서지도자로 나서는 형식과 세 여자는 모두 스승-제자의 관계를 맺고 있다. 『무정』의 이런 측면은 교육을 통하여 민족을 재건하고자 했던 도산 안창호의 '준비론 사상'의 영향이라고 볼 수 있다.

최근에 와서 『무정』은 새로운 각도에서 조명을 받고 있는데 그것은 이 작품이 미시적 차원에서 당대 사회와 풍속의 다양한 측면을 기록하고 있는 '일상사(日常史)의 보고(寶庫)'라는 사실 때문이다. 예컨대 이 작품에는 제국주의 경찰제도라든지 철도, 기생, 학교, 병원, 술, 놀이, 음식 등 당대의 일상풍속 및 사회제도와 관련된 여러 가지 소재들이 묘사되어있다.

『무정』의 작가 이광수는 이외에도 『단종애사』(1929), 『흙』(1932), 『유정』(1933), 『사랑』(1939) 등의 작품을 남긴, 근대 문학기의 가장 중요한 자가 중의 한 명이다. 현재 이광수에 대한 평가는 논란을 거듭하고 있다. 식민지 시대의 문인으로서 이광수는 이상주의에 바탕을 둔 계몽적 민족주의 의식을 표방했지만 점점 친일노선에 기울어져 갔기 때문이다. 일제 말기의 이광수는 가야마 미쓰오(香山光郎)로 창씨개명을 하고 친일 문학 단체인 '조선문인협회장'을 역임한 바 있다. 해방 이후 은거생활을 하던 이광수는 6.25 전쟁기에 납북되어 생사 불명이었으나 최근에 1950년 북한의 남포병원에서 벽초 홍명희의 배려로 입원 중 사망했다는 사실이 확인되었다.

◉ 무정
•이광수─문학과지성사 •이광수─문학동네 •이광수─소담출판사 •이광수─신원문화사

준비론사상은 '민족개조론'(民族改造論)을 근거로 하고 있는 도산(1878~1938)의 사상적 특징을 가리키는 개념이다. 도산은 일제하의 민족 현실을 타개하기위한 방법을 국민 '교육'을 통한 실력의 양성에서 찾았다. 그가 주창했던 흥사단의 정신, 무실역행(務實力行)이 바로 그 실례이다.

010
고향 故鄕

이기영(1895-1984)

카프(KAPF)는 조선 프롤레타리아 예술가 동맹의 약칭. 프롤레타리아 문예운동의 부흥을 목적으로 1925년 조직된 사회주의 문학단체이다. 기관지 〈문예운동〉과 〈예술운동〉을 발간하는 한편, 정치투쟁과 연계된 창작 활동을 활발하게 벌여나감으로써 일제강점기 문학사의 한 축을 이루었다.

『고향』은 1933년 11월 15일부터 1934년 9월 21일까지 「조선일보」에 연재된 이기영의 장편소설이다. 『고향』의 작가 이기영은 일제하에서 신경향파 문학을 추구했으며 이후 사회주의 문학조직체인 카프(KAPF)에 참여한 바 있다. 장편소설 『고향』은 이념적인 측면에서 사회주의와 창작방법론상 사실주의를 표방했던 이기영의 대표작으로서 일제 강점기 리얼리즘 문학의 높은 수준을 보여주고 있는 경우이다.

이 작품의 의의는 문학사적 차원의 가치뿐만 아니라 일제 강점하의 당대 사회현실을 생생하게 전달해주고 있는 훌륭한 역사적 기록이라는 점에서도 찾을 수 있다. 핍진한 사실적 묘사의 필치로 특징지어지는 『고향』은 일제 강점하의 농촌마을을 배경으로 삼아 당대의 사회상을 생동감 있게 형상화하고 있다. 이 작품에 그려진 일제의 착취와 그에 따른 농촌의 황폐화 현상, 몰락한 농민의 노동자화, 소작쟁의와 노동쟁의의 양상, 프롤레타리아 계급의 지도자상 등의 모티프들을 통해 우리는 일제 강점하의 당대 사회현실에 대한 생생한 체험을 가지게 된다.

『고향』의 배경은 1930년대 충청도의 한 농촌마을이다. 이야기의 주무대인 '원터'는 가난한 소작농이 모여 사는 마을이다. 마을 사람들의 살림

살이는 날이 갈수록 어려워져 자기 논을 부치던 사람들은 소작농으로 떨어지고, 소작농은 빚더미에 눌려 마을을 떠날 지경에 이른다. 그 무렵 주인공 김희준은 자신의 힘으로 동경 유학생활을 마치고 고향 원터마을로 돌아온다. 희준이 금의환향 할 것으로 기대하고 있던 마을 사람들은 그의 초라한 행색에 크게 실망한다. 농민들을 일깨워 모두 잘 살아보겠다는 원대한 꿈을 품고 있는 희준은 청년회 활동을 중심으로 마을 사람들을 이끌어가고자 한다.

원터마을 사람들은 대부분 서울 민판서 집 땅을 부치고 사는 소작농들이다. 마을 사람들은 마름 안승학의 횡포에 시달리며 하루하루를 연명해 간다. 마름 안승학은 그의 본부인을 서울에 두고 자신은 첩 숙자와 함께 원터마을에서 살고 있다. 안승학은 갑숙이라는 딸을 두고 있다. 희준은 안승학에게 부탁해 민판서의 땅을 소작하면서 농민을 대상으로 한 봉사활동과 계몽활동을 벌여나간다. 그동안 희준은 농민의 지도자로서 자신의 입지를 점점 세워나간다.

고향에 돌아온 김희준이 가장 심각하게 고민한 문제는 사람들의 탐욕과 무지였다. 그는 마을 사람들의 단결을 도모하고 조직화를 꾀하기 위해 마을 청년들의 요구를 받아들여 '두레'를 내기로 결정한다. 두레와 함께 야학을 연 희준은 마을 사람들의 교육에 앞장서고 그 과정에서 자신 또한 성장해 간다. 한편 궁핍한 생활을 견뎌나가던 마을사람들은 인근 제사공장에 직공으로 들어가게 된다. 아버지 안승학의 전제를 참다 못해 가출한 갑숙 역시 희준의 주선으로 제사공장 직공으로 들어가 옥희라는 가명을 쓰며 일을 한다. 갑숙은 점차 선진적인 노동자로 성장해나간다.

희준이 계획한 두레가 성공하자 마을 분위기는 새롭게 바뀐다. 그동안 서로 앙숙이던 마을사람들은 서로 화해하고 단결한다. 이 과정에서 희준 또한 자신의 인텔리 근성을 극복해나간다. 그러나 농번기를 지나고 추수를 앞두고 있을 무렵, 원터 일대는 뜻하지 않은 수재를 당하게 된다. 집을 잃고 농사를 망친 마을 사람들은 안승학에게 소작료를 감면해 줄 것을 간청하지만 승학은 이를 거절한다. 이때 희준은 농민의 힘을 모아 마름 안승학에 대항한다. 희준의 제안으로 농민들은 추수 때가 되어도 벼베기를 하지 않고 버티지만 식량이 떨어지자 하나 둘씩 이탈자가 생겨나기 시작한다. 곤경에 처한 희준과 농민을 구한 것은 갑숙이었다. 갑숙은 어릴 때부터 희준을 남몰래 사모해오던 터였지만, 희준이 그의 할머니의 강요에 의해 열네 살에 조혼해 버리자 그 꿈은 깨어지고 말았다. 그러나 두 사람은 과거의 기억을 과감히 떨쳐버리고 동지적 애정으로 다시 뭉치게 된다.

농민들은 갑숙을 비롯한 인순·방개 등 여직공들의 지원금으로 며칠을 버텨나가지만 곧 한계에 이른다. 그때 갑숙은 자신의 연애사건으로 아버지 승학을 협박하면 그가 굴복하게 되리라는 고육책을 내놓는다. 경호와 갑숙 사이를 가뜩이나 못마땅해 하던 안승학은 경호의 출생에 얽힌 비밀이 밝혀지자 분노를 터뜨리며 이들을 갈라놓기 위해 애쓴다. 체면을 중요시하는 안승학은 자신의 귀한 딸이 머슴 곽첨지의 아들 경호와 서로 연인 관계라는 사실을 받아들일 수 없었던 것이다. 결국 예상대로 승학은 농민들의 요구 조건을 수락하게 되고 소작쟁의는 농민들의 승리로 끝난다.

문학적 측면에서 『고향』의 가치는 먼저 김희준이라는 주인공의 창조에서 찾을 수 있다. 이 작품에 등장하는 주인공 김희준은 '지식인 계급의 전형'에 해당한다. 이 희준이라는 지식인 주인공은 과거의 농민소설에 등장했던 영웅적이고 이상적인 '지식인 유학생'의 한계를 벗어나 현실성과 나름의 생명성을 획득하고 있다.

뿐만 아니라 『고향』은 일제 강점기 소설사 가운데서 농민문제를 가장 성공적으로 형상화한 작품으로 평가된다. 동경 유학생 출신 농민 김희준과 마름 안승학의 딸이자 공장 노동자인 안갑숙의 연대는, 노동자-농민의 연대를 추구했던 당대 '노농동맹사상'을 표출한 것으로 볼 수 있다. 가난하지만 진취성을 잃지 않는 농민상이나 민중적 전통문화에 대한 재인식 등의 요소는 이 작품이 지닌 미덕인 동시에 리얼리즘 미학의 측면에서도

노농동맹사상은 1920년대 후반 이후 노동자·농민운동의 전개 과정에서 대두된 것으로 그 핵심은 지식인 중심의 사상운동으로서의 성격을 지양하고 농민·노동자가 주체가 되는 실질적인 노동운동으로 전환·발전시키는 데 있었다.

앞 시기 프로문학의 한계를 극복한 측면으로 평가되고 있다. 물론 이 작품은 몇몇 사건의 전개과정과 특정 인물의 성격에 대한 묘사에서 작위성과 관념성을 드러내고 있는데 그러한 문제점들은 『고향』을 에워싸고 당대적 조건과 시대적 한계를 말해주는 것이기도 한다.

이기영의 『고향』이 가진 의미는 당시 쓰인 '농촌계몽소설'들과 비교될 때 더욱 선명해진다. 예컨대, 당시 우익 민족주의 진영에 속해있던 이광수의 『흙』이나 심훈의 『상록수』같은 작품에 등장하는 주인공의 성격과 주제의식 등을 염두에 둘 때 『고향』 읽기는 더욱 흥미로울 수 있다.

◉ 고향
• 이기영 – 문학과지성사 • 이기영 – 문학사상사 • 이기영 – 슬기 • 이기영 – 신원문화사
• 이기영 – 풀빛 • 이기영 – 하서

011
천변풍경 川邊風景

박태원(1909-1986)

『천변풍경』은 박태원의 장편소설로 제목처럼 일제 강점기 서울 청계천 변이라는 공간을 무대로 삼아, 거기에 모여 사는 사람들의 삶을 마치 카메라의 눈으로 찍어내듯이 묘사해나간 독특한 작품이다. 일제강점기에 나타나는 '세태소설' 양식을 대표하는 이 작품은 〈조광〉에 연재(1936.8-1937. 9)되었다.

『천변풍경』은 2월부터 이듬해 정월 말까지 일년 동안 벌어지는 천변 사람들의 이야기이다. 이 가난한 서민 주인공들의 일상적 삶에 대한 이야기를 50개의 '장'으로 나누어 서술함으로써 모자이크 방식을 활용하고 있다는 점도 특징적이다. 『천변풍경』에는 70여 명의 인물 군상이 등장한다. 작가는 이들 인물 군상에 대한 묘사를 통해 축첩·결혼·선거·직업 등 서울 중인계층 및 하층민 토박이들의 삶과 생활풍속을 탁월하게 표현하고 있다. 이 작품은 특정 주인공 대신 수많은 인물들의 다양한 삶의 양태와 음영(陰影)을 드러내는 것을 목적으로 삼고 있는 경우이다. 이 작품에서 이야기는 특정 화자에 의하여 서술되는 것이 아니라 다양한 서술 양식에 의해 펼쳐지고 있다. 『천변풍경』에서 모든 이야기는 '삽화성'을 띤 채 '다중적'으로 전개되는데 이와 같은 서술방식은 카메라의 시점과 유사한

세태소설은 세태와 인정과 풍속에 대한 묘사를 위주로 하는 소설을 가리키며 시정소설(市井小說)이라고도 한다. 이 부류의 작품들은 인간의 내면적 진실보다는 사회의 어떤 양상이나 추이에 관심을 두고 그것을 외면적 시각에서 그려나간다. 채만식의 『탁류』, 유진오의 『가을』 등의 작품이 대표적인 경우이다.

것이다. 『천변풍경』은 영화분야에서 사용되는 카메라 아이(eye)의 기법을 활용하여 상이한 장소에서 일어나는 서로 다른 사건들을 동시에 보여줌으로써 시간성과 공간성을 극대화시키고 있다. 특히, 작가는 이를 여인들의 집합소인 빨래터와 남성들의 사교장인 이발소를 중심으로 초점화시킴으로써 천변 사람들의 일상적 생활양식과 생태를 생생하게 재현하는 데 성공한다.

민주사, 한약국집 가족, 포목전 주인을 제외한 재봉이, 창수, 금순이, 만돌이 가족, 이쁜이 가족, 점룡이 모자 등은 모두 청계천변에 사는 가난한 사람들이다. 점룡이 어머니, 이쁜이 어머니, 귀돌어멈을 비롯한 동네 아낙네들은 빨래터에 모여 수다를 떤다. 이발소집 소년인 '재봉이'는 이런 바깥 풍경을 바라보며 결코 권태를 느끼지 않는다. '민주사'는 이발소의 거울에 비친 쭈글쭈글 늙어가는 자신의 얼굴을 바라보며 한숨짓지만, 그래도 돈이 최고라는 생각에 흐뭇해진다.

'창수'는 한약국집의 사환인데, 출세하기 위해 서울로 가야 한다는 아버지의 강권에 따라 시골에서 올라왔다. 그러나 익숙지 않은 일에 얽매여 고생하며 슬픔을 느끼는 것은 비단 창수 혼자만이 아니다. 파랑칠을 한 중문을 격하여, 약국 안에서는 행랑에 든 지 사흘도 안 되는 '만돌어멈'이 안방마님의 꾸지람을 듣고 있다. 만돌어멈은 불한당 같은 남편을 피해 서울로 도망쳐 왔지만 우여곡절 끝에 다시 남편과 남의 집 드난살이를 하고 있는 것이다.

한편 음력 3월 중순, '이쁜이'가 강씨 집안으로 시집을 간다. 이런 이쁜이를 두고 점룡이 어머니는 마음이 애석하다. 아들 '점룡이'가 은근히 이쁜이를 마음에 두고 있었기 때문이다. 결혼식은 간단하게 별일 없이 진행되었다. 이처럼 한 쪽에서 경사가 벌어지고 있을 무렵, 신발점 신전집의 가족들은, 아직도 장가를 못 간 주인의 처남까지 몽땅 어디로 나들이라도 가는 것처럼, 스무 해를 살아온 동네에서 사라져버린다. 신전집의 몰락은 청계천변 사람들의 마음을 어둡게 만든다.

민주사는 요사이 마음이 우울하다. 마작 노름으로, 족히 사오백 원을 날렸기 때문이다. 고민은 그뿐만이 아니다. 경성부회의원 선거전에 출마하려는 민주사는 다른 후보자들의 운동원들이 자신의 계획을 누설할까봐 걱정이 태산이다. 또한 첩으로 거둬 돌보아주고 있는 '안성집'이 자기 눈을 피해 젊은 학생놈하고 좋아지내는 것을 우연한 기회에 발견하고는 가슴이 내려앉을 지경이다.

만돌어멈은 드난살이를 하던 한약국집에서도 쫓겨나 어디론가 사라져 버린다. 동네사람들의 축복 속에 결혼식을 올린 이쁜이는 남편의 바람기에 시달린다. 그리고 민주사는 선거에 지고 병석에 드러눕는다. 그의 눈에는 젊은 학생놈과 안성집이 삼삼하게 떠오른다. 그런 생각에 마음을 썩이고 있던 민주사는 안성집과 담판을 벌이려고 그녀를 찾아간다. '창수'는 약국 빈지를 떼어내며 이놈의 집구석은 오래 있을 만한 곳이 못된다는 생각을 한다.

순진한 시골 색시였던 금순이는 가족과 헤어져 기미꼬, 하나꼬의 방에서 생활한다. 조석 준비와 세탁과 재봉질이 그녀의 중요한 직무이다. 광교에서는 점룡이가 아이스케키를 팔고 있다. 우연히 금순이는 헤어졌던 동생 순동이를 만난다. '순동이'는 한양구락부라는 당구장에서 게임돌이를 하는 모범적인 소년이다. 그래서 주인과 감독의 신임을 얻고 있다.

한편 여우같은 안성집은 민주사에게 관철동집을 팔고, 계동에 새 집을 마련해 달라고 조른다. 그녀는 홀몸이 아니라면서, 영감이 죽고 나면 자식과 자신은 어떻게 살아가느냐고 투정하며 새 집의 명의까지 자기 이름으로 해 달라고 야단이다.

좋은 집안의 가문으로 시집간 카페 여급 '하나꼬'는 시집살이가 이만저만이 아니다. 시어머니의 구박은 물론이고, 하인배들의 멸시와 믿었던 남편의 변심에 직면한다. 전처 소생의 아이들조차 그녀를 끊임없이 괴롭힌다. 이쁜이도 서방에게 쫓겨 어머니에게로 돌아온다. 외로운 어머니는 이번에는 이쁜이를 그 집에 돌려보내지 않는다. 이튿날 이쁜이 어머니는

'필원이'를 시켜 딸의 세간을 모조리 찾아온다. 이발소의 귀여운 소년 재봉이는 젊은 이발사 '김서방'과 밤낮 다툼을 하면서도 좀처럼 이발소를 떠나지 않는다. 이제 얼마 안 가서 이발사 시험에 합격하리라는 것이 이발소 주인의 말이다.

1930년대 모더니즘계열 소설의 대표작 중의 하나인 『천변 풍경』은 발표 당시부터 이 작품이 가진 기법상의 새로움과 세태소설적인 주제의식에 대한 주목을 끌었다. 물론 이 작품은 임화 등의 평론가들에 의해 '세태의 묘사'에만 한정된 '파노라마적 트리비얼리즘'이라는 비판을 받기도 했다. 박태원의 『천변풍경』은 사상이나 이념을 대신 당대인들의 삶을 일상의 차원에서 소박하게 묘사하고 있는 경우이다. 이런 특징과 관련하여 이야기 속에 등장하는 어떤 인물에게서도 당시의 민족적·계급적 모순에 대한 자각이 나타나지 않는다는 비판 또한 가능하다. 그러나 청계천 복원이 이루어진 오늘의 관점에서 볼 때 『천변풍경』의 의미는 새로운 것일 수밖에 없다. '천변'으로 상징되는 서민계층의 삶에 대한 작가의 애정은 지금 우리들에게 있어서는 당대 역사에 대한 복원을 의미하는 것이기 때문이다.

◉ 천변풍경
•박태원─문학과지성사 •박태원─깊은샘 •박태원─빛샘

트리비얼리즘은 평범하고 통속적인 흔해빠진 일을 가리키는 말로서, 예술에서 필요 이상의 세밀한 묘사를 비판하는 의미로 쓰인다.

012
광장 廣場

최인훈(1956-)

『광장』은 남북 분단의 문제를 이데올로기적인 측면에서 다룬 최인훈의 장편소설로서 1960년 「새벽」에 발표되었다. 전후 최대의 문제작으로 평가받고 있는 『광장』은 시간적으로는 해방 이후부터 6·25 때까지, 공간적으로는 서울과 평양 그리고 낙동강 전선과 남지나해의 선상을 배경으로 삼아, 역사와 민족·인간적 실존의 문제 등을 심도 있게 그리고 있는 작품이다.

『광장』의 탄생은 1960년대 한국사회의 성숙과정, 특히 '4·19혁명체험'과 긴밀하게 연결되어있다. 이야기의 서두에서 작가는 "구 정권하에서라면 이런 소재가 아무리 구미가 당기더라도 감히 다루지 못하리라는 걸 생각하면서, 빛나는 4월이 가져온 새 공화국에 사는 작가의 보람을 느낍니다"라고 토로하고 있다. 한국 현대사 가운데서 '4·19민중혁명'은 사회 전반적으로 민주주의의 가치를 확산시킴과 동시에 민족 통일의 의지를 표현한 시민계층의 운동이라는 의미를 띠고 있다. 분단과 이념의 문제를 본격적으로 다루고 있는 『광장』의 창작은 이러한 시대정신에 힘입은 결과이다. 이야기의 주인공 이명준은 해방 직후 대학을 다닌 청년으로 설정되어 있으나, 실제로는 4·19 직후 지식 청년들이 품었던 의식과 가치관

을 대변하는 인물로 볼 수 있다.

『광장』의 이야기 전개는 주인공 이명준의 회상 형식을 취하고 있다. 주인공 이명준은 중립국을 향해 나아가고 있는 배 타고르 호에서 자신의 지난 삶을 회상한다. 분단과 이념, 개인과 사회, 사랑과 구원의 문제 등 『광장』의 주요 주제들은 이런 회상 과정을 통해 하나씩 제출되고 있다. 이 과정에서 독자들은 한국 문학사에서 매우 드물게 경험하는, 최인훈 문학 고유의 관념성·사변성과 마주치게 된다.

주인공인 철학도 '이명준'은 전쟁 전에 월북한 거물급 남로당원 아버지 때문에 형사로부터 고문과 폭행을 당한다. 두 차례에 걸친 육체와 정신의 고통스런 경험으로 만신창이가 된 명준은 남한의 타락과 방종에 가까운 자유, 부조리한 상황에 염증을 느낀 나머지 애인 '윤애'마저 남겨둔 채 월북을 감행한다. 그러나 그는 북한 땅에서 젊은 여자와 재혼하여 안락한 생활을 하고 있는 아버지에게 실망하는 한편, 북한사회 또한 이데올로기와 허위의식에 지배되고 있음을 확인하고 강한 환멸을 느끼게 된다.

북한 땅에서 명준은 아버지의 주선으로 〈노동신문〉 편집기자로 일하게 되지만 간부들로부터 번번이 기사에 대한 지적과 비판을 받게 된다. 한번은 남만주에 있는 조선인 콜호즈를 방문하고 돌아와 쓴 기사가 동료로부터 개인주의적이고 소부르주아적인 잔재를 청산하지 못했다는 비판을 받고, 자아비판까지 강요당한다. 신문기자 생활에 염증을 느낀 명준은 직접 노동현장에 투신할 결심을 한다. 그러나 명준은 야외극장 건설공사 인부로 일하던 중 실족하여 부상을 당한다. 이때 단체로 병문안 온 국립극장 소속 무용단원 '은혜'를 만나 깊은 사랑에 빠지게 된다. 그 자신이 가진 사회에 대한 환멸과 그로 인한 심적 고통을 보상이라도 받으려는 듯 명준은 은혜에게 집착한다. 그러나 은혜는 명준의 설득에도 불구하고 모스크바 순회공연단의 일원으로 평양을 떠나버림으로써 두 사람은 헤어지고 만다.

6·25전쟁이 발발하자 전장에 투입된 명준은 정치보위부 간부가 되어

서울에 입성한다. 서울에서 과거 자신이 은혜를 입은 집의 자식인 '태식'이 간첩혐의로 붙들려 오자 명준은 그에게 무차별 구타를 가한다. 그는 지금은 태식의 아내가 된 윤애마저 겁탈하려든다. 그러나 철저한 악한이 되어 다시 태어나기로 결심했던 명준은 자신의 내부로부터 솟아오르는 걷잡을 수 없는 눈물에 허물어지고 만다. 태식과 윤애를 몰래 놓아준 명준은 낙동강 전선에 종군하라는 명령을 받는다. 전황은 갈수록 인민군에 불리해지고 날마다 치열한 공방전이 계속되던 전선에서 명준은 뜻밖에도 자신을 그리워하며 간호병으로 자원해 내려온 은혜를 만난다. 동굴에서 이루어진 재회의 기쁨을 뒤로 하고, 명준의 아이를 가진 은혜는 유엔군의 포격과 폭격으로 이튿날 사망한다.

이후 명준은 포로가 되어 거제도 수용소에 갇힌다. 판문점에서 송환심사가 시작되었을 때, 명준은 남도 북도 아닌 '제3국'을 선택한다. 북과 남양측의 설득자들은 서로 제 나라를 택하라고 권유하지만 두 사회는 모두 명준에게 환멸과 절망만을 안겨주었을 뿐이다. 명준은 남이나 북 모두 인간답게 살 수 있는 곳은 아니라는 생각을 하고 있었다. 중립국으로 가는 인도 선박 타고르 호에 승선한 명준은 평소 익힌 영어 덕택으로 통역 일을 보며 선장과 스스럼없이 이야기를 주고받는 사이가 된다. 명준은 타고르 호가 인천항을 떠날 때부터 줄곧 자신을 따라오고 있는 두 개의 시선을 의식한다. 그것은 배 주위를 선회하며 계속 자기 곁을 맴돌고 있는 크고 작은 두 마리의 갈매기였다. 그 두 마리의 갈매기에서 명준은 사랑했던 은혜와 자신의 딸의 모습을 본다. 그리고 명준은 자기 눈앞에 펼쳐져 있는 푸른 광장, 바다에 뛰어들어 자살한다.

『광장』의 주제를 파악하기 위해서는 이 작품에 등장하는 '광장'과 '밀실'의 의미를 정확하게 이해할 필요가 있다. '광장'은 사회 구성원들이 공동의 이념을 추구하면서 바람직한 사회 건설을 위해 토론하고 실천하는 공간이다. 반면, '밀실'은 개인이 삶의 행복을 추구하고 사랑을 나누며 자신의 역량을 키워가는 공간이다. 작가가 생각하는 바람직한 사회는 광장이

건재하되 밀실 또한 존중되는 어떤 사회이다. 주인공 이명준은 철학도로서 밀실에서 현실적인 이유로 광장을 찾아 월북하고, 그 광장에서 절망한 후 은혜와 밀실의 삶을 기도한다. 그리고 다시 전쟁이라는 광장을 거쳐 아무도 그 자신의 존재를 알 수 없는 '광장 속의 밀실'인 중립국을 선택한다. 결국 이명준은 남과 북 어디에서도 그가 바라는 진정한 사회를 발견하지 못했던 것이며 그 결과로서 그는 중립국으로 가는 타고르 호 선상에서 삶을 포기하고 만다.

이야기의 결말에서 자살이라는 주인공의 선택은 남한과 북한 어느 사회에서도 그 자신이 살아갈 수 없다는 절망의 결과로 제시되고 있다. 인간과 세계에 대한 투쟁을 모두 상실해버리고 절망과 체념에 인도되고 있는 이 주인공의 삶은 매우 비극적이다. 『광장』이 그리고 있는 지식인 주인공의 비극적 삶은 한국 현대사의 질곡에 대한 비판에 다름 아니다. 주인공의 삶을 비극으로 이끌고 있는 '이념'의 대립과 '분단'의 상황이 여전히 지속되고 있다는 점에서 『광장』이 던지고 있는 물음은 아직도 유효하다.

◉ 광장
• 최인훈－문학과지성사 • 최인훈－동아출판사 • 최인훈－동서문화사 • 최인훈－중앙일보사

013

분지 糞池

남정현(1933-)

『분지(糞池)』는 1965년 3월 「현대문학」지에 발표 당시 필화사건을 불러일으킨 문제작이다. 『분지』는 발표 직후, 반공법 위반혐의로 이른바 '분지파동'을 불러일으켰다. 작가 남정현은 『분지』 이전에 이미 「부주전상서(父主前上書)」(1964.6)를 통해 미국 문제를 정면으로 제기했을 뿐만 아니라 정치권력과 사회부조리에 대한 비판을 과감하게 행한 바 있다. 『분지』의 문제성은 지금도 여전히 자유롭게 이야기할 수 없는, 미국이라는 제국에 대한 비판적 인식을 표현한 작품으로 당대적 상황을 감안하면 '예외적인' 경우라 할 수 있다. 『분지』에는 미군에 의해 파괴된 한 가족의 삶이 그려지고 있는데 여기서 작가는 '우의적인' 수법을 통해 외세문제를 민족 전체의 문제로 끌어올리고 있다.

『분지』의 서사 구조는 우화의 형식을 취하고 있다. 이야기는 활빈당의 수령으로서 부패한 조정의 무리들을 혼비백산케 하고 비천한 대중들을 구제한 홍길동의 10대손인 '홍만수'가 향미산 정상에서 펜타곤 당국에 포위된 채, 죽은 '어머니'에게 그간의 자기 이야기를 들려주는 형식으로 진행된다. 이야기의 출발점은 해방 직후로 거슬러 올라간다.

만수의 어린 시절, 해방을 맞은 기쁨에 들뜬 어머니는 깨끗하게 몸단장

을 하고 아이들과 함께 남편이 빨리 돌아오게 해 달라고 기도를 올린다. 무섭고 훌륭한 아빠가 오신다는 말에 만수와 분이는 온갖 기대에 부풀어 기다린다. 그러나 어머니는 저녁 늦게, 절망스럽도록 이지러진 표정에 옷을 찢기고 피 묻은 몸으로 짐승 같은 소리를 지르며 돌아온다. 이렇게 무서운 모습을 한 어머니는 돌아오자마자 옷부터 벗어 내던지고, 알몸으로 가랑이 사이를 쥐어뜯으며 고래고래 소리를 지른다. 아무데나 침을 탁탁 뱉어대며 어머니는 만수의 머리를 낚아채 당신의 가랑이 사이에 들이민다. 악취와 두려움 속에서 만수는 어머니의 음부를 속속들이 들여다본다.

독립투사인 아버지는 결국 돌아오지 않았고, 어머니는 미군한테 강간을 당한 충격에 끝내 미쳐서 죽는다. 외가에 가서 자라던 만수는 6·25를 맞아 군복무를 마치고 제대했으나 여전히 생활은 암담했다. 거리를 방황하던 중에 우연히 만난 누이동생 '분이'가 미군 상사 스피드와 동거 생활하고 있음을 알고 통곡을 했지만, 오히려 스피드 상사에 의탁하여 미군물품 장사를 하면서 살아간다.

그런데 '스피드' 상사는 밤마다 분이를 괴롭히며, 본국의 마누라 것은 그렇지 않다면서 분이의 하반신을 두고 이러니저러니 학대와 폭언을 일삼는 것은 오빠로서 참을 수 없는 일이었다. 차마 항변도 못하고 스피드 상사의 발길질을 견뎌내며 우는 분이의 울음소리를 들으며 따라 울기만 하던 만수는 커다란 의문에 휩싸인다. 스피드 상사의 본부인, 즉 미세스 스피드의 하반신은 어떻게 생겼을까. 속 시원히 떠들어보고 의문을 풀어야만 미치지 않을 것 같은 심정이었다. 그러던 어느 날 스피드 상사의 부인이 본국에서 건너온다. 만수는 '비취'라는 애칭을 가진 그녀를 향미산으로 유인해 한 가지 청을 한다. 그가 여사의 하반신 때문에 밤마다 곤욕을 치르는 분이의 딱한 사정을 밝히고, 여사의 국부의 비밀스런 구조를 확인해서 그 됨됨이를 분이에게 알려주고 시정을 촉구하는 방향으로 나가야 하지 않겠느냐고 하자, 미세스 스피드는 비명을 지르며 그의 뺨을

후려친다. 만수는 엉겁결에 달려들어 미세스 스피드를 덮친다.

이 사실을 알게 된 펜타곤 당국은 정예사단과 미사일을 동원하여 만수가 숨어있는 향미산을 포위한다. 그리고 만수를 학살하겠다는 경고에 주변의 주민들은 공포에 떤다. 만수는 자기 출신구 국회의원을 찾아가서 구원을 요청하나 거절당하고 만다. 그는 눈앞이 캄캄했다.

드디어 만수는 어머니의 영혼을 향하여 자신의 처지를 호소하면서 세상의 잘못됨을 개탄한다. 그리고 저승에 계신 어느 유공자에게 부탁하여 미래를 창조하는 역사의 대열에 자기를 참여케 해 달라고 애원한다. 그러는 가운데 향미산 폭파 시각은 1분 전으로 다가온다. 홍길동의 정신과 비방을 이어받은 만수는 조금도 겁내지 않는다. 만수는 태극무늬로 아롱진 런닝셔츠를 찢어 한 폭의 찬란한 깃발을 만들 것을 결심한다. 이어 그는 "제가 맛본 그 위대한 대륙에 누워있는 우윳빛 피부의 그 윤이 자르르 흐르는 여인들의 배꼽 위에 제가 만든 이 한 폭의 황홀한 깃발을 성심껏 꽂아놓을" 것을 다짐한다. 그 깃발을 꽂아 그들의 심령을 뿌리째 흔들어 놓겠다고 만수는 어머니에게 다짐한다. 그리고 자신은 쉽게 죽지 않을 것이라며 크게 웃는다.

『분지』는 발표 이듬해 작품이 북한의 「통일전선」에 전재(1965.5.8)되었다는 이유로, 작가가 구속되고 작품 역시 독자들로부터 차단되었다. 해방이 곧 미군정의 점령이었고, 이후 남한의 현대사는 미국에 대한 예속의 역사였다는 것, 그리고 그에 대한 분노와 저항을 신랄한 풍자적 우화로 담아낸 『분지』는 그 내용과 형식의 측면에서 우리 문학사에서 특기할 만한 작품으로 남았다. 『분지』는 글로벌리즘을 외치는 오늘의 현실 속에서도 여전히 지속되고 있는 제국주의의 문제와 탈식민의 과제를 진지하게 생각해보게끔 만드는 작품이다.

● 분지
•남정현-실천문학사 •남정현-동아출판사 •남정현-한겨레

014
서울, 1964년 겨울

김승옥(1941-)

『서울, 1964년 겨울』은 1965년 「사상계」 6월호에 발표된 김승옥의 소설이다. 1964년 서울 거리를 배경으로 삼아 '인간적 유대를 상실한 현대 사회의 소외'라는 60년대적 의식의 단면을 형상화한 작품이다. 1960년대 한국 사회가 도달한 성숙의 한 측면은 '개인'의 발견과 대두 과정으로 나타난다. 당시 한일 기본조약 반대와 한미 행정 협정 개정을 요구하며 시위에 나섰던 학생들은 계엄을 선포한 군사정권에 패배한다. 그리고 4·19 혁명이 가져온 해방과 자유의 체험 역시 군사정부에 의해 억압됨으로써 '개인들'은 일상적이고 사소한 실천의 영역으로 밀려나게 된다. 이러한 양상은 당시 농촌공동체의 붕괴와 산업화의 진전에 따라 심화되는 개인주의적 세계관과 나란히 놓인다.

서울 1964년 겨울, 밤거리 선술집에서 '나'와 '안' 그리고 '외판원 사내'는 우연히 만난다. '나'는 시골에서 자라 고등학교를 졸업하고 육군 사관학교에 시험을 보았다가 떨어졌다. 군을 제대한 '나'는 지금 구청 병사계에서 근무하고 있다. 대화를 통해 자연스럽게 내 소개를 하자, 도수 높은 안경을 쓴 '안'이라는 청년이 나와 동갑인 스물다섯 살이고 대학원에 다니고 있다고 자기소개를 한다. 본인이 직접 자세한 말을 하지는 않았지만 '안'

은 부잣집 장남이라는 사실을 알 수 있다.

이렇게 나와 안은 서로 자기소개를 한 후 대화를 계속한다. 새까맣게 구운 참새를 입에 넣고 씹으며 날개를 연상했던지, 날지 못하고 잡혀서 죽는 '파리'에 자신들을 비유한다. '나'는 이미 삶의 현실에서 좌절을 맛본 후였기 때문에 다소 감각이 둔해진 상태. 부잣집 아들인 '안' 역시 밤거리에 나온 이유는 크게 다를 바가 없다.

둘은 쾌활한 음성으로 이 선술집에서 나가 어디 따뜻한 데 가서 정식으로 한 잔한 뒤 헤어지자고 말한다. 안은 이렇게 밤거리를 쏘다닌 밤에는 꼭 여관에 가서 자는 것이 자기의 취향이라고 말한다. 그 말을 신호로 둘은 자리에서 일어나 술값 계산할 준비를 한다. 그때 제법 깨끗한 코트를 입고 머리엔 기름도 얌전히 바른, 그렇지만 어딘지 모르게 가난뱅이 냄새가 나는 삼십대의 한 남자가 동행을 간청한다. 사내는 중국집에 들어가 음식을 사면서, 자신은 서적 외판원이며 행복한 결혼 생활을 했으나 오늘 아내가 죽었다는 것, 그리고 그 시체를 병원에 팔았지만 아무래도 그 돈을 오늘 안으로 다 써 버려야 하겠는데 같이 있어 줄 수 있겠느냐는 요청을 한다. 셋은 음식점을 나온다.

그때 소방차 두 대가 요란한 사이렌 소리를 내며 지나간다. 셋은 택시를 타고 그 뒤를 따라 불구경에 나선다. 사내는 불길을 보더니 불 속에서 아내가 타고 있다는 환각에 사로잡힌다. 그는 갑자기 '아내'라고 소리치며 쓰다 남은 돈을 손수건에 싸서 불 속에 던져 버린다. 결국 그 돈은 다 쓴 셈이 되었고 '나'와 '안'은 돌아가려 하지만 사내는 혼자 있기가 무섭다고 애걸한다. 셋은 거리로 나와 여관으로 들어간다. 사내는 같은 방에 들자고 했지만 '안'의 주장으로 각기 다른 방에 투숙한다. 다음날 아침 사내는 죽어 있었고, '안'과 '나'는 서둘러 여관을 나온다. '안'은 사내가 죽었을 것이라고 짐작했지만 도리가 없었노라고, 그를 살릴 수 있는 유일한 방법은 그를 혼자 두는 것이었다고 말한다. 우리는 스물다섯 살짜리지만 이제 너무 많이 늙었음에 동의하면서 헤어진다. '나'는 '안'과 헤어져 버스에 오른다. 무엇인지 골똘히 생각하고 있는 그의 모습이 차창 밖으로 비춰진다.

『서울, 1964년 겨울』에 등장하는 세 남자는 포장마차라는 장소에 각자 술을 마시러 왔다가 우연히 만나게 된 경우이다. 그들은 서로 내밀한 이 야기를 나누지만 결코 어떤 '의미 있는 공동체'로 발전하지 못하고 있다. 그들은 자못 심각하고 진지한 것에 대하여 말을 주고받지만 뚜렷한 가치 의 지향점이라고 할만한 것은 아무 것도 없다. 그들이 알고 있는 것, 느꼈 던 것만을 주고받을 뿐이다. 그런데 삼십대의 외판원 '사내'는 자신의 모 든 것을 얘기하면서 자신의 고뇌와 비애를 공유할 것을 간청한다.

작가는 '나'와 '안'의 대화와 행동을 통해 도시적 삶의 파편화, 곧 개인주 의의 심화를 드러내고 있다. 어떤 사람에게는 죽음에 이를 만큼 슬픈 사 건이 타인에게는 넘어서지 못할 장벽을 통해 밋밋하게 와 닿는 것일 뿐, '혼자만의 몫'이라는 것, 그리고 그것을 받아들이기 어려운 사람과 받아들 이며 늙어가는 사람들의 의식에 이야기의 초점을 두고 있다. 이렇게 소외 된 의식의 내면을 섬세하게 파헤치는 『서울, 1964년 겨울』은 현대소설의 내성적 경향을 두드러지게 보여주는 작품이다. 그리고 이러한 특징들 때 문에 작가 김승옥은 개인의 발견과 자아의 탐구에 치중하는 1960년대 기 교주의 문학의 대명사처럼 일컬어지고 있다.

이 작품에 등장하는 '나'와 '안'은 심각하고 진지한 것에 대한 거부감-엄 숙주의에 대한 비판의식을 보여주고 있다. 대체로 진후에 이르기까지 한 국 소설사는 개인의 존재에 관심을 두지 않았다. 그때까지 소설에 등장하 는 대부분의 인물들의 성격이 공동체의 역사와 현실의 부분으로 존재하 는 개인이었다는 점을 생각하면 1950년대의 도덕주의적 엄숙문학의 경향 을 탈피하여 개인의 문제를 미시적인 일상의 시각에서 탐구한 『서울, 1964년 겨울』은 한국 문학사에서 처음으로 '개인'의 진정한 의미를 묻고 있는 작품으로 평가된다.

◉ 서울―1964년 겨울
• 김승옥―일신서적출판사 • 김승옥―심중당 • 김승옥―심지 • 김승옥―문성당

015
부초 浮草

한수산(1946-)

『부초』(1977)는 「세계의 문학」에서 주관하는 제1회 '오늘의 작가상' 수상작인 한수산의 장편소설로 일월곡예단이라는 떠돌이 서커스 단원들의 뿌리 뽑힌 삶을 그린 작품이다. 한수산이라는 이름을 70년대를 대표하는 작가의 반열에 올려놓은 『부초』의 소재와 주제는 매우 이색적인 것이다.

『부초』에서 작가는 당대 한국사회의 본질을 떠돌이 곡예단원의 삶을 통해 제시하고 있다. 이 작품이 그리고 있는, 시대의 변화에 따라 부침을 거듭하며 소멸의 처지에 내몰린 곡예단원들의 삶 속에서 한국 현대사에 불어 닥친 변화의 한 국면은 인상적으로 그 자신의 모습을 드러낸다. 한수산의 『부초』가 그리고 있는 삶은 한 개인이나 특정 집단에 국한된 것이라기보다는 우리의 고달픈 인생 여정에 대한 시적 은유로서 폭넓은 보편성을 획득하고 있다는 점에서 특징적이다. 그 이야기는 섣부른 이념에 의해 삶을 재단하는 것과는 분명하게 구별되는, 날것 그대로의 생생한 민중적 삶의 현실을 보여주고 있다.

1970년대 초반 무렵의 어느 해 초봄, 늙은 마술사 '윤재'는 후줄근한 모습으로 일월서커스단의 천막을 찾아든다. 윤재는 자신의 청춘을 서커스와 함께 보낸 인물이다. 지나친 음주로 인한 수전증 때문에 잠시 곡예단을 떠났던 윤재는 몸이 회복되자 다시 곡예단을 찾아오게 된 것이다. 나이 육십 줄에 가까우면서 독신으로 늙어온 윤재가 달리 살 길을 찾지 못하고 다시 곡예단으로 찾아들어온 것에 대해 하명은 비애감을 느낀다. 옛 단원들과 재회의 인사를 나눈 윤재는 여관방에서 곰의 동면과 같은 나날을 보낸다.

얼음이 풀리고 꽃소식이 찾아들자 서커스단은 북쪽으로 이동을 한다. 지방에는 농민 관객이 대부분이므로 농사철인 봄부터 가을까지 곡예단의 활동무대는 중부지방 일대가 된다. 수원의 어느 공터에 곡예단의 말뚝을 박은 단원들은 설렘과 함께 공연을 시작한다. 계절이 바뀌고 처음 열게 된 공연은 그럭저럭 성공을 보여 단원들은 활기를 찾는다. 단장 '준표'는 윤재가 오고부터 일이 잘 풀린다며 즐거워한다. 준표 역시 일생을 서커스와 함께 보낸 인물이다. 그와 윤재는 고용주와 고용인의 입장을 떠나 동료의식으로 맺어져 있는 관계이다.

공연이 진행되는 동안 하명과 지혜 사이에는 연정이 움트기 시작한다. 사생아로 곡예단에서 잔뼈가 굵은 하명과 고아로 곡예단에 팔려온 '지혜'는 남매처럼 지내온 사이였으나, 이제 성인이 되어 서로를 이성으로 대하게 되었다. 어둡고 아픈 과거를 같이 지닌 이들이기에 서로를 어루만져주는 사랑의 마음은 날로 깊어간다. 그러나 장래를 기약하는 이들에게 불행이 찾아든다. 어느 날 밤, 곡예단의 '규오'가 지혜를 겁탈하고 만 것이다. 그 일로 지혜는 곡예단을 떠나가고, 표독한 성격의 규오 또한 단원들에게 몰매를 맞고 쫓겨난다.

하명은 방황한다. 지혜를 용서할 수 없는 마음과 또 한편으로 연민의 감정 사이에서 하명은 괴로워한다. 하명의 비통함과 상관없이 곡예단은 유랑을 계속한다. 철 따라, 지역 따라 공연을 할 수 있는 곳을 끊임없이 찾아 떠돈다. 곡예단 사람들은 봄·가을에 얻은 수입으로 힘겹게 삶을 버텨나가지만, 시간이 흐를수록 관객은 점점 줄어들고 있는 형편이다. 급격한 시대의 변화가 부초와 같이 떠도는 유랑 곡예단 사람들의 삶에 짙은 음영을 드리울 즈음 단장 준표는 중풍으로 쓰러지고, 일월 스커스단의 운명은 결정적 위기를 맞게 된다.

노동판의 감독으로 떠돌던 준표의 동생 '광표'가 새로운 감독으로 들어오면서 곡예단의 분위기는 삭막하게 변해간다. 광표는 자기 잇속 차리기에 급급하다. 그는 교묘한 방법으로 단원들의 일당을 가로 채는가 하면, 자신에게 복종하는 사람들로 단원들을 교체해나간다. 점점 스산해지는 곡예단의 운명을 예감이라도 한 듯 윤재는, 대전의 어느 술집에서 아크로바트 공연을 하던 지혜를 만난 비밀을 가슴에 묻어둔 채, 곡예단 천막 앞에서 삶을 다한다.

윤재의 죽음 후, 하명과 덕보·칠룡 등 일월 서커스 단원들은 광표에게 저항을 하기 시작한다. 통 굴리기 공연에서 실수를 한 '석이네'를 광표가 구타한 날, 단원들의 분노는 드디어 폭발한다. 석이네는 맺어지지 못할 남자와 인연을 맺어 얻은 석이를 혼자 길러오다 그마저 아이 아버지에게 딸려 보내게 되자 자포자기의 삶을 살고 있는 불쌍한 여인이다. 그러나 곡예단원들은 단장 광표가 받아들인 새 단원들에 의해 결국 쫓겨나게 된다.

그날 밤, 분장실에서 술에 취해 자신을 비관하던 석이네의 실수로 화재가 일어난다. 불타버린 곡예단의 천막을 뒤로 한 채, 하명은 "어디엘 가 있든 내가 디디고 있는 땅이 무대가 아니겠어. 하늘이 천막이지. 시퍼렇게 살아 있는 목숨 가지고 어디든 발을 붙여 볼란다"라는 비장한 다짐을 하면서 덕보·칠룡 등과 함께 새로운 삶을 찾아 떠난다. 곡예단 사람들의 소외된 삶을 그리고 있는 『부초』는 그 결말에서 삶에 대한 마지막 희망을 제시함으로써 작가의 진한 휴머니즘을 표현하고 있다. 곡예단이 잿더미로 변해 버린 비극적인 상황 속에서도 주인공 하명을 비롯한 단원들은 좌절하지 않고 새로운 길을 걸어감으로써 인간의 끈질긴 생명력을 보여 주고 있다.

한수산 문학의 고유함은 감각적 언어의 능란한 구사와 그 언어가 빚어내는 산문시적 서정성에 있다. 한수산 소설의 시적 상상력은 인간과 시간의 대립에서 빚어지는 삶의 생성과 소멸의 과정을 서정적인 분위기 속에서 인상적인 방식으로 묘사하는 데 능란하다. 「사월의 끝」과 「대설부」 등의 작품에서도 인간의 삶과 시간은 갈등을 벌이면서 변화를 드러내는데 이러한 측면은 작가가 즐겨 선택하는 참담하고 비극적인 인간상황이란 소재와 맞물려 애잔하고 우울한 서정을 빚어낸다.

『부초』에서 작가는 마치 인생의 축도와 같은 서커스단의 속성을, 사라지는 것에 대한 따뜻한 애정의 눈으로 섬세하게 묘사하고 있다. 이 작품이 쓰인 1970년대 중반의 한국 사회를 염두에 둘 때,『부초』는 산업화로부터 소외된 당대인의 비애와 아픔을 선명하게 그리고 있는 경우이다.

◉ 부초
• 한수산―민음사 • 한수산―동아출판사

016
당신들의 천국

이청준(1939–)

『당신들의 천국』은 1976년 발표된 이청준의 장편소설로 소록도에 유폐된 나환자들의 이야기를 소재로 삼고 있다. 이야기는 총 3부로 구성되어 있다. 이 작품의 표면적 줄거리는 '당신들의 천국'을 건설하겠다는 조백헌의 꿈이 나환자들과의 대립을 통해 실패한 뒤 화해에 이르게 된다는 것으로 나타나고 있지만, 작가의 진정한 의도는 '인간 사회는 천국을 만들 수 있는가'라는 삶에 대한 물음에 놓여 있다고 볼 수 있다. 작품의 줄거리 속에서 이 질문에 대한 작가의 대답은 대체로 '권력은 사랑과 자유에 기초하지 않으면 안 된다는 것과, 인간의 천국은 다른 인간의 천국과 대립해서는 안 된다'라는 두 가지 측면으로 제시되고 있다.

『당신들의 천국』의 이야기 무대는 나환자들의 집단 거주지인 소록도이다. 이야기의 주인공은 5·16 쿠데타가 있은 지 얼마 뒤 군복 차림으로 소록도 병원의 원장으로 부임해온 '조백헌' 대령이다. 그는 나름의 열정을 가지고 소록도를 나환자들의 천국으로 꾸미고자 노력하는 인물이다. 그러나 조백헌의 생각은 소록도의 나환자들과 갈등을 일으킨다. 조 원장 밑에서 보건과장으로 봉직하다가 섬을 떠난 '이상욱'은 그에게 다음과 같은 편지를 보내온다. "문둥이들만을 위한 천국—여기에 또한 원장님의

그 눈에 보이지 않는 또 다른 모습의 철조망이 마련되고 있었던 것입니다. (중략) 원장님께서는 저들을 그냥 한 인간으로서가 아니라 특수한 조건과 양보 위에 그것을 수락할 수 있는 문둥병 환자로서만 이해하려 하심으로써 오히려 저들로 하여금 원장님 자신의 문둥이 천국을 짓게 하고 계신 것입니다." 이상욱은 천국을 건설하겠다는 조 원장의 포부와 실천을 처음부터 회의적인 시선으로 바라보는 인물이다. 조 원장이 '행동'의 인간이라면 상욱은 '관념'의 인간이다. 조 원장이 자신의 의지를 관철할 현실적 능력과 기반을 지니고 있다면, 상욱은 부단한 비판과 반성을 통해 자신을 구현하고자 하는 경우이다.

『당신들의 천국』에서 주인공 조 원장의 선의가 환자들과 갈등을 불러일으키는 이유는 이상욱과 황희백 장로에 의해 각각 '자유'와 '사랑'의 문제로 치환되어 제시되고 있다. 상욱의 입장에 설 때 환자들의 천국을 건설하려는 조 원장의 계획이 치명적으로 결여하고 있는 것은 비판의 자유이다. 원장의 의도가 더 없이 훌륭하고 그 결과가 아름다운 것일지라도 천국의 거주민인 환자들이 자신의 문제를 스스로 판단할 수 있는 자유를 행사하지 못한다면 그것은 가짜 천국일 뿐이라는 것이다.

그러나 '황장로'는 상욱의 자유조차도 사랑이라는 좀더 근본적인 덕목 없이는 불완전한 것임을 역설한다. 자유가 천국 실현을 위한 제도적 장치라면, 사랑은 그 종교적 근거를 이루기 때문이다. 이런 작품의 줄거리를 염두에 둘 때, 자유와 사랑이라는 두 가지 요건, 그리고 실제로 천국 건설을 추진할 실천적 힘이 결합돼야 한다는 것이 『당신들의 천국』이 보여주는 유토피아관이라 할 수 있을 것이다.

소록도라는 실제 섬을 무대로 그 섬의 주민들인 나환자들의 이야기를 다루고 있는 『당신들의 천국』은 실화를 바탕에 둔 작품이다. 주인공인 조백헌 원장의 경우, 실제로 두 차례에 걸쳐 소록도 병원장을 지낸 조창원 씨를 모델로 삼고 있다. 나환자 선수들과 일반 선수들과의 축구 경기, 오마도 간척사업 등은 조창원 원장 시절 실제 있었던 일이다. 『당신들의 천국』이 실화에 바탕을 두고 있다는 점과 함께 더욱 흥미로운 것은 이 작품이 가진 알레고리적 의미이다. 이야기의 서두에 군복 차림으로 소록도에 부임하는 조백헌 원장은 박정희 국가재건최고회의 의장을 떠올리게 만든다. 이야기의 전개과정에서 조 원장과 박정희의 유비관계는 더욱 뚜렷해지고 있다. 오마도 간척사업을 독려하기 위한 지시문에서 사업을 반대하거나 비방하는 일을 금지하고 있는 대목은, 유신헌법에 대한 반대 의견을 처벌하는 박정희의 긴급조치를 연상시킨다.

자유 없는 권력은 증오를 낳고, 사랑 없는 권력은 강요된 의무만을 요구할 뿐이라는 비관적 세계관을 도출하고 있는 『당신들의 천국』은 1970·80년대 한국사회의 상징적 축도라는 의미를 띠고 있다. 여기서 한 걸음 나아갈 때, 이 작품은 전인류적인 차원의 문제로서 유토피아의 본질에 대한 물음을 던지고 있다고도 볼 수 있다. 이 소설에서 유토피아는 본질적으로 결함을 가지고 있는 잘못된 유토피아, 그러니까 디스토피아일 수밖에 없는 것으로 나타난다. 이러한 측면은 천국의 주체가 '우리들'이 아닌 '당신들'이라는 데에서 극명하게 드러난다. 그것은 '우리들의 천국'이 아니라 '당신들의 천국'일 뿐이라는 작가의 문제의식은 인간과 사회에 대한 근본적 성찰이라는 점에서 지금도 여전히 유의미하다. 우리는 아직도 저마다의 유토피아를 내세우면서 타자를 억압하고 살해하는 시대를 살고 있기 때문이다.

한국 문학사에서 『당신들의 천국』은 지배와 피지배, 유토피아와 디스토피아와 같은 웅대한 철학적 질문을 제기하고 있는 작품으로 기억될 것이다. 문학평론가 김윤식은 이 작품의 작가 이청준에 대해 "도스토예프스키의 주제에 도전한 최초의 한국작가"라는 찬사를 보내기도 했다.

◉ 당신들의 천국
•이청준─열림원 •이청준─동서문화사 •이청준─문학과지성사

유토피아(utopia)는 토마스 모어가 '부재하다'(ou-)와 '장소'(toppos)라는 두 말을 결합하여 만든 용어이다. 중세적 사회질서에서 근세적 사회질서로 옮아가는 서구 사회의 재편기에 출현한 이 용어는 이상 사회에 대한 인간의 집착과 욕망을 표현하고 있다. 동양의 경우의 경우에도 시인 도연명(陶淵明)의 「도화원기」((桃花源記)에 '복숭아꽃이 피는 아름다운 곳'을 의미하는 '이상향;이 등장한다.

디스토피아(dystopia):역(逆)유토피아를 의미한다. 유토피아와는 반대로, 세계의 미래를 어둡고 부정적인 이미지를 통해 그려내는 현실 비판적 사상을 가리킨다. A.L.헉슬리의 『멋진 신세계』(1932)와 G.오웰의 『1984년』(1949) 등을 예로 들 수 있다.

017
사람의 아들

이문열(1948-)

『사람의 아들』(1979)은 이문열의 장편소설로 「세계의 문학」지가 주관하는 제3회 '오늘의 작가상' 수상작이며 출간 당시부터 커다란 화제를 불러일으킨 작품이다. 이 작품은 1970년대 초반 작가가 군대에 입대할 무렵 쓰기 시작하여 1973년에 중편으로 완성되었고, 이후 장편으로 개작되었다. 작가가 많은 공을 들여 쓴 『사람의 아들』은 이문열 문학의 근원이자 대표작 중 하나로 볼 수 있다.

이문열 문학 가운데서 『사람의 아들』은 신화 혹은 역사적 모티프를 자신의 작품 속에 끌어들여 일종의 대체역사 또는 우화적 형식으로 재구성한 경우이다. 작품 내적 현실 자체가 다분히 당대의 현실상황을 우회적으로 비판하거나, 상징적으로 대체하고 있다는 점에서 소설적인 흥미를 더욱 고조시키고 있으며 주제의 관념성 또한 이러한 기법을 통해 극복하고 있는 경우이다.

이야기는 경찰서에서 시작된다. 형사계 유리창 너머로 나지막한 도회의 하늘과 그 아래 음울하게 웅크리고 있는 지붕들이 보인다. D서에 재직 중인 '남 경사가 창밖의 지붕들을 바라보고 있을 때, 이 주임이 살인 사건이 발생했다고 말한다.

타살된 시체는 인가에서 좀 떨어진 야간 길섶에 놓여 있었다. 피살자는 영생 기도원에 있던 '민요섭', 나이는 서른셋, 신학교 중퇴생이라고 했다. 남 경사는 민요섭이 다니던 신학교와 그가 살던 집을 수소문했으나 별로 신통한 단서를 찾지 못했고, 단지 일기장으로 보이는 노트 몇 권과 원고지 한 묶음을 찾아냈을 뿐이다. 그 노트와 원고 묶음에는 서툰 소설 형식의 글이 적혀 있었다. 남 경사는 '아하스 페르츠'라는 인물이 등장하는 그 글에 대해 묘한 흥미를 느끼며 빠져들기 시작한다.

로마 제정 초기 옥타비우스 오거스투스의 시절에 세 사람의 동방인이 아기 예수를 경배하고 나서, 천사의 지시대로 헤롯을 피해 귀로를 재촉하다가 에스트릴론 평원에서 재앙의 별 하나를 보게 되었다. 그 시각에 진정한 사람의 아들 아하스 페르츠가 태어났다. 나이가 들면서 그는 인간의 원죄를 부인하며, "원래 야훼는 엘 사따이 산에 은거하던 목양자의 신에 불과했다. 결국 야훼가 우리를 만든 것이 아니라 우리가 야훼를 만들었을 뿐이다"라면서 자기 나름대로의 사상을 수립하게 된다. 민요섭의 글은 미완인 채 끝나 있었다.

남 경사는 T시 그리고 I시로 행방을 추적하다가 조동팔이 민요섭의 주위에 있었다는 사실은 알게 되었지만 조동팔의 행방은 여전히 묘연했다. 수사과정에서 남 경사는 다시 민요섭의 노트 한 권을 입수하게 된다. 이후 조동팔을 쫓고 있던 남 경사는 그가 김동욱이라는 가명으로 김순자라는 여성과 함께 K읍에 있다는 사실을 알아낸다. 남 경사가 그의 집을 찾아갔을 때 그는 집을 나간 지 오래되었고, 김순자는 남편 민요섭의 글을 경전화해 놓은 대학 노트를 내놓았다. 그 글 속에서 아하스 페르츠는 인자(人子)로 지칭되어 있었다.

한편 폭행으로 교도소에서 복역하고 나온 김동욱의 행적을 추적하던 남 경사가 그의 집을 찾아갔을 때 그는 홀로 술을 마시고 있었다. 민요섭을 왜 죽였냐고 묻자, "우리의 신을 배반했기 때문이오"하고 그는 대답한다.

조동팔의 말은 계속 이어졌다. 그는 민요섭이 신을 배반하고 기독교로 돌아가겠다고 하면서 기도원에 들어가 버렸기에 칼을 품고 민요섭을 찾아갔다고 말한다. 조동팔은 민요섭이 가슴을 난자당하는 순간에도 담담하기만 했다고 고백했다. 이후 조동팔은 맥없이 쓰러졌고 병원으로 옮겼으나 의사는 그가 이미 열두 시간 전에 치사량의 몇 배가 되는 메틸 알콜을 마셨다는 사실을 말해준다.

조동팔은 죽기 전 마치 꺼져가는 촛불의 돌연한 연소처럼 강렬한 어조로 이렇게 말한다. "나까지 패배해서 쓰러졌다고는 생각하지 마시오. 지금 나를 부르는 것은 민요섭의 피지 우리의 신에 대한 절망이 아니오. 이 시각 이전에나 이 시각 이후에나 영원히 살아 있을 것은 우리의 신뿐이며, 설령 아무도 느끼지 못하더라도 그 고독한 신성(神聖)은 언제까지나 당신들의 머리 위에서 빛날 것이오……."

『사람의 아들』이 가진 흥미로움은 여기에 등장하는 아하스 페르츠의 일대기에서 비롯되고 있다. 아하스 페르츠는 기독교의 정사(正史)에 해당하는 성경-정경(正經)이 아니라 외경(外經) 속에 전해져 내려오는 인물이다. 외경에 의하면, 아하스 페르츠라는 인물은 이스라엘의 구두장이로서, 예수가 십자가를 지고 골고다로 가는 도중 어느 집 문 앞에서 쓰러졌을 때, 바로 그 집의 주인이었다. 그는 거기서 잠깐 쉬게 해달라는 예수의 청을 거절했기 때문에 예수의 저주를 받아, 예수 재림 때까지 죽지도 못하고 방황을 거듭하게 되었나는 악마적인 인물이다.

이야기 속에서 작가는 기독교의 원리와 질서체계에 회의를 품고 부정하는 민요섭의 반기독교적인 모습을 아하스 페르츠를 통해 표현하고 있다. 이 작품의 문제성은 후세 기독교인에 의해 사탄의 아들로 알려진 아하스 페르츠를 신에 의존하지 않고 인간 스스로 인간세상을 구하려는 진정한 '사람의 아들'로 그려냈다는 사실에 놓여있다. 작가의 이와 같은 문제의식이 당대의 시대정신에서 비롯된 것이라는 점 또한 고려될 필요가 있다.

◉ 사람의 아들
• 이문열—민음사 • 이문열—커뮤니케이션북스

외경(外經)은 외전(外典)·경외경(經外經)이라고 불리며 성경의 편찬 과정에서 제외된 종교 문서들로 이루어졌다. 『제1에스드라서』, 『제2에스드라서』, 『토비트』, 『유딧』, 『에스델』, 『지혜서』, 『집회서』, 『바룩서』, 『예레미야의 편지』, 『아자리야의 기도와 세 젊은이의 노래』, 『수산나』, 『벨과 뱀』, 『므낫세의 기도』, 『마카베오』 등이 이에 속한다. 처음에 이 책들은 불온서로 취급되어 일반 대중에게 금지되었다고 한다.

018

토지 土地

박경리(1927-)

　　『토지』는 박경리의 장편대하 역사소설로 1969년 6월부터 발표되기 시작하여 1995년 5부로 완결된 방대한 스케일의 작품이다. 이야기는 구한말에서 1945년 해방에 이르기까지의 시간적 배경과 진주 인근의 하동 평사리, 간도의 용정, 서울에 걸쳐있는 공간적 배경을 무대로 삼고 있으며, 수많은 인물들이 등장한다.

　　소설의 내용은 만석꾼 최씨 집안의 주인인 최치수가 마을 건달들에게 교살되면서 최씨 집안이 몰락의 길을 걷게 되어, 그 후예들이 일제의 눈을 피해 용정으로 야반도주하고, 그곳에서 재기하여 다시 옛 땅과 집을 사들여 귀향한다는 것으로 되어 있다. 『토지』는 한국 근현대사라는 장구한 시간적 배경과 다양한 계층의 많은 인물을 다루고 있는 만큼, 이야기 속에 등장하는 최서희라든가 길상·월선·용이 등 한 개인이 주인공이라기보다는 그들이 속해있는 당대의 '역사와 사회' 전체를 주인공으로 삼고 있다고 보아야 한다.

　　『토지』는 작가의 철저한 취재를 바탕으로 하여 당대 민중들의 삶을 사실적이면서도 극적으로 그려내고 있다. 평사리 마을을 중심으로 한 전반부에서부터 간도의 용정으로 이야기의 무대가 점차 확대되는 전편을 통

해 풍부하면서도 감칠맛 나는 토속어와 생생하고 개성 넘치는 인물에 대한 묘사가 전개된다.

이야기는 구한말 무렵 하동 평사리에서 시작된다. 평사리 최참판 댁의 정신적 지주인 '윤씨 부인'은 젊어서 남편을 잃은 뒤, 훗날 동학당 접주로 처형되는 김개주와 관계를 맺어 환이라는 아들을 낳는다. 환은 동학당이 되어 피신하다가 '구천'이란 가명으로 최 참판 댁에 피신하게 된다. 구천은 자신의 출생과정과 이복형 최치수의 부인 '별당 아씨'와 연모의 감정으로 괴로워하던 중 결국 그녀와 함께 지리산으로 도망친다. '최치수'는 재종형 조준구와 함께 방탕한 생활을 하다가 성적 불구자가 되고, '조준구'가 구해 준 총을 들고 구천과 별당 아씨를 찾아 지리산을 뒤지고 다닌다. 구천은 자신의 품안에서 별당 아씨가 숨을 거두자 연곡사 우관 스님을 찾아간다.

천민인 '귀녀'는 물욕을 품고 최치수에게 접근하여 씨를 받으려 하지만 실패한다. 그녀는 '김평산'과 음모를 꾸미며, 강 포수와 칠성이에게 몸을 허락하고 씨를 받는다. 최치수가 성적 불구자임을 알지 못하는 귀녀는 김평산으로 하여금 최치수를 살해하고, 자기 몸의 씨를 내세워 최씨 집안의 대를 이으려 하지만, 윤씨 부인이 알아채고 자백을 받아낸다. 김평산과 칠성은 죽음으로 죄 값을 치르고, 김평산의 아내 함안댁은 자살하며, 칠성의 아내 '임이네'는 마을을 떠난다. 힌편 '용이'는 무당의 딸 '월선'과의 사랑을 이루지 못하고 임이네와 관계를 맺어 '홍이'라는 아들을 얻는다.

윤씨 부인이 숨을 거두자 대가 끊긴 최씨 집안에 조준구가 꼽추 아들 병수를 데리고 들어와 주인행세를 한다. 고아가 된 '서희'는 조준구와 맞서 싸우지만 역부족이었다. 조준구의 학대에 불만을 품고 있던 마을 사람들은 최씨 집안으로 쳐들어가나 조준구는 이미 피신한 뒤였다. 서희와 길상은 재물을 챙겨 간도로 떠난다. 가문을 되찾으려 의지를 불태우는 서희는 간도 용정촌에 정착하여 길상과 공 노인의 도움으로 거부가 된다. 서희는 길상과 결혼하여 두 아들까지 낳는다. '상현'은 서희의 결혼에 충격을 받고 일본 유학을 떠나지만 한 곳에 안주하지 못한다.

서희와 헤어진 '봉순'은 기생 기화가 되어 미모와 가무가 뛰어난 기생으로 이름을 얻는다. 용이는 월선과 함께 용정에서 국밥집을 열지만 실패하고, 그의 아들 홍이는 청인의 소작인으로 일한다. 용이가 떠난 뒤 월선은 홍이와 함께 살다가 병으로 죽는다. 조준구 때문에 억울하게 죽은 정한조의 아들 '석이'는 복수를 위해 하인으로 신분을 위장하고 조준구의 집에 잠입하는 데 성공한다. 서희는 공 노인을 내세워 조준구로부터 빼앗겼던 토지와 재산 문서를 되찾고, 독립 운동을 위해 구천과 함께 떠나 버린 길상과 헤어져, 두 아들을 데리고 그리던 귀향길에 오른다. 귀향 후 진주에 정착한 서희는 조준구에게 오천 원을 주고 평사리의 본가를 되찾는다. 그러나 계명회 사건에 연루된 길상은 2년 형을 언도받고 복역하게 된다. '환국'은 아버지 길상의 뜻을 이어받으려 하지만, 서희의 권유로 일본 와세다대학 법과에 입학한다.

상현은 일본 유학에서 돌아와 기화를 모델로 소설을 쓰고자 하지만 정신적인 방황을 거듭한다. 상현을 사모하던 '명희'는 자신의 사랑이 거부되자 조용하의 후처로 들어가지만 그 결혼생활은 실패로 끝나고, 기화 또한 상현의 딸 양현을 낳은 뒤 서희 곁을 떠난다. 기화는 자신을 사모해온 '정석'의 설득으로 다시 평사리에 돌아오지만 석이가 학교에서 쫓겨나고 가정파탄이 일어나자 섬진강에 투신하여 목숨을 끊게 된다. 그 사실을 전해들은 상현은 방랑을 끝내고 소설을 써서 그 고료를 자신의 딸 '양현'을 위해 써 달라는 편지를 명희에게 보낸다. 명희는 양현을 데려가려고 하나 서희는 이를 거부하고 양현을 친자식처럼 키운다.

박경리의 『토지』는 역사소설의 얼개를 취하고 있지만 그 형식적 한계를 넘어서서 개성적인 인물의 상이한 운명과 역사의 상관성을 깊이 있게 표현하고 있다는 점에서 독특한 문학사적 위상을 차지하고 있다. 윤씨부인, 별당 아씨, 서희로 이어지는 최씨 가문 가족사의 드라마는 문명개화, 한일합방, 3·1운동, 의병운동 등 한국 근현대사의 맥락과 나란히 펼쳐지고 있다. 그런 점에서 이 작품에서 펼쳐지고 있는 최씨 집안의 몰락과 재기 과정은 한민족의 몰락과 재건을 의미하는 것이기도 하다.

『토지』는 4세대에 걸친 인물들의 이야기를 펼쳐 보여주고 있다. 윤씨 부인을 비롯한 구한말 세대가 윗자리를 차지하고 있고, 최치수와 김환·용이·월선과 같은 식민지 초기 세대가 두 번째 세대에 해당한다. 이들 식민지 초기 세대는 봉건적 인습의 굴레와 문명개화라는 새로운 가치의식 사이에서 첨예한 갈등을 겪는다. 이야기의 중심에 서 있는 서희와 길상은 세 번째 세대로서 식민지 후기 민족과 개인의 지향점에 대한 모색을 보여주는 다양한 인물형을 빚어내고 있다. 그리고 이들 자식 세대의 이야기 속에서 빈부의 갈등, 역사적 사건과 개인의 운명의 충돌은 더욱 심화되는 양상을 보여준다.

한국문학사의 기념비적인 작품 『토지』는 우리의 근현대사를 배경으로 하여 전통 사회의 붕괴과정에서 일어나는 질곡과, 격변하는 시대 상황 속에서도 끝내 우리 땅을 지키려 했던 민족의 질긴 생명력을 탁월하게 그려낸 작품이다. 현재 『토지』는 영어·불어·일어로 번역되어 세계인들에게 널리 읽히고 있다.

◉ 토지
· 박경리─나남 · 박경리─이룸

019
태백산맥 太白山脈

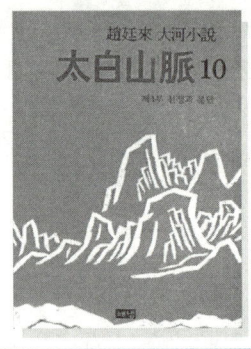

조정래(1943-)

『태백산맥』은 조정래의 장편대하 역사소설로 방대한 스케일과 치열한 문제의식으로 한국문학의 고전 반열에 오른 작품이다. 1983년 〈현대문학〉 9월호에 연재를 시작하여 1989년 4부작으로 완결된 이 작품은 일반 독자로부터 전문가 집단에 이르기까지 수많은 평판을 불러일으켰다. 『태백산맥』은 민족 분단과 이데올로기의 문제를 새로운 각도에서 접근함으로써 한국 현대사에 대한 재인식의 문제를 정면에서 제기하고 있는 작품이다.

『태백산맥』의 작가 조정래는 여순 사건과 지리산의 빨치산 운동 등으로 이어지는 국내 공산당의 유격활동을 주요 소재로 삼아, 민족 분단과 한국 전쟁의 비극이 상당부분 우리 민족내부의 모순에 기인한 것임을 제시하고 있다. 작가의 시각은 과거의 역사에 대한 재조명이면서 동시에 역사에 대한 새로운 전망을 의도하고 있다는 점에서 문제적이다.

이 작품의 특징은 이데올로기의 첨예한 대립을 그리면서도 그것을 결코 관념적인 방식으로 해결하고자 하지 않는다는 점에 있다. 작품에 등장하는 각각의 인물들은 자신을 에워싸고 있는 구체적 삶의 매개를 통해 이념의 한복판에 뛰어들고 있다. 사회구조의 모순과 비리에 항거하거나 식민지 지배권력에 저항하기 위해서 그 인물들은 각각 역사의 주체로 나서게 된다. 이처럼『태백산맥』은 분단을 전후한 우리 민족의 역사에 대한 비판적 인식을 바탕으로 소설적 객관성을 획득함으로써 분단문학의 최대 성과로 평가되고 있다.

여순 사건이 좌절로 끝나면서 벌교에서 활동하던 '염상진'의 부대는 조계산으로 입산해야 하는 운명을 맞는다. 염상진의 후배이기도 한 '김범우'는 학생시절 그와 함께 좌익활동에 참가했으나 정치적 입장을 달리하여 서로 결별한다. 이 무렵 염상진의 동생 '염상구'는 벌교청년단의 감찰부장이 되어 김범우 앞에 나타나고 공산주의자들에 대한 복수를 다짐한다. 청년단과 경찰은 입산한 빨치산의 가족들을 찾아내어 보복조치를 취한다. 김범우는 이들에 대한 불법적인 처형에 반대하는 운동을 펴다가 공산당이라는 누명을 쓰고 구속된다.

입산한 염상진 부대원들이 겨울나기 준비에 한창일 때, 염상구는 입산한 빨치산 '강동식'의 처 외서댁을 겁탈하는 등 벌교 읍내에서 지배력을 행사하며 자신의 지위를 굳히고 청년단장으로 승진한다. 염상진 부대의 읍내 공격 계획은 여러가지 문제점 때문에 유보되고 이에 반발한 강동식 조는 단독으로 읍내로 진격한다. 강동식을 저지하기 위해 출동한 안창민은 이 과정에서 부상을 당하게 된다. 안창민이 자애의원에서 비밀리에 치료를 받던 중, 자주 병원을 드나드는 '이지숙'은 경찰의 의심을 받는다. 결국 안창민의 치료가 끝난 뒤, 이지숙과 전명환 원장은 체포된다.

한편 김범우는 순천으로 이첩되지만 재판을 통해 석방되어 전원장 등의 구명운동에 나서게 되고 이들 역시 집행유예로 석방된다. 이 무렵 벌교에 계엄군이 진입한다. 계엄군 사령관 '심재모'는 원칙적이면서 합리적인 학병 출신의 군인이었다. 그런데 벌교 술도가집 아들 '정하섭'은 남로당 중앙당 조직원으로 벌교에 잠입, 무당의 딸인 '소화'의 도움을 입어 활동한다. 그러나 두 사람의 정체가 청년단에게 발각되어 소화는 모진 고문으로 정하섭의 아들을 유산한다. 석방된 이지숙은 학교를 그만두고

분단문학은 남북 분단의 문제를 소재나 주제로 삼고 있는 일련의 작품군을 가리키는 용어로서 분단의 원인이나 그로 인한 상처와 아픔, 분단 극복 의지 등을 다룬 문학을 총칭한다. 대표적인 작품으로 최인훈의『광장』을 비롯하여 윤흥길의『장마』, 이병주의『지리산』, 전상국의『아베의 가족』, 이문열의『영웅시대』, 임철우의『아버지의 땅』등을 들 수 있다.

기독교 사회주의자 '서민영'의 야학에서 일하게 된다. 염상구에게 시달리던 '외서댁'은 결국 아이를 임신하고 자살을 기도하나 구출된다.

조계산에 은신해 있던 염상진 부대는 율어면을 공격, 계엄군을 위협한다. 벌교의 상황에 절망한 김범우는 교사직을 사직하고 서울로 공부하러 갈 결심을 한다. 이런 와중에 김범우는 심재모와 염상진 사이의 중재역할을 맡게 되지만 심재모는 공산당과 연락했다는 누명을 쓰고 구속당하게 되고, 그 탄원운동을 하던 서민영마저 체포당한다.

서울로 올라간 김범우는 지식인들과 토론을 하면서 김구(金九)식의 정세인식과 사태해결방안을 깊이 생각한다. 한편 토지개혁이 실시된 벌교에서는 안창민의 배후조종으로 소작인들이 토지분배를 주장하며 데모를 일으킨다. 염상진 부대는 더욱 본격적으로 무장투쟁을 벌이고 곧 6·25 전쟁이 일어난다. 전쟁이 개시되자 염상진은 벌교 군당위원장 직책을 맡아 벌교를 접수한다. 그러나 미군의 인천상륙작전으로 인민군은 후퇴하고 김범우는 낙오되며 염상진도 대부대를 이끌고 입산하게 된다.

순천 쪽으로 내려오던 김범우는 미군에게 검속되나 이를 계기로 CIG대원들의 통역관이 되어 전선을 누빈다. 북으로 간 '이학송'은 중공군을 따라 남하하며 전황을 보도하고, 벌교로 되돌아온 염상구는 갖은 책략으로 솥공장 딸 '윤옥자'와 결혼한다. 영창생활을 하던 심재모는 전쟁이 터지자 전선으로 배치되지만 교착된 전선에서 부상을 입고 후방에서 병원생활을 한다. '손승호' 역시 후퇴하던 인민군 대열에서 낙오되어 계룡산의 빨치산 부대에 들어간다. 중공군 개입으로 후퇴하던 미군 대열에서 탈출한 김범우 또한 인민군에 입대한다.

전선이 중부지역에서 고착되면서 빨치산 투쟁도 점차 위기를 맞게 된다. 대대적인 빨치산 소탕작전으로 '이현상'을 총사령관으로 하는 남로당 빨치산은 지리산에 집결한다. 휴전협정이 체결되면서 이학송은 북에 남게 되고, 빨치산의 임무는 현실투쟁에서 역사투쟁으로 전환한다. 이에 따라 소화도 하산하여 정하섭의 아들을 낳아 기르게 된다. 안창민과 이지숙도 결혼하여 함께 하산한다. 손승호는 하산 과정에서 국군에 의해 사살된다. 한편 거제도 포로수용소에 수용된 정하섭은 북을 선택하고, 김범우는 남쪽에 남게 된다. 인민군 서남지구 사령관으로 남하한 김범우의 형 '김범준'도 낙오되어 지리산으로 들어간다. 그러나 휴전협정 체결과 함께 증강된 국군 병력이 빨치산 토벌작전에 투입되자 전사들은 대부분 죽음을 당한다. 염상진도 결국 자폭하여 죽음을 맞게 되고, '하대치'만이 외로이 새로운 투쟁을 준비한다.

분단의 현실을 그린 상당수 작품들이 분단현실에 대한 주관적 해석에 머물거나 이데올로기 문제의 초보적 인식에 멈추어버린 점을 생각할 때, 이 작품은 분단의 과정과 전쟁의 의미를 분단 극복의 시각에서 형상화했다는 측면에서 그 의의가 크다. 이 작품은 빨치산의 존재에 대한 역사적 정당성과 필연성을 새로운 각도에서 조명함으로써 우리 민족내부의 모순을 철저하게 비판하는 자세를 견지하고 있다. 『태백산맥』이 보여주고 있는 냉철한 자기비판 의식은 분단문학의 새 장을 열었다고 평가된다.

◉ 태백산맥
• 조정래—해냄출판사

020
그리스로마 신화

『그리스로마 신화』는 삼천년 전의 옛날이야기에 불과한 것이 아니다. 그것은 오늘날 서구 문명을 꽃피우고 세계 문화의 터전을 마련하는 기초가 되었다. 그리스 신화는 기원전 11~12세기부터 그리스 반도에 거주하기 시작한 아리아 민족과 그 자손이 생산 향유했던 신화 전설의 총체로서 주로 고대 그리스 문학작품과 미술을 통해 표현 전승된 이야기들이다.

대부분의 신화가 그러하듯 『그리스로마 신화』도 오랜 세월 동안 구전 시가와 문자화된 문학의 경계를 넘나들며 이야기의 형식과 내용이 다듬어졌다. 그리스로마 신화는 이전에 없던 내용이 보태지고 이미 있던 이야기에 새 의미와 맥락이 부여되는 과정의 반복을 통해 점차 일관성을 가진 하나의 이야기로 나타나게 되었다. 그리스 로마 신화는 그리스 문명 태동기에서 로마 제국 쇠망기에 이르기까지 시대와 장르를 아우르며 입에서 입으로 전승되거나 호메로스, 헤시오도스, 아이스킬로스, 핀다로스, 소포클레스, 에우리피데스 등 많은 시인들의 작품을 통해, 서사시 혹은 비극 작품 등으로 전해져 오고 있다.

그리스로마 신화는 초기 천지 창조와 관련된 이야기에서부터 시작되고 있다. 세계는 '하늘'과 '땅', 그리고 '지하'의 세 개 차원으로 나누어진다.

그래서 하늘과 땅의 아들들인 '타이탄' 신들과 올림푸스 산정의 열 두 신들에 대한 이야기, 지하세계의 신에 관한 이야기 등이 전개된다. 특히 죽음의 왕국, 즉 지하의 세계는 올림푸스 열두 신 가운데서 '하데스'와 그의 아내 '페르세포네'가 다스리고 있으며, 『일리아드』와 『오딧세이』에 기록된 내용에 따르자면, 그 세계는 하늘과 땅의 세상과는 달리 입구나 그 내부에서의 일이 지극히 신비스럽고 기괴하다.

그리스로마 신화에 가장 많이 등장하는 이야기는 사랑과 모험에 관계된 것들이다. 너무나 아름다워서 미의 여신 '베누스'의 질투를 불러일으켰던 '프시케'와 '큐피드'의 이야기, 여자를 혐오하며 절대로 결혼하지 않겠다고 단언하다가 자기가 만든 조각품에 반해 버린 '피그말리온'의 이야기 등이 대표적이다. 황금 양털을 찾아 나선 사람들이 항해 도중 여러 가지 우여곡절을 영웅적으로 헤쳐 나가는 이야기, 말의 성질을 거칠게 만들어 전쟁에 이용했다는 죄목으로 처참한 죽음을 당하는 에피레 땅의 '글라우쿠스' 이야기, 그의 아들로 알려지기도 한 '벨레로폰'과 하늘을 나는 말 '페가수스'의 이야기도 흥미롭게 묘사되어 있다.

트로이 전쟁 이전의 영웅들에 대한 이야기도 흥미롭다. 왕의 딸 '다나에'가 청동의 집에 갇혀 있다가 제우스의 화신인 황금의 비를 맞고 '페르세우스'를 잉태하고 페르세우스는 고르곤 괴물 중의 하나인 '메두사'와 결투를 벌인다. 제우스의 부인이자 결혼의 신인 '헤라'의 마술에 의해 죽임을 당하는, 지상에서 가장 힘이 센 사나이 '헤르쿨레스'와 그가 태양을 향해 활시위를 당긴 이야기도 등장한다.

그 밖에 트로이 전쟁의 원인과 그 전개 과정, 오디세우스의 모험과 여러 신들의 이야기도 자세하게 다루어지고 있다. 올림푸스의 여러 신들 중에서 인기가 없었던 불화의 여신 '에리스'에 의해 저질러진 작은 사건은 『일리아드』와 『오딧세이』에 줄거리를 제공하고 있는 '트로이 전쟁'의 출발점이다. 헤라와 아테나, 그리고 아프로디테가 '파리스'라는 젊은 왕자로부터 황금사과 주인에 대한 판결을 받아내기 위해 아첨하는 '파리스의 재판 결정'은 트로이 전쟁의 결정적 원인이 된다. 지중해의 동쪽 끝, 현재의 터키 서북쪽 해안 근처에서 당시 가장 번성한 국가였던 트로이가 '아킬레우스'가 이끄는 그리스 군대에 의해 함락되는 과정과 이에 대항하는 트로이의 영웅 '헥토르'의 이야기는 흥미진진함을 더하고 있다.

『그리스로마 신화』는 지금까지 자세하게 소개되지 않았던 북구라파의 신화에 대해서도 기술하고 있다. 「에다(Edda)」, 「사가(Saga)」 등의 '시구어드'에 대한 이야기라든지, 일주일의 요일을 결정지은 신에 관한 이야기들, 바그너 오페라의 주제로 등장하는 「볼숭가 사가」의 이야기도 등장한다. 여기서 우리는 그리스로마 신화를 읽는 일이 서구 문화의 중심인 유럽문화 뿐만 아니라 세계 문화의 터전을 이해하는 데 있어 매우 중요한 과정임을 기억해 둘 필요가 있다. 그리스로마 신화 속에 등장하는 그리스인의 세계관과 인생관은 로마에 의해 계승되고 르네상스기에 소생하여 서구 문화의 젖줄을 이루고 있다. 그리스로마 신화의 세계는 학문, 예술, 종교에 걸쳐 있는 서구 근대문명의 뿌리이기도 하다.

서구 사회를 이해하기 위해서는 서구 문명의 두 가지 원천에 해당하는 '기독교'와 함께 '그리스로마 신화'의 의미를 정확하게 파악하고 있어야 한다. 『그리스로마 신화』는 '인간'과 '영웅', '신'들이 서로 관계를 맺으며 만들어가는 재미있는 이야기이다. 그렇게 재미있는 이야기들 속에서 인간의 오래된 욕망을 확인하고 철학사상의 원형을 발견해나가는 것은 더욱 즐거운 일이다.

◉ 그리스로마 신화
• 이윤기 역─웅진닷컴 • 김선영 역─꿈과희망 • 장왕록 역─문예출판사

021
오이디푸스 왕 Oidipus Tyrannos

소포클레스(BC 496–BC 406)

『오이디푸스 왕』은 고대 그리스의 비극시인 소포클레스의 비극으로 기원전 430년 무렵에 상연된 것으로 추정되고 있다. 소포클레스는 1백 30여 편의 작품을 창작했다고 하나 현존하는 것은 7편으로 이 가운데서도 「안티고네」, 「엘렉트라」를 비롯하여 「오이디푸스 왕」의 속편격인 「콜로노스의 오이디푸스」가 유명하다. 아이스킬로스와 에우리피데스도 같은 제재의 작품을 썼지만 소포클레스의 작품이 특히 유명하다.

이야기의 주인공으로 등장하는 '오이디푸스'는 비극적 운명을 가지고 태어난 신화 속의 인물이다. 오이디푸스의 비극적 운명은 자신의 이름 속에 함축되어있는데 그 이름의 유래는 부모가 그를 산 속에 버렸을 때 양쪽 발꿈치에 브로치로 구멍을 뚫고 결박했기 때문에 '발'(푸스)이 '부풀어 오르게'(오이딘) 된 것에서 유래했다. 그래서 '부풀어 오른 발', 곧 오이디푸스라 불려지게 된 것이다.

『오이디푸스 왕』은 무지와 운명 앞에서 한 인간이 얼마나 무력할 수밖에 없는가와 거기에서 비롯되는 비극적인 아이러니를 보여 준다. 이 작품은 운명에서 벗어나기 위한 몸부림이 오히려 운명의 한복판으로 그 자신을 인도해나감으로써 고통을 당하는 이야기를 통해 불가해한 우주의 섭

리 속으로 독자들을 이끈다. 극의 구성은 물론 사건의 전개과정에서도 모든 것은 인물들의 의지와 반대로 움직이고 있으며, 인간 존재의 실상과 허상은 선명하게 대조되고 있다.

오이디푸스는 본래 코린토스의 왕자였는데 그가 아폴론 신전에 들렀을 때 자신이 아버지를 죽이고 어머니와 간음하게 될 것이라는 끔찍한 신탁을 듣게 된다. 그는 자신에게 닥칠 비극을 모면하기 위해 고향을 등지고 방랑하던 중 테베에 이르게 된다. 테베에서 오이디푸스는 사람들을 괴롭히는 인면사신(人面獅身)의 괴물 스핑크스와 수수께끼 대결(아침엔 네 발로 걷고 낮엔 두 발로 걷다가 저녁이면 세 발로 걷는 것은 무엇인가)을 벌여 승리함으로써 스핑크스를 제거하는 공을 세운다. 그 공으로 오이디푸스는 살해된 라이오스 왕의 자리를 이어받아 테베의 왕이 된다.

그때 오이디푸스가 다스리는 테베에 전염병이 돌게 된다. 오이디푸스는 왕비인 이오카스테의 오빠 크레온을 델포이의 아폴론 신전에 파견하여 신탁을 받아오게 하는데 그 신탁에 의하면 선왕 라이오스의 살해자를 찾아내어 형벌에 처하라는 것이었다. 오이디푸스는 즉시 살해자를 찾기 위한 수사에 착수한다.

제일 먼저 오이디푸스는 맹인 예언가 테레시아스를 불러 라이오스 살해자가 누구인지를 알아내라고 지시하지만 테레시아스는 살해자를 알고 있음에도 입을 다물고 말을 하지 않는다. 이에 오이디푸스가 그를 모욕하자 침묵을 지키던 예언가 테레시아스는 마침내 분노하여 진실을 발설한다. 테레시아스는 왕 자신이 바로 그 하수인으로 어머니를 아내로 맞아 아이를 낳은 몸이며, 장차 장님이 되어 세상을 떠돌게 될 운명이라는 암시적인 예언을 한다. 테레시아스의 예언이 크레온의 음모에 의한 것이라고 생각한 오이디푸스는 크레온을 상대로 논쟁을 벌인다. 이때 왕비인 이오카스테가 중재에 나서며 왕을 달랠 심산으로 자신들이 받은 신탁, 즉 '라이오스 왕은 자신의 아이에게 살해된다'는 예언은 실현되지 않았음을 주장한다. 라이오스의 아이는 산속에 버려졌으며 왕은 여행 도중 도둑떼의 습격으로 살해되었을 뿐이라는 것이다. 그러나 오이디푸스는 무언가 떠오르는 것이 있어 불안에 떤다.

때마침 코린토스로부터 온 사자에 의해 오이디푸스가 키타이론 산 속에서 라이오스 왕의 양치기로부터 자신의 손에 넘겨진, 버려진 아이였음이 판명된다. 사자의 이 말을 들은 이오카스테는 하얗게 질리며 과거의 일을 밝혀내려는 오이디푸스의 집념을 중단시키고자 한다. 하지만 오이디푸스는 자신의 천한 신분을 수치스러워하는 여자의 속 좁은 소견이라 여기면서 유일한 산 증인인 라이오스 왕의 늙은 양치기를 불러 끝까지 진실을 캐묻는다. 양치기는 사실을 은폐하려고 거짓말을 하지만 진실을 밝히려는 오이디푸스의 집념을 막을 수는 없었다. 결국 오이디푸스는 라이오스와 이오카스테의 아들이었음이 밝혀지고 자신이 아버지를 죽이고 어머니와 간음했다는 비극적 사실을 스스로 확인하게 된다. 오이디푸스는 자리를 피한 어머니를 찾아 궁 안으로 들어가지만 자신의 어머니 이오카스테는 자살을 하고 만다.

오이디푸스는 진실을 꿰뚫어보지 못한 자신을 비관하여 자신의 어머니이자 아내인 이오카스테의 옷에 달린 금 브로치를 가지고 자기의 눈을 찌른다. 그리고 저주받은 죄인인 자기를 테베에서 추방해달하고 간청한다. 그러나 새로 왕이 된 크레온은 이를 허락하지 않는다. 오이디푸스는 자기의 두 딸인 인티고내와 이스메네의 손을 붙잡고 얄궂은 부모에게서 태어난 가엾은 두 딸의 운명을 탄식한다.

'인간 가운데 가장 뛰어난 자'이며 '스스로 은총이 가득한 운명을 타고난 자식이라 믿는다'고 공언한 오이디푸스였지만 그 역시 기구한 운명의 덫으로부터 도망칠 수는 없었다. 파멸을 마다하지 않고 나라를 구하려는 충심과 열의, 그리고 "아무리 천박한 핏줄일지라도 자신의 태생을 어찌 끝까지 밝혀내지 않을 수 있겠는가"하는 끈질긴 집착에 의해 결국 비참한 자기 발견에 이르는 오이디푸스는 인간이 누릴 수 있는 최대의 영광과 극도의 비참함을 동시에 체현하고 있는 인물이다.

『오이디푸스 왕』에서 '살해자' 찾아내기와 '오이디푸스의 정체' 밝히기라는 두 개의 이야기 초점을 따라가는 극적 전개과정은 탁월한 것이라고 할 수 있다. 아리스토텔레스가 비극의 전형이라고 극찬한 바 있는 것처럼 『오이디푸스 왕』은 소포클레스를 그리스 최대의 비극시인으로 만든 작품이다. 로마의 철학자 세네카도 같은 제재를 다룬 비극 『오이디푸스왕』을 썼지만 그것은 소포클레스에 대한 모방의 차원을 넘어서지 못했다. 오이디푸스 왕의 비극은 중세의 그레고리우스 전설 속에서도 되살아나 토마스 만은 이를 주제로 『선택받은 인간』(1951)을 발표하기도 했다. 우리는 보통 신의 의지의 표현인 운명에 의해 조종되고, 갈등과 고민 속에 사는 비극적 인간형을 가리켜 '오이디푸스 형(型)'이라고 부른다. 심리학자 프로이드의 경우, 아버지로부터 어머니를 빼앗아 독점하고자 하는 유아의 욕망을 가리켜 '오이디푸스 콤플렉스'라는 용어를 창안하기도 했다.

◉ 오이디푸스 왕
•천병희 역—문예출판사 •황문수 역—범우사 •가세훈 역—다나기획 •강명순 역—동인

022
일리아드/오딧세이

호메로스(BC 800-BC 750)

『일리아드』와『오딧세이』는 고대 그리스 시인 호메로스가 쓴, 서구 문학사에서 가장 오래되고 또 가장 우수한 서사시이다. 두 작품의 창작 연대는 기원전 800년 무렵으로 추정되고 있다.

『일리아드』는 1만 5693행, 24권으로 이루어진 작품이다. 각 권마다 그리스 문자 알파벳순으로 이름이 붙어 있다. 『일리아드』라는 제명은 트로이의 별명 '일리오스(Ilios)'에서 유래한 것으로 '일리오스 이야기'라는 뜻을 가지고 있다. 내용은 10년간에 걸친 그리스군의 트로이 공격 중 마지막 해에 일어난 사건들을 노래한 것으로 '아킬레우스'라는 한 영웅의 투쟁을 통해 고대인의 사유 방식을 표현하고 있다.

이야기는 스파르타 왕 메넬라오스의 왕비로 절세의 미인인 '헬레네'를 트로이의 왕자 파리스가 유혹하여 데리고 가는데서 시작된다. 이에 대응하여 그리스인들은 총사령관 아가멤논의 지휘로 1,000여 척의 배를 동원하여 트로이를 공격하지만 트로이 성은 함락되지 않는다. 자신을 섬기는 사제 크라이세스의 딸이 아가멤논에게 붙들려 가자 격노한 아폴론 신은 액병(厄病)으로 벌을 내린다.

수습책을 놓고 벌어진 언쟁 과정에서 '아가멤논'에게 모욕을 당한 그리

스의 영웅 '아킬레우스'는 분노하여 싸움터에서 물러난다.

아킬레우스의 친구 '파트로클로스'는 패배한 그리스군의 참상을 두고 볼 수 없었기에 아킬레우스의 무구(武具)와 전차를 빌려 타고 출전하여 적을 패주시켰으나 결국 트로이의 장수 '헥토르'에게 살해되고 만다. 이 소식을 접한 아킬레우스는 복수를 위해 헤파이스토스가 특별히 만들어준 갑주를 입고 출전하여 헥토르를 살해하고 그 시체를 욕보인다. 이야기는 헥토르의 아버지 '프리아모스 왕'이 신들의 비호 속에서 야음을 틈타 아킬레우스의 막사를 방문하고 헥토르의 시체를 찾아오는 데서 끝을 맺는다.

『일리아드』의 주인공 아킬레우스는 그리스 제일의 영웅이면서 소년다운 순진무구함을 지닌 격정적이고도 다감한 청년으로 묘사되고 있다. 그리고 트로이의 장군 헥토르 역시 지용을 겸비하고 풍부한 인정을 지닌 이상적 영웅으로 제시된다. 미움을 받는 헬레네에 대해 마음을 쓰면서, 남편과 아버지로서의 온후한 성격을 묘사하고 있는 제6장의 후반부에 등장하는 아내 안드로마케와 아들 아스티아나쿠스와의 이별 장면은 독자에게 감동을 불러일으킨다.

『일리아드』는 비극과 마찬가지로 하나의 사건에 집중하고 있다. 과거를 뒤돌아보고 미래를 암시하는 스토리 구조를 통해 비극성이 강조되고 있으며, 다양한 비유에 의해 자연과 인간이 맺고 있는 관련성 또한 선명하게 드러난다. 그리스의 기사도를 찬양하고 있는 이 서사시는 유럽 서사시의 모범으로서 라틴 문학을 거쳐 유럽 문학에 큰 영향을 끼쳤다.

『오딧세이』는 '오디세우스의 노래'라는 뜻으로 1만 2110행으로 되어 있으며, 『일리아드』처럼 그리스 문자를 딴 24권으로 이루어져 있다. 이 서사시의 내용은 그리스 신화를 통해 우리에게 알려진 유명한 이야기-'오디세우스'의 모험 과정이다. 그리스군의 트로이 공략 후 오디세우스는 귀환 과정에서 10년간에 걸쳐 해상을 표류하며 온갖 모험을 하게 된다. 『오딧세이』는 이 주인공의 이야기를 40일 간의 사건으로 처리하고 있다.

오디세우스의 아내 '페넬로페'는 구혼자들에 둘러싸여있다. 그들은 궁전에 모여들어 밤낮으로 연회를 열어 오디세우스의 재산을 축내면서 방약무인하게 행동한다. 나이 어린 오디세우스의 아들 '텔레마코스'에게는 그들을 저지할 만한 힘이 없다. 텔레마코스는 오디세우스의 친구 멘토르로 변신한 아테네 여신의 인도에 의해 아버지의 소식을 알아내고자 네스토르와 메넬라오스를 찾아간다.

한편 오디세우스는 절해 고도에 사는 님프 칼립소에게 붙잡혀 있다. 신들의 도움으로 오디세우스는 겨우 뗏목을 만들어 섬을 떠나지만 그를 미워하는 해신 포세이돈이 일으키는 폭풍으로 인해 난파되어, 파이아케스인들의 섬에 상륙한다. 그곳의 왕녀에게 구출된 오디세우스는 왕의 궁전에서 환대를 받는다. 연회석에서 오디세우스는 자신의 모험을 들려준다. 마침내 오디세우스는 조국으로 귀환한다. 오디세우스는 아테네 여신의 인도에 의해 거지로 변장하고 그의 아들과 부하의 도움을 받아 구혼자들을 처치한다. 오디세우스와 페넬로페는 재회의 기쁨을 나누고 여신의 중재로 구혼자의 혈족들과도 화해하게 된다.

『일리아드』에 등장하는 격정적이고 순수한 청년 아킬레우스에 비교할 때, 『오딧세이』의 주인공 오디세우스는 중년을 넘긴 심오한 이성의 소유자로 그려지고 있다. 오디세우스는 어떠한 위기상황도 헤쳐 나갈 수 있는 중후한 영웅의 형상을 가지고 있다. 이런 짐을 염두에 둘 때 오디세우스는 아킬레우스와 함께 고대 그리스 인들이 이상으로 삼았던 영웅적 인물임에 틀림없다. 뿐만 아니라 『일리아드』가 직선적인 이야기 전개방식을 보여주고 있음에 비해, 『오딧세이』는 두 가지의 상황이 복선적으로 나란히 진행되어 보다 더 복잡하며 기교적인 특색을 보여주고 있다. 『일리아드』와 함께 『오딧세이』는 그리스 국민서사시로 음송되었으며, 이후 서유럽 문학에 중요한 영향을 끼쳤다.

◉ 일리아드
•김병철 역－혜원출판사

◉ 오딧세이
•이상옥 역－육문사 •유영 역－범우사

023

셰익스피어 4대 비극

셰익스피어(1564-1616)

「햄릿」, 「오델로」, 「리어왕」, 「맥베드」는 극작가 셰익스피어의 문학을 대표하는 '4대 비극'이다. 셰익스피어가 남긴 이 희곡 작품들은 인간의 선한 의지가 악의 힘에 의해 무참히 파괴당하는 비극적 세계의 전형을 탁월하게 형상화하고 있는 세계 문학사의 백미라 할 수 있다. 셰익스피어가 가진 절대적 명성과 관련하여, 19세기 영국의 문필가 토마스 칼라일은 그를 두고 "인도와도 바꾸지 않겠다"라는 유명한 말을 남긴 바 있다.

1590년대 초반 무렵 영국 연극계에 데뷔하여 이후 약 10여 년 동안 사극과 희극에 매달렸던 셰익스피어는 그의 나이 삼십대 중반에 접어들어 인간의 고뇌와 절망, 죽음 등을 주제로 삼은 비극을 창작하는 데 전념했다. 그리고 셰익스피어는 자신이 가진 천부적인 창조력을 바탕으로 특유의 분석적이고 사색적인 성격의 인물들을 창조하는 데 성공한다. 셰익스피어 사후 4백여 년의 세월이 흘렀지만 지금까지도 셰익스피어를 능가할 만한 희곡 작가는 등장하지 않았다.

습작기의 셰익스피어는 사극과 희극 창작에 몰두했다. 셰익스피어는 역사극과 낭만 희극을 쓰고 난 뒤 드디어 비극 창작의 단계로 나아가고, 자신의 진가를 드러내기 시작한다. 그때 이미 셰익스피어는 「티투스 안드

로니쿠스」와 「로미오와 줄리엣」이라는 두 편의 비극을 쓴 바 있었다. 셰익스피어 문학의 정점을 이루는 '4대 비극'은 1600년 이후에 쓰였다.

「햄릿」(Hamlet)은 셰익스피어의 4대 비극 중에서 가장 먼저 쓰인 작품이다. 19세기 덴마크의 왕국을 배경으로 하여 복수심에 불타는 주인공 '햄릿'의 이야기를 다루고 있다. 햄릿의 삼촌인 '클라우디스'는 왕위에 있는 형을 독살한다. 독살당한 왕의 아들 햄릿은 아버지의 죽음과, 어머니와 삼촌의 결혼식을 둘러싼 소문 때문에 괴로워한다. 그때 아버지의 유령이 나타나 자신의 죽음에 얽힌 진실을 들려주고 햄릿은 복수를 다짐한다. 그러나 햄릿의 계획은 빗나가고 연인 '오필리아'마저 죽게 된다. 마지막에 햄릿은 클라우디스를 죽이고 자신도 숨을 거둔다. 이 작품에서 사색과 행동, 진실과 허위, 양심과 결단, 신념과 회의의 갈림길에서 몸부림치는 주인공 햄릿의 형상은 우리들에게 비극적 운명의 전형으로 영원히 기억되고 있다.

「오델로」(Othello)는 '오델로' 부부의 삶이 '이아고'라는 인물의 간계에 의해 무참히 허물어지는 이야기를 다루고 있다. '데스데모나'는 흑인장군 오델로를 사랑하여 부친의 반대를 무릅쓰고 그와 결혼한다. 오델로의 기수 이아고는 자신이 바라고 있던 부관 지위를 '카시오'에게 빼앗기자 앙심을 품고 두 사람에게 복수를 계획한다. 이아고는 음모를 꾸며 카시오와 데스데모나를 각각 파멸시킨다. 이아고의 교묘한 서숫발을 믿어버린 오델로는 데스데모나를 목 졸라 죽인다. 나중에 모든 진실이 밝혀지자 오델로는 슬픔을 이기지 못해 자살하고 이아고는 잔혹한 처형을 당한다.

「리어왕」(King Lear)은 늙은 왕과 그의 자녀 사이의 불화가 우주적 질서의 붕괴로 확대되는 과정을 그린 작품이다. 늙은 리어왕은 자신의 딸들에게 나라 땅을 나누어 주기로 결정하고 세 딸에게 자기를 얼마나 사랑하는지 묻는다. 고네릴과 리건은 그들의 사랑을 과장했지만 성실한 코델리아는 자식으로서 효를 다할 뿐이라고 대답한다. 노한 국왕은 코델리아를 추방하고 땅을 두 딸에게만 나누어 준다. 그러나 땅을 물려받은 두 딸의 냉대를 참지 못한 리어왕은 불효한 딸들을 저주하며 광란한다. 프랑스의 왕비가 된 코델리아는 부왕의 참상을 전해 듣고 아버지를 구하기 위해 군대를 이끌고 영국으로 진격하나 싸움에 지고, 아버지와 함께 포로가 되어 교살된다. 리어왕은 죽은 딸의 시체를 품에 안고 슬픔에 못 이겨 절명한다. 이 작품은 인간에게 있어 선악의 문제와 삶에 스며있는 비극성을 탁월하게 그리고 있는 경우이다.

마지막 작품 「맥베스(Macbeth)」는 권력의 야망에 물든 장군 '맥베스'의 이야기를 다루고 있다. 스코틀랜드의 무장(武將) 맥베스는 마녀의 예언에 현혹되어 부인과 공모, 자신의 성을 방문한 국왕 던컨을 살해하고 왕위에 오른다. 그리고 그 자손이 장차 왕자가 된다는 예언을 믿고, 친구 뱅코 부자의 암살을 계획하지만 그의 아들은 도망친다. 맥베스의 폭정에 대한 저주가 퍼져나가고 급기야 반란이 일어나자 맥베스는 다시 마녀를 찾아 간다. 마녀는 버넘의 숲이 그의 성을 공격하지 않는 한 안전하며, 여성으로부터 출생한 사람은 결코 그를 패망시킬 수 없다고 예언한다. 그러나 '맥더프'의 군대는 버넘 숲 속의 나뭇가지로 몸을 가리고 맥베스의 성을 공격한다. 부인의 죽음에 낙망하던 맥베스는 마지막 용기를 내어 싸우지만 맥더프가 어머니의 배를 절개하고 태어난 자라는 사실을 알게 되자 절망적인 심정이 되어 대결 끝에 맥더프에게 살해된다. 이 이야기 가운데서 맥베스의 '야심'은 점차 '양심'의 고통으로 바뀌고 있다. 여기서 맥베스의 고통은 악의 힘 못지않게 끈질긴 선의 힘을 보여주는 것으로 인간성의 고귀함에 대한 역설을 의미한다.

셰익스피어의 4대 비극은 진실을 얻기 위해서는 반드시 대가를 치러야 하는 인간의 비극적 운명을 탁월하게 묘사하고 있다. 이 비극의 이야기 가운데서 우리는 인간의 정체와 존재 의의를 돌아보고, 삶의 모순과 세계의 부조리함에 대해 다시 생각하게 된다.

◉ 셰익스피어의 4대 비극
• 셰익스피어 연구회 역−아름다운 날들

024
폭풍의 언덕 Wuthering Heights

에밀리 브론테(1818-1848)

『폭풍의 언덕』은 에밀리 브론테의 장편소설로 황량한 자연을 배경으로 악마적이라고 부를 수 있을 만큼 격렬한 인간의 애증을 묘사하고 있는 작품이다. 이 작품은 발표 당시 사람들로부터 냉대와 비난을 받기도 했지만 오늘날에 이르러서는 인간의 정열을 극한까지 추구한 탁월한 문학적 유산으로 높이 평가되고 있다.

이 작품의 무대가 되는 요크셔의 자연 풍경은 구체적인 현실적 공간으로 묘사되고 있을 뿐만 아니라 초현실적인 상징적 의미를 띠고 있는 것이기도 하다. 이야기를 이끌어가는 각각의 인물들이 가진 모순과 부조리한 행동 또한 시적 진실성을 내포하고 있다. 그러니까 『폭풍의 언덕』이 보여주고 있는 자연과 인간의 드라마는 시적 상상력을 동반하고 있는 것으로 볼 수 있다.

이야기는 한 남자가 워더링 하이츠를 방문하는 데서부터 시작된다. 지금은 히스클리프 소유가 된 워더링 하이츠의 늙은 식모 넬리는 그 방문객에게 요크셔의 황지(荒地)에 사는 두 집안의 3대에 걸친 내력을 들려준다. 작품의 서두에 등장하는 방문객의 눈에 비친 워더링 하이츠의 모습은 넬리의 입을 통해 앞으로 전개될 드라마를 암시하고 있다. "〈워더링 하이츠)는 히스클리프 씨의 집 이름이다. 〈워더링〉이란 대기가 사납게 날뛰는 모양을 교묘하게 형용한 이 지방특유의 표현으로, 폭풍이 불면 이 집은 위치관계로 해서 거센 바람을 정면으로 받게 된다. 분명히 여기서는 신선한 바람이 일년 내내 불고 있을 것이다. 저택 가장자리에 나있는 몇 그루의 이지러진 전나무가 심하게 한 쪽으로 휘어진 것을 보아도, 또 죽 늘어선 말라비틀어진 산사나무가 태양의 은혜를 구걸이라도 하듯이 가지를 모두 같은 방향으로 뻗고 있는 것을 보아도 북풍이 얼마나 거센 지를 추측할 수 있을 것이다."

끊임없이 거친 바람이 몰아치는 워더링 하이츠 언덕 위에 서 있는 한 채의 집. 그 집은 원래 요크서 농장의 주인 '언쇼' 소유였다. 어느 날 언쇼는 리퍼블에서 부모 없는 사내 아이 한 명을 데려온다. 언쇼는 그 사내아이에게 히스클리프라는 이름을 지어준다. 히스클리프는 언쇼의 아이들인 힌들리, 캐서린과 함께 자라난다. '힌들리'는 처음부터 히스클리프를 적대시하면서 사사건건 그를 학대하지만, '캐서린'은 히스클리프를 애정으로 대한다. 그 두 사람은 설명할 수 없는 원초적 감정에 의해 서로에게 이끌린다. 언쇼가 죽자 힌들리의 학대는 더욱 심해지지만, 두 사람의 유대감은 오히려 더욱 강해진다. 힌들리는 결혼하여 자식을 낳게 되는데, 그의 학대는 처자에까지 미친다.

우연한 기회에 유복한 지주 린턴 가의 초대를 받은 캐서린은, 히스클리프를 사랑하면서도 힌들리가 지배하는 지옥과 같은 생활에서 빠져나오기 위해, 그 집의 아들 '에드거'의 구혼을 받아들인다. 그녀의 결혼 소식을 전해 듣게 된 히스클리프는 아무 말 없이 종적을 감춰 버린다. 캐서린은 필사적으로 그의 행방을 수소문하지만 끝내 찾지 못하고 결혼식을 올린다.

3년 뒤 히스클리프는 성공하여 신사의 풍모를 하고 폭풍의 언덕에 돌아온다. 히스클리프의 마음속에서는 여전히 캐서린에 대한 사랑이 끓어오르고 있었다. 그리고 그의 마음의 또 한편에서는 힌들리를 비롯한 모든 사람들에 대한 복수심과 증오가 불타오르고 있었다. 히스클리프는 힌들리를 자포자기 상태로 내몬다. 도박에 손을 대기 시작한 힌들리는 결국 히스클리프에게 전재산을 빼앗긴다. 히스클리프는 힌들리의 아들을 하인으로 부리며 학대한다. 히스클리프의 증오심은 에드거 집안에까지 번져나간다. 그는 에드거의 누이동생 '이사벨라'를 유혹하여 결혼한 뒤, 캐서린에게 접근하여 에드거를 괴롭히기 시작한다. 캐서린은 히스클리프로인해 번민을 거듭한다. 결국 캐서린은 딸아이를 낳다가 숨을 거둔다.

그러나 캐서린의 죽음은 히스클리프에게 있어 사랑의 종말이 아니라 그를 더욱 광폭한 열정 속으로 이끌어가게 된다. 남편 히스클리프의 학대를 견디다 못해 이사벨라는 집을 나간다. 이사벨라는 린턴을 낳고, 그 아들이 열두 살 되던 해 세상을 떠난다. 힌들리도 실의에 빠져 죽고 만다. 히스클리프는 린턴 가의 재산을 손에 넣기 위해 린턴과 캐서린의 딸을 강제로 결혼시키지만, 린턴은 곧 병으로 죽는다. 그리고 에드거마저 세상을 떠나자 복수의 불길을 다 태워 버린 히스클리프는 캐서린의 환영을 쫓으며 서서히 죽어간다.

이제 언쇼 가와 린턴 가에 남은 사람이라고는 힌들리의 아이와 어머니와 같은 이름을 가진 캐서린뿐이다. 두 사람 사이에는 어느덧 사랑이 싹트게 되고 둘은 곧 결혼식을 올린다. 이렇게 해서 폭풍의 언덕을 배경으로 삼대에 걸쳐 벌어진 사랑과 복수의 이야기는 막을 내리게 된다.

『폭풍의 언덕』은 광기와 열정이 뒤엉킨 애증의 궁극적 세계 속으로 독자들을 인도한다. 죽은 캐서린의 혼의 부름에 이끌려 워더링 하이츠를 밤낮으로 배회하는 히스클리프를 보라! 히스클리프는 캐서린의 무덤을 파헤쳐 싸늘하게 식은 그녀의 몸을 포용하기까지 한다. 캐서린에 대한 환영에 시달리던 히스클리프는 결국 정신이상으로 숨을 거두고 캐서린 곁에 묻히게 된다. 그리고 이 장면에서 『폭풍의 언덕』은 평범한 멜로물과는 분명하게 구별되고 있다. 캐서린과 히스클리프의 사랑은 인간의 한계를 초월한다. 그들의 사랑을 마지막 극한점까지 밀고 나가는 인물, 히스클리프는 파멸을 두려워하지 않는 열정적인 인간 영혼의 대명사에 다름 아니다. 더불어 그는 악마와 같은 정열을 숨기고 있는 야성적 인물로서, 길들여지지 않은 야성의 힘을 그대로 간직하고 있는 인간의 전형으로 볼 수 있다.

이와 같은 줄거리와 주제의식을 두고 생각할 때 작품의 배경이 된 폭풍이 몰아치는 황량한 언덕, '워더링 하이츠'는 히스클리프와 캐서린의 광폭한 사랑의 드라마를 상징하는 공간임을 알 수 있다. 인간의 손길이라고는 찾아볼 길 없는 순수한 자연의 생명감으로 충만해있는 장소가 바로 그곳이기 때문이다.

『폭풍의 언덕』은 역사 이전의 원시적 열정, 우리 마음의 깊은 곳에서 숨쉬고 있는 순수한 영혼의 목소리를 불러내는 작품이다. 그리고 그것은 어쩌면 고독했던 작가 에밀리 브론테 자신의 영혼의 속삭임이었는지도 모를 일이다. 폐결핵에 걸려 서른 살의 젊은 나이로 죽기까지 워더링 하이츠의 황량한 히이드 숲 속을 걸으면서 자신의 생을 소모했던 작가 에밀리 브론테. 이 작품은 그런 작가혼의 메아리로 넘쳐난다.

● 폭풍의 언덕
•김종길 역―믿음사 •김종석 역―청목사 •유혜경 역―소담출판사

025

황무지 The Wasteland

T.S. 엘리엇(1888–1965)

『황무지』는 1922년에 발표된 미국 시인 T.S. 엘리엇의 작품이다. 20세기 전반을 대표하는 최고의 시작품으로 평가받고 있는 『황무지』는 '사자(死者)의 매장', '체스 놀이', '불의 설교', '수사(水死)', '우뢰가 한 말'의 5부로 구성되어 있다. 고대의 신화와 전설을 이용하여 현대 문명을 비판하는 형식을 취하고 있으며 불연속적인 구성, 맥락의 비논리성과 난해함, 일관성이 결여된 듯한 시적 화자의 목소리 등의 요소는 전후 서구사회의 황폐한 정신적 상황을 조망하려는 작가의 의도로 해석되고 있다. 시 전편을 관통하고 있는 의식은 삶 속의 죽음과 죽음을 통한 삶의 대조에 있다고 볼 수 있으며 그런 의식의 운동은 황무지인 현대 세계를 무대로 삼고 있다.

이 장시를 이해하기 위해서는 두 가지 문제에 대한 검토가 이루어져야 한다. 하나는 어부왕(漁夫王)의 전설로 고대 성배 전설에서 연유한 것이다. 신전을 드나들던 처녀 하나가 능욕을 당하자 어부왕의 나라에 저주가 내린다. 그는 성 불구의 몸이 되어 병든다. 그 결과 그가 다스리는 나라의 강은 물이 마르고 들에는 곡식이 생산되지 않아 황무지가 된다. 이 저주는 왕이 나을 때까지 풀리지 않는다. 그래서 왕과 나라를 구하려면 마음

이 순결한 기사가 황무지 한복판에 있는 성당으로 가서 육체와 정신의 위험을 무릅쓰고, 최후의 만찬 때 사용되었고 후에 예수가 십자가에 매달렸을 때 흘린 피를 받았다고 하는 성배를 찾아내야 한다. 성배를 찾게 되면, 그 힘으로 어부 왕이 회복되고 황무지에 다시 풍요가 찾아오기 때문이다. 또 하나는 중동 지방의 곡물신에 대한 의례의 하나로서 재생하기 위해 신을 죽여 제사 지내는 행위를 말한다.

엘리엇은 이와 같이 다양한 신화적, 종교적 자료를 사용해서 공허와 독과 비이성, 무분별한 성적 방종이 판을 치는 고대 황무지 상태와 같은 근대 사회를 그려내고, 그 사회가 재생되어야 하는 필요성을 상징적으로 표현하고 있다. 엘리엇의 고뇌는 『황무지』에서 세 가지 차원으로 나타난다. 첫째는 엘리엇의 종교적 추구의 자세이고, 두 번째는 시인의 개인적 불행과 갈망이며, 세 번째는 제1차 세계대전 직후의 유럽 문화의 붕괴에 대한 시인의 불만이다.

제1부 '사월은 가장 잔인한 달'로 시작하는 「사자(死者)의 매장」은 황폐한 나라, 즉 살면서도 죽어 있는 것과 다름없는 현대 세계에 대한 극단적인 표현으로 볼 수 있다. 이후 장면은 런던 거리로 바뀌고 출근시간의 복잡한 거리를 걷는 사람들은 바로 단테가 지옥에서 본 군상과 같다.

제2부 「체스 놀이」는 1부의 현대 상황의 투사(投射)에 대한 구체적인 예증이라고 할 수 있다. 그것은 호화스런 배경을 지닌 생활과 런던 술집의 비속한 생활의 대조로 이루어져 있으나, 사실 이 두 가지 삶 모두 '삶 속의 죽음'의 삶이다. 모두 관습에 얽매어 반복되는 '체스 놀이'의 생과 다르지 않다.

제3부 「불의 설교」는 2부의 연장인 동시에 그 내면적 의미를 보다 깊이 드러내준다. 죽음의 계절을 앞둔 템즈 강가의 황량한 광경이 그것이다. 강가에는 방탕한 남녀들이 놀다 버리고 간 쓰레기만 남아있을 뿐이다. 강가에 앉아 주인공이 신을 상실한 현대의 '바빌론의 포로들'의 운명을 슬퍼할 때 그는 '해골이 부딪치는 소리'와 '킥킥대는 웃음소리' 등 죽음의

소리를 듣는다. 그리고 어부왕 등의 죽음과 재생의 문제를 생각할 때 장면은 현실로 바뀌고 런던 거리를 달리는 자동차 소리를 듣는다. 갈색 안개에 덮인 거리에서 주인공은 스미르나 상인을 만난다. 다음은 퇴근 후의 타이피스트와 여드름 난 청년 간의 정사 장면이 나온다. 그것은 사랑이 결여된 정사의 내면을 보여준다.

제4부 「수사(水死)」는 3부의 '불'에 대한 '물'의 대조라는 의미를 띠고 있다. 여기서 물은 정욕의 불을 끄고 재생을 약속하는 죽음을 의미한다.

제5부 「우뢰가 한 말」에서는 주인공의 고뇌가 한층 심각해지면서 구원의 '물'을 찾기 위한 고행이 시작된다. 그것은 성배를 찾아 고행길에 오른 기사의 시련이요, 겟세마네 동산에서의 크리스트의 고난이다. 결국 위험 성당에 도달해도 내부는 텅 비어 있다. 그러나 닭이 힘차게 울어 생명의 비를 예시한다. 396행에 이르면 무대는 인도로 바뀐다. 황무지의 갠지스 강은 물이 말라 비를 기다린다. 먼 산에서는 계속 우렛소리가 들려온다. 그것은 불모의 소리가 아니라 지고의 신의 소리로 그 명령에 따르면 재생의 비가 내린다. 오랜 고난 끝에 주인공은 강가에 앉아 낚시질을 한다. 이것은 어부왕의 모습이다. 아직 비는 오지 않는다. '샨티, 샨티, 샨티'라는 평화를 기원하는 축도의 말로 이 시는 끝난다.

『황무지』는 정신적 불모의 상태, 즉 어떤 재생의 믿음이 인간의 일상생활에 가치와 의미를 주지 못하고, 성(性)이 결실을 맺지 못하고, 죽음의 부활을 예고하지 못하는 것과 같은 존재 상태를 표현하고 있는 시이다.

엘리엇에게 있어 『황무지』의 창작은 서구인의 정신적 불모상태를 비판하고 극복하고자 하는 노력의 결과를 의미한다. 이 작품에는 삶을 파괴시키는 요소들, 예컨대 외로움, 공허함, 비이성적인 관계뿐만 아니라 성(性)의 오용 등의 문제가 생생하게 나타나지만, 어떤 축복의 기운으로 끝을 맺고 있다는 점에서 역설적이다. 『황무지』의 시인 엘리엇은 1948년 노벨 문학상을 수상했다.

◉ 황무지
• 황동규 역―민음사 • 김기태 역―태학당

샤를르 보들레르(1827-1867)

『악의 꽃』의 작가 샤를르 보들레르는 프랑스 현대시의 지평을 연 시인으로 유명하다. 보들레르에 이르러 프랑스의 시, 더 나아가자면 서유럽의 시문학은 현대적인 색채를 띠게 되는데, 그러한 그의 시적 경향을 가장 잘 드러내고 있는 것이 『악의 꽃』이다. 보들레르의 『악의 꽃』은 「서시」(序詩)를 제외한 총 100편의 시작품을 5부 구성으로 나누어 싣고 있으며 1857년 출간되었다. 이 시집은 출판된 지 며칠이 지나지 않아 미풍양속을 해친다는 이유로 일부 삭제 및 벌금형을 받은 바 있다.

『악의 꽃』이라는 한 권의 시집 속에는 시인의 온 영혼의 세계가 고스란히 담겨 있다. 보들레르 자신이 『악의 꽃』을 가리켜 스스로 "이 혹독한 책 속에, 나는 내 온 심혼을, 내 온 애정을, 내 온 (변조된) 종교를, 내 온 증오를 집어넣었소"라고 말한 바 있다. 여기서 그가 '변조된'이라는 단서를 붙인 종교란 세속인의 종교가 아닌 예술가의 종교를 뜻하는 것으로 보들레르에게 있어 시는 무엇보다도 종교일 수밖에 없다. 시집 『악의 꽃』은 보들레르의 시인관과 시학적 고뇌와 이상, 악덕, 죄악, 갈증, 찢겨진 영혼의 울부짖음에 이르기까지, 그 자신의 심혼 전체를 바친 결과이다. 『악의 꽃』에서 시인의 생명과 영혼의 세계는 사막에 존재하는 대사원처

럼 모래더미에 묻혀 있다. 그 시 한 편 한 편은 독립된 서정시로 흩어져 있으면서 『악의 꽃』이라는 하나의 전체 구조를 향해 수렴되는 '영혼의 대서사'라는 성격을 나타내고 있다.

「서시」에서 보들레르는 '권태'라는 괴물을 독자 앞에 이끌어낸다. "권태다! 그냥 흐르는 눈물이 고인/ 눈은 곰방대 빨며 꿈꾼다. 교수대를/ 그대도 그걸 알리라, 오 독자여,/ 오 위선자 독자여, 나의 동류여,/ 내 동료여, 그 미묘한 괴물을!" 「암울과 이상」에서 보들레르는 '이상'에 사로잡혀 있는 시인의 좌절감을 노래한다. "시인도 이 구름의 왕자 같다./ 태풍을 쫓아다니며 사냥꾼을 비웃는다./ 그러나 야유투성이의 땅에 떨어지면/ 그 거대한 날개 때문에 걷지도 못한다."

그러나 시인은 미(美)를 추구한다. 보들레르는 그 미를 여러 명의 여인들 가운데서 발견한다. 보들레르를 둘러싸고 있었던 세 명의 여자가 바로 그들이다. 보들레르는 그 여인들에게 각각 몇 편의 시들을 바치는데 그가 가장 큰 애정과 증오심을 가지고 노래하고 있는 대상은 '쟌느 뒤발'이다. 그녀는 혼혈아인데 끝까지 보들레르를 괴롭힌 여인으로 유명하다.

「파리 풍경」은 파리의 풍경 묘사에 해당한다. 우선 '낮의 풍경'이 묘사되고 다음에 '밤의 풍경'이 묘사된다. 그리고 마지막으로 다음 날 '아침'이 묘사된다. 파리 풍경 묘사에서 보들레르는 현대 감각의 한 가지 측면을 보여준다. 특히 기리를 방황하는 걸인들의 묘사는 매우 탁월하다. 「술」에서는 그런 권태로운 세계를 벗어나려는 시인의 몸부림이 드러난다. 술, 아편 등은 보들레르의 시 세계를 특징짓는 한 경향이기도 한데, 그것을 통해 그는 인공 낙원을 세우고자 했다.

「술의 넋」에서 술은 고통 받고 괴로움을 받는 자들의 위로장소이다. 「악의 꽃」은 술 다음에 오는 '절망적인 악, 죄받은 악'의 노래이며 파괴의 노래이다. "계속 내 곁에서 악마가 움직인다./ 그는 만질 수 없는 공기처럼 내 주위를 유영한다./ 그를 나는 삼킨다. 그가 내 가슴을 태우는 것 같다./ 그것은 영원한 죄 많은 욕망으로 내 가슴을 가득 채운다."(「파괴」)

거리의 풍경에 마음을 기울이다가, 술을 마시고, 죄악의 구렁텅이에 빠져도 그의 권태는 구원되지 않는다. 그때 그에게는 이미 내던져버릴 아무 것도 없다. 보들레르는 라마르틴느나 바이런이나 뮈세, 비니처럼 다시 저주한다. 그리고 마침내 그에게 남는 것은 죽음뿐이다. 보들레르는 대단원으로서의 죽음을 노래한다. "죽음만이, 오호라 위로하고 살아나갈 기운을 주도다!/ 그것이 삶의 목표이며, 유일한 희망인 것을,/ 그것만이 불사약처럼 우리들에게 힘을 주고 취하게 하고/ 저녁까지 걸어갈 힘을 우리에게 주는 것을……// 태풍이나 눈이나 서리를 넘어서는/ 오, 우리들의 시커먼 수평선에서 떨고 있는 광명이며,/ 성서에 기록된 유명한 숙소인 것을,/ 오, 거기서는 먹을 수 있고 잠잘 수 있고 쉴 수 있도다.// 아, 그 힘센 손가락으로 수면과/ 멋진 꿈을 선사하고/ 가난하고 헐벗은 자들의 침대를 다시 꾸며 주는/ 그런 천사인 것을,/ 죽음은 신의 영광이며, 신비한 곡간이며,/ 가난한 자의 지갑이며 그의 옛 고향,/ 그것은 미지의 천국으로 열려 있는 회랑이도다."(「가난한 자들의 죽음」)

시인은 현실세계로부터 복수를 당하고 괴로워하는, 자신의 이상세계에 살고 있는 인간이다. 보들레르는 그 현실세계 속에서 아름다움(美)을 찾아내기 위해 풍경 묘사에 몰두하지만, 술을 마시고 악의 심연에 빠져들어간다. 나름대로 저항을 시도하지만 그에게 결국 남는 것은 죽음뿐이다. 보들레르에게 있어 죽음은 그러므로 거부해야 할 대상이 아니다. 그것은 오히려 기쁘게 수락해야 어떤 대상에 속한다.

보들레르의 『악의 꽃』은 상징주의 시학의 선구자라는 의미를 띠고 있다. 프랑스의 문학연구가 랑송은 상징주의를 거론하는 자리에서, 상징주의의 '기원에는 세 명의 스승이 있고, 그 세 명은 모두 보들레르에서 파생되었다'라고 단언한 바 있다. 여기서 세 명의 시인은 베를렌느, 랭보, 말라르메를 가리키고 있다. 보들레르는 시를 종교라고 부를 만큼 예술에 대한 신앙과 경건한 태도를 간직했던 시인이었다.

● 악의 꽃
•김봉구 역—믿음사 •윤영애 역—문학과지성사 •함유선 역—밝은세상 •김인환 역—민족문화사

027
페스트 La Peste

까뮈(1913-1960)

『페스트』는 삶의 부조리 문제와 반항하는 인간상을 제시하고 있는 까뮈의 장편소설 대표작으로 2차 세계대전 직후인 1947년 발표되었다. 까뮈는 사회가 인간에게 주는 고통스런 무관심의 문제를 막아낼 수 있는 하나의 이념으로 실존주의를 인식했다. 그의 소설 『페스트』는 이를 보여주기 위한 하나의 시도였다.

까뮈의 『페스트』는 2차 세계대전 중 나치에 의해 점령당한 프랑스의 상황을 각색한 것으로도 볼 수 있다. 하지만, 이 작품은 특정한 사건이나 목적을 염두에 두지 않고, 인간에 대한 일반적인 애정을 상징적으로 표현한 경우라고 생각하는 것도 가능하다. 그러나 무엇보다 중요한 것은 『페스트』가 '무관심'에 맞서는 투쟁을 다루고 있다는 사실이다. 모든 인간은 선한 의지를 실천함으로써 자신의 삶을 의미 있게 만들 수 있다. 실존주의자건 아니건 간에 까뮈의 철학은 어떤 설명도 뛰어넘는 중요한 가치를 전달하고 있다.

이야기는 194×년 알제리 해안에 있는 프랑스의 현청 소재지인 평범한 도시, 오랑에서 시작된다. 4월 16일 아침, 이 조용하고 특징 없는 도시에, 의사 베르나아르 류가 병원 복도에서 죽어 있는 쥐 한 마리를 발견한다.

이때 류의 아내는 병으로 요양을 떠나고, 또 신문기자 랑베에르가 그를 찾아온다. 류의 집 수위는 원인 모를 병에 걸려 죽고, 또 시청서기 그랑과 같은 아파트에 묵고 있는 코타아르는 자살을 기도하나 그랑의 도움으로 미수에 그친다. 장 타루우는 수 주일 전에 이 도시에 자리잡은 후, 조용히 주위 사람들을 관찰하면서 그 내용들을 메모하며 지내고 있다. 쥐 소동 이후 수위 밋셸의 죽음과 비슷한 증세로 몇 사람이 죽어 간다. 사망자 수는 날이 갈수록 늘어 가고 급기야 페스트라는 진단이 내려진다.

병은 점점 기세를 더하여 사망자 수가 늘어나고 도시는 완전히 폐쇄된다. 신문기자 랑베에르는 파리에 두고 온 애인을 위해 도시를 빠져 나가려 하나 실패한다. 페스트가 발생한 지 한 달이 경과할 무렵, 판느루 신부는 인간의 죄악에 대한 하나님의 벌이라고 단정하고 매일같이 참회의 기도를 드린다.

그랑은 무엇인가를 쓰고 있고 도시는 더위에 휩싸였으며 타루우는 사람들의 생활상을 자세하게 묘사하는 데 몰두해 있다. 그 가운데서 의사 류는 자기의 직분을 다하여 환자를 성심껏 보살핀다. 그러던 어느 날 타루우가 나타나 의용대 모집을 제의하고 둘은 서로 힘을 합쳐 의용대를 조직하기에 이른다. 그랑도 의용대 일을 돕는다. 그러면서도 그랑은 자신의 집필을 계속해 나간다. 페스트와의 절망적인 싸움을 하고 있는 랑베에르에게 밀수입을 하며 재미를 보고 있는 코타아르가 탈출할 방법을 그에게 가르쳐주지만 타루우와 류의 정성에 감동하여, 의용대에 근무하기로 결정한다.

9월과 10월 두 달 동안 페스트는 도시 전체를 휩쓸고 지나갔다. 류와 그의 동지들은 지쳤고 랑베에르는 멀지 않아 탈출할 수 있다는 희망을 갖고 노력한다. 드디어 탈출의 기회를 얻게 된 랑베에르는 류에게 인사하러 갔다가 이기적인 자신에 대해 부끄러움을 느끼고 계속 머물러 있기로 결심한다. 한편, 류의 마지막 희망이었던 의사 카스텔의 혈청을 실험한 것은 10월 하순이었다. 그러나 혈청을 주사 받은 오통 씨의 아들은 고통을 참지 못하며 죽어간다. 이때 류는 판느루 신부에게 적어도 이 어린애 한테만은 죄가 없지 않느냐며 절규한다. 신부는 자기의 강연회에서 '승려는 의사의 진찰을 받을 수 있는가?'라는 제목으로 설교를 한다. 그리고 그는 의사의 진찰 없이 '병명 미상'으로 숨을 거둔다.

카스텔의 혈청 덕택에 페스트 진행의 그래프는 평행선을 그리게 된다. 류의 단골 왕진 환자인 해소병 늙은이는 쥐가 뛰어다는 것을 보고 기뻐한다. 페스트가 쇠퇴해져 가자 코타아르는 당황한다. 그뒤 타루우가 쓴 수기에 사복 관리에게 조사 받는 코타아르가 묘사된다. 시의 문이 열리기 며칠 전 타루우는 페스트에 걸려 신음하던 중 죽게 된다. 또 류에게는 요양 중이던 아내의 사망을 알리는 편지가 도착한다. 드디어 시의 문이 열리고 랑베에르의 애인은 파리에서 달려오고 코타아르는 발작을 일으켜 난동을 부리다가 체포된다. 도시는 축제에 휩싸인다.

이 작품에서 페스트는 죽음, 병, 고통 등 인간이 처한 상황의 본질을 암시할 뿐만 아니라 인간 사회에 존재하는 온갖 종류의 부조리한 제도와 사건을 상징한다. 여기서 페스트에 맞서 싸우는 리외는 부조리한 상황 속에 놓인 인간이 어떻게 행동해야 할 것인가를 잘 보여 준다. 즉 작가는 리외의 모습을 통해, 부조리한 상황에서 그저 무의미하게 죽음을 기다리는 것은 어리석은 일이며, 인간이라면 마땅히 이에 맞서 싸워야 한다는 것을 주장하고 있는 것이다. 또한 이 작품은 인물들 산의 연대를 통해 부조리한 상황에 대해 집단적으로 저항하는 인간의 모습을 보여주고 있다. 이것은 인간 사이의 유대 의식이 인류의 평화를 이끌어낼 수 있다는 작가의 메시지에 다름아니다.

◉ 페스트
• 김화영 역−책세상 • 유혜경 역−소담출판사 • 정성국 역−홍신문화사

028
양철북

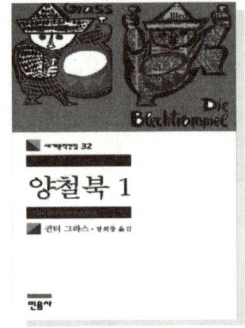

권터 그라스(1927-)

『양철북』은 1959년 발표 당시 숱한 논란을 불러일으킨 권터 그라스의 장편소설 작품으로 전후 최대의 문제작 중 하나로 평가받고 있다. 독일의 전후문학은 2차 세계대전에서 패배한 독일의 현실, 즉 정신적 물질적 측면에서 완전히 폐허가 되어버린 상태를 반영하고 있다는 점에서 '폐허문학'이라고 불리고 있다. 이 폐허문학을 주도한 것은 1947년 새로운 문학을 형성해보자는 의도에서 젊은 작가들이 주축이 되어 창설한 '47그룹'이다.

권터 그라스는 이 47그룹 작가의 한 명이었다. 권터 그라스의 처녀작 『양철북』은 나치즘이 휩쓸던 독일의 상황을 오스칼이라는 한 개인의 시각을 통해 그려내고 있다. 작가는 『양철북』에서 교양소설과 악당소설의 형식을 빌려 성장하지 않는 주인공의 시각에서 사회의 모든 터부를 뛰어넘어 자유로운 발언을 가능하게 하고 있다. 이 작품에서 죽음이나 섹스에 관한 대담하고 그로테스크한 묘사나 신을 모독하는 사건은 단순한 도발이 아니라 적나라한 진실을 드러내기 위한 것이다. 그것은 전쟁기와 전후 독일인의 정치적 무책임성에 대한 통렬한 비판의 의도를 가지고 있다.

이 작품의 주인공은 '오스칼 마첼라트'이다. 1924년 단치히에서 출생한 오스칼 마첼라트는 추락사고로 세 살 때 성장이 멈추어버린 불구자이다. 그는 94㎝의 신장을 가진 소인의 시각에서 제2차 세계대전이라는 격동의 현실을 지켜보았다. 세 살 때 받은 양철북으로 오스칼은 과거의 사건들을 돌아볼 수가 있는데, 현재 정신병원에 들어가 있는 그는 50년대까지의 과거를 회상록으로 집필한다.

이야기는 할머니의 과거사에서 시작된다. 농촌 처녀였던 할머니는 당시 쫓기고 있던 할아버지를 스커트 밑에 숨겨주고 그 일로 인해 오스칼의 어머니를 낳게 된다. 오스칼의 어머니는 잡화상 주인과 결혼했으나 폴란드인 얀과도 육체적인 관계를 갖고 있으며, 이를 목격한 오스칼은 얀이 자신의 진짜 아버지가 아닐까하는 의문을 품게 된다. 학교 가기를 싫어했던 오스칼은 빵가게 아줌마로부터 『빌헬름 마이스터』와 『라스푸틴 전(傳)』을 이용하여 읽기와 쓰기를 배운다. 육체적으로는 미성숙했지만 유리를 깨는 목소리를 가지고 있었고, 성적으로 조숙했던 오스칼은 여러 가지 체험을 한다. 오스칼이 가진 신체적·정신적 결함은 의식적 혹은 무의식적으로 많은 사람들을 죽음으로 이끈다. 어머니의 죽음에도 그는 어느 정도 책임을 지고 있다. 그는 나치가 폴란드를 침공하던 날 얀을 사지로 떠나게 만들기도 했다.

제2차 세계대전의 발발은 하잘 것 없는 보통 사람들의 운명까지도 크게 비꾸어 놓는다. 오스칼은 자신의 양철북으로 나치 군악대의 리듬을 흔들어 놓아 재즈 풍으로 만들어 버리는 위험한 장난도 하지만, 난쟁이 전선위문 극단에 들어가 대서양 연안의 방위전도 체험한다. 종전으로 죽음의 위기에서 벗어난 오스칼은 고향으로 돌아오고, 나치 당원이었던 호적상의 아버지가 소련 병사에게 사살된 뒤 계모인 마리아와 서독의 뒤셀도르프로 이주한다.

조각가나 화가들의 모델 노릇을 하며 생활하던 오스칼은 우연히 연극에 출연하게 되고, 그 일이 계기가 되어 재즈 연주자로서 성공을 거둔다. 옆방에 사는 간호원 도로테아의 옷에서 나는 향내에 마음을 빼앗긴 오스칼은, 어느 날 그녀를 덮치지만 실패하고 만다. 며칠 뒤 그녀의 시체가 발견되고, 오스칼은 범인으로 지목되었으나 책임 무능력자로 정신병원에 수감되는 몸이 된다. 그로부터 2년 뒤 사건의 진범이 밝혀지자 석방의 가능성을 갖게 된 오스칼은 서른 살의 생일을 맞아 예수의 수난을 암시하는 내용을 기술하게 되고, 이야기는 끝을 맺는다.

권터 그라스의 『양철북』은 무기력하고 비굴하게 현실에 안주하고자 했던 소시민 계층의 삶에 대한 비판의식을 드러내고 있으며 그 배경에는 전후 독일사회의 주요 화두였던 '과거사를 어떻게 볼 것인가'하는 문제가 놓여 있다. 작가에 의해 소시민들은 더 이상 피해자도 아니고 수동적 가담자도 아닌, 자발적인 동참자로서 파시즘의 지지층으로 비판되고 있다. 나치의 군악대 연주나 무대 밑 오스카의 양철북 리듬이나 아랑곳 하지 않고 아무 생각 없이 쫓아가는 군중의 모습이 이를 상징적으로 보여준다.

권터 그라스는 전후사나 시민사회의 문제, 여성 및 통일 문제 등 시대의 문제에 깊이 관여하면서 인간성을 파괴하는 정치적 사건들이 어떻게 시민의 삶을 짓밟았는지를 통렬하게 고발했다. 그 중에서도 그는 특히 나치즘의 잔인성과 야만성, 전쟁의 참혹함에 대해 강력하게 비판했다. 권터 그라스는 이러한 자신의 문제의식을 작가 고유의 반어나 풍자, 환상, 알레고리 등의 표현양식을 통해 심도 있게 형상화해냈다.

스웨덴 한림원은 권터 그라스의 노벨문학상 수상 경위를 밝히는 자리에서 "『양철북』은 20세기 가장 위대한 작품 중 하나로 남을 것이며 권터 그라스는 이 책을 통해 인간들이 떨쳐버리고 싶었던 거짓말, 피해자와 패자 같은 잊혀진 역사의 얼굴을 장난스러운 블랙 유머 가득한 동화로 잘 그려냈다"는 평가를 내놓은 바 있다. 권터 그라스의 이 작품은 1979년 쉴렌도르프 감독에 의해 영화화되어 칸 영화제에서 '황금 종려상'을 받기도 했으며, 국내에서도 상영된 바 있다.

● 양철북
• 장희창 역―민음사 • 박환덕 역―을유문화사 • 장희창 역―민음사 • 박환덕 역―범우사

029

성 城

카프카(1883-1924)

『성』의 작가 프란츠 카프카는 사르트르와 카뮈에 의해 실존주의 문학의 선구자로 높이 평가받고 표현주의에서 즉물주의로 옮겨가는 과도기의 작가를 대변하고 있다. 1883년 체코에서 태어난 카프카는 실험성이 강한 새로운 스타일의 문학적 방법을 통해 근대인의 고립과 불안의식, 절망감 등을 형이상학적으로 조형한 많은 문제작들을 남겼다.

카프카의 소설 기법은 전통적인 것과 너무 달라 수많은 문학 논쟁을 불러일으킨 바 있다. 카프카의 장편소설 『성』 또한 그 소재와 동기, 구조 등의 측면에서 상식적인 소설관을 무너뜨리고 있으며 그 의미를 정확히 이해하기 힘든 작품이다. 왜 주인공 K는 굳이 성으로 들어가려고 노력하는지, 성으로부터 정말 부름을 받은 것인지, 아니면 K의 착각인지, 이런 모든 의문들은 일상적인 현실감각으로 풀기 힘든 문제들이다. 그러나 이 작품에 대한 이해의 실마리는 바로 이런 사실 자체에서 발견된다. 말하자면 카프카의 『성』은 그 자체가 하나의 거대한 비유, 즉 '알레고리'의 형식으로 파악될 필요가 있다. 이 작품은 '성'(城)으로 상징되는 거대한 조직 혹은 어떤 유럽과, 거기에 이르지 못하고 좌절하면서 헛된 본능의 세계에

간혀있는 한 인간의 모습을 그려내고 있다.

눈이 깊게 쌓인 어느 날 저녁, '성'(城)으로부터 초빙을 받은 측량기사 K는 성이 있는 마을에 가까스로 도착한다. K의 눈앞에 모습을 드러낸 성은 마을의 절대적인 상징이면서 외부의 주민들과는 단절되어 있는 어떤 특정 공간이다. 도착과 함께 K는 마을과 사람들로부터 거리감과 소외감을 느낀다. 마을 사람들은 호기심어린 눈으로 K를 바라볼 뿐, 어느 한 사람도 그를 정답게 맞아 주는 이가 없다. K는 한 여관에 들어가 여장을 풀고 성에서 보낸 두 조수들을 만난다. 그러나 그 두 조수들은 K를 도와주기기보다는 오히려 거추장스러운 존재가 되어 버린다. 나중에 가서 그들은 K를 비웃고 명령에 불복종할 뿐만 아니라, K의 애인 프리다의 뒤꽁무니를 쫓아다니는 기색조차 보인다.

게다가 성의 관청은 측량사로서의 K의 신분과 의무에 대하여 확인도 부인도 해주지 않는다. 관리들은 성으로 들어가려는 K의 노력을 수포로 만든다. K의 노력은 오직 제자리를 맴돌 뿐 아무런 진전이 없다. K는 이제 자신의 이전 존재를 포기하고서 자신의 생각을 오직 성에만 쏟게 된다. 옛 진리와 새 진리의 경계에서 K는 이제 옛 것을 버리고 자기 자신과 자신의 과거를 지양하지 않으면 안 된다.

마치 동화의 주인공처럼 신원도 출생도 분명하지 않은 채 '멀리서' 찾아온 K는 성안으로 들어가려는 단 하나의 목표만을 생각하지만 그것이 불가능해지자 클람과의 담판에 자신의 모든 힘을 쏟게 된다. 클람은 성의 관리자로서 측량사를 담당하는 직책을 맡고 있다. 그도 역시 하나의 '문지기'이다. 클람은 성의 가장 깊숙한 내부를 지키는 문지기이다.

성에 들어가지 못한 K는 성에 들어갈 수 있는 방법을 찾아내기 위해 많은 정보를 수집한다. K의 정보원은 마을에서 만나는 남녀와의 대담, 성의 비서(모무스, 뷔르겔 등)와의 개인적인 접촉, 자기 자신의 체험을 통한 추론, 그리고 클람이 보낸 두 통의 편지 등이다. K는 자신에게 정보를 제공을 해줄 수 있는 것으로 보이는 사람들과 아무런 거리낌 없이 터놓고 이야기한다. 그는 많은 사람들과 활발한 접촉을 벌이지만 어느 누구와 만나도, 항상 똑같은 이야기를 나눌 뿐이다. 이 대담은 동일한 도식에 의한 하나의 반복이라는 성격을 띠고 있다. 그의 노력은 그때마다 단지 새로이 시작될 뿐이다. K가 얻게 되는 성에 대한 세론은 단지 기성 관념이거나, 전설 혹은 소문에 지나지 않으며, 경험과 편견의 혼합물일 뿐이다. K는 매우 신중한 태도로 그 정보를 받아들이고 검증하고자 하나 그 일도 어려움에 부딪힌다. 자신의 판단이나 지각 역시 자신의 편견에 의해 흐려져 있기 때문이다. 따라서 K는 두 개의 입장(내부와 외부), 사이에 서있다.

K가 파악한 성의 정체는, 성이 하나만 존재하고 있는 것이 아니라는 사실로 나타난다. 성은 보는 이에 따라 다르게 파악되고 있었다. 성별에 따라 지적 사회적 수준에 따라 성은 항상 다른 모습을 하고 있었다. 따라서 성별, 사회적 계층들의 수만큼 많은 성이 존재하고 있는 셈이었다. 각자가 말하는 것은 하나의 성이지만 이야기하는 사람에 따라 성은 서로 다른 것으로 나타난다. 그들이 전해주는 내용들 사이에는 사실상 아무런 공통점도 존재하지 않았다. K의 온갖 노력에도 불구하고 방대하고 신비스러운 관료기구의 베일에 둘러싸인 성은 이방인 K 앞에서 영원히 그 문을 열어주지 않는다. 뿐만 아니라 K는 애정 문제에서도 실패를 맛본다. 마침내 마을에서 아무런 권리도 갖지 못한 힌 명의 이방인으로서 K의 모든 노력은 수포로 돌아가고 만다.

카프카의『성(城)』은 인물들의 감정이나 행동을 묘사하기보다는 인물 간의 대화에 의존하는 특징을 보여주고 있다. 이야기의 등장인물들은 언제나 서로 공격하고 반발하며 논쟁한다. 그것은 동일한 사건이나 인물에 대해 각 등장인물들의 육성을 들려줌으로써 소설의 인칭에 미묘한 입체성을 부여하고 있다.『성』에서 작가는 그 누구의 입장이나 견해도 강요하지 않지만 삶의 비극적 다원성을 효과적으로 증언하는 결과를 이끌어낸다. 대화만으로 이루어지는 인물들의 내면은, 정적이면서도 생동감 있는 이상한 분위기를 창출하는 효과를 거두고 있다. K와 성의 관계는 우리가 관계를 맺고 있는 모든 세계와 존재를 상징한다. 그것은 가부장적인 '아버지'이거나 '나'라는 존재의 근원을 흔들 수 있는 '국가권력' 혹은 자기 내부에 잠재되어 있는 '무의식'의 심연 등을 상징하고 있다.

작가 프란츠 카프카의 문학을 보존하고 후대에 계승하는 데 있어 가장 큰 공헌을 한 이는 카프카의 친구 막스 브로트였다. 그러나 카프카 문학의 진정한 가치를 발견한 이는 사르트르와 까뮈였다고 볼 수 있다. 사르트르와 까뮈를 비롯한 실존주의계열 작가를 포함하여 카프카의 작품을 읽는 독자들은 그로부터 인간 운명의 부조리성, 존재의 불안을 발견해낸다. 카프카는 자신의 작품을 통해 '현대'라는 시대의 질병과 그 내부에서 인간이 경험하게 되는 실존적 체험의 극한을 독특하고 기묘한 방식으로 표현하고 있기 때문이다.

● 성
• 오용록 역―솔 • 신승희 역―청목사 • 이유선 역―서울대출판부 • 김덕수 역―홍신문화사

030
마의 산

토마스 만(1875-1955)

『마의 산』은 그 철학적 성격 때문에 지성과 사색을 위한 토마스 만의 장편소설로 널리 알려져 있다. 제1차 세계대전을 향해 치닫고 있던 역사적 상황을 배경으로 삼고 있는 『마의 산』은 당시 유럽을 지배하고 있던 정신과 세계관을 여러 명의 등장인물을 통해 표현하고 있는 경우이다. 『마의 산』은 한 시대의 정신을 담고 있는 '시대소설적' 성격을 가지고 있는 작품이다. 그러나 『마의 산』에 등장하는 이십대 청년 주인공의 성격을 염두에 둘 때 이 작품은 전형적인 **'성장소설'** 혹은 '교양소설'의 범주에 속하게 된다. 이 작품의 스토리가 이 청년 주인공의 정신적 사유와 세계관이 점점 깊고 넓게 확대되어가는 과정을 따라 전개되고 있기 때문이다.

이야기는 선박회사 기사인 스물 세 살의 젊고 소박한 주인공 '한스 카스트로프가' 기사 시험을 보고 난 뒤, 사촌을 만나러 스위스의 다보스에 있는 국제 폐결핵 요양소를 찾아가는 데서 시작된다. 요양소에서 한스는 입원치료 중인 사촌 '요아힘 짐센'과 만난다. 폐결핵 요양소의 환자들은 대부분 죽음을 선고받은 사람들이다. 한스는 사촌 요아힘을 만나는 순간부터 해발 1,600미터의 고원지대에 위치한 요양소의 이상한 분위기에 사로잡히게 된다. 한스는 자신이 처음 예정했던 3주간의 휴가계획을 바꾸어

성장소설(Bildungsroman)은 발전소설 혹은 교양소설이라고 불리기도 한다. 이 유형의 작품들은 주인공이 주어진 시대 환경 속에서 유년시절부터 청년시절에 이르는 사이에 '자기를 발견하고 정신적으로 성숙해 나가는 내적 성장의 과정을 묘사하고 있는 경우이다. 여기서 자기 형성의 근거가 되는 교양이란 단순한 지식이나 기술의 습득 혹은 기성 사회의 질서나 규범의 수용이 아니라, 인간 본연의 전인성에 대한 체험을 의미한다. 괴테의 『빌헬름 마이스터의 도제시절』, 노발리스의 『푸른 꽃』, 헤세의 『유리알 유희』와 『데미안』, 이문열의 『젊은 날의 초상』 등이 대표적이다.

더 머물기로 결정하는데 그 기간은 결국 7년으로 연장되고 만다.

쾌활한 주치의 베렌스 씨의 지시에 따라 한스와 요아힘은 매일 안정요법을 실시하면서 규칙적인 산책과 식사를 한다. 건조한 더위와 졸음 때문에 한스의 기분은 썩 좋은 것이 아니었지만 정신적 자극은 강렬한 것이었다. 한스는 자신도 모르게 시간이 매우 빠르게 흘러가고 있다는 느낌을 갖게 된다. 크로콥스키 박사의 심리분석 강연이나 음악회가 진행되는 동안 한스는 시간의 흐름을 거의 잊어버리고 개의치 않을 정도였다. 휴양소에서 한스는 쾌활하고 개방적인 사람들과 사귄다. 그 중에도 한스는 특히 프리메이슨 단원인 이탈리아 출신 작가 세템브리니와 시간에 무관심한 미모의 쇼샤 부인 등과 친하게 지낸다.

'세템브리니'는 질병의 존재를 영적인 것으로 생각하지 않도록 한스와 그의 사촌들을 일깨우는 사변적인 인물이다. 세템브리니는 권력의 원칙과 권리의 원칙을 구별하고 개인의 자유가 보장되는 새로운 민주주의 세계와 인간성의 완성, 세계 공화국의 건설을 주장한다. 한스는 세템브리니의 합리적이고 진보적인 사상에 매료된다. 그러는 동안 한스는 손님이 아니라 환자의 입장에서 다른 환자들과 함께 생물학, 의학, 우주 등의 다양한 문제를 대상으로 토론을 벌이고, 죽어가는 환자를 방문하기도 한다.

사육제가 열린 어느 날 밤, 한스는 세템브리니의 경고에도 불구하고 '쇼샤 부인'에게 접근하여 사랑을 고백하고 그녀는 요양소를 떠나게 된다. 세템브리니도 요양소로부터 이웃 마을로 옮겨가서 그곳에서 다른 형제들과 유태계 출신 기독교도 '나프타'라는 인물을 만나게 된다. 세템브리니와 나프타는 격렬한 논쟁을 벌인다. 사촌 요아힘은 직업 때문에 의사의 동의 없이 그곳을 떠나고, 병이 나았다고 통고받은 한스는 의사의 경고에도 불구하고 그곳에 그대로 머문다. 한스를 데리러 온 아저씨 제임스 티나펠 역시 그곳의 연금술적 분위기에 압도되어 그곳으로 도피한다. 한스는 세템브리니와 나프타 외에도 상인 페르게와 쇼샤 등과 계속 교제한다.

겨울 어느 날, 한스는 강한 눈보라 속에서 스키를 타던 중 사고를 당해 삶과 죽음의 경지를 넘나드는 초월적 경험을 한다. 새해 봄이 되자 사촌 요아힘은 병이 재발하여 다시 그곳으로 돌아온다. 그는 늘 웃음을 잃지 않는 '마루샤'에게 억제할 수 없는 사랑의 감정을 고백한다. 그러나 병석에 누운 지 몇 주일 뒤에 요하힘은 사망하고 만다. 이어 쇼사 부인도 돌아오고 자바의 농장 소유자인 '페퍼코른'도 함께 돌아온다. 페퍼코른은 곧 한스를 매혹시킨다. 쇼사 부인이 다시 떠난 후에도 한스와 깊은 관계를 맺게 되는 페퍼코른은 네덜란드 출신의 퇴역장교로 당당한 체구에 능변가로서 세템브리니와 나프타를 능가하는 인물이다.

그러나 페퍼코른은 후일 한스와 쇼사 부인 사이의 애정관계와 자신의 성적 무기력을 괴로워한 나머지 자살하고 만다. 자유에 대해 열띤 논쟁을 하던 나프타는 자결하고 세템브리니의 총은 빗나간다. 요양소에서 어느덧 7년이란 세월을 보낸 한스의 시간감각은 완전히 멎어있었다. 주인공이 산의 마력에 사로잡혀 세속에서의 사건들을 전혀 모르고 살아오는 동안 1차 세계대전의 그림자는 마침내 한스를 덮치게 된다. 전쟁이 일어나자 한스는 스스로 전장에 뛰어들어 전사한다.

이야기의 끝을 이루는 주인공 한스의 죽음은 현실세계로의 회귀를 시사한다. 죽음이라는 형식으로 끝을 맺고 있는 이 주인공의 이야기는 하나의 '과정'으로시 일련의 완결성을 획득하는 '진체'를 이루고 있다. 에긴대 주인공 한스는 죽음과 병이 지배하는 요양소의 마력에 사로잡히면서 건강론을 기초로 한 세템브리니의 합리적 진보적 사상과, 죽음을 바탕으로 한 나프타의 신앙적 인도주의 사상의 대결에 커다란 감명을 받는다. 그리고 쇼사 부인에 대한 사랑은 병과 죽음으로 변형된 낭만적 사랑으로 발전하며, 페퍼코른은 외견상 의미 있는 종합적 인간상으로 수용되지만 내면적으로는 새로운 시대적 이념과 조화되지 못하는 무기력한 인간상으로 받아들여진다. 결국 한스는 이러한 죽음과 쇠락을 극복하기위해 현실이라는 새로운 차원의 삶 속으로 나아간다. 그러니까 주인공의 정신적 모험은 마력의 고산지대를 헤매는 여정을 거쳐 현실의 평지에 내려섬으로써 마침내 완성되고 있다.

작가 토마스 만은 『마의 산』에 등장하는 주인공의 정신적 모험을 통해 '진정한 휴머니즘이란 무엇인가'라는 물음을 던지고 있다. 여기서 작가는 제국주의적 침략전쟁, 군국주의적 쇼비니즘에 대한 비판과 전망을 '비정치적' 인간 모델을 통해 제시하고자 했던 것이다. 『마의 산』은 제1차 세계대전이라는 시대의 모순을 반영하고 그 역사적 징후를 성찰케 하며 그것을 한 인격의 발전이라는 측면에서 연계시키고 반성하게 만드는 대작이다. 하루키의 『노르웨이의 숲』에서 자기 존재와 영혼의 근거를 찾아나서는 주인공 와타나베의 손에 들려있는 책 또한 바로 이 작품, 『마의 산』이었다.

◉ 마의 산
•최호 역—홍신문화사 •곽복록 역—신원문화사 •오계숙 역—일신서적출판사 •홍경호 역—범우사

031
안나 카레니나

톨스토이(1828-1910)

『안나 카레니나』의 작가 톨스토이는 도스토예프스키와 함께 19세기 러시아 리얼리즘 문학을 대표하는 러시아뿐만 아니라 세계적으로도 그 지위가 확고한 작가이자 사상가이다. 『전쟁과 평화』, 『부활』 등과 함께 톨스토이의 대표작으로 꼽히는 『안나 카레니나』는 러시아 혁명의 지도자인 레닌이 표지가 너덜너덜해질 정도로 되풀이해서 읽었다는, 톨스토이 문학 작품 중에서도 그 예술적 완성도가 가장 높은 작품으로 평가받고 있다.

톨스토이의 『전쟁과 평화』가 황제로부터 일개 농민에 이르기까지 가계층의 인물을 등장시켜 1812년에 있었던 나폴레옹의 러시아 침공이라는, 조국의 운명과 관계된 커다란 사건을 소재로 한 장편 역사소설이라면, 『안나 카레니나』는 안나와 브론스키, 레빈과 키치라는 두 쌍의 남녀를 중심으로 그들의 사랑과 삶의 방식을 섬세한 심리묘사를 통해 드러내고 있는 경우이다.

이 작품의 주인공인 '안나'는 미모의 젊은 여성이다. 연상인 고관 카레닌과 결혼하여 평화로운 나날을 보내고 있던 안나는 가정문제로 고민하는 오빠 오브론스키의 부름을 받아 페테르부르크에서 모스크바로 간다.

모스크바에 도착한 안나는 기차역에서 오빠의 친구인 청년 장교 브론스키와 우연히 마주치게 된다. 그 무렵 청년 장교 브론스키는 키티와 결혼할 사이로 알려져 있었다. 이때 오브론스키의 친구인 레빈도 키티에게 구혼하기 위해 시골서 상경하게 된다. 브론스키에게 마음이 기울어져 있던 키티는 레빈의 청혼을 거절한다. 그러나 브론스키는 안나를 처음 만난 순간, 격렬한 사랑의 감정을 느끼게 되어 그녀를 따라 페테르부르크로 가버린다. 그 일로 키티는 마음의 상처를 크게 입는다.

처음 얼마 동안 자신을 억제하고 있던 안나도 차츰 브론스키에 대한 사랑의 감정을 느끼게 되고 마침내 두 사람은 맺어진다. 곧 안나는 브론스키의 아이를 갖게 된다. 브론스키는 당장 남편과 헤어질 것을 요구하지만, 안나는 외동아들인 세리오자 때문에 마음의 결정을 내리지 못한다. 남편 카레닌과 함께 브론스키가 출전하는 경마시합을 보고 있던 안나는, 브론스키가 장애물 레이스에서 낙마하자 크게 당황하여 모든 사실을 털어놓게 된다. 집으로 돌아오는 길에 안나는 남편 카레닌에게 브론스키와의 관계를 모두 고백한다.

실연의 상처를 입은 키티는 건강을 회복하기위해 독일의 온천지에서 요양을 한 후, 다시 건강한 몸이 되어 러시아로 돌아온다. 한편, 키티에게 청혼했다가 거절당하고 시골로 돌아온 레빈은 농촌 생활에 몰두하지만 마음의 공허를 누를 길이 없다. 농업문제로 유럽을 시찰하고 돌아오는 길에 모스크바에 들른 레빈은 오브론스키의 집에서 키티를 다시 만나 그녀에 대한 자신의 사랑이 조금도 식지 않았을 뿐만 아니라 더욱 강렬해지고 있음을 자각한다. 키티도 레빈의 성실한 인품을 존경하고 지난날의 실례를 사과한다. 그리하여 두 사람은 급속히 가까워지고 주위 사람들의 축복을 받으며 결혼식을 올린다.

카레닌은 안나가 모든 것을 고백했음에도 불구하고, 세상의 이목 때문에 이혼은 절대 할 수 없다고 말한다. 안나는 딸을 낳지만 산욕열(産褥熱)로 인해 중태에 빠진다. 안나는 남편과 브론스키에게 화해할 것을 요구한다. 죽음과 싸우는 안나에게 감동한 남편은 모든 일을 용서해 주겠노라고 그녀에게 약속한다. 절망한 브론스키는 권총 자살을 기도하지만 다행히 목숨을 건지게 된다. 병상에서 일어난 브론스키는 전임을 명령받고 안나에게 작별인사를 하기 위해 그녀를 방문한다. 그러나 두 사람은 다시 만나자 말자 자신의 열정을 참지 못하고, 모든 것을 포기한 채 유럽으로 여행을 떠난다.

오랜 유럽 여행을 마치고 러시아로 돌아온 두 사람은 이제 더 이상 사교계에 발을 들여놓지 못하고, 브론스키의 영지(領地)로 가서 시골 생활을 시작한다. 하지만 원래 활동적인 사람이었던 브론스키에게 있어 틀에 박힌 시골생활은 참을 수 없는 것이었다. 브론스키는 차츰 귀족회 등의 일로 자주 집을 비우게 된다. 가정도, 자식도, 지위도 모두 버리고 현재 브론스키만이 유일한 삶의 보람으로 삼고 있는 안나는 오로지 육체적 쾌락만으로 브론스키를 자기 곁에 묶어 두려고 한다. 그리고 그 사랑은 날이 갈수록 이기적으로 변하면서 질투심 또한 깊어간다. 예전과 변함없이 안나를 사랑하는 브론스키이지만, 지나치게 자신의 자유를 속박하려고 하는 안나가 그에게는 점차 무거운 짐으로 여겨지게 된다.

그러던 어느 날, 브론스키의 어머니가 그에게 혼담을 주선했음을 알게 된 안나는, 더 이상 살아갈 희망을 잃고 달리는 기차에 몸을 던져 자살한다. 그녀가 자살한 지 두 달 뒤, 브론스키는 세르비아의 독립 전쟁에 참가하기 위해, 자비로 의용군을 편성하고 전쟁터로 떠나간다.

『안나 카레니나』는 위선과 허식으로 가득 찬 상류사회에서 자신의 사랑을 관철시키기 위해 스스로 파멸을 자초하는 비극의 주인공 안나와 농지경영에 땀 흘리는 지주 레빈의 성실한 생활태도를 대조적으로 그리고 있다. 1870년대 후반 『안나 카레니나』의 마지막 몇 장을 쓸 무렵, 톨스토이는 모든 것을 무의미한 것으로 만들어 버리는 죽음에의 공포에 사로잡혀 인생의 참뜻이 무엇인가에 대한 고민을 계속해나갔다고 한다. 톨스토이가 도달한 결론은 삶의 참의미는 과학이나 철학으로 설명할 수 없고,

야성의 힘에 의지해서도 문제가 해결되지 않으며 구원은 다만 이성이나 자아 밖에 있는, 죽음을 두려워하지 않고 자연스러운 것으로 받아들이는 민중의 소박한 태도에서 배우지 않으면 안 된다는 것이었다.

『안나 카레니나』는 '진정한 사랑과 결혼, 그리고 삶의 행복은 무엇인가' 라는 물음을 새삼스레 떠올리게 만드는 작품이다. 이 작품은 주인공 안나의 비극적 삶을 통해 진정한 사랑이란 순간적인 열정보다 진실한 마음과 책임에서 비롯된다는 계몽적 메시지를 전달하고 있다. 그러나 이 작품의 진정한 의미와 가치는 그 이상의 어떤 것에 있다. 『안나 카레니나』는 사회와 개인의 대립, 개체의 생명과 자유, 제도와 욕망 등의 근원적 문제를 향해 무한히 '열려 있는' 작품이다. 『안나 카레니나』를 두고 도스토예프스키는 현대 유럽문학 중에서 비교의 대상을 찾을 수 없을 만큼 '완벽한 작품'이라는 찬사를, 토마스 만은 세계문학사에서 가장 '위대한 사회소설' 이라는 찬사를 각각 보냈다.

◉ 안나 카레니나
•신길호 역─혜원출판사 •이철 역─범우사 •이기완 역─금성출판사 •최원준 역─홍신문화사

032
카라마조프가의 형제들

도스토예프스키(1821-1881)

『카라마조프가의 형제들』은 러시아 근대문학을 대표하는 도스토예프스키의 장편소설로 평가받고 있다. 신과 인간의 본질 문제를 파고 들어가는 심원한 주제의식, 미묘한 인간 심리에 대한 깊이 있는 탐구와 묘사, 인물과 사건 구성의 기발함 등의 측면에서 『카라마조프가의 형제들』은 그 유례를 찾아보기 힘들 만큼 충격적인 작품이다.

『카라마조프가의 형제들』은 1860년대 러시아의 지방 소도시를 배경으로 그곳에서 살아가고 벼락부자 카라마조프가의 사람들에 대한 이야기이다. 이 작품에는 물욕과 음탕함의 상징인 아버지 표드르라는 인물과 그의 자식들인 카라마조프가의 삼형제들이 등장한다. 이야기는 이들 카라마조프가의 부자와 형제 사이에서 일어나는 반목과 갈등을 중심으로 펼쳐진다.

카라마조프가 삼형제의 아버지인 '표드르'는 선술집이나 고리대금업 등 건전하지 못한 사업으로 돈을 벌었으며 억제하기 힘든 물욕과 정욕의 소유자이다. 그에게는 지주나 귀족이라는 말이 전혀 어울리지 않는다. 뿐만 아니라 그는 주위에 있는 다른 사람들까지도 타락시키는 시니컬한 독설가이기도 하다.

전처의 아들로 장남인 '드미트리'는 아버지가 가진 억제하기 힘든 정열을 물려받았으나, 동시에 러시아적인 순수함을 지닌 인물이다. 주색에 빠져 헤어나지 못하고 터무니없는 사고를 치기도 하지만, 그의 마음속 깊은 곳에는 고결한 것에 대한 동경이 숨쉬고 있다. 드미트리는 '그루센카'의 아름다운 육체에 빠져 약혼녀를 저버렸다. 그는 아버지를 적대시하면서 죽이고 싶을 만큼 증오한다.

차남인 '이반'은 대학을 졸업한 24살의 총명한 청년이다. 신의 존재를 부정하는 이반은 '신이 창조한 이 세계를 인정하지 않는 이상 인간에게는 모든 것이 허락된다'는 독자적인 자기 논리를 갖추고 있다. 그는 무신론자이며 허무주의자이다. 그러나 그에게도 역시 카라마조프가의 피가 흐른다. 그것은 형 드미트리의 약혼녀 '카테리나'를 향한 광적인 연모행위로 표현된다. 형 드미트리처럼 이반 또한 자신의 아버지를 증오하지만 그것은 감정적인 것이 아니라 논리적인 차원으로 나타난다.

막내인 '알료사'는 순진무구한 청년이다. 그는 수도원에서 사랑의 가르침을 설파하는 조시마 장로를 스승으로 삼고 있다. 알료사는 누구에게나 사랑을 받으며, 심지어 자신의 아버지 표드르로부터도 사랑을 받으면서 천사라고 불린다. 그러나 알료사의 내면에도 카라마조프가의 피가 흐르고 있다는 사실은 누구보다 그 자신이 잘 알고 있다.

'스메르자코프'는 아버지 표드르가 백치 여인과 관계하여 얻게 된 아들로 간질병을 앓고 있다. 하인처럼 학대를 당하면서 겉으로는 정직한 체하지만, 천박하고 간사스러운 성품을 가지고 있다. 자신이 차별과 학대를 받고 있는 만큼 표드르를 미워하는 마음은 누구보다도 강하다. 카라마조프가 사람들의 이야기에는 이들 가족 이외에 카테리나와 그루센카라는 두 젊은 여자가 가담하고 있다. '그루센카'는 표드르와 손잡고 악랄한 장사에 나선다. 그녀는 자신에게 열을 올리는 아버지와 아들을 적당히 가지고 놀 뿐만 아니라 '카테리나'를 심술궂게 조롱하는 악마적 여인이다. 그렇지만 알료사가 맑은 눈으로 꿰뚫어보고 있듯이 마음속 깊은 곳에 순수함과 정결함을 간직하고 있다. 이에 비하여 카테리나는 대단히 자긍심이 높은 거만한 여인이다.

두 여자를 둘러싸고 아버지와 아들, 형과 아우가 복잡하게 얽혀 애욕의 투쟁을 벌이는 가운데, 아버지 표드르가 누군가에게 살해되는 사건이 발생한다. 카라마조프가의 형제들 모두가 살인의 가능성을 의심을 받지만 스메르자코프는 그날 밤 간질 발작을 일으켰다는 이유로 용의선 상에서 제외된다. 그리고 여러 가지 정황들 때문에 드미트리가 경찰에 끌려간다.

곧 드미트리에 대한 재판이 시작된다. 실제로 아버지 표드르를 죽인 이는 스메르자코프였다. 그는 신만 없다면 인간에게는 모든 것이 허용된다는 이반의 말에 부추김을 받아 살인을 저지른다. 판결 전날 스메르자코프는 이반을 찾아와 사실을 털어놓으며 결국 아버지를 죽인 사람은 형이라는 말을 남기고 자살한다.

재판이 열렸을 때 증인으로 출석한 이반은 갑자기, "내가 그 자식을 부추겨 살인을 저지르게 한 것입니다"라고 외치며 발작을 일으키다가 끌려간다. 이반의 증언으로 그를 사랑하는 카테리나는 충격을 받는다. 카테리나는 드미트리를 제물로 삼아 이반을 구해낼 생각으로 아버지를 죽일 생각을 드러내고 있는 드미트리의 편지를 내보인다. 그루센카는 분노에 몸을 떤다. 그렇지만 "용서해주라"는 드미트리의 한 마디 말에 그루센카는 카테리나를 용서한다. 드미트리는 실제로 죄를 짓지 않았지만, 마음속으로 죽일 생각을 한 것은 살인을 한 것이나 마찬가지라며 자신의 죄를 스스로 인정한다.

『카라마조프가의 형제들』의 주제가 심대한 것은 이야기의 중심에 '신이 없으면 모든 것이 용서된다'는 무시무시한 철학이 도사리고 있기 때문이다. 이 작품에서는 이반과 알료사의 스승 조시마 장로 사이에서, 러시아의 미래를 상징하는 알료사의 더럽혀지지 않은 영혼을 가운데 두고 사상적 격투가 벌어진다. 그 사상 투쟁은 '기독교'와 '무신론'의 대결에 다름 아닌데 여기서 작가의 공감은 조시마 장로 측으로 기울고 있다.

그럼에도 불구하고, 이 작품의 진정한 위대함은 이반이라는 인물로부터 비롯되는 것으로 볼 수 있다. 조시마 장로에 대하여 이반은 신이 창조한 세계의 불합리와 모순을 역설하고, 그런 모순이 존재하는 한 미래에 다가올 어떤 지상의 천국도 인정할 수 없다는 반론을 전개한다. 이반이라는 인물이 가진 문제성은 「대심문관(大審問官)」이라는 자신의 자작시를 알료사에게 낭독해주는 장면에서 더욱 선명한 것으로 나타난다. 이반의 극시 「대심문관」은 중세시대 지상에 재림한 그리스도가 교권에 의해 거부된다는 내용을 담고 있다. 도스토예프스키 문학의 정수에 해당하는 이와 같은 사상은 지금 우리들에게 권력과 자유의 문제를 환기시키는 예언적 의미를 가지고 있다. 『카라마조프가의 형제들』은 1910년 모스크바에서 극화되었고, 러시아 · 미국 등지에서는 영화로도 제작된 바 있다.

⦿ 카라마조프가의 형제들
 •봉현선 역─혜원출판사 •김학수 역─범우사 •최경준 역─홍신문화사

033
아Q정전 阿Q正傳

노신(1881-1936)

『아Q정전』은 근대 초기의 중국이 낳은 세계적 문호 노신(魯迅)의 대표
작이다. 노신은 그의 필명이고 본명은 주수인(周樹人)이다. 청년시절 일
본 유학경험을 통해 신학문을 공부하고 혁명적 사상을 갖게 된 노신은
자신의 사상을 문학으로 표현하는 길을 선택함으로써 중국 근대문학을
확립하는데 크게 공헌했다. 노신의 『아Q정전』은 1921년부터 북경에서
발간되는 「천바오」(晨報) 부록판에 연재되었다가, 1923년 제1단편집 『납
함(吶喊)』에 수록되었다.

이야기는 신해혁명(辛亥革命)을 전후한 농촌마을을 배경으로 삼고 있
으며, 성명 미상의 날품팔이 농민 '아Q'가 주인공으로 등장한다. 미장이라
는 한 시골마을에 날품팔이로 연명하는 아Q라는 한 농민이 살고 있었다.
이 아Q라는 작자는 성도 이름도 고향도 확실치 않을뿐더러 일정한 직업
과 집도 없이 마을에 있는 사당 안에서 임시방편으로 살아가고 있는 인물
이다. 그는 마을의 허드렛일을 하며 연명해나간다. 마을 사람들은 일이
바쁠 때에는 아Q를 자주 부르지만, 한가할 때는 그의 존재를 거의 잊고
산다. 마을 사람들은 그가 어떤 인물이고 어떻게 살고 있는지에 대해 무
관심하다.

그런데 아Q는 자존심이 강해 도리어 자기 쪽에서 마을 사람들을 무시했다. 그는 부스럼으로 생겨난 대머리(癩瘡疤)때문에 마을 사람들로부터 종종 놀림을 당하기도 한다. 그는 나창파의 '나' 및 그 발음에 가까운 일체의 음을 입 밖에 내지 않았다. 그리고 그 금기를 범하는 자에게는 대머리 전체가 빨개지도록 성을 내면서 상대를 매도하거나 폭력을 휘두를 때도 있었다. 마을 사람들은 그런 아Q의 자존심을 건드리면서 그를 잔인하게 놀려댄다. 그러나 아Q는 마을 사람들의 놀림과 박해에도 아랑곳하지 금방 자신을 회복하여 의기양양한 본래의 상태로 돌아오곤 한다. 한번은 돈이 생겨 도박을 한 일이 있었다. 그는 도박판에서 돈을 딴 일이 거의 없었으나 그날은 몇 번이나 계속해서 돈을 따게 되었다. 그러나 불행하게도 싸움이 일어나 그 와중에서 매를 맞고 딴 돈까지 모두 잃어버리게 된다. 그는 다시 한 번 실패의 고통을 맛보지만 자신의 뺨을 스스로 세게 때린 뒤에 곧 본래의 의기양양한 자신을 되찾는다. 아Q는 그런 식으로 살아가는 우스꽝스러운 인물이다.

아Q는 항상 자신이 이겼다고 생각하면서 자신을 우월한 존재로 여기고 있었지만 마을 사람들은 그에게 관심을 보이지 않았다. 마을 사람들이 그에게 관심을 가지기 시작한 것은 그가 마을의 유력자인 조 나으리에게 따귀를 얻어맞은 뒤부터이다. 어느 날, 그는 우쭐대는 기분에서 그와 조 나으리가 성이 같으며 친척관계라는 말을 마을 사람들에게 해버린다. 그 뒤 여러 해 동안 쭉 아Q는 우쭐한 기분을 가지게 되었다.

어느 해 봄, 아Q는 얼큰하게 술에 취해 거리를 걷고 있었다. 그러다 담장 밑 양지쪽에서 웃통을 벗고 이를 잡고 있는 '왕털보'와 마주치게 된다. 왕털보보다 자신이 우월한 존재임을 확신하고 있던 아Q는 그의 곁에 앉아 자신의 누더기를 벗어 뒤집은 뒤 이를 잡기 시작한다. 그러나 빨아입은 지 얼마 되지 않은 아Q의 옷에는 이가 서너 마리밖에 없었다. 실망스런 기분 속에서 점점 약이 오른 아Q는 공연히 왕털보에게 시비를 건다. 그러나 아Q는 되레 왕털보에게 손목을 붙잡혀 담으로 끌려가 머리를 다섯 번이나 부딪히게 되는 수모를 당한다. 굴욕감 때문에 어찌할 바를 모르던 아Q는 지나가는 여승을 발견하고 그녀에게 단단히 앙갚음을 하고 난 뒤, 우쭐해져 신나게 웃는다.

젊은 여승일로 유쾌함을 느낀 아Q는 그때부터 여자에 대해 관심을 보이기 시작하지만 아무도 그에게 말을 걸어오지 않는다. 어느 날 그는 조나으리 댁의 식모 오마에게 다짜고짜 달려들었다가 또 다시 매를 맞는 봉변을 당한다. 그 일 이후 마을 사람들은 그에게 더 이상 외상과 품팔이 일을 주지 않게 된다. 생활의 어려움에 직면하게 된 아Q는 어느 날 배고픔을 참지 못해 여승의 절에 딸려있는 텃밭에 몰래 숨어들어가 무를 훔쳐 먹는다. 무를 훔쳐 먹다 여승에게 들킨 아Q는 마을을 떠나 성내로 들어간다.

그해 중추절 뒤의 어느 날, 아Q는 미장이라는 마을에 다시 나타난다. 다시 돌아온 아Q의 모습은 예전과는 달랐다. 마을 사람들도 의심스럽기는 하나 성공한 그에게 존경의 태도까지 내비치게 된다. 그는 마을 사람들에게 많은 물건들을 보여주고 또 그것을 사고 싶어하는 사람들에게 적당한 가격에서 그것을 팔기도 한다. 마을 사람들에게 아Q는 중요한 존재가 된 것이다. 아Q의 삶이 또 한 번의 변화를 겪게 되는 것은 혁명의 발발과 더불어 시작된다. 혁명의 와중에서 우쭐한 기분으로 폭동에 가담하게 된 아Q는 사건의 진전과정에서 일당으로 취급된다. 이야기의 결말에서 아Q는 홀로 형장으로 끌려간다.

『아Q정전』은 신해혁명의 좌절로 대변되는, 봉건적 질곡 상태에 놓여있던 당시 중국의 상황과 노신의 사회계몽적 비판의식을 뚜렷하게 표현하고 있다. 이 작품의 주인공 아Q는 당시 '반(半)식민지' 상태에 떨어진 중국의 현실을 상징하는 전형적 인물이라는 의미를 가진다. 노예근성이라는 인간적 약점을 가진 아Q라는 인물은 봉건사회 해체기의 혼란한 시대상을 잘 반영하고 있다. 자신이 심각한 모욕을 받고 있음에도 진지하게 저항할 줄 모르고 오히려 그것을 비굴하게 합리화하여 '정신적 승리'로 탈바꿈시켜 버리는 아Q의 형상은 당시 중국인들에게 큰 충격을 던졌다. 이 작품을 읽은 많은 중국인들이 아Q의 모델이 바로 자신이라고 생각했기 때문이다.

『아Q정전』에 등장하는 주인공의 성격은 한편으로 인간 자신에 대한 비판이라는 메시지를 가지고 있다. 아Q의 결함은 특정 시대와 민족의 소산이 아니라 우리 모두의 내부에 도사리고 있는 인간적 문제의 하나가 될 수 있기 때문이다. 그리고 이로부터 특정한 인물형을 가리키는 '아Q'라는 단어와, 그것이 가진 특별한 종류의 의식구조를 가리키는 '아Q정신'이라는 단어가 하나의 유행어로 사용되기 시작했다.

◉ 아Q정전
• 조성하 역─소담출판사 • 전형준 역─창작과비평사 • 안영신 역─청목 • 정노영 역─홍신문화사

034
영혼의 산 Soul Mountain

가오싱 젠(1940-)

『영혼의 산』은 2000년도 노벨문학상 수상작으로 1982년 중국에서 씌어지기 시작하여 1989년 프랑스 파리에서 완성된 중국 작가 가오싱 젠의 장편소설이다. 작가 가오싱 젠(高行健, Gao Xingjian)은 문화대혁명과 천안문 사건(1989) 등 중국 현대사의 격동기를 온몸으로 헤쳐나온 인물이다. 그는 소설과 희곡 등의 문학작품을 통해 개인의 자유와 독립을 일관되게 옹호하며 사회주의의 규율에 도전했다. 스웨덴 한림원이 그의 문학세계를 "대중의 역사에서 개인을 지키려는 투쟁"으로 요약한 것도 이와 같은 맥락에서 이해할 수 있다.

실험적인 형식과 복잡한 구성을 취하면서 모두 81장으로 구성되어있는 『영혼의 산』은 작가의 분신과도 같은 '나'와 '당신'의 여행기 형식을 취하고 있다. 작가는 중국의 광활한 대륙만큼 거대한 스케일 속에 중국의 역사와 문화, 신화와 풍습, 민요와 전설, 환경오염, 문화 대혁명의 참상 등의 문제를 유장한 필치로 묘사하는 한편, 지도에도 없는 영혼의 산을 찾아 떠나는 여행길에 독자를 끌어들인다. 영혼의 산을 찾아가는 이 작품의 이야기는 집단적 욕망과 모순된 사회 구조 속에서도 개인의 삶에 대한 연민과 살고자 하는 새로운 욕구를 불러일으킴으로써 인간의 자유 의지를 일깨운다.

이야기 속의 작가로 등장하는 '나'는 자신의 작품이 비판을 당하고 아내와 헤어지는 등 곤경에 처해 있다. 그런 '나'는 폐암 선고를 받고 절망하던 중 다행히 오진임이 밝혀진다. 불합리한 사회, 예측할 수 없는 운명에 대한 고뇌는 '나'로 하여금 새로운 삶의 방향을 모색하기 위한 여행길에 나서게 만든다.

이 작품은 마치 읽는 이가 주인공 '당신'과 함께 영혼의 산을 찾아가는 여정에 동참하고 있다는 느낌을 자아낸다. '당신'은 자신이 이곳에 온 이유를 분명히 알지 못한다. '당신'은 기차 안에서 우연히 누군가가 영산이라 부르는 곳에 대해 이야기하는 것을 들었을 뿐이다. 여행길에서 '우이진'에 도착한 '당신'은 거기서 '그녀'를 만나고 그녀와 대화하고 그녀를 영산 가는 길에 불러들인다. 그리고 '당신'은 그녀와 사랑을 나눈다. 그리고 계속 영산을 찾아 헤맨다. 그렇지만 영혼의 산은 쉽게 발견되지 않는다.

이야기 속에는 또 한 명의 주인공 '나'도 등장한다. '나'는 쓰촨에서 치웅라이 산맥을 넘어 양쯔강 싼샤를 따라 펼쳐지는 중국 서남부의 비경 속에서 중국을, 역사를, 인간을 만들어온 민중의 생생한 문화와 마주친다. '나'는 변경의 강족(羌族), 묘족(苗族) 등 소수 민족의 원시 종교와 민속에 몸을 맡기기도 하고, 민간에 잔존해 있는 도교와 불교 의식에 동참하기도 한다. 그리고 '나'는 향촌의 신화와 전설, 구전 가요에 심취하기도 한다. '나'는 영혼의 바위, 다링옌을 거쳐 우강의 근원인 차오하이 호숫가에 도착해 윈난과 구이저우에 접해 있는 이족 지역으로 떠난다. 스칸과 장커우, 둔시에서 안창으로 가는 길목 스타이, 진강의 수원이 있는 장커우에서 타이핑강을 거슬러 올라 판시를 지난다. 그것은 드넓은 중국 대륙으로의 여행이다. 그러나 그 여행은 현실세계 속에서만 이루어지는 게 아니다. 행복했던 유년기를 향해 추억 여행을 떠나기도 하고, '나'의 분신인 '당신'과 '그'를 통해 상상적인 여행을 감행하기도 한다.

뚜렷한 위치도, 확실한 지도도 없이 떠나는 여행길 곳곳에는 저마다의 비극이 도사리고 있다. 전투가 벌어지고, 산적과 홍위병들의 습격을 받기도 한다. 여자들은 적군에게 붙들려가서 몸을 더럽히거나 산적의 첩이 된다. 그녀들은 사랑을 위해 칼부림을 하고 자유를 찾기 위해 죽음도 마다하지 않는다. 실제와 환상이 교차하는 이 여행의 끝에서 마침내 '나'는 '영혼의 산'에 다다르게 된다.

『영산의 산』에서 특징적인 것은 '나', '당신', '그' 혹은 '그녀'라는 인칭대명사로 호명되는 등장인물 간의 대화이다. 가오싱 젠의 문학에는 그가 가진 연극 경험이 대단히 중요하게 작용하고 있다. 가오싱 젠은 자신의 희곡에서도 나타나고 있듯이, 끝없이 반복되는 '그녀는 말한다—'라는 식의 간접 화법을 빌어 화자와 독자 사이의 일정한 거리를 만들어 낸다. 랭보의 '나'가 타자라면, 가오싱 젠의 '나'는 수줍어하고, 거리를 두고 있는, 그래서 보편적인 바뀌는 내면의 목소리, '당신'이 된다. '나'가 그의 공상들을 실현시키고자 할 때, 화자의 자리를 이어 받고 있는 것은 바로 '당신'이다. 다시 말해서 '당신'은 '나'와 동일인이다. 현실의 주인공은 '나'이고, 상상 속의 또 다른 주인공인 '나'는 바로 '당신'이다. 복잡한 듯하면서 사실은 이렇게 지극히 간단한 구조가 가오싱 젠 문학의 매력이다.

『영혼의 산』은 1인칭과 2인칭이 혼재하면서 시공을 뛰어넘는 환상적 기행의 묘미를 더해준다. 또한 이 작품은 중국의 풍경들과 원시림에 대한 환기, 파경에 이르는 언에의 언출이니 우정을 나누는 즐거움에 대한 진술한 묘사, 강에 대한 응시, 피카레스크식 구성의 신비로운 이야기 방식, 부조리한 혹은 카프카적인 사물의 묘사, 그리고 소설기법에 대한 새로운 성찰, 소리 내어 읽어도 전혀 무리가 없는 현대적 문체 등의 특징적 요소를 풍부하게 보여주고 있다.

◉ 영혼의 산
• 이상해 역─북폴리오 • 이상해 역─현대문화북스

035
설국 雪國

가와바타 야스나리(1899-1972)

『설국』은 1968년 가와바타 야스나리의 노벨문학상 수상작이다. 어린 시절 양친을 잃고 거의 고아로 자라난 작가의 고독한 세계 체험은 그 자신의 삶을 문학에 바치게끔 이끌었다. 가와바타의 문학세계는 사춘기의 청순한 연정을 서정적 필치로 그려낸 초기의 대표작『이즈의 춤추는 무희』에서 시작되어『설국』에 이르러 정점에 도달한다.『설국』은 비현실의 세계에서만 존재할 수 있는 순정(純情)한 아름다움을 성공적으로 표현하고 있는 가와바타 문학의 최고봉을 이루고 있다.

이야기는 주인공 시마무라가 접경의 긴 터널을 지나 눈에 뒤덮인 설국의 고장으로 가는 장면에서 시작된다. 시마무라가 타고 있는 기차는 눈의 고장인 북쪽 지방을 향해 서서히 나아가고 그는 야릇한 흥미를 느끼면서 차창을 통해 겨울 저녁풍경을 꿈꾸듯이 바라보고 있다. 바깥 풍경과 기차 안의 풍경이 융합되는 차창은 흡사 거울과도 같다. 더구나 차창에 비치는 요오코라는 여자의 미모를 몰래 훔쳐보는 일은 설레기까지 했다. 시마무라가 오랫동안 요오코를 훔쳐보면서도 그녀에게 미안한 생각이 들지 않았던 것은 저녁풍경이 비치는 거울 속의 비현실적인 분위기에 그가 사로잡혀 있었기 때문이다. 시마무라의 존재에 전혀 관심을 보이지 않는 요오코는 춤선생의 아들이자 자신의 약혼자이기도 한 병든 유키오를 어머니처럼 간호하고 있을 뿐이다.

시마무라는 거의 무위도식하는 생활을 하고 있는데 산을 좋아하여 자주 산을 찾아다니며 여행을 하곤 한다. 그는 일정한 직업도 없이 물려받은 재산으로 여행을 하면서 자유로운 삶을 살아간다. 그는 서양 무용에 대한 깊은 관심을 가지고 있으며 현실적인 세계보다 신비적인 세계를 더 좋아하는 성격의 인물이다. 시마무라가 눈고장을 찾게 된 것도 게이샤인 고마코 때문이다. 눈고장 태생인 고마코는 도쿄에서 술집 접대부로 일하다가 지금은 춤선생을 따라 이곳 눈고장으로 다시 내려온 여자이다.

시마무라와 고마코는 지난 봄에 처음 만났다. 첫 만남에서 두 사람은 서로에게 이상한 매력을 느낀다. 두 사람이 서로에게 느끼는 감정은 일시적인 정열에 의한 것이 아니었다. 그들 사이에는 일정한 거리가 항상 놓여 있었다.

고마코는 미인이라기보다는 청결한 인상을 가진 독특한 분위기의 여자이다. 그녀는 외로운 듯하지만 촉촉이 윤기를 머금은 자태를 지니고 있다. 여관에 머무는 동안 시마무라는 고마코와의 관계를 깨끗하고 오래 유지하기 위해 그녀에게 다른 게이샤를 소개해달라고 부탁한다. 그리고 그때까지만 해도 고마코는 완전한 게이샤가 아니었다. 이유도 없이 고마코는 시마무라를 자주 찾았고, 이유도 없이 시마무라는 고마코를 기다리곤 했다. 둘 사이에는 알 수 없는 흡인력이 서로를 끌어 당겼지만, 어느 쪽도 자신의 생각과 행동을 적극적으로 보여주지 않았다. 두 사람은 그저 알 수 없는 힘에 이끌려 갈 뿐이었다. 그런 상황 속에서 시마무라는 고마코를 떠나 도쿄로 돌아갔다.

시마무라는 그때의 기억을 상기하며 고마코가 살고 있는 눈고장을 다시 찾아온 것이다. 이제 고마코는 완전한 게이샤가 되었다. 물론 그녀는 다른 게이샤와 격이 달랐다. 시마무라와 고마코의 두 번째 만남도 기쁨의 감정은 있었지만, 두 사람 사이의 심리적 거리는 여전히 좁혀지지 않는다.

그리고 스스로 찾아와서는 금방 '돌아가겠다'고 강변하는 고마코의 술버릇 또한 여전하다. 두 사람 사이는 진전될 기미를 보이지 않고, 시마무라는 다시 도쿄로 돌아갈 준비를 한다. 시마무라는 전송 나온 고마코를 뒤로 한 채, 환상적인 설국의 세계와 작별을 고한다.

시마무라가 눈고장의 마을을 다시 찾은 것은 늦가을이었다. 고마코는 더욱 외로워 보였고, 요오코는 죽은 유키오의 무덤만 찾고 있었다. 시마무라는 그 모든 일들을 비현실적인 것으로 느낀다. 두 사람 사이는 여전히 허전하게 비어 있고, 시마무라는 고마코의 알 수 없는 매력과 그녀에 대한 뜻 모를 가책을 동시에 느끼면서 그곳을 다시 떠나야 한다는 마음을 먹는다. 그때 정거장 근처의 고치 창고에서 화재가 일어난다. 두 사람이 황급히 불난 장소에 도착했을 때 이층에서 여자 한 명이 뛰어내린다. 떨어진 사람은 바로 요오코였다. 고마코는 죽은 요오코를 꼭 끌어안는다.

이 작품을 특징짓는 미묘한 분위기는 '눈'이라는 소재가 만들어내는 신비하고 환상적인 이미지에 기인하고 있다. 눈으로 덮인 마을과 자욱한 수증기가 서려있는 온천장은 환상적이고 매혹적인 세계 속으로 독자들을 자연스럽게 이끈다. 그리고 그 가운데서 독자들은 등장인물의 내면적 갈등과 상처를 생생하게 체험하게 된다. 『설국』은 '눈'이라는 물질적 요소가 만들어내는 환상적 분위기 속에서 '현실'과 '비현실', '이성'과 '감성'의 투쟁에 내던져져 있는 인간의 내면을 표현하고 있으며 궁극적으로는 이를 통해 인간 존재 자체에 대한 물음을 던지고 있다. 산문시와 같은 작가 고유의 감각적 문체 또한 이야기의 깊이를 더해주고 있다.

『설국』의 작가 가와바타는 격변하는 시대적 상황 속에서 다양한 문학적 실험을 거듭한 끝에 전통적인 일본의 아름다움 가운데서 자신의 독자적 문학세계를 발견해냄으로써 근대 일본문학사에서 부동의 지위를 얻게되었다. 그의 제자인 미시마 유키오(三島由紀夫)가 자결한 뒤 얼마 되지 않아 가와바타 또한 자살로 자신의 생을 마감했다.

◉ 설국
• 유승휴 역─청목사 • 장경룡 역─문예출판사 • 서기원 역─청림출판사 • 한영순 역─어문각

036
백년 동안의 고독

가브리엘 가르시아 마르케스(1928-)

『백년 동안의 고독』은 1982년 노벨 문학상을 수상하면서 중남미의 문학을 세계문학의 중심으로 끌어올린 가브리엘 가르시아 마르케스(Gabriel Garcia Marquez)의 장편소설이다. 콜롬비아의 실제 역사인 동시에 인류의 신화와 전설에 스며있는 근원적 상상력을 표현한 작품으로 제목 그대로 '백년' 동안 이곳을 지배해 온 '고독'을 다루고 있다. 이 작품은 1900년 초 콜롬비아에서 일어난 자유파와 보수파와의 투쟁, 미국인들의 도래, 바나나 농장의 등장과 같은 실제 사건들을 언급하고 있는데, 이런 측면을 강조할 때 『백년 동안의 고독』은 라틴아메리카의 차취와 폭력에 대한 풍자를 의미하고 있다.

이 소설의 작가 마르케스는 '20세기 최고의 이야기꾼'이라는 수식어와 함께, 작품의 대중화를 꾀하면서도 동시에 비평가들에게는 기법 등의 측면에서 새로운 소설의 미학을 제시하고 있는 희귀한 현대 작가 중의 한 명으로 평가되고 있다. 마르케스는 극단적 실험성으로 인해 '소설의 죽음'을 예고하고 있던 서구 문학계에 '소설의 소생'이라는 계기를 이끌어내었다는 고평을 받고 있는 작가이다.

호세 아르카디오 부엔디아와 우르슬라는 집안 대대로 살아왔던 고향을 버리고 많은 고생 끝에 마콘도라는 땅에 정착하여 마을을 이루고 살아간다. 호세 아르카디오 부엔디아와 우르슬라 사이에는 큰아들 '호세 아르카디오'가 있었는데, 그는 몸집이 크고 여자를 좋아했다. 그들이 마콘도에 도착하여 편안한 생활을 할 무렵 차남인 '아우렐리아노 부엔디아'가 태어났다. 그는 자라나면서 앞날을 예측하는 힘을 드러내기 시작한다. 아우렐리아노 부엔디아의 예리한 눈은 형과 반대로 날카로웠고 성격 또한 내성적이었다. 이들이 살던 곳에는 집시들이 가끔씩 찾아오곤 했는데, 그 중에서 늙은 '멜키아데스'는 세상 사람들이 모르는 비법을 많이 알고 있었고, 이 집안의 백년에 걸친 역사를 예견한 사람이었다.

한편 호세 아르카디오와 아우렐리아노 부엔디아가 청년이 되었을 때, 이 집안에서는 여동생 '아마란타'가 태어난다. 그리고 고아인 처녀 '레베카'를 데려다 키운다. 호세 아르카디오는 필라르 테르네와 아들 아르카디오를 낳고 집시를 따라 마을을 떠났다가 다시 돌아와 레베카와 결혼하였으나 불행하게도 총에 맞아 죽게 된다. 아우렐리아노 부엔디아는 연금술에 대한 실험과 연구에 몰두하며 성실하게 금세공 기술을 익히고 있었다. 그는 어느 날 딸과 같은 '레메디오스'의 청순하고 순진한 모습에 반하여 그녀가 아홉 살이 되었을 때 결혼을 한다. 그러나 그녀는 쌍둥이를 임신한 상태에서 죽고 만다. 아우렐리아노 부엔디아는 이 고통을 잊기 위해 다시 작업장에 틀어박혀 물고기를 금세공하는 일에 열중한다. 이 무렵 우르슬라의 남편 부엔디아는 완전히 미쳐 있었다. 그가 죽자 온 마을에는 노란 꽃들이 밤새도록 눈처럼 내려 쌓였다. 아우렐리아노 부엔디아는 정부의 반란을 주도하는 자유파를 지지하여 여러 차례 반란을 일으킨다.

아르카디오와 산타 소피아 사이에는 미녀 '레메디오스'가 태어났다. 그녀는 아름다운 처녀로 나중에 죽게 되었을 때, 하늘로 승천한다. 그들에게 아우렐리아노 세군도와 호세 아르카디오 세군도라는 쌍둥이가 있었는데, '아우렐리아노 세군도'는 페르난다라는 축제의 여왕과 결혼하여 호세 아르카디오를 낳고 레메디오스와 아마란타 우르슬라를 낳았다. 형인 '아르카디오 세군도'는 바나나 농장의 노동조건 개선을 외치며 파업을 주도한다.

호세 아르카디오 부엔디아는 나이가 들어 어느 날 나무 아래서 임종을 맞이한다. 호세 아르카디오는 우르슐라와 페르난다에 의해서 성직자로 길러지나 그는 로마의 빈민가에서 살다가 돌아와 아이들에게 죽음을 당하고 만다. 둘째 딸 레메디오스는 메메라는 이름을 함께 가지고 있었는데, 그녀는 신학교를 마치고 집으로 돌아와 있다가 바나나 농장의 인부인 '마우리시오스'와 사랑에 빠지게 되는데 이를 알게 된 부모는 그를 집안에 감금하고 만다. 마우리시오스는 지붕을 통해서 메메의 방으로 가려다가 죽음을 당한다. 메메는 페르난다에 의해 수도원에 들어가고 거기서 그녀는 아우렐리아노를 낳는다. 아우렐리아노는 자기의 출생을 전혀 알지 못한 채 커간다.

우르슐라는 그녀의 나이가 무려 백열 다섯에서 백 스물네 살로 추정되었을 때, 자신의 죽음을 예상하고 준비를 마친 후 조용히 숨을 거둔다. 아마란타 우르슐라는 벨기에로 유학을 갔다가 가스통이란 사람과 함께 돌아온다. 아우렐리아노는 그녀를 사랑했다. 그는 그녀가 자신의 이모가 된다는 사실을 모르는 채, 결혼하게 되어 아우렐리아노라는 부엔디아의 마지막 자손을 낳게 된다. 아우렐리아노는 돼지 꼬리를 달고 태어났다. 이 아이는 개미들에 의해 죽게 된다. 사생아인 아우렐리아노는 마침내 집안의 수수께끼를 풀게 된다. 그는 부엔디아 집안의 역사를 알게 되고 자기가 누구라는 사실 또한 알게 된다. 그리고 이 신기루 마을이 바람에 날아가버림으로써 인간의 기억 속에서 영원히 사라지리라는 것도 알게 된다.

『백년 동안의 고독』은 처음부터 끝까지 상식적으로는 생각하기 힘든, 현실세계에서는 도저히 일어날 수 없는 놀랍고도 신비한 사건들로 가득 차 있다. 마콘도의 창건자 호세 아르카디오 부엔디아가 죽었을 때 노란 꽃비가 내려 "소리 없이 밤새도록 내려 지붕을 덮고 문을 열 수 없을 만큼

마술적 리얼리즘(Magical reali -sm)은 문학의 경우, 현실에서는 일어나기 힘든 초자연적인 사건들을 다루고 있는 경우를 의미한다. 본래는 후기 표현주의 회화의 한 양식을 가리키는 용어였지만 현재는 그 범위가 확대되어 문학이나 영화에도 적용되고 있다. 마술적 리얼리즘 속에서 현실과 환상의 경계는 불분명한 것으로 나타나지만 그것은 궁극적으로 현실에 근거하고 있다. 그리고 이러한 측면에서 마술적 리얼리즘은 그 자신이 가상임을 설파하는 환상문학과 구별된다.

집안에 쌓였으며, 바깥에서 잠자던 짐승들을 질식시킨"다는 묘사라든지, 초콜릿을 먹고 공중으로 부상하는 신부라든지, 사년 넘게 내리는 비라든지, 백 살이 넘은 할머니가 흡사 번데기처럼 줄어든다든지 하는 등의 대목이 특히 그렇다. 이러한 요소들은 이 작품의 중요한 모티프이자 마르케스의 글쓰기나 사유 방식의 중요 단서가 되는 것들이다.

마르케스는 중남미의 자연체험이나 문학적 풍토에서만 나올 수 있을 법한 '마술적 리얼리즘'을 대변하는 작가이다. 마술적 리얼리즘은 어떤 대상을 객관적으로 서술하고 현실 그대로 재현하는 리얼리즘의 속성을 가지면서 동시에 그 환상성 때문에 '마술적'이라는 특수한 수식어가 붙어 있는 새로운 방식의 리얼리즘을 가리키고 있다. 마르케스의 문학은 정치적·역사적 사건에 기반을 두고 있기는 하지만, 현실과 환상의 경계를 모호하게 허물어뜨리는 과정을 통해 경이롭고 믿을 수 없는 초자연적인 이야기를 연출하는 마력을 가지고 있다.

◉ 백년 동안의 고독
• 박수연 역―혜원출판사 • 최호 역―홍신문화사 • 조기호 역―만성사 • 신동진 역―청목사

037
픽션들

호르헤 루이스 보르헤스(1899-1986)

　'20세기의 도서관, 혹은 '사상의 디자이너'로 불리는 호르헤 루이스 보르헤스는 세르반테스 이후 스페인어권 최고의 문제작가로 일컬어지고 있으며 미셸 푸코, 루이 알튀세르, 자크 데리다, 움베르토 에코 등 20세기 서구 지성사의 중요 인물들에게 절대적 영향을 끼쳤다는 평가를 받고 있는 작가이다. 보르헤스는 단 한 편의 장편소설도 쓰지 않은 대신 '픽션'으로 명명한 단편의 형식을 통해 작가로서 그 자신이 추구하는 모든 것을 치밀하게 표현하고 있다.

　보르헤스의 두 번째 창작집 『픽션들』(1944)에는 자신의 주된 관심사이 '자아'와 '시간'의 문제를 천착한 열일곱 편의 단편이 실려 있다. 그 이야기들 속에서 생각의 힘은 세상과 사물을 만들어 낸다. 그리고 시간은 한 줄기 강물처럼 흘러가는 것이 아니라 무수한 갈래의 그물처럼 엉켜 있다. 그런가 하면 세르반테스의 『돈키호테』를 만약 20세기 프랑스인이 썼다면 과연 어떻게 이해될 수 있을까라는 물음도 들어있다. 우주를 거대한 도서관에 비유한 이야기는 움베르토 에코의 『장미의 이름』에 중요한 모티프를 제공한 것으로 유명하다. 「끝없이 두 갈래로 갈라지는 길들이 있는 정원」이라든지 「칼의 형상」 그리고 「배신자와 영웅에 관한 논고」 등에서

는 보르헤스식의 추리소설을 읽는 재미를 느낄 수 있다. 이렇게 다양한 이야기들 속에 등장하는 '미로', '도서관', '복권', '도플갱어', '꿈', '거울' 같은 상징들은 우주의 본질적 무질서와 그에 대한 작가의 회의주의를 드러내는 존재론적 유희의 도구들로 볼 수 있다.

『픽션들』에 담겨있는 보르헤스 문학세계의 면모는 「원형의 폐허들」을 통해 엿볼 수 있다. 옛날에 어떤 '도사'가 원주민 마을에 오게 된다. 그는 신전에서 상상으로 사람을 만드는 일에 빠져있다. 열심히 노력해서 자신의 아들이라고 할 수도 있는 '그'를 만들어내고 다시 수면상태에 떨어지게 된다. 이야기의 결말에서 불길은 그의 살갗 속을 파고들지 못하고 그는 열기를 느끼지 못하고, 타지도 않는다. 안도감, 치욕감, 두려움과 함께 그는 자신 또한 자신의 아들처럼 다른 사람에 의해 꿈꾸어진 환영이란 것을 깨닫는다.

『픽션들』에서 철학과 문학의 경계에 걸쳐있는 보르헤스의 글쓰기-'픽션' 형식은 경험세계를 재현하고자 하는 것이 아니라 관념적인 허구의 세계를 다룬 '지적인 가설'로 여겨진다. 실제로 '픽션들'에 실린 많은 단편은 가상의 텍스트에 대한 주석으로서의 글쓰기라는 '메타픽션적' 성격을 가지고 있다. 「끝없이 두 갈래로 갈라지는 길들이 있는 정원」에서 시간은 무한한 갈라짐을 의미하는 어떤 것으로 제시된다. 자신의 절대적 지평을 상실하고 해체되어버린 시간과 공간의 한복판에 서 있는 '나' 또한 실체가 아닌 허상을 의미할 뿐이다. 더욱 문제적인 것은 보르헤스 스스로 이 이야기가 허구이며 거짓말이라고 역설하고 있다는 점이다.

『픽션들』은 지배적 가치체계의 전복을 통해 세계의 질서를 재정의 하고 글쓰기와 언어 자체에 대해 본질적이고 근원적인 물음을 던지고 있다는 점에서 '환상문학'의 형이상학적 지평을 열었다는 평가를 받기도 한다. 여기에서 작가는 초월과 무의미의 순수한 유희를 벌이는 것이 아니라 세계인식의 혁신을 보여준다. 보르헤스는 현실세계가 유기적이고 총체적인 질서로 파악될 수 있다는 상투적 사고방식을 거부하면서 회의와 반성을 통해 경험세계 너머로 인식의 지평을 넓힘으로써 더욱 심오하게 현실에 관여한다. 그러나 복잡한 추상과 심오한 형이상학에도 불구하고 보르헤스에게 관념 자체는 심미적 상상적 가능성만큼 중요한 것은 아니다. 왜냐하면 형이상학 역시 '환상문학의 한 분파'이며 그것이 내세우는 객관진리라는 것도 실상 상상력의 산물로서 '우주에 대한 그럴싸한 묘사'에 지나지 않기 때문이다.

　보르헤스는 관념적인 것, 즉 상상에 의해서 존재하는 것이 현실이 될 수 있다는 것을 자신의 문학을 통해 보여주고 있다. 「원형의 폐허들」에서 순수한 관념은 한 명의 인간을 창조하는가 하면, 「비밀의 기적」에 등장하는 주인공은 탄환이 발사되고 그 탄환에 맞을 때까지의 찰나 동안 일어나는 관념 속에서 일년에 달하는 긴 시간의 삶을 누리기도 한다. 여기서 한 발자국 더 나아가, 관념에 의해 창조된 현실이 진실이라는 관점을 우리가 받아들이게 된다면, 환상과 현실의 경계는 사실상 완전히 무너져 버린다. 보르헤스의 소설기법에 대해 '환상적 사실주의'라고 부르는 것은 동어반복에 불과하지도 모른다. 보르헤스가 '구성해 낸' 이야기의 세계 속에서 우리는 우리 스스로 '구성해 낸 현실세계'를 새롭게 찾아낼 뿐이다.

　『픽션들』은 작은 책이지만 보르헤스의 철학적 문학적 사유를 응축하고 있는, 21세기의 새로운 인문학적 상상력을 제시하고 있는 경우이다. 새로운 세계 인식의 가능성을 제시하는 도발적 사유를 통해 탈근대 담론의 지적 경향을 선취했다는 찬사를 받은 바 있는 보르헤스의 『픽션들』은 독자들에게 색다른 문학체험의 기회를 제공한다. 그러나 다양한 영역을 경쾌하게 넘나드는 보르헤스 특유의 현학성과 단 몇 줄의 글귀에 우주의 비밀을 함축시키는 상상력의 내적 논리는 책읽기의 즐거움을 쉽사리 허락하지 않는다. 우리가 『픽션들』의 세계로 나아가기 위해서는 기발한 상상력의 유희와 심오한 철학적 사유를 따라 펼쳐지는 텍스트의 미로 구조를 참을성 있게 관찰하고 음미할 줄 알아야 된다.

◉ 픽션들
• 황병하 역—민음사

환상문학(fantastic literature): 현실에서는 일어날 수 없는 초자연적 사건을 다루고 있는 문학작품을 가리킨다. 어느 날 아침, 주인공이 끔찍한 벌레로 변하게 되는 카프카의 「변신」같은 작품을 예로 들 수 있다. M.쿤데라나 J.L.보르헤스, G.마르케스 등의 작가를 비롯하여 톨킨의 『반지의 제왕』, 조앤 롤링의 『해리포터』시리즈 등이 이런 문학의 계보를 잇고 있다.

038
파블루 네루다 시선집

파블루 네루다(1904-1978)

　　1971년 노벨문학상을 수상한 네루다는 중남미를 대표하는 가장 유명한 시인 중의 한 명이다. 칠레의 한 시골마을에서 철도원의 아들로 태어난 네루다는 어린 시절부터 시를 쓰기 시작하여 3,500여 쪽에 달하는 작품을 이 세상에 남기고 간 정열적인 다작의 시인이다. 네루다는 나이 열네 살 무렵 「나의 눈」이란 자신의 시를 처음으로 발표하고, 열여섯 살 되던 해에 체코 시인 얀 네루다(1834~1891)의 이름을 따서 '파블로 네루다'라는 필명을 사용, 조숙한 시인으로 등단했다. 스페인어권에 속해있는 네루다의 시는 리얼리즘을 추구하는 경향과 함께 아방가르드적인 성격을 동반하고 있는데 이 시선집은 바로 그러한 네루다의 풍요롭고 다면적인 시세계 속으로 독자들을 인도한다.

　　네루다의 시는 연인에 대한 사랑을 노래한 에로티시즘에서 출발하여 초현실주의, 민중에 대한 사랑과 투철한 현실인식을 보여주는 사회정치시, 그리고 말기의 동양적 달관과 체념에 이르기까지 광활한 세계를 이루고 있다. 이와 같은 네루다의 시세계의 밑바탕에는 남미 고유의 자유분방한 기질이 놓여 있는데 처녀 시집 『황혼의 노래』(1923)와 『스무 편의 사랑의 시와 한 편의 절망의 노래』(1924)」에서 그것을 확인할 수 있다. 이

중에서도 특히 관능과 고뇌가 뒤엉킨 인간 본연의 감정을 노래한 「사랑의 시」는 지금도 널리 읽히고 있다. "여자의 육체, 하얀 구릉, 눈부신 허벅지/ 몸을 내맡기는 그대의 자태는 세상을 닮았구나./ 내 우악스런 농부의 몸뚱이가 그대를 파헤쳐/ 땅 속 깊은 곳에서 아이 하나 튀어나오게 한다."(「사랑의 시1」 도입부) 본능과 우수, 상실의식을 표현하고 있는 네루다의 초기 시세계는 『지상의 거처』(1933)에서 자아와 세계 사이에 놓인 심연과 삶에 대한 비관적 인식으로 발전한다.

『지상의 거처』이후 네루다는 인간 본연의 원초적 감정과 형이상학의 차원에서 벗어나 새로운 세계를 향해 나아가는데 이는 그 자신을 위대한 시인으로 만들고 있는 결정적 요소이기도 하다. 네루다는 칠레 대학에서 불문학, 교육학 등을 공부한 뒤 장년기에 접어들어 젊은 외교관으로 세계를 누빈다. 버마, 세일론, 자바, 싱가포르, 부에노스아이레스, 마드리드 등이 그가 거쳐 간 근무지들이다. 영사재직 시절, 네루다가 경험했던 스페인 내란의 발발과 시인 로르까의 피살 사건은 그에게 큰 충격을 던졌다. 이 사건의 경험으로부터 네루다는 현실사회 문제에 눈을 뜨게 된다. 네루다는 스페인 내란에 대한 자신의 체험을 『가슴 속의 스페인』(1937)으로 형상화하게 된다. 그때까지 개인적인 내면의 세계에 유폐되어 있던 네루다는 이를 계기로 '양귀비로 뒤덮인 형이상학'의 세계를 버리고 '거리의 피'를 노래하기 시작한다.

1943년 잉카 유적지 마추피추의 방문을 통해 네루다는 아메리카 역사를 재인식하게 되고 시와 시인의 역사적 소명에 대한 자신의 성찰 또한 심화시켜나간다. 삼십대 중반의 네루다는 영사-총영사 등의 직함을 갖고 파리와 멕시코에서 일하면서 새로운 경향의 시를 쏟아냈다. 1945년 상원의원이 된 네루다는 칠레 공산당에 입당했고 이 무렵 남미의 역사를 노래한 「마추피추의 산정」을 쓴다. "허공에서 허공으로, 텅 빈 그물처럼,/ 나는 오갔다, 가을의 문턱에서/ 동전처럼 펴진 나뭇잎들이 이리저리 쓸려 다니는,/ 거리와 대기 사이로 그리고 봄과 이삭들 사이로,/ 그건 마치 떨어지는 장갑 속인 양, 가장 큰 사랑이/ 길쭉한 달처럼 우리에게 건네주는 것."(「마추피추의 산정」 도입부)

　장년기의 네루다는 정치적 박해를 받아 도피와 망명생활을 떠나야만 했다. 도피생활 중에서도 민중과 역사에 대한 네루다의 시작(詩作) 활동은 끊임없이 이어져 마침내 『대가곡집(Canto general)』을 낳는다. 네루다 시세계의 핵심을 이루고 있는 이 시집의 주요 모티프는 아메리카의 역사이다. 여기서 시인은 아메리카의 위대한 자연에서 칠레 해안의 구체적 자연에 이르기까지, 위대한 역사적 신화에서 일상적인 사물에 대한 이데올로기적 해석에 이르기까지 역사적 진실의 기록자로서 그 자신을 드러낸다.

　칠레 공산당 입당 이후 네루다의 역사의식은 구체화하는데 이를 계기로 그는 전통적 미학에서 탈피하여 시의 탈신비화를 이룬다. 그리고 이로부터 네루다는 동양적 달관과 체념의 세계를 보여주는 내면 성찰의 시로 되돌아옴으로써 그의 시세계는 긴 순환의 형식을 이루게 된다. 스페인 내란의 체험 이후 사회역사적 관심사가 네루다 시의 중심을 차지하게 되지만 『기본적인 것들에 바치는 송가』(1954)에 이르러 그는 공적인 영역과 사적인 영역을 조화롭게 화해시키고자 하는 시적 모색을 해나가면서 개인적 자아의 공간을 점차 확대시킨다. 네루다는 『에스트라바가리오』(1958)에서 다시 자기 자신 속으로 돌아와 내면세계를 향한 시적 성찰을 시작한다. 이 시집은 인간존재의 본질을 통찰하는 성숙한 시인의 모습을 담고 있다. 이후, 쿠바 혁명을 노래한 『무훈의 노래』(1960), 정치적 메시지를 담고 있는 『이슬라 네그라의 추억』(1964)과 『닉슨 암살의 선동과 칠레혁명의 찬양』(1973)에서 개인적 자아와 사회적 자아, 현실변혁적 의식과 개인적 의식은 상보적 관계를 맺고 있는 것으로 나타난다.

　1970년에 집권한 살바도르 아옌데 정권은 네루다를 프랑스 대사(1970~1972)로 임명했다. 평생 40여 권의 시집을 출간하고 세 번 결혼한 네루다는 그의 나이 67살 되던 해에 노벨문학상을 수상하고, 1973년 산티아고에서 숨을 거두었다. 네루다가 사망한 해에 칠레에서 피노체트의 쿠데타가 일어났다.

네루다는 수많은 연애시를 쓴 시인으로도 유명하다. 네루다는 세 번의 결혼을 했고 그때마다 그는 사랑하는 여인들에게 바치는 연시를 썼다. 마틸데 우루띠아를 위해 쓴 여러 편의 시들을 읽을 때 우리는 경악하게 된다. 누가 그보다 더 열정적으로 여인을, 삶을, 세계를 사랑할 수 있을 것인가. 네루다는 사랑의 시인인 동시에 철학자이며 실천적인 정치가이기도 했다. 시인 네루다는 자신의 시를 통해 인간에게 주어진 한계 상황들-시간, 죽음 등의 형이상학적 문제와 맞서 싸우면서, 역사를 탐구하고 혁명의 선두에 섰기 때문이다.

◉ 파블루 네루다 시선집
• 실론 섬앞에서 부르는 노래–고혜선 역–문학과지성사
• 100편의 사랑 소네트–정현종 역–문학동네
• 스무편의 사랑의 시와 한편의 절망의 노래–정현종 역–민음사

039

시학 詩學, poietike

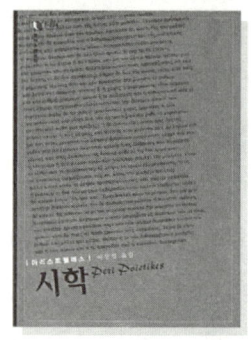

아리스토텔레스(BC 387-BC 322)

『시학』은 고대 그리스 최고의 철학자였던 아리스토텔레스의 창작과 비평의 원리를 다루고 있는 최초의 문학 이론서로서 시의 본질과 작시(作詩)의 원리를 체계적으로 정립하는 데 중요한 역할을 했다고 볼 수 있다. 기원전 400년경, 아리스토텔레스가 『시학』을 저술한 목적은 당시의 비극경연(悲劇競演)과 관련하여 작시술(作詩術)에 대한 실용적 지식을 제공하기위한 것이었다.

아리스토텔레스의 『시론』은 '비극'을 대상으로 삼고 있는 '비극시론'(悲劇詩論)의 성격을 가지고 있다. 먼저, 『시학』에서 아리스토텔레스는 비극의 본질이 "진지하고 일정한 길이를 가지고 있는 완결된 행동을 모방하는 것"에 있다고 정의한다. 이러한 정의는 아리스토텔레스가 예술 행위를 '모방', 즉 미메시스에서 비롯되는 것으로 생각하고 있었음을 보여준다. 그에 의하면 예술은 삶에 대한 모방을 의미한다. 인간의 예술적 충동이 모방본능으로부터 발생한다는 '예술의 모방본능설'은 독일의 쉴러에 의해 '유희본능설'이 제기될 때까지 유일한 예술론 혹은 미학으로 여겨졌다. 아리스토텔레스는 모방과 함께 모범적 작품 내지 모범적 작가의 사례를 따라야 한다는 '추종'을 주장하기도 했다.

이 모방론과 함께 아리스토텔레스는 "비극은 희곡적 형식을 취하고 서술적 형식을 취하지 않으며 애련(哀憐)과 공포를 통하여 이러한 감정의 카타르시스를 행한다"고 주장한다. '카타르시스(katharsis)'는 모방 이론과 함께 아리스토텔레스 특유의 예술관을 드러내고 있는 중요한 개념이다. 이 용어는 본래 종교적 의미의 '정화'라는 뜻과 의학적 의미의 불순물 '배설'이라는 뜻을 가지고 있었다. 아리스토텔레스가 주장하는 이 카타르시스의 개념은, 비극에 등장하는 주인공의 비참한 운명이 관객의 마음에 '두려움'과 '연민'의 감정을 격렬하게 유발시키고 그 과정에서 관객의 정념이 순화된다고 하는 일종의 '정신적 승화작용(昇華作用)'으로 요약될 수 있다.

이렇게 모방론과 카타르시스론 같은 개념들의 제기를 통해 아리스토텔레스가 문학 혹은 예술의 일반적 원리를 정립하고자 했던 것은 당시로서는 획기적인 일이었다. 뿐만 아니라 아리스토텔레스는 당대의 문학을 대표하는 '극문학(drama)'에 대한 깊은 관심과 이해를 바탕으로 문예비평의 근본적 원리와 방법에 대한 질문을 처음으로 제기했다. 아리스토텔레스의 『시학』은 문학작품을 판단하는 데 있어 객관적이며 분석적인 태도를 취하고 있다. 역사나 심리, 사회 등의 외재적 관점에서 작품을 판단하고 해석하는 태도에 대하여 아리스토텔레스는 작품 내재적 차원의 엄격한 형식주의를 지키고 있다. 아리스토텔레스가 중요시하는 것은 객관적 존재로서의 작품, 작품 속에 구현된 엄밀한 장르적 요건, 작품의 전체 원리와 부분적 특성 등의 문제이다.

다시 말하자면, 아리스토텔레스에게 있어 문학작품이란 일정한 원리에 의해 만들어진 하나의 물건을 의미하는 것으로 그 물건의 됨됨이는 세밀한 검토를 요구하게 된다. 문학에 대한 아리스토텔레스의 이와 같은 관점 때문에 '시학'은 종종 '작시술(作詩術)'로 번역되기도 한다. 작시술이라는 측면에서 볼 때 아리스토텔레스의 『시학』이 다루고 있는 것은 연극창작 방법론이라 할 수 있다. 훌륭한 연극이란 무엇이고, 또 어떻게 구성해야 좋은 드라마가 될 수 있는가에 대해 그는 당시 작품을 들어 설명한다. 그에 의하면 가장 훌륭한 드라마의 전범은 소포클레스의 「오이디푸스왕」이다. 그 작품은 호메로스의 서사시를 훨씬 능가한다.

문학작품을 원리에 의거하여 만들어진 물건으로 규정하고 그런 요소를 검토하는 일은 객관적인 비평의 범주에 속하는 것 같지만, 자칫 기계적이고 작품 고유의 생명력을 경시하는 잘못된 비평으로 인도될 가능성도 풍부하다. 여기서 아리스토텔레스가 견지하고 있는 내재적 방법 혹은 형식주의는 재단비평적 성격을 다분히 가지고 있다. 아리스토텔레스의 문학론이 강조하고 있는 작품의 통일성이라는 요소가 이 사실을 뚜렷하게 드러내고 있다. 그에 의하면 비극은 무엇보다 '완결되고 일정한 길이의 행동을 모방해야 한다.' 여기서 비극 작품에 대한 판단은 '행동의 통일(unity of action)'이라는 유일한 절대적 기준에 의거해서만 가능하다. 아리스토텔레스가 제기한 행동의 통일이라는 고전극의 법칙은 나중에 시간과 장소라는 요소가 부과되어 희곡의 '삼일치 법칙'을 수립하게 된다.

아리스토텔레스의 『시학』은 서구 고전시학과 문예비평의 출발점을 이루고 있다. 이 책은 기원전의 시대에 쓰인 이래 15-16세기가 경과되는 긴 세월 동안에도 여전히 서구 예술과 문화를 이해하고 설명하는 지침서 역할을 충실하게 수행해왔다. 그렇다면 이 책이 가지고 있는 매력은 과연 어디에서 연유하는 것일까. 여기서 우리는 아리스토텔레스의 스승이자 '시인추방론'을 역설했던 플라톤을 떠올리게 된다. 예술을 이데아에 대한 인식을 흐려놓는 부정적인 것으로 생각했던 그의 스승 플라톤에 대해, 아리스토텔레스는 "시는 역사보다 더 철학적이다"라고 반박하고 있는 인물이다. 비극은 관객의 정신을 정화시키는 기능을 한다는 그의 주장이 그러하듯이, 아리스토텔레스는 예술과 문학의 생산적 기능에 대한 최초의 이론적 발명자이고 옹호자이다.

◉ 시학
・천병희 역−문예출판사 ・이상섭 역−문학과지성사 ・김재홍 역−고려대출판부

040
문심조룡 文心雕龍

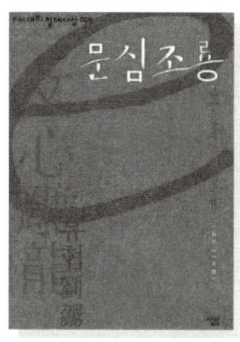

유협(465-521)

『문심조룡』은 5세기 중국 위진 남북조 시대의 양(梁)나라 사람 유협이 지은 문학이론서이다. 이 책은 중국의 명문을 모아놓은 『고문진보』(古文 眞寶)와 더불어 중국 문학사에서 중요한 위치를 차지하고 있는 고전 중의 한 권이다. 중국 근대사가 낳은 대작가 루쉰(魯迅)은 이 책을 두고 "서양 에 아리스토텔레스의 『시학(詩學)』이 있다면 동양엔 『문심조룡』이 있다" 는 말을 남긴 바 있다.

『문심조룡』의 선반적 내용과 성격은 제녕에 살 함축되어 있다. 여기서 '문심'은 문학의 창작·감상·비평 활동을 하는 인간 마음의 움직임(用心) 을, '조룡'은 용을 조각하듯 문학창작 과정에 세심한 주의력과 기교(修辭) 가 요구됨을 각각 의미하고 있다. 그러니까 『문심조룡』은 '문학(글)의 여 러 가지 원리를 섬세하고 체계적으로 논구하고 있는 책'으로 볼 수 있다.

이 책의 원체제는 10권 50편(篇)으로 구성되어 있다. 전반 25편에서는 '문학의 근본 원리'와 여러 가지 문체에 관한 '문체론'을 펴고 있으며, 후반 25편에서는 '문장 작법'과 '창작론'에 관하여 논술하고 있다. 크게 볼 때 책의 세부 내용은 네 부분으로 나누어진다.

첫째 부분은 '문지극조(文之極組)'의 5편으로 문학의 근본 원리에 대한 논의에 해당한다. 유협은 "인간의 육체는 천지의 모습을 본뜨고, 사람의 성정은 오행의 운행에서 받고 있으며 이목은 일월(日月)에 상당하고, 음성과 기식(氣息)은 우뢰와 바람에 대비된다. 인간이 만물보다 빼어난 존재인 것만 보아도 그 영묘성(靈妙性)을 알 수 있다"고 전제한 뒤, 인간의 그런 영묘성에서 '문'(文)이 생겼다고 말한다. 그에 의하면 문학은 우주 조화 가운데서 발생한 것으로 근본 원리는 '도(道)'에 있다. 그 도의 본보기는 '성인(聖人)'이기에 글을 쓸 때는 성인과, 성인이 남긴 '경서(經書)'를 스승으로 삼아야 한다.

둘째 부분은 '논문서필(論文敍筆)'의 20편으로 35종의 문체에 대한 논의로 이루어져 있다. 당시 사람들은 문장을 크게 두 종류로 나누었는데 운(韻)이 있는 것을 '문(文)'이라고 하고 운이 없는 것을 '필(筆)'이라고 불렀다. 문에는 시(詩), 부(賦), 명(銘), 뇌(誄)가 포함되고 필에는 전기(傳記), 논설(論說), 장표(章表), 주계(奏啓) 등이 포함된다. 유협은 이 문체의 문제를 ① 문체의 명칭과 특징, ② 문체의 기원과 변천, ③ 문체의 대표적 작가와 작품, ④ 각 문체의 창작 방법이라는 네 가지 측면에서 설명하고 있다. 예컨대, 사물을 펴서 서술하고 감정을 토로하는 '부(賦)'의 경우, 『시경』에 기원을 둔 것으로 『초사』에 이르러 형태를 갖추고 한대에 와서 번창하게 된다. 이어서 전국 시대와 진대의 저명 작가와 작품을 평론하고, 마지막으로 부체(賦體)는 내용상 분명하고 규범적이어야 하며 문장은 교묘하고 화려해야 한다고 설명한다.

셋째 부분은 '할정석채(割情析采)'의 19편으로 문학의 형식과 내용에 대한 논의로 이루어져 있다. '정(情)'은 사상과 정감이고, '채(采)'는 말의 문채(文采)의미한다. 그리고 '할(割)'과 '석(析)'은 '분석하다, 연구하다'의 뜻을 가지고 있다. 그러니까 이 부분은 문학의 형식과 내용에 대한 분석적 이해의 장으로서 글쓰기의 구상(神思 편), 문학의 風格(體性 편), 문학적 감동의 요소(風骨 편), 문학의 전통과 혁신(通變 편), 묘사의 유형(物色

편), 기타 글쓰기 방법과 기교에 대한 논의를 포함하고 있다.

네째는 「시서(時序)」, 「재략(才略)」, 「지음(知音)」, 「정기(程器)」의 4편으로 총괄하는 명칭이 따로 붙어있지 않지만 오늘날의 관점으로 볼 때, '비평론'에 해당하는 내용으로 이루어져 있다. 이 부분은 중국 문학의 흐름에 대한 개요, 주요 작가와 작품의 특징, 문학비평의 원리와 방법, 작가의 품덕(品德)에 대한 논의를 담고 있다. 그리고 마지막으로 50편 「서지(序志)」는 책 전체의 서언에 해당하는 내용으로 여기서 유협은 책의 집필 동기와 목적, 전체 구성을 설명하고 있다.

『문심조룡』은 당시 유행했던 병문(騈文), 즉 '사륙변려체(四六騈儷體)'의 아름다운 문장으로 씌어졌다. 유협이 살았던 남북조 시대에는 형식미를 추구한 변려체 문장이 발달했다. 변려문이란 문자의 조직 방식으로 대구·음률·전고·문사의 아름다움을 추구하는 문장이다. 변려체 문장은 외형적인 형식미를 지나치게 추구하여 내용이 공허하고 빈약하게 될 가능성이 컸지만, 유협의 『문심조룡』은 그렇지 않았다. 여기서 유협 자신이 문학이란 내용이 충실해야 함을 스스로 강조했다는 사실을 기억해둘 필요가 있다. 그는 당시 기교에만 치우친, 내용 없는 미문 위주의 경향을 비판하기도 했다.

유협의 『문심조룡』은 동시대에 나온 종영(鍾嶸)의 『시품(詩品)』과 소명태자의 『문선(文選)』 등과 함께 중국 고유의 문학 이론을 전해주고 있는 중요한 책으로서, 그 체계와 구성은 매우 엄밀하고 논리 또한 정연한 것으로 나타난다. 이 책에 대하여 후대의 사람들은 장구한 중국 문학사의 흐름과 산만한 문학적 관념들을 계통화 했다는 평가를 내리고 있다.

우리 앞에서 『문심조룡』은 천년을 훌쩍 뛰어넘는 시간적 간격을 두고 있지만 전통과 혁신, 내용과 형식 등 문학의 근본적인 문제를 다루고 있다는 점에서 오늘날에도 여전히 문학을 이해하고 해석하는 데 있어서의 지침서 역할을 한다.

◉ 문심조룡
• 최동호 역―민음사 • 최신호 역―현암사

041
예술작품의 근원

마르틴 하이데거(1889~1976)

『예술작품의 근원』은 20세기 독일의 실존철학자 마르틴 하이데거 (Martin Heidegger)의 예술에 대한 생각을 담고 있는 철학적 저작이다. 이 책의 저자 하이데거는 평생 동안 '존재'에 대한 물음을 탐구해온 철학자로 유명한데 저자의 이런 입장을 염두에 둔다면『예술작품의 근원』이 다루고 있는 것은 '예술철학적 존재론'으로 볼 수 있다.

하이데거 예술론의 핵심을 이루고 있는 것은 예술과 진리의 문제이다. 그는 예술이란 진리의 작품 가운데로의 자기 정립이며, 미란 진리가 작품 가운데 분배된 결과로써 나타나는 빛남이라고 확신하고 있다. 하이데거의 예술에 대한 사유는 작품의 사물적 측면에 대한 논의로부터 시작된다. 용도성을 가진 사물을 가리켜 우리는 '도구'라고 부른다. 이 도구는 사물과 예술작품 사이의 중간위치를 차지하고 있다. 도구가 가지는 도구적 성격에 대한 고찰은 사물과 작품의 차이를 명확히 드러내준다.

예술작품은 일차적으로 사물인 한 그것은 사물의 불가침성과 신비를 공유한다. 사물의 이러한 자기 억제가 예술작품 가운데 나타날 때 그것을 '대지'라 부른다. 대지란 모든 예술작품에 퍼져있는 국면이며 자신을 감춰진 것으로서 나타내는 작품의 자기폐쇄적 근거이다. 사물로서의 작품은 스스로를 은폐하고 자신 가운데서 안식하고자 하며 작품의 이러한 측면을 가리켜 '대지적인 것'이라 부른다.

결국 예술작품이란 하나의 '세계'를 열어 세우고, '대지'를 불러 세운다. 하이데거에 의하면 세계란 역사적 민족의 운명 가운데서 단순하고 본질적인 결정들이 이루는 광활한 궤적들이 스스로 열어놓는 '개시성'을 뜻한다. 이에 대해 대지는 끊임없이 자기를 폐쇄시키는 가운데 자신을 감추어 간직하는 것으로서 스스로를 외부로 내밀어 보이지 않는다. 세계와 대지는 본질적으로 서로를 필요로 하며 그 과정에서 이들 사이에는 '투쟁'이 일어난다. 작품의 작품적 성격은 바로 그런 세계와 대지가 벌이는 투쟁의 전개에 있다. 진리의 본질은 밝힘(개진)과 숨김(은폐) 사이의 근원투쟁이며 이러한 근원투쟁의 과정에서 열려진 중심이 쟁취되고 그곳에 존재자가 들어왔다 나갔다 한다. 예술작품이 가진 '아름다움'이란 숨어있지 않음으로서의 진리가 일어나는 한 방식이다.

하이데거에 의하면, 진리는 '예술작품으로의 경향'을 지닌다. 작품은 진리가 일어날 수 있는 하나의 탁월한 가능성을 의미하는 것으로 예술작품은 우리를 일상이 아닌 존재의 깊은 심연에 밀어 넣고 진리를 개시한다. 그리고 예술은 진리를 작품 속에서 창조적으로 보존한다. 여기서 그 유명한, 고호가 그린 '농부의 낡은 구두'에 대한 하이데거의 설명이 뒤따르고 있다. 고호의 그림이 아니더라도 우리는 사물로서의 구두가 무엇인지는 이미 다 알고 있다. 구두와 같은 도구의 도구성은 용도성 가운데서 그 본질을 찾을 수 있기 때문이다. 그러나 고호가 그린 그림 속에 등장하는 농부의 낡은 구두는 그 이상의 의미를 가지고 있다.

고호가 그린 구두의 경우 도구의 밖으로 드러난 내부의 어두운 구멍으로부터 노동의 고통이 응고되고 있으며, 구두라는 도구의 실팍한 무게 가운데는 거친 바람이 부는 넓게 펼쳐진 평탄한 밭고랑을 천천히 걷는 강인함이 쌓여있고, 구두가죽 위에는 대지의 습기와 풍성함이 깃들어 있다. 그리고 구두바닥에는 석양 무렵 들길의 고독함이 묻어있다. 이 구두라는 도구는 대지에 속하며, 농부의 세계 가운데 보존되어 있다. 이 보존된 지속으로부터 도구 자체의 자기 안식이 생긴다. 하이데거에 의하면 고호의 그림에 의해 농부의 세계가 드러났을 뿐만 아니라, 이 구두라는 존재자가 자신의 존재의 밝음, 비은폐성 가운데로 나온 것이다.

여기서 예술작품의 본질은 '존재자의 진리의 작품 가운데로의 정립'을 의미한다. 예술작품이란 자신의 사물적인 것 가운데서 본질을 가지는 것이 아니라, 존재의 진리가 자신을 표출하는 장이라는 데서 자신의 본질을 획득하게 된다. 농부의 낡은 구두를 그린 그림이든, 풍경을 읊은 시든, 그것들은 개개의 존재자를 그것 자체로서 불러낼 뿐 아니라 비은폐성 가운데 나타나게 한다. 구두가 단순하고 본질적으로 순수하게 자신의 본질 가운데서 나타날수록 그만큼 직접적이고 매력적으로 스스로를 은폐하던 존재자가 나타난다. 이러한 밝힘과 빛남이 작품 가운데 안배될 때, 그것이 바로 아름다움(美)이다. 아름다움은 진리가 현성(現成)하는 방식이다.

예술작품은 세계를 열면서도 동시에 자신 가운데 대지를 보존하고 있다. 그럼으로써 작품은 언제나 대지로 돌아가고자 하는 지향성을 가지고, 대지는 자신을 나타내며 감추는 것으로 나타난다. 이러한 대지 위에 역사적 인간은 자신의 주거로서의 세계를 세운다. 세계란 개인적 주체의 생활 세계 뿐만 아니라 역사적 운명 가운데서 단순하고 본질적 결단의 광대한 궤도의 개시이다.

예술가의 창작행위는 진리의 형성이라는 점에서 '테크네'(techne)로 설명된다. 테크네는 제작을 위한 단순한 수단이 아니라 탈은폐를 위한 인간적 양식으로서의 '지(앎)'를 의미한다. 하이데거의 예술론은 현대의 자기 소외와 비인간화에 대한 비판의 의미를 가지고 있다. 제작의 단순한 수단으로서의 인간의 테크닉은 자신의 '소외'를 피할 길이 없다. 테크네로서의 예술을 회복해야 하는 절박한 사정은 여기에서부터 비롯된다.

◉ 예술작품의 근원
• 오병남/민형원—경문사 • 오병남 역—예전사

042
불의 시학의 단편들

가스통 바슐라르(1884-1962)

『불의 시학의 단편들』은 시인이며 과학철학자이자 문학비평가였던 가스통 바슐라르의 '불'에 관한 매우 독특한 연구서이다. 널리 알려져 있듯이, 가스통 바슐라르는 인간의 상상력이 근본적으로 '불·물·공기·흙' 네 가지 원소에 근거하고 있다는 '4원소설'과 '물질적 상상력' 이론을 펼쳤다. 『불의 시학의 단편들』은 『불의 정신분석』, 『초의 불꽃』과 마찬가지로 '불'의 이미지를 고찰하고 있는 책으로, 문학 상상력에 관한 바슐라르의 마지막 연구결과들을 모아놓은 흥미로운 저작이다.

바슐라르는 불에 관한 자신의 두 저서 『불의 정신분석』과 『초의 불꽃』의 연장선상에서 인간 존재의 양극에서 체험되는 상반된 불의 이미지, 즉 **'아니마'**의 불과 **'아니무스'**의 불을 고찰해 나간다. 처음에 바슐라르는 제1부에서 아니무스의 불을, 제2부에서 아니마의 불을 연구하려는 구상을 가지고 있었다. 그런데 집필 도중 또 다른 아이디어들이 생각났고 그때마다 그것을 집필 계획에 포함시켰다. 바슐라르의 그칠 줄 모르는 지적 호기심과 끝없는 몽상 덕분에 책의 체재는 점점 확대되었고 건강이 나빠진 바슐라르가 숨을 거두자 그의 계획은 결국 미완으로 남았다.

『불의 시학의 단편들』의 내용은 '서론'과 '피닉스', '프로메테우스', '엠페

아니마(Anima)와 **아니무스**(Animus)는 분석심리학자 칼 융의 개념. 한 개인의 인격을 구성하는 요소로서 무의식적인 층위에 잠재되어 있는 의식의 국면을 가리키는데 '아니마'는 남자에게 존재하는 여성적 무의식적 인격체를, '아니무스'는 여자에게 존재하는 남성적 무의식적 인격체를 각각 의미한다.

도클레스'를 각각 다루고 있는 세 개의 장으로 이루어져 있다. 바슐라르는 고대 전설과 신화 속 존재들이 가진 불의 이미지에 대한 몽상에서 출발, 상승의 의지를 가진 인간존재의 정신현상을 탐구한다.

제1장은 「피닉스, 언어의 현상」은 영원히 죽지 않는 새, 삶과 죽음의 변증법에서 시적으로 새롭게 탄생하는 피닉스에 관한 장이다. 바슐라르는 유년 시절 어느 햇빛 찬란한 여름날 강가에서 물 속으로 뛰어드는 불새, 피닉스를 보았다. 불을 최초로 체험한 이 순간, 그는 세계관이 뒤흔들렸다고 고백한다. 이 장은 특히 피닉스가 삶과 죽음을 넘어서는 우주적 존재임을 강조한다. "그(피닉스)는 유일하다. 그는 독특하다. 그는 삶과 죽음의 마술적 순간들의 스승이며, 둥지와 장작더미의 중대한 이미지들의 기묘한 통합이다. 그는 자신의 장작더미가 불타오르는 최후의 순간에 최고의 영광에 도달한다."

제2장 「프로메테우스」는 인간에게 불을 전해주기 위해 하늘나라의 불을 훔친 영웅 프로메테우스의 정신을 탐구하고 있는 장이다. 바슐라르는 불의 유용성을 넘어 지성주의를 표방하는 초인간성과 그것을 향한 절대적 승화를 보여준다. "시적인 프로메테우스의 이미지들은 항상 인간의 본성을 한층 더 높여주는 정신적 행위를 가리킨다. 정신현상의 미학, 다시 말해 정신의 삶을 견고하게 하고 활기차게 해주는 정신적 행위가 프로메테우스의 기호 아래 놓일 수 있을 것이다."

제3장 「엠페도클레스」는 에트나 산 위에서의 엠페도클레스의 죽음에 관한 명상의 장이다. 엠페도클레스의 죽음은 철학사 뒤편의 에피소드격 이야기로 취급될 수 없다. 그는 진실로 삶과 죽음을 숙고하고, 불을 꿈꾸는 자의 이미지를 가지고 있다. 여기서 바슐라르는 불 속으로 스스로 뛰어들어 죽음을 선택하는 의지에 찬 그의 행위를 통해 소멸의 미학을 이끌어낸다. "우리가 존재 속으로 내던져졌다고 말하기를 좋아하는 모든 철학에 대립하여, 죽음 안으로 자신의 몸을 내던지는 철학자가 있다. 죽음 속으로 몸을 내던질 때, 엠페도클레스는 처음으로 자유롭다. 이러한 결정

의 순간들은 시간의 시학이 연구해야 할 것이다."

바슐라르는 인간 존재를 불과 마찬가지로 어떤 상태에 머물러 있는 것이 아니라 다양한 긴장 속에서 항상 생동하고 있다는, 올라가거나 내려오며 빛나거나 어두워지는 것으로 파악한다. 그는 불의 솟구침을 포착하고 불에 참여하면서 존재 자체가 불처럼 용솟음친다고 말한다. 바슐라르는 불의 역동성과 끝없이 상승하려는 존재의 의지를 동일한 차원에서 이해하는데 발레리, 엘리엇, 횔덜린, 니체 등의 시인들의 경우가 바로 그러하다. 『불의 시학의 단편들』은 철학자-시인의 몽상으로 탄생한 언어와 행복하게 조우하고 그 높이를 향해 솟아오르는 몽상에 동참할 수 있는 더없이 좋은 기회를 만들어준다.

바슐라르의 이력 또한 흥미롭다. 그는 1884년 프랑스 샹파뉴 지방의 작은 마을 바르 쉬르 오브에서 태어나 처음에 중학교 교사와 우체국 직원 등의 일을 했다. 바슐라르는 마흔 살 무렵 철학교수 자격시험에 합격하고 1927년에 문학박사 학위를 받은 바 있다. 그는 이성에 기초한 자연과학적 사유와 직관적이고 시적인 사유를 엄격하게 구분하면서 인식론과 과학·예술이론과 시인의 창조행위 등의 문제에 천착했다.

『불의 시학의 단편들』을 통해 가스통 바슐라르가 죽음 직전까지 몰두했던 '불'의 테마와 '물질적 상상력'에 관한 연구의 결과들과 다시 조우할 수 있다는 것은 커다란 즐거움이다. 「피닉스, 언어의 현상」에서 바슐라르는 이렇게 말하고 있다. "낮에서 밤, 밤에서 낮 사이, 우리 안에서 죽고 다시 태어나는 우리의 피닉스는 몇 살인가? 인생의 만년에 불사조적 망상들은 노령을 가로 지른다. 사람들은 추억을 태우며 죽는다. 그렇지만 추억을 태우면서 추억을 더욱 사랑하게 되므로, 사람들은 체험한 사랑의 영원함을 누릴만한 자격을 얻는다."

◉ 불의 시학의 단편들
• 안보옥 역─문학동네

문학관련 연구서로는 이 책 이외에 『대지 그리고 휴식의 몽상』, 『불의 정신분석』, 『물과 꿈』, 『공기와 꿈』, 『공간의 시학』, 『촛불의 미학』 등이 있다.

043
문학이란 무엇인가

장 폴 사르트르(1905-1980)

『문학이란 무엇인가』(1947)는 문학의 본질에 대해 물음을 던지고 있는 실존철학자 장 폴 사르트르의 문제적인 저작이다. 이 저작에서 사르트르는 제2차 세계대전 직후의 사회문화적 상황을 반영하는 새로운 문학의 필요성을 강력하게 요청하고 있다. 이 책에서 사르트르는 문학에 대한 '재정의' 작업을 전개하고 있는데 그 키워드는 '참여'이다.

『문학이란 무엇인가』에서 사르트르가 제기하고 있는 '참여문학론'은 세계 각지로 퍼져나가 세계 문학사의 흐름에 적지 않은 영향을 끼쳤다고 볼 수 있다. 우리나라의 경우도 예외는 아니다. 사르트르의 『문학이란 무엇인가』는 해방 이후 조금씩 단편적인 형태로 소개되기 시작하여 1972년 문고판의 형태로 처음 발간되었다. 그 뒤 1980년대에 재간되어 쇄를 거듭함으로써 이 책은 지난 30여 년 동안 문학이론서 분야의 스테디셀러로 자리 잡았다. 『문학이란 무엇인가』에서 사르트르의 문학에 대한 재정의 작업은 「쓴다는 것은 무엇인가」, 「무엇을 위한 글쓰기인가」, 「누구를 위하여 쓰는 것인가」, 「1947년 작가의 상황」이라는 네 개의 커다란 물음을 따라 펼쳐지고 있다.

「쓴다는 것은 무엇인가」에서 사르트르는 먼저 시와 산문을 구분한다.

문학의 '참여'는 세계를 바꾸려는 시도이기 때문에 필연적으로 그 세계를 직접적인 관심의 대상으로 삼을 수밖에 없다. 만약 '시'가 현실을 지시하거나 개조하는데 공헌하려고 한다면 그것은 자신을 등지는 짓이며, 반대로 '산문'이 현실을 초월하는 언어의 창조를 꿈꾼다면 그 역시 자기 배반을 의미하게 된다. 시인은 언어를 '섬기는' 자이며, 산문가는 언어를 '이용하는' 자라는 점에서 서로 분명하게 구별되는 존재이다. 사르트르에 따르면, "작가는 '말하는 사람'이다. 그는 지시하고, 증명하고, 명령하고, 거절하고, 질문하며, 애원하며, 모욕하며, 설득하며, 암시한다." "그리하여 나는 말을 함으로써 내 상황을 바꾸려는 내 기도 자체로 변경하기 '위하여' 내 자신과 그리고 다른 사람에게 상황을 드러내는 것이다. 나는 상황 한복판을 명중시키고 그것을 꿰뚫고 그것을 눈앞에 고정시켜 놓는다. 그리하여 내가 말하는 한마디 한마디의 말로써 상황을 처리하고, 좀더 세계 안에 나를 구속한다."

「무엇을 위한 글쓰기인가」는 오늘날의 '독자반응비평'이나 '수용미학'과 강조점이 비슷한, 작품의 수용 과정과 독자의 문제에 대한 논의를 담고 있다. 사르트르는 문학작품이 객관적으로 존재할 수 있는 것은 오로지 '독자' 때문임을 강조하고 있다. 도스토예프스키의 『죄와 벌』에서 라스꼴리니코프가 진실로 그 실체성을 획득하는 것은 그를 미지의 인물로서 추적해가고 그와 함께 새로운 모험 속으로 뛰어들어 고뇌를 나누는 독자가 있기 때문이다. 작가는 작품을 '쓰기 시작했을 뿐'이고 그것을 '완성시키는 것'은 전적으로 독자의 몫이 된다. 작가가 작품쓰기를 통해 수행한 최초의 '발명'에 대해, 독자의 독서행위는 '재발명' 혹은 '발견'을 의미한다. 그에 의하면 '독서란 방향이 주어진 창조'이다. "작품은 존재가 명백하고 목적이 미결정된 하나의 도구와 같은 것이다. 그것은 완수해야 할 과업으로 나타난다. 그것은 처음부터 지상명령의 수준에 위치한다. 이 책을 책상 위에 내버려 두는 것은 오로지 여러분의 자유다. 그러나 일단 그것을 열면 여러분은 그 책임을 지는 것이다. 왜냐하면 자유는 주관적인, 자유스러운 기능의 향유에서 느껴지는 것이 아니고, 명령에 의해서 요구되는 창조적 행위 속에서 느껴지는 것이기 때문이다."

독자의 역할에 이어 「누구를 위하여 쓰는 것인가」에서 사르트르는 논의의 초점을 작가 쪽으로 옮긴다. 사르트르에 의하면, 작가의 '쓴다'는 행위는 독자라는 타자의 자유에 대한 호소이기 때문에 작가는 그의 정치적·사회적 자유를 옹호하기위해 글을 써야 한다. "작가는 모든 것을 변혁하는 자유를 가진 독자를 위해 쓰지 않으면 안 되는 것이다. 그것은 계급의 철폐뿐만 아니라 모든 독재성의 폐지와 모든 틀의 끊임없는 갱신을 의미하며 질서가 굳어버리기 시작하자 그 질서를 끊임없이 뒤집어엎는 것을 의미한다. 요컨대 문학은 그 본질상 끊임없이 혁명 상태에 있는 사회의 주체성이다."

「1947년 작가의 상황」은 사르트르가 제기하고 있는 참여문학론의 결론에 해당한다. 여기서 사르트르는 오늘날의 문학이 현실과 역사에 어떻게 '참여'할 것인가의 문제를 거론하고 있다. 우선 그는 이전 세대 작가들의 지향을 비판하면서 자기 세대 작가의 가능성을 타진해나간다. 지드, 모리악, 푸르스트 같은 제1세대 작가와 브루통 같은 제2세대 초현실주의 작가들은 사르트르가 제기하고 있는 참여문학론의 관점에 설 때 부르조아의 지배체제를 벗어나지 못했거나 그 체제에 의해 지탱되고 있는 문학을 해왔다. 이에 대하여 제2차 세계대전의 고난을 겪은 '제3세대 작가'들의 나아가야 할 방향은 양면의 독자를 확보하는 것을 목표로 삼는다. 진정한 작가는 부르조아지의 억압적 체재를 거부해야 하는 동시에 스탈린의 노선에 맹종하는 공산주의를 규탄해야 한다.

『카라마조프가의 형제들』에 등장하는 조시마 장로는 "누구나 모든 것에 대해 모든 사람에게 책임을 지고 있다"는 말을 남겼다. 사르트르의 참여문학론은 조시마 장로가 보여주고 있는 바와 같은 문제의식에서 비롯된 것이다. 그러나 사르트르의 참여문학론은 열렬한 지지와 더불어 많은 비판에 직면하기도 했다. 이 책에서 문학에 관련된 쟁점들을 다루어나가는 사르트르의 태도는 매우 도전적이고 논쟁적이다. 그는 시종일관 단호한 목소리로 자신의 주장을 펼쳐나가고 있다. 그런 점에서 이 책은 어떤 독자에게는 편협한 주장을 담고 있는 선동적인 선언서로 비춰질 가능성을 안고 있다.

사르트르의 『문학이란 무엇인가』는 '해답'을 주는 것이 아니라 '질문'을 제기하고 있는 책이다. 이 책의 진가는 여기에 놓여있다. 『문학이란 무엇인가』가 제기하고 있는 문학에 대한 물음은, 사르트르 자신이 강조한 바 있는 '상황'의 변화에 의해 그 빛이 다소 바랬지만, 오늘날에도 여전히 일정한 역할을 수행하고 있다. 사르트르의 도전적인 질문은 문학의 제도화에 대한 경고 신호를 보내고, 작가와 독자의 자유롭고 창의적인 정신을 촉구하기 때문이다.

◉ 문학이란 무엇인가
• 정명환 역―민음사 • 김봉구 역―문예출판사

044
발터 벤야민의 문예이론

발터 벤야민(1892-1940)

『발터 벤야민의 문예이론』은 벤야민의 대표작을 모아놓은 책이다.

독일의 유대인 집안에서 태어난 발터 벤야민은 20세기가 낳은 독창적인 철학자이자 문예비평가이며 탁월한 에세이스트이기도 하다. 벤야민이 펼쳐 보인 독특한 사유와 개성적 글쓰기의 사례들은 20세기를 빛낸 많은 사상가 가운데서도 유독 그의 존재를 돋보이게 만들고 있다. 그가 살았던 삶 자체는 짧고 불행한 것이었지만 자신이 남긴 다양한 성격의 글들을 통해 발터 벤야민의 존재는 여전히 인류의 과거와 현재, 그리고 미래에 대한 암시를 던져주고 있다. 일찍이 예언자적인 통찰력으로 파악해낸 이미지와 매체에 관련된 이론들, 오늘날의 상황을 역설적으로 되비추고 있는 신학과 유물론에 관한 사유들이 특히 그렇다.

이 책에 실려 있는 글들은 '자전적 프로필', '문예비평', '문예이론', '언어철학과 역사철학'이라는 주제아래 각각 묶여있다. 먼저, '자전적 프로필'의 경우 벤야민의 에세이들을 모아 놓았다. 벤야민의 에세이 스타일 글들은 그가 구사하는 특유의 문체를 잘 보여주고 있다. 그 글들은 무엇보다 '짧다'는 데 특징이 있다. 벤야민의 글은 매우 함축적이다. 그리고 이 함축성은 이지적인 뉘앙스를 가진 능란한 비유적 표현에 의해 뒷받침된다. 「성

에 눈뜰 때」,「거지와 창녀」,「글을 잘 쓴다는 것」 등의 글에서 우리는 지극히 정확하면서도 풍부한 울림을 거느리고 있는 벤야민 특유의 마력적인 문장들과 만날 수 있다.

'문예비평'은 주로 작가/작품을 다루고 있는 경우인데 성격상 실제비평으로 분류될 수 있는 글들이다. 여기에는 프란츠 카프카에 대한 두 편의 글과 푸루스트, 보들레르, 그리고 서사극, 현대의 소설가를 다루고 있는 글들이 묶여 있다. 탁월한 문학비평가로서의 감각을 드러내고 있는 이 글들은 벤야민 고유의 함축적인 문장, 비유를 통한 핵심 파악, 개념과 논리의 명징성 등의 특징을 잘 보여주고 있다. 카프카에 대한 두 편의 글을 동시에 읽는 일도 흥미로운 경험이다. 특히 "카프카의 작품은 멀리 떨어진 두 개의 초점이 있는 타원과 같다. 그 초점들 가운데 하나는 무엇보다도 우선 전통에 관한 경험이라고 할 수 있는 신화적인 경험이고, 다른 하나는 현대의 대도시인의 경험이다"라는 구절에서 시작되는 「좌절한 자의 순수성과 아름다움」을 천천히 읽어볼 필요가 있다.

고대 '이야기꾼의 시대'로부터 고독한 개인이 주인공이 되는 현대 '소설의 시대'로의 이행 과정을 설명하고 있는 「얘기꾼과 소설가」는 벤야민의 예리한 통찰력을 보여주고 있는 경우이다. 그는 소설 장르의 대두와 그것이 가진 가치를 다음과 같이 적고 있다. "소설이 의미를 갖는 것은, 소설이 이를테면 제3자의 운명이, 그 운명을 불태우는 불꽃을 통해서 우리들 스스로의 운명으로부터는 결코 얻을 수 없는 따뜻함을 우리들에게 안겨주기 때문이다. 독자가 소설에 흥미를 갖게 되는 것은, 한기에 떨고 있는 삶을, 그가 읽고 있는 죽음을 통해 따뜻하게 할 수 있다는 희망인 것이다."

'문예이론'은 영화와 사진 등을 대상으로 하여 현대 예술의 문제를 다루고 있는 경우이다. 성격상 이 글들은 원리비평으로 분류될 수 있을 것이다. 「기술복제시대의 예술작품」,「사진의 작은 역사」,「생산자로서의 작가」 등의 글들은 현대 예술의 성격과 원리에 대한 논의를 촉발시킨 것으로 유명하다. 벤야민에 의하면, 화가가 보여주는 그림은 '아우라(Aura)'를 가진 하나의 '전체'이지만, 카메라맨의 영상은 단편적인 이미지들을 편집을 통해 다시 조립한 것이다. 정신분석을 통해서 충동의 무의식 세계를 알게 되었듯이, 카메라의 개입을 통해서 우리는 시각에 잠겨있는 무의식 세계를 알게 된 것이다. 과거의 감상자들이 미술작품 앞에서 깊은 관조적인 침잠에 잠겼다면, 오늘날의 관객은 움직이는 영상에서 정신을 분산시키는 오락을 기대한다.

벤야민은 예술작품의 기술적 복제 시대에 나타나는 아우라의 상실 현상이 현대라는 사회역사적 조건에서 비롯되고 있음을 주장하고 있다. 기술복제시대는 사람들에게 과거와는 다른 지각방식을 요구하며, 현대의 대중은 복제를 통해 모든 사물의 일회적 성격을 극복하려는 성향을 띠게 된다. 대상을 감싸는 껍질로부터 떼어내는 일, 분위기를 파괴하는 일은 현대의 지각작용이 가지고 있는 특징이다. 아우라의 몰락은 예술의 몰락이 아니라 그러니까 새로운 예술, 대중예술의 도래를 의미하는 것이다. 오늘날의 문화적 상황을 떠올리게 만드는 이런 구절들 속에서 우리는 벤야민의 통찰력과 다시 마주치게 된다.

'언어철학과 역사철학'은 철학적 논구에 해당하는 글들을 싣고 있다. 이 가운데서 특히 「역사철학테제」는 사상가・철학자로서의 벤야민의 면모를 뚜렷하게 표현하고 있는 경우이다. 벤야민의 사상은 신학적 사유와 유물론적 사유 간의 갈등과 융합 과정으로 특징지을 수 있다. 그의 역사철학은 '계시'의 순간을 기다린다. 과거와 미래의 연결에 의해 역사가 자신의 생명을 회복하고 그 모습을 드러내는 계시의 순간은 '혁명의 시간'이다. 벤야민의 사유 가운데서 맑시즘과 유대교는 그렇게 불꽃을 일으키고 있다.

벤야민의 짧고 함축적인 문장은 난해하기로 정평이 나 있다. 전문가조차 벤야민의 글을 제대로 이해하고 번역하기 위해서는 많은 노력이 필요하다는 점을 누누이 강조하고 있다. 벤야민을 정확히 이해하기 위해서는 문장을 조밀하게 이어가는 논리적 맥락과 그가 구사하는 여러 가지 개념들과 이론들을 미리 충분하게 파악하고 있어야만 한다. 만약 우리가 이런 준비를 끝냈다면 벤야민과 함께 떠나는 지적 여행은 대단히 행복한 것이 될 수 있다. 행간 행간 사이에서 갑자기 솟구쳐 오르는 물고기처럼, 번득이는 통찰의 아름다움이 우리를 기다리고 있기 때문이다.

쉴러, 헤겔, 니체, 루카치, 아도르노 등 독일 철학과 미학의 맥락에 서 있는 유대인 벤야민은 제2차 세계대전 도중 나치를 피해 국경을 넘던 중에 길이 막히자 스스로 목숨을 끊었다. 자살의 형식으로 끝을 맺는 벤야민의 불행한 삶조차 그가 탐구했던 현대의 문제들을 떠올리게 만든다. 그러니까 벤야민은 그의 존재 전부가 하나의 텍스트임을 오늘날의 우리들에게 역설하고 있으며 오늘날의 많은 사람들은 여전히 "벤야민은 내게 영감의 근원이다"라는 고백을 하고 있다.

◉ 발터 벤야민의 문예이론
• 반성완 역─민음사

045
문학과 예술의 사회사

아놀드 하우저

『문학과 예술의 사회사』는 선사시대부터 영화의 시대까지 서구 문학과 예술의 역사를 사회사적 관점에서 서술한 아놀드 하우저의 기념비적인 저작이다. 이 책은 1951년 처음 영어판으로 발간되었고, 1953년에는 독일 어판이 나왔다. 국내에는 1966년 일부가 소개되고, 1974년에 「현대편」이 번역 출간되었으며, 1981년 마침내 4부 전편이 완역되었다. 하우저의 이 책은 다루고 있는 분야에 있어서도 문학, 미술, 음악, 건축, 영화 등 거의 모든 예술 장르를 망라하고 있는 대작의 스케일을 갖추고 있다.

이 책의 저자인 하우저는 오스트리아령 헝가리의 소시민 유태인 가정에서 태어나 나중에 루카치와 칼 만하임 등 당대의 철학자·사상가들과 교유하면서 자신의 연구를 계속해나갔다. 하우저는 1938년 나치가 빈을 점령하자 영국으로 망명한다. 『문학과 예술의 사회사』는 몹시 궁핍하고 고독했던 이 망명생활 속에서 착수되어 1950년까지 10여 년에 걸쳐 씌어 졌다고 한다.

『문학과 예술의 사회사』에서 하우저는 예술과 사회의 관계를 생각할 때 제기되는 다양한 문제들 속으로 독자를 인도한다. 하나의 예술작품 또는 한 시대의 주도적 예술양식은 어떤 사회적 조건에서 탄생하고 어떤 사회적 요인에 의해 변화 교체되는가. 이런 물음 이외에도 서로 다른 예술 장르 사이의 연관성, 예술작품과 수용자의 관계 변화, 고급예술과 대중예술의 관계, 작품의 미적 특성 수립 과정 등의 문제와 관련하여 저자는 다양한 시대와 장르를 가로지르며 독자의 사고를 자극한다.

하우저는 구석기 시대부터 중세에 이르는 시기의 예술을 '실용적 목적과 미적 관심의 직접적 일치'로 설명하고 있다. 이 시기의 예술이 추구하는 미적 가치는 자연의 지배나 종교적 제의 같은 예술 외적 목적에 종속되어 있다. 가령 구석기 시대의 동굴벽화는 동물 사냥 장면을 그대로 재현함으로써 수렵에 의존하던 원시 경제생활을 촉진하는 효과적 수단으로 기능했다. 중세 기독교 예술 역시 예술을 실용적 목적에 종속시키고 있는 경우이다.

반면에 르네상스 이후의 근대 예술은 차츰 그러한 실용적 목적에서 벗어나 자율성을 추구해나간다. 근대 예술의 자율성은 종교로부터의 해방을 뜻하는 동시에 인간 존재에 관한 근본적인 질문과 인간 보편적 가치의 추구가 예술의 몫이 되었음을 의미한다. 따라서 근대 예술의 자율성은 예술이 그 본연의 휴머니즘적 지향성을 회복한 것이라 할 수도 있다.

그렇지만 근대 시민사회의 '합리화' 과정과 더불어 사회가 다양한 영역으로 분화되고 자본과 권력의 전일적 지배가 강화되면서 예술은 다시 다양한 방식으로 사회의 부정적 힘에 저항하는 양상을 띠게 된다. 현대 예술은 근대 예술의 탄생 조건이었던 시민사회의 내적 모순에 대한 응전에서부터 비롯된다. 하우저는 현대 예술의 기점이 소외의 문제를 처음으로 민감하게 포착한 낭만주의라고 판단하고 있다.

『문학과 예술의 사회사』는 유럽 중심의 서구 예술을 사회사적 관점에서 서술한 최초의 예술통사라고 부를 수 있다. 이 책에서 하우저는 구석기시대 동굴벽화부터 20세기 영화에 이르기까지 인류가 발명한 각종 예술장르를 '예술은 사회와의 상호작용에 의한 산물'이라는 시각으로 고찰하고 있다.

이 책에서 하우저는 '생산성과 생산관계', '기술과 새로운 예술매체', '예술생산자의 사회적 위치와 기능' 등 오늘날 예술사회학의 중요한 연구 주제로 남아 있는 문제들을 다루고 있다. 하우저의 예술사관은 사회경제적 요인을 중시하고 변증법적 방법론을 사용하고 있다는 점에서 '역사유물론적'이면서 동시에 '변증법적'이다. 하우저의 미학은 마르크스의 문학예술관에 근거하고 있는 것으로 볼 수 있다. 그러나 그는 미적 범주나 가치를 완전히 사회적 범주나 가치로 환원할 수 있다는 지적 오만에 빠지지 않고 예술과 사회의 관계를 유연한 시각으로 바라봄으로써 정통 마르크스주의자들의 도식론이나 교조주의적 시각과는 일정하게 구별된다. 하우저는 마르크스의 이론적 틀과 변증법적 방법론은 인정하면서도 마르크스주의의 정치적 실천과 역사적 결정론이 예술의 문제까지 해결해줄 수 있으리라는 낙관론에는 동의하지 않았다.

하우저가 보여주는 이러한 시각은 종국적으로 예술이 자체의 독자성을 가지고 있다는 믿음에 근거하고 있다고 볼 수 있다. 그의 시각은 형식이나 구조의 측면에서만 작품을 분석하는 이른바 '작품내재적 방법론'이 지배적이었던 50년대 초반의 서구 예술사회학계에 커다란 반향을 불러일으켰으며 국내 지식인들에게도 큰 영향을 끼쳤다.

이 책에서 하우저는 문학예술 작품이 한 시대의 생생한 산물이라는 것을 폭넓은 역사적 안목과 해박한 지식 그리고 탁월한 심미안을 통해 명료하게 설명하고 있다. 『문학과 예술의 사회사』는 인류 예술사에 대한 훌륭한 길잡이 역할을 하고 있는 책이다.

◉ 문학과 예술의 사회사
• 백낙청 역─창작과비평사

046
한국미의 조명

조요한(1926–2002)

『한국미의 조명』은 예술철학자 조요한의 '한국미'에 대한 탐구를 담고 있는 책이다. 이 책은 '한국미의 본질적 특성은 무엇인가'라는 근원적인 물음을 통해 한국미의 기본 성격을 찾아내고자 하는 저자의 노력을 보여 주고 있다. 『한국미의 조명』은 선학들의 한국미에 관한 지금까지의 연구 결과를 종합적으로 검토 정리하고 있으며 한민족의 미의식과 한국 예술의 정신에 대한 저자 나름의 견해를 제시하고 있다.

이 책의 내용 체제는 일곱 개의 장으로 구성되어있는데 「한국미의 탐구를 위한 서론」에서 출발하여 「동양의 아름다움과 서양의 아름다움」, 「한국인의 미의식」, 「한국인의 해학미」, 「한국의 정원미」, 「한국미의 전통과 계승」, 「한국 예술의 정신」 등의 주제를 차례로 다루어나가고 있다.

'한국미'라는 말은 서양이나 중국, 일본 등과는 구별되는 '한국적인 미'의 특징을 가리키고 있다. 한국미를 포함하여 '한국적인 것'은 과연 무엇인가에 대한 관심과 탐구는 일제 강점기를 거치면서 점점 강력하게 의식되기 시작하는 '민족적 정체성'에 대한 자각에서 비롯되었다고 볼 수 있다. 한국미를 염두에 둘 때 우리는 가장 먼저 중국을 떠올리게 된다. 우리의 역사와 문화, 종교, 학문 등 거의 전 부문에 걸쳐 나타나는 중국의 영향이 그만큼 큰 것이기 때문이다. 그러나 우리나라는 중국 문화의 영향 속에서 그동안 우리 고유의 문화와 미의식을 창조 계승해왔다.

이 책의 저자는 먼저 한민족의 기원에 주목한다. 우리 조상들은 서북 아시아에서 출발하여 동북아시아로 옮겨 왔고 다시 한반도를 향해 남하 하는 과정에서 오랜 세월에 걸쳐 무교적(巫敎的) 영향을 받아왔다. 이 무 교의 영향은 내면화되어 한국인의 집단 무의식으로 자리 잡게 되었다. 이와 같은 시각은 한국의 자연, 한국인의 생활관, 그리고 한국의 여러 예술 장르 등에 대한 자신의 논의를 뒷받침하고 있다. 저자는 특히 한국 미의 본질과 한국 예술의 특성을 따지면서 일본, 중국의 그것과 끊임없이 비교하고 있다.

한국미에 대한 논의는 일제 강점기 일본인 미술사가 야나기 무네요시 (柳宗悅, 1889~1961)의 『조선과 그 미술』에서 비롯되었다. 이후 고유섭, 조요한, 김원용, 최순우 등의 예술사가들이 한국미의 탐구에 나서면서 나 름의 연구 결과를 축적해왔다. 한국미에 대한 최초의 보고자 야나기 무네 요시는 한국미를 '선'과 '비애'의 미로 파악했다. 그리고 고유섭은 '무기교 의 기교'와 '무계획의 계획'을, 김원용은 인공의 측면을 줄이고자 했던 '자 연주의'에서 각각 한국미의 특질을 파악한 바 있다. 저자 조요한은 이 두 가지 관점에 기본적으로 동의하면서 한국 예술의 성격을 '비균제성(非均 齊性)'과 '자연순응성'이라는 두 개의 개념으로 규정하고 있다. 이처럼 조 요한의 한국미 탐구는 유물이나 유적에 대한 논구보다 그 정신적 기원과 원동력의 해명에 주력하고 있다.

『한국미의 조명』에서 조요한은 비교예술론의 방법을 사용하고 있다. 그는 먼저 동양과 서양의 미에 대한 관점과 가치의 차이를 지적하고, 동양 의 미는 동양의 미학에 의해서만 이해될 수 있다는 점을 강조한다. 그는 동아시아 문화권에 속해있는 중국인·일본인의 미의식과 한국인의 미의 식이 어떻게 다른지를 유물과 유적을 통해 비교 설명하고 있다. 조요한의 한국미에 대한 탐구는 중국과 일본, 한국의 미를 거시적인 시각에서 객관적으로 비교 검토하는 기회를 제공한다는 점에서도 흥미롭다.

이 책의 저자 조요한은 우리나라 미학 이론의 체계를 세운 사람 중의 한 명이다. 특히 그는 서구의 근대 미학과의 접목을 통해 한국미의 정체를 철학적으로 규명하는 일에 크게 공헌했다. 조요한은 '미학'이란 용어 대신에 '예술철학'이라는 개념을 사용하여 한국미의 정체를 철학적으로 체계화했다. 그는 현대 한국의 명저 100권에 선정된 바 있는 『예술철학』의 저자이기도 하다. 현재 예술계에서 활동하는 많은 사람들이 『예술철학』을 통해 자신의 생각을 정립해나갔다고 말할 수 있을 정도로 그 책의 가치는 큰 것이다. 이 책에서 조요한은 주체적으로 '전통의식'을 확립하여 '전통미'를 계승해나가야 함을 주장했다. 『예술철학』은 '미학' 혹은 '예술학'이라는 학문을 확실하게 '우리 것'으로 만들었다.

학생시절, 조요한은 화가 김환기의 집에서 하숙을 하며 예술에 눈을 뜨게 되었다고 한다. 이후 그의 관심은 서양 고대철학 중에서도 예술철학에 집중되기 시작했다. 그는 김환기 미술관의 초대 이사장(1988~1996)을 역임한 바 있다. 한국미의 정체가 무엇인가를 끊임없이 탐구하면서 이를 철학적으로 체계화하는 데 힘썼던 조요한은 그리스철학 연구의 길을 닦았으며 예술과 철학의 조화를 꿈꾸기도 했다.

서양 철학 연구와 한국미에 대한 탐구 이외에 조요한은 몇 권의 수필집을 남겼는데 그 중의 하나가 철학에세이 『예술을 사랑하는 마음』이다. 이 책은 예술을 통한 인간구제와 사회정화를 추구해온 저자의 생각을 담고 있다. 거기서 조요한은 "예술의 근원적 열정과 창조를 통해 인간의 본질적 자유가 성취된다"는 말을 하고 있다.

◉ 한국미의 조명
• 조요한—열화당

047
구수한 큰 맛

고유섭(1905-1944)

『구수한 큰 맛』은 한국 미술사의 선구자인 우현(又玄) 고유섭(高裕燮)이 생전에 쓴 글을 모아 엮은 책이다. 이 책의 저자 고유섭은 한국을 대표하는 미술사학자이자 미학자로서 일제강점기의 경성제국대학에서 미술사와 미학을 전공한 최초의 조선인기도 하다. 그는 미술작품과 문헌기록에 대한 실증적 연구를 통해 한국 미술 연구의 방법론과 학문적 체계의 수립에 크게 이바지한 인물이다.

사십년이라는 그다지 길지 않은 자신의 생애를 연구와 집필활동에 쏟아 부은 고유섭은 지금 한국 미술사의 개척자로 기억되고 있다. 그는 서구 미학의 최초의 수용사례인『조선탑파의 연구』와 회화사 연구의 길을 닦은『조선화론집성』등 여덟 권의 연구서와 150여 편에 달하는 논문을

남겼으며, 후진 양성에도 힘을 기울여 황수영, 진홍섭, 최순우 등의 뛰어난 후학들을 배출했다. 미술사학자로서 고유섭이 가진 이러한 면모를 우리는『구수한 큰 맛』을 통해 만나게 된다.

『구수한 큰 맛』의 내용 체계는「조선미술의 성격」,「조선의 고적」,「미술 제작자」,「순례기」라는 4개의 장으로 구성되어 있으며, 총 24편의 글이 수록되어있다. 1장은 조선 고미술, 조선 미술문화, 고대인의 미의식,

조선 문화의 창조성, 조선 미술과 불교를 다루고 있으며, 2장은 고구려의 쌍용총, 신라의 공예미술, 금동미륵반가상, 고려 도자, 청자와 양이정을 다루고 있다. 3장은 일종의 작가론에 해당하는 것으로 강고내말, 김대성, 박한미, 안견, 김홍도에 대해 논의하고 있다. 4장은 「순례기」로 사적순례기, 고구려 고토 국내성 유관기이다.

고유섭은 한국미의 특질을 '무기교의 기교'와 '무계획성'으로 정의하고, 한국의 전통미를 '구수한 큰 맛'으로 표현하였다. 한국미에 대한 고유섭의 이러한 정의와 표현들은 해방 이후 오늘날에 이르기까지 한국 미술사를 바라보는 시각의 기준이 되고 있을 뿐만 아니라 인문학계의 한국 전통문화 연구에도 지대한 영향을 미쳤다. 「조선 고대미술의 특색과 전승문제」(〈춘추〉 1941.7)라는 논문에서 고유섭은 한국미의 특질을 '무기교의 기교'나 '무계획의 계획', '민예적인 것', '비정제성', '적조미', '무관심성', '구수한 큰 맛' 등으로 설명하기 시작했다. 여기서 고유섭은 서구와 같은 독자성과 자율성, 과학성을 가지고 있지 못한 한국 전통미술의 특성을 드러내기 위해 '무기교의 기교'나 '무계획의 계획'이란 용어를 처음으로 사용했다고 볼 수 있다. 그는 조선의 미의식에서 개성과 천재성, 뛰어난 기교 같은 요소를 찾아볼 수 없는 대신, '민예적이며 신앙과 생활, 미술이 분리돼 있지 않다'는 특징을 가지고 있음을 주장한다.

고유섭이 제시하고 있는 '무관심성'은 인위적인 완벽주의를 거부하고 자연적 환경이나 재료의 자연성을 애호하는 한국 미술 특유의 미적 취향을 가리키는 개념이다. 조선 미술에 있어 '구수한 큰 맛'이란 '확실히 특징적 일면이요 번역할 수 없는 일면'이라고 고유섭은 규정하고 있다. 중국 미술은 웅장한 건실미가 있으나 구수한 맛이 없다. 이에 비하여 조선 미술은 작지만 구수한 큰 맛이 있다는 것이 고유섭의 판단이다. 그는 조선 미술에서 항상 하나의 모순을 발견한다는 말을 했다. 그것은 조선 미술에 큰 맛과 함께 작은 맛이 공존하고 있기 때문이다. 조선 미술의 '단아함'이라는 아름다움은 작은 데서 기인하고 있다. 이에 대해 큰 맛 또한 존재한다. 그러나 큰 맛은 단아함과 대립하는 어떤 것이다.

고유섭은 단아한 작은 맛이란 외부적, 자연적, 지리적 환경의 소이로 판단한다. '단아함'이란 자연의 제약에서 유래하고, '큰 맛'이란 생활의 태도에서 유래한다. 무관심, 체념 등에서 거칠고 큰 것과 부정이 발생한다는 것이다. 고유섭은 조선의 미술이 치밀하지 못하고 거친 성격을 보여주는 이유에 대해서도 질문을 던졌다. 그에 의하면 그 원인의 하나는 조선의 미술이 상품화되지 못했다는 사실에 있다. 여기서 그는 예술을 사회와 연결시킨다. 이런 측면은 한국의 전통미에 대한 그의 탐구가 관념적이고 신비적인 차원의 접근에서 비롯된 것이 아니라는 사실을 환기시킨다.

서구의 미학이론을 처음으로 수용하고 그것을 바탕으로 하여 한국 미학의 기초를 수립했다는 점에서 고유섭은 '한국 전통미 연구'의 선구자로 평가되고 있다. 서구 미학의 이해와 수용에 몰두했던 초기의 고유섭은 이후 서서히 자신의 지식을 한국 미술사 연구에 접목시키는 과정을 통해 한국미의 특질을 정립해나가기 시작했다. '무기교의 기교', '무계획의 계획'이 바로 그것이다. 그가 가진 미학에 대한 이해와 감각은 『한국 탑파의 연구』라는 저서를 통해 발휘되었다. 일제 말기에 수행된 이 연구는 20세기 전반기 미학 사조인 양식사, 정신사, 사회사적 측면에서 조선의 탑파를 조명함으로써 서구의 미학 이론을 한국 미술에 적용시킨 최초의 구체적 사례로 평가받고 있다. 이렇게 고유섭은 구체적인 미술작품을 대상으로 한국인의 미의식과 미의 본질을 추출해내는 작업을 통해 미학과 미술사의 연결고리를 확립해나갔다.

고유섭의 주요 저서로는 『송도 고적』, 『조선 탑파의 연구』, 『조선 미술사 논총』, 『고려청자』, 『전별의 병(甁)』, 『한국 미술사급미술 논고』 등이 있다.

◉ 구수한 큰 맛
• 고유섭—다할미디어

유홍준(1949-)

　『화인열전』은 한국 미술사의 '전도사'로 칭해지는 미술사학자 유홍준의 노작이다. 조선시대 미술사를 대표하는 화가 여덟 명에 대한 '평전'으로 이루어진 이 책은 '조선시대 화가들의 삶과 예술'이라는 제목으로 지난 10여년에 걸쳐 「역사비평」에 연재했던 글들을 한자리에 다시 모은 경우이다.

　연담 '김명국', 공재 '윤두서', 관아재 '조영석', 겸재 '정선', 현재 '심사정', 능호관 '이인상', 호생관 '최북', 단원 '김홍도' 등 조선시대 회화사를 대표하는 화가 여덟 명을 다루고 있는 이 책은, 저자 자신이 서문에 밝혀 놓았듯이, '예술적 성취를 인생 역정 속에서 살펴본 평전(評傳)'을 지향하고 있다. 저자는 이 책에서 한 시대를 예술가로 살다간 이 화가들에 대해 무한한 애정을 보여주고 있다. 저자 앞에서 옛 미술가들은 '화가'가 아니라 '화인(畵人)'을 의미한다. 이들 화가 여덟 사람은 현대적인 의미의 화가라기보다는 시인이나 문인처럼 사람 인(人)자를 붙이는 게 더 잘 어울리는 이야기 속의 주인공들이다.

　『화인열전』은 오랫동안 '인문학의 실천으로서의 미술사' 혹은 '인간학으로 미술사'를 자신의 학문적 목표로 삼아온 저자의 노력과 그 성과를 드러내고 있다. 이 책의 저자 유홍준은 학창시절 이탈리아 르네상스 시대의 바사리가 지은 『미술가 열전 : 가장 유명한 화가, 조각가, 건축가들의 일생』(1568)을 읽고 깊은 감명과 충격을 받았다고 한다. 그 책은 위대한 예술가가 자기 예술을 완성하기 위해 지불해야만 했던 고뇌와 집념을 감동적으로 그리고 있었다. 그러나 안타깝게도 우리에게는 그런 책이 없었다는 것. 그때 저자는 스스로 커다란 부끄러움을 느끼게 되었다. 대학원에 진학한 저자는 「능호관 이인상의 삶과 예술」을 석사학위 논문의 주제로 삼았고, 장차 조선시대를 대표하는 화가들의 전기를 쓰고자 하는 욕망을 키워나갔다. 오세창의 『근역서화징』, 유복렬의 『한국회화대관』, 이동주의 『우리나라의 옛 그림』, 안휘준의 『한국 회화사』는 그 과정에서 저자의 길라잡이 역할을 훌륭하게 수행했다.

이 책에서 저자는 여덟 명의 화가들을 그 시대 배경과 상황 속에서 읽어내되, 생애와 가문 교육관계, 그리고 화가의 대표작들을 중심으로 화가 개개인이 이룩한 세계를 입체적으로 서술해나간다. 술에 취해야만 화필을 잡을 수 있었던 연담 '김명국'. 그러나 너무 취해도 덜 취해도 명작이 나올 수 없었던 까닭에 타작이 많았던 연담의 인생행로는 미술에 대한 전문지식이 없는 대중들에게도 흥미로운 인간으로 다가선다. 팔순을 넘겨 살았던 겸재 '정선'. 겸재 정선은 "내 비록 환쟁이라 불릴지라도"라는 각오 아래 환쟁이에 대한 멸시와 벼슬자리에 대한 미련을 떨치고 나가 화단의 거봉이 되었다. 평생 관직에 나아가지 못하고 초야에서 울분을 삼키며 주위 사람들의 죽음에 둘러싸여 살았던 공재 '윤두서'. 저자는 짙은 고독감을 거느리고 있는 불운한 그의 자화상을 그려낸다.

저자는 수염이 멋있는 「자화상」의 작가 윤두서가 왜 그렇게 고독했는지, 「달마도」를 그린 김명국은 또 왜 그렇게 술을 많이 마셨는지 등의 물음을 화가의 개인사에 대한 고찰을 통해 섬세하게 밝혀내고 있다. 조선시대 미술사에서 '3재'의 한 명이었지만, 지금은 겸재보다 낮게 평가되는 현재 심사정에 대한 재평가도 시도되고 있다. 겸재 정선이 열었다는 '진경

산수'에 대한 풍부한 해설, 김홍도가 이룩한 '가장 조선적인' 그림들에 대한 감상의 기회도 제공한다.

조선 후기 이백년을 대표하는 화가 단원 김홍도, 혜원 신윤복, 오원 장승업과 겸재 정선, 관아재 조영석, 현재 심사정을 지칭하여 '3원3재'라고 일컫는다. 저자에 따르면, 이들 '3재'로 불리고 있는 화가들은 한국 회화의 새로운 경지를 개척했다. 영조시대 선비 화가인 이들이 새롭게 제시한 진경산수, 속화, 문인화의 세계는 조선 후기 화단의 일반적인 경향을 형성하면서 '3원'의 화풍을 낳게 된다. 정조시대의 3원을 비롯한 도화서 화원이라는 전문 화가집단의 대두는 3재에 의해 개척된 그림 덕택이다.

『나의 문화유산 답사기』를 통해 "아는 만큼 보인다"는 말을 일상어로 만든 바 있는 유홍준은 이 책에서 한국 미술사를 대표하는 화가 개개인에 대한 자세한 설명과 더불어 조선 후기 회화사의 흐름을 읽어나가는 안목을 친절하게 가르쳐주고 있다. 뿐만 아니라 그가 구사하는 유려한 문장은 이 책의 가치를 '전기문학'의 차원에 올려놓고 있다. 18세기 회화사 자료 「청죽화사」와 「일몽고」의 일부를 국역하여 독자에게 소개하고 있음도 기억해둘 필요가 있다.

『화인열전』의 저변에는 "김홍도 같은 위대한 화가들의 일생에 관해 알고 있는 지식이 불과 서너 마디에 지나지 않는" 우리의 문화 현실에 대한 저자의 문제의식이 깔려있다. 빈 고호나 피카소는 곧잘 입에 올리면서도 겸재 정선이나 단원 김홍도에 대해서는 입을 다물 수밖에 없는 상황은 과연 무엇 때문인가. 이 문제에 대해서는 우리 모두가 심각하게 고민하고 책임을 져야만 할 것이다. 그러나 생각해보면, 그동안 고호나 피카소에 대한 책들은 수도 없이 나왔지만 김홍도나 정선에 대한 저작은 거의 찾아볼 수가 없었다. 그런 점에서 『화인열전』은 학자와 독자 대중이 함께 분발할 것을 촉구하는 책이다.

◉ 화인열전
• 유홍준─역사비평사

1. 서사와 묘사 중심의 글쓰기 연습

   '나'를 성장소설의 주인공으로 삼는 '1인칭 서사물'을 완성하라.

2. 감상문 혹은 칼럼 연습

   '한국미'에 대한 각각의 주장을 검토한 뒤, 그 중에서 가장 적절하다고 생각되는 판단에서 출발하여 한 편의 글을 완성하라. 내용의 기술과정에서 '자신의 기억과 체험'을 최대한 활용한다.

   사례)

   - 한국미는 '선'과 '비애'의 미이다.
   - 한국미는 '무기교의 기교'와 '무계획의 계획'을 특징으로 삼고 있다.
   - 한국미는 인공을 배제하는 '자연스러움'에서 비롯된다.
   - 한국미의 본질은 '비균제성'(非均齊性)과 '자연순응성'이다.

3. 조사보고서 혹은 논문 연습

마르께스와 보르헤스 소설의 '환상성', 바슐라르의 인간 '상상력', 프로이트의 '무의식' 개념의 강조점을 비교하라.

토마스 만의 『마의 산』에 나타나는 '성장 모티프'와 주인공의 '성장 과정'에 대해 토론한 뒤, 국내외 성장소설 작품들을 조사 정리하라.

4. 비평적 글쓰기 연습

『당신들의 천국』(1976), 『부초』(1977), 『사람의 아들』(1979)이 가진 각각의 주제는 무엇이고, 시대상(특히 사회문화적 상황)의 반영 양상은 각각 어떻게 나타나고 있는가.

제2부

역사와 철학

049
삼국유사 三國遺事

일연(1206–1289)

『삼국유사』는 고려 충렬왕 때의 보각국사(普覺國師) 일연(一然)이 신라·고구려·백제 3국의 '유사(遺事)'를 모아서 지은 역사서로 널리 알려져 있다. 활자본이며, 5권 2책으로 구성되었다.

편찬 연대는 미상이나, 1281~1283년(충렬왕 7~9) 사이로 보는 것이 통설이다. 현재까지 고려시대의 판각은 발견되지 않았고, 1512년(조선 중종 7) 경주부사 이계복(李繼福)에 의하여 거듭되어 판각된 것이 전한다.

『삼국유사』는 김부식이 편찬한 『삼국사기』와 더불어 현존하는 한국 고대 역사책의 쌍벽이다. 『삼국사기』가 여러 사관(史官)에 의하여 이루어진 '정사(正史)'이므로 그 체재나 문장이 정제된 데 비하여, 『삼국유사』는 일연 혼자의 손으로 쓴 이른바 '야사(野史)'이다. 『삼국사기』에는 볼 수 없는 많은 고대 역사 자료들을 수록하고 있어 둘도 없이 소중한 가치를 지니고 있는 문헌이다.

> 삼국사기(三國史記)는 고려시대 김부식(金富軾, 1075-1151) 등이 기전체(紀傳體)로 편찬한 고구려·백제·신라 삼국의 역사서이다.

그 중에서도 특히 '고조선'에 관한 서술은 한국의 오천년 역사를 내세울 수 있게 하고, '단군신화'는 단군을 우리 조상으로 받드는 근거를 제시하여 주는 기록이다. 그 밖에도 많은 전설·신화가 수록된 '설화문학서'라고도 일컬을 만하다. 특히 향찰로 표기된 『혜성가』 등 14수의 신라 향가가

최남선(崔南善, 1890.4.26~
1957.10.10)의 호는 육당(六
堂)이고, 자는 공륙(公六), 아
명은 창흥(昌興), 세례명은 베
드로로 1921년 발간된 잡지
『계명(啓明)』 통권18호에 「삼
국유사해제」를 실었다.

실려 있어 『균여전』에 수록된 11수와 함께 현재까지 전하는 향가의 전부를 이루고 있어 한국 고대 문학사의 실증에 있어서도 절대적인 가치를 지닌다. 육당 **최남선**은 일찍이 본서를 평하여 "『삼국사기』와 『삼국유사』 중에서 하나를 택하여야 될 경우를 가정한다면, 나는 서슴지 않고 후자를 택할 것"이라고까지 하였다.

『삼국유사』의 체재와 내용은 다음과 같다. 권1에 「왕력(王曆)」 제1·「기이(紀異)」 제1, 권2에 「기이」 제2, 권3에 「흥법(興法)」 제3·「탑상(塔像)」 제4, 권4에 「의해(義解)」 제5, 권5에 「신주(神呪)」 제6·「감통(感通)」 제7·「피은(避隱)」 제8·「효선(孝善)」 제9 등을 각각 수록하고 있다.

특히 「기이」편에는 그 제1에 고조선 이하 삼한·부여·고구려와 통일 이전의 신라 등 여러 고대 국가의 흥망 및 신화·전설·신앙 등에 관한 유사 36편을 기록하였고, 제2에는 통일신라시대 문무왕 이후 신라 마지막 임금인 경순왕까지의 신라 왕조 기사와 백제·후백제 및 가락국에 관한 약간의 유사 등 25편을 다루고 있다. 「흥법」편에는 신라를 중심으로 한 불교 전래의 유래와 고승들에 관한 행적을 서술한 7편의 글을, 다음의 「탑상」편에는 절의 기원과 탑·불상 등에 얽힌 승려 전기 및 절 탑의 유래에 관한 기록을 30편에 나누어 각각 실었다.

「의해」편 역시 신라 때 고승들의 행적으로 14편의 설화를 실었고, 「신주」편에는 밀교의 기이한 행적과 이상한 승려들의 전기 3편을, 「감통」편에는 부처와의 영적 감응을 이룬 일반 신도들의 영검이나 신령스러운 기이함 등을 다룬 10편의 설화를 각각 실었으며, 「피은」편에는 높은 경지에 도달하여 은둔한 숨은 승려들의 기이한 행적을 10편에 나누어 실었다. 마지막 「효선」편은 뛰어난 효행 및 선행에 대한 5편의 아름다운 이야기를 수록하였다.

이처럼 『삼국유사』의 저술은 저자가 사관이 아닌 일개 승려의 신분이었고, 그의 활동 범위가 주로 영남지방 일원이었다는 제약 때문에 불교 중심 또는 신라 중심에서 벗어날 수 없었다. 또한 북방계통의 기사가 소홀해졌으며, 간혹 인용 서적과 일치하지 않는 부분이 있을 뿐더러, 잘못 전해지는 사적을 그대로 모아서 수록한 것도 있다. 그것은 『삼국유사』라는 책명이 말해 주듯이 '숨겨진 일을 듣고 남긴' 기록인 탓에 불가피한 일이었다. 그러나 당시의 민속·옛 어휘·성씨록·지명 기원·사상·신앙 및 일화 등을 대부분 금석문 및 옛 서적으로부터의 인용과 견문에 의하여 집대성해 놓은 한국 고대 정치·사회·문화생활의 남겨진 모습으로서 한민족의 역사를 기록한 일대 서사시라 할 수 있다.

『삼국유사』의 서술특징은 역사적 사건을 연대순으로 기록해 놓은 『삼국사기』와는 전혀 다른 방식을 취하고 있다. 대부분의 역사서에서 동일하게 따르고 있는 원칙과는 다르다. 『삼국유사』는 자신의 의도에 걸맞게 구성하기 위하여 '유사'라는 방식을 취하여, 인물 위주의 역사서로 기술방향을 정하였다. 자신을 포함한 그 당시 시대를 움직인 인물들을 재구성하고, 그 근거를 그 이전의 문헌과 향언, 방언 등에서 취하였다. 이를테면 어떤 개인의 생애를 수록하면서도 관련 이야기를 첨가하여 치밀한 구성과 품격 높은 문학성을 부여하였다.

일연의 삶은 몽골의 침략에 따른 내정 간섭과 상당히 관련된다. 그러나 일연은 삼국유사를 통해 민족 자주적 입장에 서서 우리나라가 중국에 버금갈 만한 유구한 역사 민족임을 드러내려 하였다. 특히 『삼국사기』가 유교의 도덕적 사관에 의지한 편협한 시각에서 저술된 것이라고 판난한 일연은, 자신이 승려였던 만큼 불교 설화 등을 비롯하여 다소 황당한 것처럼 보일 만한 내용도 기록하여 『삼국사기』에 빠진 부분을 보충한다는 자신의 취지를 그대로 보여주려고 하였다.

◉ 삼국유사
•김원중 역—을유문화사 •구인환 역—신원문화사 •이동환 역—장락 •이재호 역—솔

유사(遺事)는 유전(遺傳)하여 오는 사적(事蹟)을 말한다.

050

징비록 懲毖錄

유성룡(1542-1607)

『징비록』은 조선 선조 때 영의정을 지낸 서애(西厓) 유성룡(柳成龍)이 쓴 임진왜란 야사(野史)이다. 활자본 16권 7책으로 현재 4종이 전하는데, 저자 자신의 필사원본인 『초본 징비록』(국보 132)과 16권으로 된 『징비록』, 2권으로 된 간본(刊本), 필사본이 있다.

1592(선조 25)~98년까지 7년에 걸쳤던 임진왜란의 원인·전황 등을 기록한 책으로, 전란이 끝난 뒤 저자가 벼슬에서 물러나 한가로울 때 저술한 것이다.

유성룡은 퇴계 이황(李滉)의 문인으로 1564년(명종 19) 사마시를 거쳐, 1566년 별시문과에 병과로 급제하였다. 이듬해 예문관검열과 춘추관기사관을 겸하였다.

1569년(선조 2)에는 성절사(聖節使)의 서장관으로 명나라에 갔다가 이듬해 귀국하였다. 이어 경연검토관 등을 지내고 수찬에 제수되어 사가독서를 하였다. 이후 교리·응교 등을 거쳐, 1575년 직제학, 다음해 부제학을 지내고 상주목사를 자원하여 향리의 노모를 봉양하였다.

이어 대사간·도승지·대사헌을 거쳐, 경상도 관찰사로 나갔다. 1588년 양관(兩館) 대제학이 되었다.

사가독서(賜暇讀書)는 조선 시대에 인재를 양성하기 위하여 젊은 문신들에게 휴가를 주어 학문에 전념하게 한 제도로 오늘의 석좌제도(碩座制度)와 같은 것이라고 할 수 있다.

1590년 우의정에 승진, 광국공신(光國功臣) 3등으로 풍원부원군(豊原府院君)에 봉해졌다. 이듬해 좌의정·이조판서를 겸하다가, 건저(建儲)문제로 서인 정철(鄭澈)의 처벌이 논의될 때 온건파인 남인에 속하여 강경파인 북인 이산해(李山海)와 대립하였다.

1592년 임진왜란이 일어나자 도체찰사(都體察使)로 군무를 총괄, 이순신·권율 등 명장을 등용하였다. 이어 영의정이 되어 왕을 호종하여 평양에 이르렀는데, 나라를 그르쳤다는 반대파의 탄핵을 받고 면직되었으나 의주에 이르러 평안도 도체찰사가 되었다.

이듬해 중국 명나라 장수 이여송(李如松)과 함께 평양을 수복하고 그후 충청·경상·전라 3도 도체찰사가 되어 파주까지 진격, 이 해에 다시 영의정이 되어 4도 도체찰사를 겸하여 군사를 총지휘하였다. 화기 제조, 성곽 수축 등 군비 확충에 노력하는 한편, 군대양성을 역설하여 훈련도감(訓鍊都監)이 설치되자 제조(提調)가 되어 『기효신서(紀效新書)』를 강해하였다.

1598년 명나라 경략(經略) 정응태(丁應泰)가 조선이 일본과 연합, 명나라를 공격하려 한다고 본국에 무고한 사건이 일어나자, 이 사건의 진상을 변명하러 가지 않는다는 북인의 탄핵을 받아 관직을 삭탈당했다.

1600년에 복관되었으나, 다시 벼슬은 하지 않고 은거했다. 1604년 호성공신(扈聖功臣) 2등에 책록되고, 다시 풍원부원군에 봉해졌다.

이 당시에 쓰여진 『징비록』에서 '징비'란 『시경(詩經)』의 소비편(小毖篇)의 "미리 징계하여 후환을 경계한다(予其懲而毖後患)"는 구절에서 딴 것이다. 이를 보면 『징비록』은 지난 임진왜란의 쓰라린 체험을 거울삼아 다시는 그러한 수난을 되풀이하지 않도록 후세에 경계하기 위해 저술의 목적으로 삼았다.

이 책의 체재 내용을 보면, 권1~2는 제목이 없고, 권3~5는 근포집(芹曝集：箚箚·啓辭), 권6~14는 진사록(辰巳錄：狀啓), 권15~16은 군문등록(軍門謄錄：文移)·난후잡록(亂後雜錄) 등으로 되어 있다. 특히 잡기에는 임진왜란의 조짐과 난을 전후한 시기의 각종 괴이한 일들을 적고, 이어 왜적의 간사하고 교묘한 꾀를 서술하였다. 또한 임진왜란의 여러 전투 경험에서 얻은 교훈이 될 만한 군사작전과 방어시설을 논하고, 훈련도감을 설치한 사실과 강화 교섭의 실무를 맡았던 심유경에 관한 일화들을 기록하였다.

이는 임진왜란의 중요한 사료로서, 저자의 빼어난 문장에도 힘입어 널리 읽히고 있다. 군문등록 중의 잡록은 당시의 정세를 부기한 것인데, 소설에 해당하는 부분으로서 일종의 군담소설이라 할 수 있다.

『징비록』은 임진왜란 중에 나라의 중요 직책을 맡고 있으면서 국난을 극복해 나간 저자의 생생한 기록으로서 우리나라 전쟁 역사 연구의 귀중한 자료인 동시에 당시의 문물제도를 연구할 수 있는 귀중한 문헌이다.

초간은 저자의 아들 진(珍)이 1633년(인조 11) 『서애집』을 낼 때 함께 수록하였고, 10년 후에 다시 독립된 16권의 『징비록』을 간행하였다. 1695년(숙종 21) 일본 교토 야마토야에서 중간하였으나, 숙종은 『징비록』의 일본 수출을 엄금하였다는 1712년의 기록도 있다.

◉ 징비록
•김흥식 역—서해문집 •이민수 역—을유문화사

051

조선상고사 朝鮮上古史

신채호(1880-1936)

『조선상고사』는 단재(丹齋) 신채호(申采浩)가 우리나라의 상고시대의 역사를 서술한 책이다. 신채호는 1880년 12월 8일 충청남도 대덕군 산내면에서 출생하였다. 1897년 신기선(申箕善)의 추천으로 성균관에 들어가 1905년 성균관 박사가 되었으나, 그해 을사조약이 체결되자 『황성신문』에 논설을 쓰기 시작하였다.

이듬해 『대한매일신보』 주필로 활약하였으며, 내외의 민족 영웅전과 역사 논문을 발표하여 민족의식 앙양에 힘썼다. 1907년 신민회와 국채보상운동 등에 가입·참가하고, 이듬해 순 한글 『가정잡지』를 편집·발행하였다. 또한 『대한협회보』 또는 『기호흥학회보(畿湖興學會報)』 등에 논설을 발표하고 1909년 일진회(一進會) 성토에 앞장섰다. 1910년 4월 신민회 동지들과 협의 후 중국 청도(靑島)로 망명, 그곳에서 안창호(安昌浩)·이갑(李甲) 등과 독립운동 방안을 협의하고 블라디보스토크로 건너가 『권업신문(勸業新聞)』에서 활동하였다.

1914년 이 신문이 강제 폐간되자 그 해 남북 만주와 백두산 등 한국민족의 고대 활동무대를 답사하였다. 1915년 상해로 가서 신한청년회 조직에 참가하고, 박달학원(博達學院)의 설립 운영에도 힘썼다.

신민회(新民會)는 1907년에 국내에서 결성된 항일 비밀결사 단체로, 설립목적이 민중계몽, 국권회복, 실력양성 등이다.

1919년 상하이에서 대한민국임시정부 수립에 참가, 의정원 의원, 전원위원회 위원장 등을 역임했으나, 한성임정(漢城臨政) 정통론과 이승만 배척운동을 내세워 공직을 사퇴하고 주간지 『신대한(新大韓)』을 창간하여 임시정부 기관지 『독립신문』과 맞서기도 하였다.

그 후 비밀결사 대동청년단단장, 신대한청년동맹(新大韓靑年同盟) 부단주(副團主) 등에 피선되었다. 1923년 민중의 폭력혁명으로 독립의 쟁취를 부르짖고 임시정부 창조파(創造派)의 주동역할을 하다가 다시 북경(北京)으로 쫓겨 가서 '다물단(多勿團)'을 조직 지도했으며, 중국과 본국의 신문에 논설과 역사논문을 발표하였다.

1925년경부터 무정부주의를 신봉하기 시작, 1927년 신간회 발기인, 무정부주의 동방동맹(東方同盟)에 가입, 1928년 잡지 『탈환』을 발간하고 동지들과 합의하여 외국환을 입수, 자금 조달차 대만으로 가던 중 체포되어 10년형을 선고받고 여순 감옥에서 복역 중 1936년 옥사했다.

적과 타협 없이 독립투쟁을 전개하는 동안 '독립이란 주어지는 것이 아니라 쟁취하는 것이다'라는 결론에 도달, 이와 같은 견해가 곧 그의 역사연구에도 그대로 반영되어 고조선과 묘청의 난 등에 새로운 해석을 시도했고 '역사라는 것은 아(我)와 비아(非我)의 투쟁이다'라는 명제를 내걸어 민족사관을 수립, 한국 근대사학의 기초를 확립했다.

『조선상고사』는 단군시대로부터 백제의 멸망과 그 부흥운동까지가 담기어 있다. 1931년에 『조선일보』 학예란에 연재하였고, 1948년에 종로서원에서 단행본으로 출간된 책이다. 본래 이 책은 신채호의 『조선사』 서술의 한 부분이었는데, 연재가 상고사 부분에서 끝났기 때문에 『조선상고사』라고 불리고 있다.

제1편 총론에서 신채호는 그의 역사이론을 전개한다. 그는 '아와 비아의 투쟁으로서의 역사'를 파악하고 있다. 즉, 그는 역사발전의 원동력을 사물의 모순·상극(相克) 관계에서 파악하고 있는데, 이는 헤겔류의 소박한 변증법적 논리가 도입된 것으로 생각된다. 특히 그는 이러한 모순·투

신간회(新幹會)는 1927년 좌우익 세력이 합작하여 결성된 대표적인 항일단체로, 설립목적은 조선민족의 정치적·경제적 해방, 조선 독립에 있다.

쟁 관계가 역사로서 채택되기 위해서는 시간적인 상속성과 공간적인 보편성을 가져야 한다고 주장하였다.

총론에서 저자는 역사를 객관적으로 서술하기 위하여서는 사료의 선택·수집·비판이 선행되어야 한다는 역사학연구의 방법론으로서의 실증주의를 강조하고 있다. 이러한 역사이념과 방법을 제시하면서 신채호는 과거의 사대주의적 이념에 입각하여 한국사를 서술한 유학자들과 당시 근대적인 역사학을 한다던 식민주의 사가들을 비판하고, 그 비판 위에서 이 저술의 목적과 성격을 분명히 하고 있다.

이 책에서 종래의 한국사의 인식체계를 거부하고 새로운 인식체계를 수립하였다. 종래의 단군·기자·위만·삼국으로의 계승과 단군·기자·삼한·삼국으로의 계승되는 인식체계를 거부하고 신채호는 실학시대의 이종휘(李種徽)의 『동사(東史)』에서 영향을 받은 듯, 대단군조선·고조선·부여·고구려 중심의 역사인식체계를 수립하였다.

『조선상고사』는 과장된 서술이나 납득하기 어려운 주장이 적지 않다. 그러나 민족주의 사학의 뛰어난 업적이라는 평가를 떠나서라도, 실증적인 면이나 역사 해석의 면에서 오늘날에 봐도 탁월한 부분이 많다는 점도 대체로 학계에서 인정되고 있다. 일부 복고주의자들이 신채호의 저서를 이용하면서 대단군주의를 고창하기도 하지만, 『조선상고사』에서는 대종교와 관련된 일부 저서기 위서(僞書)라고 밝히고 있다.

특히 정여립이 충신 열녀의 유교 윤리관과 공자, 주자의 춘추필법과 정통론을 반대하였다고 하여 총론의 끝에서 그를 높이 평가하였다. 이러한 사관은 본문에서 혁명가와 민족적 영웅으로 연개소문을 비중 있게 다루는 기술태도와 일맥상통하고 있다.

◉ 조선상고사
•신채호–형설출판사 •신채호–동서문화사 •신채호–삼성문화사 •신채호–일신서적출판사

기자(箕子)는 고조선시대 전설상의 기자조선(箕子朝鮮)의 시조로, 마지막 왕인 준왕(準王)의 성(姓)이 청주한씨(淸州韓氏)임을 예로 들어 기자조선은 한씨 조선으로서 우리나라 사람이 세운 부족국가라고 주장하는 학설이 유력하다.

052

매천야록 梅泉野錄

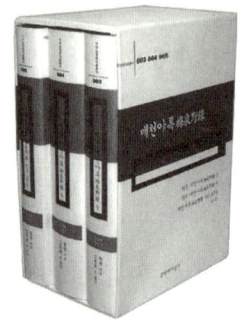

황현(1855-1910)

『매천야록』은 한말의 시인·학자·우국지사인 황현(黃玹)이 기술한 한 말비사(韓末秘史)이다. 필사본으로 6권 7책, 1864년(고종 1) 흥선대원군 의 집정으로부터 1910년(순종 4) 국권피탈에 이르기까지의 47년간의 한 국 최근세 사실(史實)을 기술한 편년체의 역사책이다.

편년체(編年體)는 연월(年月) 에 따라 기술하는 역사편찬의 한 체재(體裁)로, 중국의 『춘 추(春秋)』, 『좌씨전(左氏傳)』 이 이런 체재의 원초형태(原初 形態)라고 한다.

모두 황현 자신의 견문을 기록한 것이나, 끝 부분인 10년 8월 29일부터 9월 10일 순절(殉節)할 때까지는 문인 고용주(高墉柱)가 추기(追記)한 것 이다.

원본은 권1이 상·하 2책으로 나누어져 있으며, 내용은 흥선대원군의 집정과 김씨 세도의 몰락, 흥선대원군 집정 10년간의 여러 사건 등 혼란 한 정국과 변천하는 사회상 및 내정·외교의 중요한 사실을 거의 시대 순으로 빠짐없이 기록하고 있다.

황현은 전라남도 광양 출생으로 시문에 능하여 1885년(고종 22) 생원진 사시에 장원하였으나 시국의 혼란함을 개탄, 향리에 은거하였다. 1910년 (융희 4) 일제에 의해 국권피탈이 되자 국치를 통분하며 절명시(絶命詩) 4편을 남기고 음독 순국하였다.

이듬해 영·호남 선비들의 성금으로 『매천집(梅泉集)』이 출간되고, 한

말의 파란만장한 역사를 담은 『매천야록』은 1955년 국사편찬위원회 사료 총서(史料叢書) 제1권으로 발간되어 한국 최근세사 연구에 귀중한 사료가 된다.

당시 구한말 시기의 정치, 사회 등 제반 사정을 취재, 정리한 기록물이다. 기록 시기도 1864년부터 1910년까지이며 다룬 대상도 정치, 사회, 문화에 이르기까지 그 분량과 편폭이 방대하다.

비슷한 시기 유길준의 『서유견문』이 서구 열강의 근대체제의 면모를 소개한 것이라면, 이 『매천야록』은 국내의 개항, 개화, 일본을 비롯한 열강의 한반도 진출 등 국내의 당시 상황을 일목요연하게 정리하였다. 따라서 두 작품은 이른바 근대전환기 정치, 사회 변동을 이해하는 데 동전의 양면으로 기능한다.

『매천야록』은 첫 들머리를 운현궁에서 시작하여 대한제국이 일본제국에 병탄을 당한 일에서 종결된다. 운현궁이란 대원군 저택으로서 고종의 용비(龍飛)와 함께 대원군의 10년 세도가 집행되던 현실적·상징적 의미가 뚜렷한 공간이다. 그런 만큼 삼남에 걸친 민란으로 한 시대가 마감되면서 개막된 역사의 첫 무대로서 운현궁을 강조한 셈이다.

이 대역사극은 종막에 매천 개인의 「절명시」 4수를 써놓았다. 얼핏 보아 앞뒤의 균형을 잃은 모양이다. 합병조칙이 공포된 이후 몇 조목은 매천의 제자가 추가한 것인데 이 대목은 아무래도 사족(蛇足)이다. 이디까지나 그 자체의 성격이 공적차원의 역사서가 아닌 필기적 역사임을 유의해야 할 것이다. 개성적인 역사인식으로 글쓰기를 한 결과물임을 그 종결부에서 분명히 보여주는데 『매천야록』이 비극적인 것임을 각인시키고 있다.

『매천야록』이 기록한 1864년으로부터 1910년에 이르는 반세기는 파란만장으로 복잡하고 급박한 시대였다. 이 기간의 역사적 사실·사건, 공적인 문건 그리고 단편적 일화와 해외의 지식까지 일관된 체계를 갖추지 않고 들쑥날쑥 잡다히 망라해 놓았다.

『서유견문(西遊見聞)』은 한말(韓末)의 정치가 유길준(俞吉濬, 1856~1914)이 미국 유학 때 유럽을 순방하며 보고 느낀 것들을 기록한 최초의 국·한문 혼용체로 된 책이다.

어떤 조목은 몇 장에 걸쳐 길고 어떤 조목은 단 한 줄로 그치기도 한다. 이런 모양 또한 견문을 잡기한 필기의 고유한 형식이다. 그러나 나름으로 체제가 있어서 전체로 연월일에 따라 정리하되 중요한 사안에 대해서는 배경과 경과까지 상세히 기술하고 있다.

예컨대 신분제도와 과거제도 등 문제를 거론함에 당해서는 체계적·심층적인 분석과 서술이 되고 있다. 다산 정약용에 관해서는 학문과 저술을 상당한 비중을 두어 소개하고 국왕이 그의 개혁안을 국정에 수용할 뜻이 있었던 사실까지 언급하고 있는 것이다. 편년체를 기조로 하면서 기사본말체를 배합한 형식이다.

이러한 역사사건의 본말을 구명하는 기사본말체 방식의 서술은 조선조 초기나 중기까지 거슬러 올라가 역사의 원류를 캐내어 평론한 점으로 보면 역사 평론집의 성격도 갖고 있는 저술이다. 이를 보면 우리나라의 시론집 또는 역사 평론집의 초기 저술이 『매천야록』이라고 해도 좋을 듯하다. 그러나 초기 평론집이어서 관점의 한계가 있는 것은 물론이고 한문으로 쓰여 졌다든지 단편으로 끝나는 등의 한계점도 가지고 있다.

『매천야록』은 현대인에게 교훈과 깊은 감명을 주는 책이다. 각권마다 시기를 구분한 것을 보아도 오늘날의 학자라고 해도 더 보탤 것이 없을 정도로 정확하다. 그것은 황현이 예리한 역사적 안목과 시대를 총괄하는 넓은 시야를 가진 학자였음을 말해주는 증거이기도 하다.

◉ 매천야록
•임형택 외 역─문학과지성사 •허경진 역─한양출판 •이장희 역─양우당

기사본말체(紀事本末體)는 동양의 전통적 역사서술 체재로, 사건별 제목을 앞세우고 관계된 기사를 한 데 모아 서술한다. 중국 남송(南宋) 때인 12세기 말 원추(袁樞)가 『자치통감』을 활용하여 『통감기사본말(通鑑紀事本末)』을 편찬한 데서 비롯되었다.

053
사기 史記

사마천(BC 145-BC 86)

『사기』는 동양의 문(文), 사(史), 철(哲)이 집대성된 인문 고전의 정수로 손꼽히는 책이다. 『사기』는 중국 전한(前漢)의 사마천(司馬遷)이 상고시대의 황제(黃帝)부터 한나라 무제 태초 년간(BC 104~101년)의 중국과 그 주변 민족의 역사를 포괄하여 저술한 세계사적인 통사이다.

저술의 동기는 가문의 전통인 사관의 소명의식에 따라 『춘추』를 계승하고 아울러 궁형의 치욕에 발분하여 입신양명으로 대효를 이루기 위한 것이었다. 저술의 목표는 '인간과 하늘의 관계를 구명하고 고금의 변화에 통관하여 일가의 주장을 이루려는 것'으로 각각 설명하는데, 전체적 구성과 서술에 이 입장이 잘 견지되었다.

사마천은 용문 출생으로 사마담(司馬談)의 아들이다. 7세 때 아버지가 천문 역법과 도서를 관장하는 태사령(太史令)이 된 이후 무릉(武陵)에 거주하며 고문을 독서하던 중, 20세경 낭중(郎中)이 되어 무제를 수행하여 강남(江南)·산동(山東)·하남(河南) 등의 지방을 여행하였다. 그 밖 여행에서 크게 견문을 넓혔고, 『사기』를 저술하는 데 필요한 귀중한 자료를 수집하였다.

기원전 110년 사마담이 죽으면서 자신이 시작한 『사기』의 완성을 부탁

궁형(宮刑)은 고대 중국에서 실행하던 5가지 형벌 중의 하나로, 남녀의 생식기에 가하는 형벌로서, 남자는 생식기를 거세하고, 여자는 질을 폐쇄하여 자손의 생산을 전여 불가능하게 하였으므로, 사형에 버금가는 극형이다.

용문(龍門)은 현재 중국 한성현(韓城縣)이다.

하였고, 그 유지를 받들어 BC 108년 태사령이 되면서 황실 도서에서 자료 수집을 시작하였다.

BC 104년(무제 태초 원년) 천문 역법의 전문가로서 태초력(太初曆)의 제정에 참여한 직후 『사기』 저술에 본격적으로 착수하였다. 그러나 저술에 몰두한 그는 흉노의 포위 속에서 부득이 투항하지 않을 수 없었던 벗 이릉(李陵) 장군을 변호하다 황제의 노여움을 사서, BC 99년 남자로서 가장 치욕스러운 궁형을 받았다.

『보임안서(報任安書)』라는 명문에서 당시 『사기』의 완성을 위하여 죽음을 선택할 수 없었던 심정을 술회하였는데, 옥중에서도 저술을 계속하여 BC 95년 황제의 신임을 회복하여 환관의 최고직인 중서령(中書令)이 되었으며, 기원전 90년에는 마침내 『사기』를 완성하였다.

『사기』의 가장 큰 특색은 역대 중국 정사의 모범이 된 **기전체**의 효시로서, 제왕의 연대기인 본기(本紀) 12편, 제후왕을 중심으로 한 세가(世家) 30편, 역대 제도 문물의 연혁에 관한 서(書) 8편, 연표인 표(表) 10편, 시대를 상징하는 뛰어난 개인의 활동을 다룬 전기 열전 70편, 총 130편으로 구성되었다.

열전의 첫 머리에 이념과 원칙에 순사한 백이(伯夷)·숙제(叔齊)의 열전을, 마지막에 이(利)를 좇는 상인의 열전 「화식열전(貨殖列傳)」을 두어, 위대한 성현뿐 아니라 시정잡배가 도덕적 당위의 실천과 이욕적 본능 사이에서 방황하고 고뇌하는 생생한 모습을 제시함으로써 '살아 숨 쉬는 인간'에 의해서 역사가 창조된다는 점을 극명하게 보여준다.

이 점은 시와 산문의 이상적인 결합으로 평가되기도 하는 문장을 통하여 더욱 정채를 발하고 있다. 역대 『한서(漢書)』와 이 책의 문장을 비교한 논자도 대체로 이 책을 극찬하지만, 실제로 구성은 물론 글자 하나까지도 의도된 효과를 위하여 사용되어 그 생동감은 독자를 무한한 감흥으로 끌고 간다.

방대한 역사서 『사기』의 체제는 후사에 정사의 모범이 되었을 뿐만 아

기전체(紀傳體)는 역사사실을 서술할 때 본기(本紀)·열전(列傳)·지(志)·연표(年表) 등으로 구성하여 서술하는 역사서술의 체재를 말한다. 가장 중요한 본기·열전의 이름을 따서 기전체라고 하였다.

니라 후세의 정통으로 굳어져 대대로 계승되었다. 우리가 아는 중국의 정사는 모두『사기』의 기술형태를 따른 것이며, 우리나라의 대표적 사서인『삼국사기』나『고려사』도『사기』의 영향을 받았다.『사기』는 전체적으로 기전체 형식으로 되어 있다.

『사기』의 중심에는 '인간'이 있다. 사마천이 바라본 역사는 어디까지나 '인간의 역사'이다. 역사의 변화와 발전을 가져온 커다란 사건들 뒤에는 타인과의 대립과 갈등, 배반과 우정, 이익과 손실, 물질과 정신, 도덕과 본능, 탐욕과 베풂 등 양자 선택의 길목에 선 인간의 고뇌와 결단이 어김없이 자리 잡고 있는 것이다. 이러한 인간 본연의 문제들은 현대를 살아가는 사람들에게도 동일한 사유(思惟)거리로, 인생의 의미, 처세의 태도, 인간관계 등에 대한 삶의 지혜를 제공해 준다.

따라서『사기』는 한 편의 운대한 통사이자 세계사이며, 동시에 종합역사이다. 이 때문에『사기』는 시대의 단속적인 변화, 그리고 그 안에서 진행된 인간의 삶을 보여줌으로써 단순한 역사서가 아닌 삶과 사건에 작용하는 보편성을 성찰하는 고전으로서 자리매김하였다. 바로『사기』가 역사적이면서도 생생한 인간을 탐구하는 '인간학의 백과사전' 역할을 해왔기 때문이다. 근세 경영학의 교과서라고 해도 무방할 터이다.

특히 다산 정약용은『사기』의「연표」나「월표」를 손때가 묻도록 읽어야 제대로 된 역사책 읽는 법이라고 했다. 김득신은『사기』「백이전」을 1억 1만 3,000번을 읽었다고 밝히며 자신의 책 읽기에 대한 노력을 자부하기도 하였다.

◉ 사기
• 김원중 역―을유문화사 • 이영무 역―범우사 • 김진연 외 역―서해문집

『사기(史記)』「백이전(伯夷傳)」에 보면 "안연(顔淵)은 참된 사람으로 학문을 열심히 닦았다고는 하나 공자의 기미(驥尾)에 붙었기 때문에 그 행실이 더욱 뚜렷이 빛나게 되었다"고 하여 대인물(大人物)의 힘을 빌려 출세하거나 능력을 발휘하는 것을 "기미에 탁(託)한다"고도 한다.

054
역사 歷史, Historiae

헤로도토스(BC 484–BC 425)

『역사』는 '역사의 아버지'라 불리는 그리스 역사가 헤로도토스가 페르시아전쟁의 역사를 기록한 책으로, 『페르시아 전쟁사』라고도 한다.

헤로도토스의 일생에 대해 자세한 것은 전하지 않는다. 소아시아의 할리카르나소스에서 출생하였다. 가까운 친척인 서사시인 파니아시스가 참주(僭主) 리그다미스 2세에게 피살되자 그의 일족은 사모스섬으로 망명하였다. 나중에 귀국하였지만, 할리카르나소스에 가지 않고 BC 445년경에는 아테네로 가서 살았다. 당시의 아테네는 전성기였는데, 거기서 페리클레스·소포클레스 등과 친교를 맺었다. 시를 낭독하여 크게 인기를 얻어 아테네시(市)로부터 돈 10타렌트를 받았다.

그 뒤 아테네시가 BC 443년에 건설한 남이탈리아의 식민지 무리오이로 가서 그곳 시민이 되었으며, 거기에서 여생을 마친 것 같다. 대여행을 하였다는 것은 저서 『역사』(9권)에서 알 수 있지만, 그것이 언제 있었던 일인지는 알 수 없다.

그의 여행 범위는 북으로 스키타이, 동으로는 유프라테스를 내려가서 바빌론까지, 남으로는 이집트의 엘레판티네, 서로는 이탈리아, 그리고 아

페리클레스(Perikles, BC 495 ~ BC 429)는 고대 아테네의 정치가·군인이다.

소포클레스(Sophocles, BC 496~BC 406)는 고대 그리스의 3대 비극 작가의 한 사람이다.

프리카의 키레네까지였다. 『역사』는 동서분쟁이라는 관점에서 중요한 페르시아전쟁의 역사를 쓴 것이다.

헤로도토스는 신에 대하여 경건한 사람이었고, 신은 인간의 오만에 대하여 보복할 것이라고 믿었다. 페르시아의 패배도 크세르크세스 1세의 오만에 원인이 있었다고 하였다. 기원전 5세기에 살았던 헤로도토스는 수많은 일화와 전설, 민족지 등을 이 책에 기록해 놓았다.

리비아인들이 사하라사막을 넘어 아프리카 깊숙이 여행하다가 '보통 사람들보다 작은 소인의 무리를 만났다'는 기록에서 고대인들이 이미 '피그미족'의 존재를 알았다는 것을 확인할 수 있다. 또 왕비의 아름다운 육체를 자랑하고 싶은 마음에 침실에 신하를 몰래 숨겨 왕비의 벗은 몸을 보게 한 대가로 곧바로 신하에게 목숨을 잃은 왕의 이야기도 나온다. 한편, 스키타이나 페니키아인들을 비롯한 고대 여러 민족의 풍습과 종교에 대한 기록은 매우 상세하고 객관적이어서 그 역사적 의의가 크다.

언뜻 보기에는 무계획적인 저술처럼 보이지만, 그것은 서사시와 비극의 영향을 받았기 때문인 것으로 추정되며, 실제로는 정연한 구성을 이루고 있다. 헤로도토스는 과거의 역사적 사실을 시가(詩歌)가 아닌 실증적 학문의 대상으로 삼은 최초의 그리스인이며, 『역사』는 그리스 산문 사상 최초의 걸작으로 평가된다.

또한 『역사』는 설화적인 역사로 일컬이지며, 일화와 십화를 많이 담고 있다. 시(詩)의 단계를 극복하고 역사 서술의 장을 연 『역사』는 종래의 산문 작가들에게서 찾아볼 수 없는 대규모적 서술 계획에 입각하여 헤로도토스 특유의 역사 구상으로 씌어진 인류 최초의 역사서이다.

동서 분쟁이라는 세계사적 관점에서 페르시아 전쟁을 서술한 『역사』는, 인간 본위가 아니라 신 본위로 서술되고 역사적 상관성과 인과 관계가 결여되어 있다는 비판도 있다. 하지만 수많은 자료를 바탕으로 한 다양한 접근 방법과 비판 정신이 흐르는 인류의 영원한 고전이라 칭송된다.

『역사』의 특징 중 하나는, 제 2권에 있어서의 이집트와 제 4권에 있어 신탁(神託, oracle)은 인간이 판단할 수 없는 어려운 문제의 해결을 위한 인간의 물음에 대한 신(神)의 응답이다.

서의 스키타이의 풍토 및 습속에 대한 기술과 같이, 각각 독립된 저작이라고도 할 수 있을 만큼 상세한 지지적(地誌的) 서술이 중요한 위치를 차지하고 있다는 것이다.

헤로도토스가 본래 지리학자로서 시작하여 후에 역사가로 변모했다는 주장이 유력한 학자에 의해 제창되고 있는 것도 근거가 없는 것은 아니다. 또한 『역사』는 전편을 통해서 신탁이나 예언이 매우 중대한 역할을 하고 있는 것도 작자의 인생관을 이해하는 데 있어 유력한 자료가 된다.

헤로도토스 자신이 제 8권에서 표명하고 있는 바와 같이, 그는 신탁이나 예언의 진실성을 아주 솔직하게 믿고 있었던 듯하다. 그와 동시대의 그리스 본토의 지식인 대부분에게 있어서 이러한 운명관이나 신앙은 이미 시대에 뒤진 것으로 간주되고 있다.

자유롭고 진취적인 탐구심과 보수적인 인생관을 그가 식민지 출신이라는 데 귀인(歸因)시키는 것에는 이론(異論)도 있을 것이지만, 여하튼 언뜻 보아 모순되는 듯한 이 두 경향의 기묘한 혼합이 헤로도토스의 『역사』서술을 특징짓고 있다.

동시대에 씌어진 사마천의 『사기』와 비교해서 보면 꽤 재미있는 점들이 많다. 또한 『역사』가 초인적인 면을 긍정했다는 점에서 비과학적이라는 비난을 받기도 한다. 하지만 사실의 진상을 찾아내기 위해 노력했다는 점, 사실의 진상을 사실 그대로 보지 않고 발전적인 면에서 참고한 정신은 오늘에 이르기까지 상당한 영향을 주고 있다.

◉ 역사
•박광순 역-범우사 •홍기종 역-문우사

055
역사란 무엇인가

E.H.카아(1892–1982)

『역사란 무엇인가』는 '역사란 현재와 과거의 끊임없는 대화다'라고 설파한 카아(Edward Hallett Carr)의 명저이다. 헤겔의 관념사관과 마르크스의 유물사관으로 특징지어지는 19세기의 역사관을 초극한 20세기 새로운 실증주의 사관을 명쾌하게 설명한 현대 고전이다.

E.H.카아는 1892년 영국 런던에서 태어나서 캠브리지의 트리니티 칼리지에서 교육을 받았다. 1936년에서 47년까지 웨일즈대학에서 국제 정치학 교수를 역임했으며 1953년 옥스포드의 벨리올대학에서 정치학을 강의했다. 『역사란 무엇인가』는 1961년 캠브리지대학에서 연속 강의를 한 원고이다.

주요 저서 『새로운 사회 The New Society』(1951)에서 소비에트형과는 다른, 자유와 평등을 기조로 하는 사회주의의 실현을 시사하는 한편, 아시아의 민주주의운동을 유럽인들도 이해하여야 한다고 역설하였다.

이 밖에도 『역사란 무엇인가? What is History?』(1961), 『카를 마르크스 Karl Marx』(1934), 『위기(危機)의 20년 Twenty Years' Crisis』(1939), 『서구세계에서의 소비에트의 충격 The Soviet Impact on the Western World』(1947), 『볼셰비키 혁명 The Bolshevik Revolution』(1958) 등 많은 저작이

유물사관(唯物史觀)은 변증법적 유물론의 역사에의 적용이며, 그 근본 사상은 역사가 발전하는 원동력은 관념이 아니라 물질적인 것이라고 하는 데 있다.

있다.

『역사란 무엇인가』에서 역사는 역사가의 해석이고, 인간의 역사는 끊임없는 변화며, 따라서 이러한 변화는 우리들의 가치와 관점의 변화에 따라 언제나 다르게 해석될 수 있으며 해석되어야 한다고 그는 생각한다.

이러한 과정에서 카아는 이 책을 통해 역사적 사실, 역사에서의 개인과 사회, 역사의 과학성, 역사에서의 인과 관계, 역사에서의 진보문제 등 역사의 근본문제를 다루고 있다. 그러나 종래의 역사철학 관계 저서처럼 난잡한 이론으로 이러한 문제들을 다루지 않고, 저자 자신의 깊고 넓은 역사 연구의 체험을 바탕으로 구체적인 예를 통해 역사의 문제점을 밝히고 자신의 명료한 대답을 제시하고 있다.

『역사란 무엇인가』는 역사의 근본 문제를 면밀하게 다룬다. 그러나 종래의 역사철학 관계 저서처럼 난삽한 이론으로 역사의 근본문제를 취급하지 않고, 저자 자신의 깊고 넓은 체험을 바탕으로 구체적인 예를 통해 역사의 문제점을 밝히고 자신의 명료한 대답을 제시한다. 그러므로 이 책은 역사 이론을 개관하는 책이 아니라 탁월한 역사가인 저자의 역사관을 조리 있게 밝힌 책이다. 물론 다시 역사 이론에 대한 비판도 없지 않지만 이 책은 저자의 역사관을 강력하게 전면에 내세우고 있다. 그의 역사관은 한마디로 역사는 현재와 과거의 대화라고 표현되어 있으며, 이것은 E.H.카아의 오랜 역사 연구에서 탄생된 역사철학인 것이다.

『역사란 무엇인가』는 크게 5가지 부분으로 나뉘는데 각각의 내용마다 저자의 역사관이 강력하게 드러나 있다.

제1장에서 다루는 것은 역사가와 사실에 대한 것이다. 카아는 19세기의 **랑케**의 실증사학에 반기를 들었다. 즉, 역사적 사실은 단순히 과거에 있었던 사실이기 때문에 역사적 사실이 되는 것이 아니라 역사가가 그 사실의 중요성을 인정하고 자신의 해석에 따라 재구성함으로써 역사적 사실이 되는 것이라 한다.

그런데 역사가는 그가 사는 시대와 사회의 제약으로부터 벗어나지 못

랑케(Ranke, Leopold von, 1795.12.21~1886.5.23)는 독일의 역사가로, 그가 주장하는 객관주의는 역사학을 현실의 철학·정책에서 해방시켜 역사학 독자의 연구시야를 개척하였다는 점에서 공적이 크며, 이것이 그를 '근대 역사학의 아버지'라 일컫는 연유이다.

하므로 역사적 사건을 해석하고 평가하는 기준은 현재에 있다. 따라서 역사란 '현재의 역사가와 과거 사실의 끊임없는 대화'인 것이다.

"나는 과거의 역사를 왜 배우는가?"란 미시적 질문에서 출발해, "역사는 우리에게 무엇을 해줄 수 있는가?"그리고 "역사가의 의무는 무엇인가?"에 이르는 거시적 질문에 이르기까지 이 "역사란 무엇인가"는 어렵지 않게 설명해 주고 있다.

세 가지 질문에 공통된 답으로 역사는 우리에게 미래를 예측할 수 있는 상상력을 준다. 허무맹랑한 것을 생각하는 것이 상상이 아니다. 미래에 일어날 수 있거나 자신이 이룰 수 있는 것을 생각하는 것이 상상이다. 역사는 선별된 과거 사실을 통해 그것을 고민한 우리에게 상상력을 제공한다.

E.H. 카아의 '역사가'란 개념은, 우리가 일반적으로 생각하는 사학자의 개념과는 다르다. "역사란 무엇인가?"의 역사가는 고고학적으로 혹은 문헌학적으로 주어진 사실을 토대로 연구한다. 그리고 비전을 제시해야 하기 때문에 비전이 없는 사실들은 그것이 과거의 사실일지라도 폐기처분된다. 기준이 무엇인가? 그것은 전적으로 역사가에게 달렸다고 말한다. 그리고 그 역사가는 사회와 끊임없이 소통하고 있다는 전제를 가지고 있다.

◉ 역사란 무엇인가
• 김승일 역−범우사 • 김택현 역−까치 • 권오석 역−홍신문화사 • 곽복희 역−청년사

056
목민심서 牧民心書

정약용(1762–1836)

『목민심서』는 정조 때의 학자 다산(茶山) 정약용(丁若鏞)이 고금의 여러 책에서 지방 장관의 사적을 가려 뽑아 치민(治民)에 대한 도리를 논술한 필사본으로 된 책이다.

정약용은 가톨릭 세례명 '요안'으로 경기 광주(廣州) 출생이다. 1776년 (정조 즉위) 남인 시파가 등용될 때 호조좌랑에 임명된 아버지를 따라 상경, 이듬해 이가환(李家煥) 및 이승훈(李昇薰)을 통해 이익의 유고를 얻어 보고 그 학문에 감동되었다. 1783년 회시에 합격, 경의진사(經義進士)가 되어 어전에서 『중용』을 강의하고, 1784년 이벽(李蘗)에게서 서학(西學)에 관한 이야기를 듣고 책자를 본 후 관심을 가지기 시작하였다.

1794년 경기도 암행어사로 나가 연천현감 서용보(徐龍輔)를 파직시키는 등 크게 활약하였다. 규장각의 부사직(副司直)을 맡고 97년 승지에 올랐으나 모함을 받자 자명소를 올려 사의를 표명하였다.

그를 아끼던 정조가 세상을 떠나자 1801년(순조 1) 신유교난(辛酉敎難) 때 장기(長鬐)에 유배, 뒤에 황사영 백서사건(黃嗣永帛書事件)에 연루되어 강진(康津)으로 이배되었다. 그 곳 다산(茶山) 기슭에 있는 윤박(尹博)의 산정을 중심으로 유배에서 풀려날 때까지 18년간 학문에 몰두, 정치기

이익(李瀷, 1681~1763)은 호가 성호(星湖), 조선 후기의 학자로, 그의 주요저서 『성호사설(星湖僿說)』을 통해 당시의 사회제도를 실증적으로 분석·비판하여 정책적 대안을 제시하였다.

자명소(自明疏)는 자기(自己)의 무죄(無罪)를 스스로 변명(辨明)하는 상소(上疏)를 말한다.

구의 전면적 개혁과 지방행정의 쇄신, 농민의 토지균점과 노동력에 의거한 수확의 공평한 분배, 노비제의 폐기 등을 주장하였다.

이러한 학문체계는 유형원과 이익을 잇는 실학의 중농주의적 학풍을 계승한 것이며, 또한 박지원을 대표로 하는 북학파의 기술 도입론을 받아들여 실학을 집대성한 것이었다.

어릴 때부터 시재(詩才)에 뛰어나 사실적이며 애국적인 많은 작품을 남겼고, 한국의 역사·지리 등에도 특별한 관심을 보여 주체적 사관을 제시했으며, 합리주의적 과학정신은 서학을 통해 서양의 과학지식을 도입하기에 이르렀다.

정약용은 『경세유표(經世遺表)』가 정부기구의 제도적 개혁론을 편 것이라면, 지방 관헌의 윤리적 각성과 농민경제의 정상화 문제를 다룬 것이다. 저자가 순조 때 천주교 박해로 전라남도 강진에서 귀양 생활을 하는 동안에 저술한 것으로, 조선과 중국의 역사서를 비롯하여 여러 책에서 자료를 뽑아 수록하여 지방 관리들의 폐해를 제거하고 지방행정을 쇄신코자 한 것이다. 내용은 모두 12편(篇)으로, 각 편을 6조(條)로 나누어 모두 72조로 엮었다.

이 책은 농민의 실태, 서리의 부정, 토호의 작폐, 도서민의 생활 상태 등을 낱낱이 파헤치고 있는데, 한국의 사회·경제사 연구에 귀중한 자료이다. 『목민심서』는 목민관으로 부임해서 물러날 때까지의 목민관의 도리를 말한 것이다. 부임6조는 목민관에 오를 때, 해관6조는 목민관 자리를 떠날 때를, 봉공 6조는 법과 세금 그리고 근로의 문제를, 애민 6조에서는 가난한 백성들에 대한 사랑을, 진황 6조에서는 경제를 다루고 있다.

『목민심서』는 치민에 관한 도리를 말한 것인데, 다산이 신유사옥으로 전라도 강진에서 18년이 넘게 유배 생활하는 동안 자신의 생각과 경륜을 다 바쳐 지은 것이다. 이 책은 다산이 가장 학문적으로 원숙한 시기에 이룩한 민생 관련 저서 가운데 가장 대표적인 셈이고, 다산의 정점이며 핵심이 되는 책이다.

신유사옥(辛酉邪獄)은 신유박해(辛酉迫害)이라고도 하는데, 1801년(순조 1) 천주교도를 박해한 사건으로 많은 천주교도와 진보적 사상가가 처형 또는 유배되고, 주문모를 비롯한 교도 약 100명이 처형되고 약 400명이 유배되었다.

목민심서의 첫머리에서, "다른 관직은 구해도 좋으나, 목민의 관직만은 구해서는 안 된다."고 하였다. 그것은 그가 목민의 길이 어려움을 말하면서도, 엄격한 윤리적 자격을 갖춘 자이어야 만 목민관이 될 수 있음을 말한 것이다. 목민관은 이러한 윤리 도덕적인 덕목을 바탕으로 목민관으로서 자질과 능력을 갖추고 있어야 한다고 하였다.

"목민이란 비록 덕망을 갖추었다 하더라도 위엄이 없으면 하기 어렵고, 비록 하고 싶은 뜻이 있다 하더라도 밝지 못하면 하지 못한다. 무릇 그런 능력이 없는 자가 목민관이 되면 백성들은 그 해를 입어 곤궁하고 고통스럽게 된다."

또한 백성을 사랑하는 근본은 절약하여 쓰는 데 있고, 절약하는 근본은 검소한 데 있다. 검소한 뒤에야 청렴하고, 청렴한 뒤에야 자애로울 것이니, 검소야 말로 목민 하는 데 먼저 힘써야 한다고 했다. 못에 물이 괴고 또 괴면 장차 흘러 넘쳐 만물을 적셔준다. 그러므로 절약하는 자는 베풀 수 있지만 절약하지 못하는 자는 베풀지 못한다는 것이다.

그리고 『목민심서』는 처음부터 끝까지 목민관이 해야 할 처신과 처세를 적시하고 있다.

"목민하는 자는 먼저 나의 성품의 편벽된 곳을 찾아 바로잡아야 한다. 유약한 것은 강하도록 고치고, 게으른 것은 부지런하도록 고치고, 강한 데 치우친 것은 관대하도록 고치고, 원만한 데 치우친 것은 위맹하도록 고쳐야 한다."

베트남의 혁명 정치가 호치민(Ho Chi Minh, 1890~1969)은 평생 『목민심서』를 침대 머리 밑에 두고 애독하였다고 한다.

◉ 목민심서
•정약용─창비 •정약용─청목 •정약용─홍신문화사 •정약용─솔

057
논어 論語

공자(BC 552~BC 479)

『논어』는 유가의 '바이블(Bible)'이라고도 할 수 있다. 사서(四書)의 하나로, 중국 최초의 어록집이기도 하다. 고대 중국의 사상가 공자의 가르침을 전하는 가장 확실한 옛 문헌이다. 공자와 그 제자와의 문답을 주로 하고, 공자의 발언과 행적, 제자들의 발언 등 인생의 교훈이 되는 말들이 간결하고도 함축성 있게 기재되었다.

『논어』라는 서명은 공자의 말을 모아 간추려서 일정한 순서로 편집한 것이라는 뜻인데, 누가 지은 이름인지는 분명치 않다. 편자에 관해서는 64제자설, 정현·정자(程子)의 학설, 그 밖에 많은 설이 있으나 확실치 않다.

현존본은 「학이편」에서 「요왈편」에 이르는 20편으로 이루어졌으며, 각기 편중의 말을 따서 그 편명을 붙였다. 「학이편」은 인간의 종신토록 학문과 덕행을, 「요왈편」은 역대 성인의 정치 이상을 주제로 하였다.

이처럼 각 편마다 주제가 있기는 하나, 용어가 통일되지 않았고, 같은 문장의 중복도 있다. 특히 전반 10편을 상론, 후반을 하론이라고 하는데, 그 사이에는 문체나 내용에 약간의 차이가 있다.

『맹자』나 『순자』 등 옛 문헌에는 공자의 말이 '공자왈', '준니왈(仲尼

정현(鄭玄, 127~200)은 중국 후한(後漢) 말기의 대표적 유학자이며, 경학(經學)의 대성자(大成者)로 그가 정리한 『논어』 주석의 일부가 근래 신장위구르 자치구의 당나라 시대의 무덤에서 출토되었다.

曰)', '전왈(傳曰)'이라고 인용되었으나, 그것이 『논어』에 기재된 것과 반드시 같은 것도 아니며, 또 『논어』가 성립되었다는 것을 제시하는 기술도 없다.

그러나 한나라 때에는 제(齊)나라 학자의 「제론」 22편, 노(魯)나라 학자의 「노론」 20편이 전해졌고, 따로 공자의 옛집의 벽 속에서 「고론(古論)」 21편이 나왔다.

한(漢)의 장우(張禹)는 제·노 양론을 교합하여 「장후론(張侯論)」 20편을 만들었고, 이어 후한의 정현은 이 세 가지와 고론을 교합하였다. 이 정현본(鄭玄本)을 바탕으로 위(魏)의 하안(何晏)이 『논어집해』라는 주석서를 저술함에 이르러 현존본의 원문이 결정되었다.

근대에 와서 내외의 학자들이 공자의 가르침의 근본을 추구하여, 여러 각도로 논어의 문헌을 비판하고, 논어성립까지의 전승계통을 탐색하였다. 한편 한(漢)나라까지의 증보의 경과를 더듬는 등 많은 가설을 내세우고 있으나, 아직 정설은 수립되지 않았다.

『논어』는 엄밀히 말하면, 어느 정도로 공자 본래의 가르침을 전하는가가 문제다. 하지만 이것을 이해하는 데에는 『논어』가 불가결한 문헌임에는 틀림없다. 『논어』의 문장은 간결하면서도 수사의 묘를 얻어 함축성이 깊다. 또한 문장 간의 연계가 없는 듯 하면서도 깊이 생각해보면, 공자의 인격으로 모아지고 있다.

공자는 마음에 흔들리지 않는 도를 구하는 태도, 관용 중에서도 사람을 이상적인 선(善)인 '인(仁)'으로 이끌고자 하는 교육 등이 잘 드러나 있다. 그리고 공자를 중심으로 하여 겸허한 안연(顔淵), 솔직한 자로(子路), 현명한 자공(子貢), 그 밖의 제자들의 각기 개성에 따른 상호간의 독려 등, 중국에서는 처음으로 인도주의 사상과 자각자율(自覺自律)의 도덕설을 제시한 공자와 그 제자들의 활동이 잘 묘사되었다.

모든 내용이 인생 경험의 깊은 뛰어난 지혜의 결정으로 음미할수록 가치가 있는 교훈들이다.

유교의 경서는 많지만, 그 중에서 『논어』는 『효경』과 더불어 한나라 이후에 지식인의 필수 서책이 되고 있다. 그 해석의 근거가 된 것은 『논어집해』이다. 송나라 때에는 유교의 '공맹사상'에 의한 집주(集註) 통일화가 이루어졌다.

주희는 『논어』를 『사서(四書)』로 추존(推尊)하고, 이를 통일하여 『논어집주』를 저술한 후에는 이것이 고주에 대체되었다.

『논어』는 동양의 철학, 그리고 사상을 이해하는데, 그 바탕이 되는 명저 중의 명저라 할 수 있다. 더구나 『논어』는 한자문화권으로 묶여진 동아시아에서는 지난 역사의 영향력뿐 아니라, 지금도 그 철학 사상은 내재되어 면면히 계승하고 있다. 유럽 각국에도 연구서나 번역서가 많으며, 최근에는 미국에 특히 많다.

◉ 논어
• 김학주 편─서울대출판부 • 김연호 편─하서 • 황병국 편─범우사 • 김형찬 편─홍익
• 이문주 편─보고사

주희(朱熹, 1130~1200)는 주자(朱子)를 말한다.

058
맹자 孟子

맹자(BC 372-BC 289)

『맹자』는 중국 전국시대의 사상가 맹가(孟軻)의 저술이다. 그의 문인들이 스승이 죽은 후에 정리한 것이라는 견해들도 있으나, 수미일관된 체제 등을 들어 일반적으로 맹자의 직접 저술로 인정하고 있다. 송대의 유학자인 주자 등에 의해 유학의 기본 경전인 사서(四書)의 하나로서 흔들리지 않는 권위를 지니게 되었다.

맹자는 지금의 중국 산동성 추현(鄒縣)에 있었던 추(趨)에서 출생하였다. 공자의 유교사상을 공자의 손자인 자사(子思)의 문하생에게서 배웠다. 어릴 때 현명한 어머니의 손에서 자라났으며 '맹모삼천지교(孟母三遷之教)'는 유명한 고사이다.

제후가 유능한 인재들을 찾는 전국시대에 배출된 **제자백가**의 한 사람으로서 맹자도 BC 320년경부터 약 15년 동안 각국을 유세하고 돌아다녔으나, 자기의 주장이 채택되지 않자 고향에 은거하였다. 제후가 찾는 것은 부국강병이나 외교적 참모였으나, 맹자가 내세우는 것은 도덕정치인 왕도(王道)였다. 따라서 이는 현실과 동떨어진 지나치게 이상적인 주장이라 받아들여지지 못했다. 만년에는 제자교육에 전념하고, 저술도 하였다.

『맹자』 7편은 맹자의 말을 모은 후세의 편찬물이지만, 내용은 맹자의

> 제자백가(諸子百家)는 중국 춘추전국시대(BC 8세기~BC 3세기)에 활약한 학자와 학파의 총칭으로, '제자'란 말은 '여러 선생'이란 뜻이고, '백가'란 수많은 사상을 의미하는 말이다.

사상을 그대로 담은 것이다. 맹자의 사상을 알 수 있는 유일한 책이며, 또 전국시대의 양상을 전하는 흥미 있는 내용으로 가득 차 있다. 문장은 변론조이며, 예부터 명문으로 여겨진다.

후한 말기의 조기(趙岐)와 주자가 붙인 주석이 가장 수준 높은 해설서로 통용된다. 「양혜왕」·「공손추」·「등문공」·「이루」·「만장」·「고자」·「진심」의 7편으로 구성되었다.

양(梁) 나라의 혜왕에게 '이(利)'를 구하는 잘못을 지적하고 "왕께서는 오직 인의(仁義)를 말씀함에 그칠 것이지 하필 이익을 말씀하십니까"라는 어구로 쐐기를 박은 첫머리의 기사가 전체 저술의 개요를 이루는데, 공자의 인(仁)에 대해 의(義)를 더하여 왕도정치의 바탕으로 삼은 것이다.

그것은 다시 본성이 선하다고 전제하여 인간을 적극적으로 신뢰하는 성선설(性善說)과 민의(民意)에 의한 폭군의 교체를 합리화한 혁명론(革命論)을 중심 기둥으로 삼고 있다. 정의에 따른 사회생활을 강조하고 그 물질적 기반을 매우 중시하였으나, 대인의 일과 소인의 일을 구분하여 육체노동자에 대한 정신노동자의 지배를 합리화하였다.

민주주의와 자본주의의 현대사회에서는 그 전체적인 사회·정치 이론을 받아들일 수 없게 되었지만, 크게는 '성선설'로부터 구체적으로 '호연지기론'에 이르는 견해들은 시대를 뛰어 넘어 인간 생활의 한 지침이 되고 있다. 비틈없는 구성과 논리, 박력 있는 논변으로 인해 『장지(莊子)』 및 『좌씨전(左氏傳)』과 더불어 중국 진(秦) 이전의 3대 문장으로 꼽히는 등 문장 교범으로서도 높은 평가를 받아왔으며 한문 수련의 필수적인 교재이다. 또 '오십보백보' 같이 절묘한 비유를 통해 독자의 흥미를 돋우고 논지를 철저히 이해시켜 준다.

맹자의 사상은 인의설과 그 기초가 되는 성선설, 그리고 이에 입각한 왕도정치론으로 나누어진다. 공자의 인(仁)의 사상은 육친 사이에 생기는 자연스러운 친애의 정을 널리 사회에 미치게 하려는 것이며, 이 경우 소원한 쪽보다 친근한 쪽으로 정이 더 간다는 것은 당연시되었다. 가족제에

호연지기론(浩然之氣論)은 맹자(孟子)의 가르침인 인격(人格)의 이상적 기상(氣象)으로 당시의 사고방식으로는, 사람의 몸에는 물적 생명원소(物的生命元素)인 '기(氣)'가 갖추어져 활동한다고 하였고 또, 그것을 수련하는 여러 가지 세속적인 술(術)이 성행하였다. 맹자가 비로소 그 '기'를 통일적 의지와 상호 보충되는 도덕적 실천력의 문제로 다루고, '기'는 도의(道義)와 조화됨으로써 의기당당한 활동이 가능하다 하였다.

입각한 차별애(差別愛)인 것이다.

맹자는 이를 받아들여, 한편으로는 보편적인 인애(仁愛)의 덕(德)을 주장하고, 한편으로는 그 인애의 실천에 있어서 현실적 차별에 따라 그에 적합한 태도를 결정하는 의(義)의 덕을 주창하였다.

'인은 사람의 마음이요, 의는 사람의 길'로서, 의는 인의 실천에서 준거할 덕이며, 유교사상은 이로부터 도덕사상으로서의 준엄성을 가지게 되었다. 성선설은 그러한 인심(仁心)이 누구에게나 갖추어져 있음을 강조한 설이다.

인간의 본성으로서는 악(惡)에 이르는 욕망도 사실은 존재하지만, 맹자는 그 사실을 인정하면서도 도덕적 요청으로서 본성이 선(善)한 것이라고 주장한다. 그렇게 함으로써 모든 사람의 도덕에 대한 의욕을 조장하려고 하였다. 따라서 사람으로서의 수양은 '욕심을 적게'하여 본래의 그 선성(善性)을 길러내는 일이었다.

왕도정치는 그러한 인심에 입각한 정치이다. 군주는 민중에 대한 사랑을 바탕으로 정치를 해야 한다고 주장하고, 또 경제적으로 넉넉하게 한 다음 도덕교육을 해야 한다고 주장하였다. 불인(不仁)한 군주는 쫓아내어야 한다는 주장도 했다.

당시의 제후가 맹자를 받아들이지 않은 것도 무리가 아니었다. 유교는 맹자에 의하여 비로소 도덕학(道德學)으로서 확립되고, 정치론으로서 정비되었다. 그 후 유교의 정통사상으로서 계승되어 유교를 '공맹지교(孔孟之教)'라고 부를 정도로 중시되었다.

왕도정치(王道政治)는 도덕에 의한 교화를 정치의 기본으로 삼는 동양 정치사상으로, 유교문화권에 속하는 동양 각국에서 치자(治者)의 으뜸 정치사상이 되어 왔다.

◉ 맹자
• 성백효 역주—전통문화연구회 • 김학주 역주—명문당 • 김문해 역주—일신서적출판사
• 박경환 역주—홍익출판사 • 안외순 역주—책세상

059
노자 老子

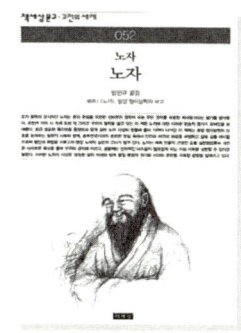

노자

『노자』은 중국의 사상가 노자가 지은 것으로 전하는 저서명이다. 『노자』 또는 『도덕경(道德經)』이라고도 한다. 약 5,000자, 상하 2편으로 되어 있다. 성립연대에 관해서는 여러 학설이 분분하나, 그 사상·문체·용어의 불통일로 미루어 한 사람 또는 한 시대의 작품으로 보기는 어렵다.

BC 4세기부터 한초(漢初)에 이르기까지의 도가사상의 집적으로 보여진다. 선진시대(先秦時代)에 원본『노자』가 있었던 모양이나, 현행본의 성립은 한초로 보는 것이 통설이다. 그 후 남북조시대에 상편 37장, 하편 44장, 합계 81장으로 정착되어 오늘날에 이른다.

노자 사상의 특색은 형이상의 도(道)의 존재를 설파하는 데 있다. '무위(無爲)함이 무위함이 아니다'라는 도가의 근본교의, 겸손의 실제적 교훈, 가득찬 자연관조 등 도가사상의 강령이 거의 담겨 있어 후세에 끼친 영향이 크다. 『노자』는 흔히 말하는 도(道)가 일면적·상대적인 도에 불과함을 논파하고, 항구 불변적이고 절대적인 새로운 도를 제창한다.

그가 말하는 도는 천지보다도 앞서고, 만물을 생성하는 근원적 존재이며, 천지간의 모든 현상의 배후에서 이를 성립시키는 원리이며 법칙이다. 다시 말하면 대자연의 영위를 지탱하게 하는 것이 도이며, 그 도의 작용을

형이상(形而上)은 『주역』의 계사전상(繫辭傳上) 중 "형상(形象) 이전의 것을 도(道)라고 한다", "형상 이후의 것을 기(器)라고 한다"에서 유래한 것이다. 형이상은 인간의 감각기관을 초월한 전신, 도를 가리키고 형이하는 형상을 가진 물질 또는 그런 속성 자체를 가리키는 말이다.

덕(德)이라 하였다. 이런 의미에서 도와 덕을 설파하는 데서, 『노자』의 가르침은 도덕으로 불리어 『도덕경』이라는 별명이 생기게 되었다. 그러나 노자사상의 중심은 오히려 정치 처세술로서의 무위를 설파함에 있고, 형이상적인 도의 논설은 그 근거로서의 의미를 지님에 불과하다.

노자는 하는 일만 많으면 도리어 혼란을 초래하고, 공을 서두르면 도리어 파멸에 빠지는 일이 흔한 세상에 비추어, 오히려 무위함이 큰 성공을 얻는 방법이라고 생각하였다. 그래서 우선 의도하는 바는 아무런 작위가 없고, 게다가 그 **공업**은 착실 절묘하다고 설파하였다.

노자는 이름이 이이(李耳), 자는 담(聃), 노담(老聃)이라고도 한다. 초(楚)나라 **고현** 출생으로 춘추시대 말기 주(周)나라의 **수장실사(守藏室史)**였다.

공자가 젊었을 때 낙양(洛陽)으로 노자를 찾아가 예(禮)에 관한 가르침을 한 것으로 알려졌다. 또 주나라의 쇠퇴를 한탄하고 은퇴할 것을 결심한 후 서방으로 떠났다. 그 도중 관문지기의 요청으로 상하 2편의 책을 써 주었다고 한다. 이것을 『노자』라고 하며 『도덕경』(2권)이라고도 하는데, 도가사상의 효시로 일컬어진다. 그러나 이 전기에는 의문이 많아, 노자의 생존을 공자보다 100년 후로 보는 설이 있는가 하면, 그 실재 자체를 부정하는 설도 있다.

노자의 사상은 도(道)의 개념을 철학사상 처음으로 제기하였으며, 이 도는 천지만물뿐만 아니라 상제(上帝)보다도 앞서 존재한다고 하였다. 그것은 형상과 소리가 없어서 경험할 수도 없고 언어로 표현할 수도 없다. 그러므로 그것은 무(無)라고 할 수 있다. 그러나 천지만물은 그로 말미암아 존재하고 생성 소멸한다.

그러한 측면에서 보면 그것은 무가 아니라 유(有)이다. 천지만물과 달리 도는 어떤 것에도 의존하지 않고 독자적으로 존재할 수 있는 실체이다. 다른 것에 의존하지 않고 스스로 존재한다는 면에서 보면 그것은 '자연(自然)'이라고 할 수 있다.

공업(功業)은 큰 공로가 있는 사업을 말하는데, 훈업(勳業)이라고도 한다.

고현(苦縣)은 지금의 중국 하남성(河南省) 녹읍현(鹿邑縣)이다.

수장실사(守藏室史)는 장서실 관리인을 말한다.

그러나 어떤 것도 간섭·지배하지 않는다는 면에서 보면 그것은 '무위'하다고 할 수 있다. 통치자가 만약 이러한 무위자연을 본받아 백성들을 간섭·지배하지 않고 그들의 자발성에 맡긴다면 세상은 저절로 좋아진다. 노자에 의하면 일체 사물·사건들은 그들 자신과 상반하는 대립자들을 지니고 있다.

유(有)가 있으면 무(無)가 있고 앞이 있으면 뒤가 있다. 이들 대립자들은 서로 전화한다. 화는 복이 되고 흥성한 것은 멸망한다. 이러한 대립전화의 법칙을 알고 유(柔)를 지키면 강(剛)을 이길 수 있다.

노자사상의 전개는 열자(列子)와 장자(莊子)에게 계승되었다고 한다. 한(漢)나라 초기에 성행하였던 **황로**사상 형성에 영향을 주었다. 한 고조(漢高祖)는 오랜 전란에 시달려온 백성들의 고통을 덜어주고 파괴된 생산력을 회복하기 위하여 노자의 무위자연사상을 정치이념으로 삼았다.

우리나라에서는 상고시대 이래의 신선사상이 삼국시대에 이르러 도가사상과 결합, 풍류를 숭상하는 기풍을 조성하였다. 고려시대에는 국가의 재난을 없애고 복을 기원하는 도교가 성하였으며, 조선시대에는 산림을 찾아 신선처럼 살고자 하는 선비들의 정신적 지주가 되었다.

『노자』에는 만물의 존재 근거인 도를 실천함으로써 개인은 욕심을 줄여 무위를 행하게 되고, 사회는 무위의 정치로 다스려진다는 주장이 담겨 있다. 현실의 변화를 촉구한 정치철학으로 재발견되는 한편, 현대 문명이 초래한 인간의 위기를 극복하는 가능성을 암시한다.

◉ 노자
· 임헌규 역—책세상

황로(黃老)는 도교(道敎)에서, 황제(皇帝)와 노자(老子)를 아울러 이르는 말이다.

060
장자 莊子

장자(BC 369–BC 289)

『장자(莊子)』는 당나라 현종
(玄宗)에게 남화진경(南華眞
經)이라는 존칭을 받아 『남화
진경』이라고도 한다.

『장자』는 중국 전국시대의 사상가 장자(莊子), 즉 장주(莊周)의 저서로 내편 7, 외편 15, 잡편 11로 모두 33편이다. 그 중 내편이 비교적 오래되었고 그 근본사상이 실려 있어 장자의 저서로, 외편과 잡편은 후학에 의해 저술된 것으로 추측된다. 장자는 노자의 학문을 깊이 연구하였으며 그의 사상의 밑바탕에 동일한 흐름을 엿볼 수 있다.

진시황제의 분서(焚書)의 화를 입기도 하고, 한(漢) 때 분합(分合)·재편성되기도 하다가 진(晉)의 곽상(郭象) 이후 오늘의 33권으로 정해졌다. 이 곽상의 주(註)가 완본으로 현존하는 가장 오래된 기본 자료이다.

『장자』의 문학적인 발상은 우언우화로 엮어졌는데, 종횡무진한 상상과 표현으로 우주본체·근원, 물화(物化) 현상을 설명하였다. 현실세계의 약삭빠른 지자(知者)를 경멸하기도 하였다. 그의 심현한 철학사상서이자 우수한 문학서인 이 『장자』는 위(魏)·진(晉) 때에 널리 읽히고 육조시대(六朝時代)까지 그 사상이 유행하였다. 양(梁)나라 도홍경(陶弘景)이 그를 진령(眞靈)이라 하여 제3급에 올렸다.

특히, 「제물론」은 세상 모든 종류의 진위시비를 가리는 논쟁을 모두 상대적인 것으로 보았다. 또한 잡론을 한결같이 하나로 귀속시킴을 말하며, 이를 통해 장자 사상의 전모를 엿볼 수 있다. 그에 따르면 현상은 모두 연관성을 지닌 하나의 전체이며, 인간의 희로애락도 진군(眞君)의 작용에 의한 것이라 하였다. 따라서 만물은 일체이며, 그 무차별 평등의 상태를 천균(天均)이라 하였다. 이러한 입장에서 보면 생사도 하나이며 꿈과 현실의 구별도 없다. 이와 같은 망아(忘我)의 경지에 도달하는 것이야말로 수양의 극치라고 하였다.

「제물론(齊物論)」은 『장자(莊子)』의 내편(內篇) 7편 중의 제2편이다.

진군(眞君)은 천지(天地)의 주재자(主宰者)이다.

장주(莊周)는 송(宋)의 몽읍(蒙邑) 출생으로 맹자(孟子)와 거의 비슷한 시대에 활약한 것으로 전한다. 관영(官營)인 칠원(漆園)에서 일한 적도 있었으나, 그 이후는 평생 벼슬길에 들지 않았으며 10여 만 자에 이르는 저술을 완성하였다. 초(楚)나라의 위왕(威王)이 그를 재상으로 맞아들이려 하였으나 사양하였다.

인간의 마음은 일정한 시대·지역·교육에 의하여 형성되고 환경에 의해 좌우된다. 이 마음이 외부 사물들과 접촉하여 지식이 생긴다. 이러한 지식은 시대·지역, 그리고 사람들에 따라 다르기 때문에 보편타당한 객관성을 보장할 수 없다. 장자는 이러한 지식에 입각한 행위를 인위(人爲)라고 한다. 물오리의 다리가 짧다고 하여 그것을 이어주거나 학의 다리가 길다고 하여 그것을 잘라주면 그들을 해치게 되듯이 인위는 자연을 훼손할 수 있다.

장자는 노자(老子)와 마찬가지로 도(道)를 천지만물의 근본원리라고 본다. 도는 일(一)이며 대전(大全)이므로 그의 대상이 없다. 도는 어떤 대상을 욕구하거나 사유하지 않으므로 무위(無爲)하다. 도는 스스로 자기존재를 성립시키며 절로 움직인다. 그러므로 자연(自然)하다. 도는 있지 않은 곳이 없다. 거미·기왓장·똥·오줌 속에도 있다. 이는 일종의 범신론이다.

범신론(汎神論, pantheism)은 신(神)과 전우주(全宇宙)를 동일시하는 종교적·철학적 혹은 예술적인 사상체계이다. 신과 전우주 사이에 질적인 대립을 인정하지 않는다는 점에서 유신론과는 다르다.

도가 개별적 사물들에 전개된 것을 덕(德)이라고 한다. 도가 천지만물

의 공통된 본성이라면 덕은 개별적인 사물들의 본성이다. 인간의 본성도 덕이다. 이러한 덕을 회복하려면 습성에 의하여 물들은 심성(心性)을 닦아야 한다. 이를 성수반덕(性脩反德)이라고 한다. 장자는 그 방법으로 심재(心齋)와 좌망(坐忘)을 들었다. 덕을 회복하게 되면 도와 간격 없이 만날 수 있다.

도와 일체가 되면 도의 관점에서 사물들을 볼 수 있다. 이를 이도관지(以道觀之)라고 한다. 물(物)의 관점에서 사물들을 보면 자기는 귀하고 상대방은 천하다고 할 수 있다. 그러나 도의 관점에서 사물들을 보면 만물을 평등하게 볼 수 있다. 인간은 도와 하나가 됨으로써 자연에 따라 살아갈 수 있으며 자유를 누릴 수 있다. 이러한 자유는 천지만물과 자아 사이의 구별이 사라진 지인(至人)이라야 누릴 수 있다. 이 지인은 사람들과 조화를 이루고 천지만물들과도 사이좋게 살아갈 수 있다. 장자의 사상은 대부분 우언으로 풀이되었으며, 그 근본은 노자의 무위사상을 계승하는 것이다. 현세와의 타협을 배제하는 점에서는 더욱 철저하여, 바로 그와 같은 면에서 장자의 분방한 세계가 펼쳐진다.

이러한 장자사상은 위진남북조시대의 사상적 기반과 반야학(般若學), 그리고 당나라 때 융성한 선종(禪宗) 형성에 영향을 주었다.

송(宋)·명(明) 이학(理學)은 유학을 위주로 하면서도 내면적으로는 장자철학을 수용하였다. 장자의 이러한 초탈사상은 자연주의 경향이 있는 문학예술에도 영향을 주었다. 우리나라에서는 조선 전기에 이단으로 배척받기도 하였으나 산림의 선비들과 문인들이 그 문장을 애독하였다.

새로운 인문학의 부흥은 중국의 당송 시대가 아니라 바로 **선진시대**를 거울로 삼아 새로운 인문학과 문예의 부흥을 꿈꿀 수 있을 것이다. 바로 이러한 이유로 우리는 『장자』를 읽어야만 하는 것이다.

◉ 장자
· 이강수 외 역주−길 · 허세욱 역주−범우사 · 안동림 역주−현암사 · 호승희 역주−타임기획

선진(先秦)시대의 중국문학은 고대 가요집인 『시경(詩經)』에서처럼 대부분 고대 북방가요의 모습을 전한다. 이보다 조금 늦은 BC 300년경 『초사(楚辭)』의 문학이 남쪽에서 일어났다. 이 무렵에는 여러 나라의 자유 토론과 연구의 풍조에 촉구되어 제자백가(諸子百家)가 등장하였으며, 사상가들의 산문이 꽃을 피웠다. 특히, 맹자와 장자의 문장에는 탁월한 것들이 적지 않다.

061
벽암록 碧巖錄

『벽암록』은 중국 전통 선(禪) 어록의 심오한 사상을 담고 있는 책으로 중국 사상 특유의 장대한 스케일과 풍부한 문학적 상징을 통해 불립문자의 세계관을 제시한 책이다. '달마가 모른다고 말하다'부터 '파릉이 휘두른 취모검'까지 100가지 이야기로 구성했다.

'벽암'이란 뜻은 그 말뜻보다 그 장소에 뜻이 있다. 벽암이라는 집의 장소에서 연유된 것임을 알 수 있다. 『벽암록』을 편찬한 극근(克勤) 선사가 머물었던 곳이 바로 '벽암(碧巖)'이기 때문이다.

마명의 『불소행찬』을 불교 문학 제1호라고 한다면 『벽암록』은 선의 진수이며 선 문학의 제1호라고 할 만하다. 원래 선은 '**불립문자 견성성불**'을 목표로 삼는다.

『벽암록』은 그 가장 요긴한 화두들을 모았고 또 그 깊은 세계를 시적으로 묶었으므로 선과 문학 양면에서 제일 높이 내세울 수밖에 없는 기록이다. 종래 『벽암록』이 선가에서 남달리 귀중한 문헌으로 애송되어 온 까닭도 그렇듯 심오하고 진지한 내용을 담고 있기 때문이다.

『벽암록』의 편찬자 극근은 1063년 송나라 인종 때에 사천성 성도부에 속한 팽주 숭녕의 한 유가(儒家)인 낙(駱)씨 집에 태어나 남송 고종 5년

마명(馬鳴, 100~160)은 고대 인도의 불교 시인으로, 범명(梵名)이 아슈바고샤(Asvagho-a)로 불타의 생애와 교의를 격조 높게 읊은 불타 서사시 『불소행찬(佛所行讚) Buddha-carita』을 지어, 불교를 소재로 한 산스크리트의 미문체 문학을 창작하여 인도 문학사상 불후의 업적을 남겼다.

불립문자(不立文字)는 문자로써 교(敎)를 세우는 것이 아니라는 뜻으로, 선종(禪宗)의 입장을 표명한 표어이며, **견성성불**(見性成佛)은 인간이 본성을 깨치면 누구나 부처가 된다는 말이다.

1135년 73세로 입적했다.

『벽암록』제1칙의 주제인 「달마가 말하기를 "휑하니 크고 넓어 성인이 있으리 없다"」의 본문을 보면 다음과 같다.

양나라의 무제가 달마에게 물었다.

"불교의 근본 사상은 어떤 겁니까?"

달마는 대답했다.

"끝없이 크고 넓어 거기에는 범인(凡人)도 성인도 없소."

무제가 다시 다그쳤다.

"그럼 성제제일의를 전하려고 인도에서 온 성인이 지금 짐 앞에 있지 않소. 대체 이분은 누구란 말이오?"

달마는 단호하게 대답했다.

"모르겠소."

무제는 끝내 달마의 언행을 알아듣지 못했다. 드디어 달마는 양자강을 건너 위나라로 갔다. 그리고 소림산에 살며 9년 면벽의 침묵을 시작했다. 무제가 나중에야 지공(誌公)에게 달마에 대해 물으니, 지공은 말했다.

"폐하께선 이제 달마의 마음을 아셨습니까?"

무제가 대답했다.

"아니 아직 모르겠소."

무제의 이 말에 지공은 설명했다.

"그는 관세음보살의 화신이며, 이 땅에 부처님의 마음을 전하러 왔습니다."

무제는 비로소 후회하며 칙사를 보내 그를 불러 오라고 했으나, 지공은 고개를 가로저으며 말했다.

"아예 누굴 보내 데려올 생각 마십시오. 이 나라 사람이 모두 나서서 좇아도 그 분은 되돌아오지 않습니다."

'성제확연'이라 어찌 뜻이 통하랴! "내 앞에 있는 분은 누구요?"에 "모르오." 라네. 달마는 남몰래 양자강을 건너가 버려 한바탕 소동이 벌어졌구나. 이제는 온 나라 사람 다 좇는대도 다시 올 리 없으리니, 천년만년 후회해

본들 모두 헛일일세. 후회일랑 말아라. 시원한 바람은 세상 어디에나 다 불고 있지 않은가! 시원한 이 바람 부는 곳이면 어디든 달마는 있네. 불신(佛身)은 법계(法界)에 충만해 있다지 않은가! 설두 화상이 좌우에 앉은 운수를 돌아보고 말한다.

"지금 이 세상에 달마가 있느냐?"

아무도 대꾸를 못 하므로 설두 스스로 "달마인 체하는 자가 있다"하고는 이어 "자, 그 달마를 불러오라. 내 발이나 씻게 할 테니"라고 했다.

『벽암록』이 찬술된 후 종문 제일의 책으로서 오늘날까지 높은 평가를 받고 있다. 특히 원문을 검토해 보면 알 수 있듯이 『벽암록』은 불교의 진수인 '불립문자 교외별전'의 뜻을 문자로 가장 정확하게 나타내고 있으며 심오한 명상적 세계를 최고의 문학적 상징과 뉘앙스로 잘 드러내고 있다. 표현할 수 없는 그 최고의 철학과 상징을 직접 느끼고 짐작할 수 있는 유일한 화두집이 『벽암록』이며 불교 철학에서나 문학적 가치로도 최상의 명저라고 평가되고 있다.

⦿ 벽암록
•안동림 역주—현암사 •조오현 역—불교시대사

교외별전(敎外別傳)은 선종(禪宗)에서 말이나 문자를 쓰지 않고, 따로 마음에서 마음으로 진리를 전하는 일이다.

062
우파니샤드 Upanisad

『우파니샤드』는 고대 인도의 철학서이다. 바라문교의 성전 베다에 소속하며, 시기 및 철학적으로 그 마지막 부분을 형성하고 있기 때문에 베단타라고도 한다. 현재 200여 종이 전해지는데, 그 중 중요한 것 10여 종은 고(古)우파니샤드로 불리며, BC 600~AD 300년경, 늦어도 기원 전후에 성립된 것이다. 그 후 10수세기에 이르기까지 만들어진 것을 신우파니샤드라고 하며, 모두 산스크리트로 쓰여 있다.

우파니샤드의 원뜻은 사제간에 '가까이 앉음'이라는 의미에서, 그 사이에 전수되는 '신비한 가르침'도 의미하게 되었으며, 옛날부터 천계문학(天啓文學 : śruti)으로서 신성시되었다. 인도의 정통 바라문 철학의 연원으로서, 그 후 철학과 종교 사상의 근간이면서 근거가 되었다.

개개의 우파니샤드는 통일된 사상을 한 사람의 작자가 일정한 형식으로 서술한 것이 아니라, 긴 세월에 걸쳐 편집·정비하였다고 생각되며, 베다 및 브라마나의 제식만능주의에 대한 반발을 담은 것으로 해석되기 때문에 불교흥기를 촉진한 사상적 계기가 된 것으로 보인다.

그러므로 그 중에는 신구(新舊)의 잡다한 사상이 섞여 있으며 전체로서의 통일이 결여되었지만 그 근본 사상은 만유의 근본원리를 탐구하여 대

우주의 본체인 브라만(Brahman : 梵)과 개인의 본질인 아트만(tman : 我)이 일체라고 하는 범아일여(梵我一如)의 사상으로 관념론적 일원철학이라고 할 수 있다.

이러한 사상의 형성 배경에는 창조관과 동치(同置 : upāsana)의 논리를 들 수 있다. 창조의 의미로 사용되는 스리스티(si)는 최고신의 2분에 의하여 자신의 일부를 방출(ésj)함으로써 창조자와 피조물이 동질적이라는 의미를 담고 있으며, 우주적 실재와 개인의 구성요소를 대응시켜 불사(不死 : amta)를 탐구하였던 동치의 논리는 '범아일여' 사상의 원형적인 사고를 보여 주는 것이다.

인간은 업에 의해 윤회를 반복하지만 선정(禪定 : dhyāna)·고행(苦行 : tapas)을 투철히 하여 진리의 인식(brahmavidyā)에 도달함으로써, 윤회에서 해탈하여 상주·불멸의 범계(梵界 : brahmaloka)에 이르는 것을 이상으로 한다.

즉 『우파니샤드』의 중심 사상은 '범아일여'의 근본 원리를 탐구하는 데 있다. 하나이며 일체이고, 상대를 떠나 비유할 바 없고, 말과 사려를 절한 불립문자의 경지, 불멸 불변한 우주적·개인적 궁극 원리를 완전한 일치를 통해 발견하는 이 원리는 『우파니샤드』 철학의 장관이다.

우파니샤드의 대표적인 사상가로서는 아트만을 만물에 편재하는 내재성으로서의 유(有 : sat)로 주장하는 우달라카 아루니(Uddālaka rui)와 아트만을 인식주관으로서 불가설·불가괴(不可壞)한 것으로 주장한 야지나발키아(Yājñavalkya) 등이 있으며, 전자의 '네가 그것(아트만)이다(tat tvam asi)', 후자의 아트만은 부정적으로밖에 표현되지 않는다는 뜻의 '그렇지 않다. 그렇지 않다(neti, neti)' 등의 말은 유명하다.

『우파니샤드』는 넓은 의미의 『베다』 문헌의 마지막 부분을 형성하므로 베단타(Vedanta)라고도 불린다. 오랜 기간에 걸쳐 차례로 성립한 200개에 가까운 산문 또는 운문으로 된 책을 총칭한다.

『베다(veda)』는 BC 1500년경을 중심으로 인도의 서북부 편잡 지방에

업(業, karma)은 불교에서 중생이 몸과 입과 뜻으로 짓는 선악의 소행을 말하며, 혹은 전생의 소행으로 말미암아 현세에 받는 응보(應報)를 가리킨다. 산스크리트 Karman의 의역으로, 음역하여 갈마(羯磨)라고도 한다.

침입한 아리안 인의 종교, 즉 브라만교의 근본 성전이다. 『베다』란 이름 밑에는 4가지 부류의 문헌이 포함된다. 바로 『산히타아』, 『브라흐마나』, 『아아라냐카』, 『우파니샤드』 등이다.

그 중에서도 『우파니샤드』는 다른 『베다』보다 유럽학계에 일찍 소개되었다. 독일 철학자 쇼펜하우어는 『우파니샤드』를 읽고, "내 삶과 죽음의 위로"라고 격상했다. 근대 인도의 종교·사회의 순화 운동에 있어서도 『우파니샤드』의 사상은 중요한 역할을 했다.

후세에 와서 각종 우파니샤드가 만들어졌으나, 고(古) 우파니샤드에는 이미 독특한 업과 윤회의 사상이 담겨 있다. 고대의 종교단체로는 불교와 자이나교가 유력하다.

베다의 전통 속에서 형성되어지고, 인간과 자연과 우주에 관한 탐구·분석·성찰의 성과인 우파니샤드는 이후 힌두교, 불교, 자이나교, 인도사상의 원천이 되었다. 인간이 그 자신에 대하여 던지는 근본적인 물음들과, 깨달음의 길로 인도해 준다.

인도 철학은 고원한 진리를 추구하고 인생과 존재를 이해하기 위해 끝없는 철학적 토론과 깊은 명상을 실천했던 인도의 무수한 현자의 가르침의 총체이다. 우파니샤드는 이런 인도 철학의 정수를 보여주는 책이다.

◉ 우파니샤드
•이재숙 역－한길사 •박석일 역－정음사 •석지현 역－일지사

윤회(輪廻, sasâra)는 생명이 있는 것, 즉 중생은 죽어도 다시 태어나 생이 반복된다고 하는 불교사상이다. 산스크리트의 삼사라(sasâra)를 번역한 말로, 전생(轉生)·재생(再生)·유전(流轉)이라고도 한다. BC 600년경 『우파니샤드(優波尼沙土)』의 문헌에서 비롯되어 대중에게 전파되었다. 불교에서는 윤회하는 세계에 지옥·아귀(餓鬼)·축생(畜生)·아수라(阿修羅)·인간·천상(天上)의 육도(六道:六趣)가 있다고 말한다.

063

대학·중용 大學·中庸

『대학』은 유교 경전에서 공자의 가르침을 정통으로 나타내는 사서(四書) 중 중요한 경서이다.

본래 『예기』의 제42편이었던 것을 송 나라의 사마광이 처음으로 따로 떼어서 『대학광의(大學廣義)』를 만들었다. 그 후 주자가 『대학장구(大學章句)』를 만들어 경(經) 1장, 전(傳) 10장으로 구별하여 주석을 가하고 이를 존숭하면서부터 널리 세상에 퍼졌다.

주자는, '경'은 공자의 말을 증자(曾子)가 기술(記述)한 것이고, '전'은 증자의 뜻을 그 제자가 기술한 것이라고 단정하였다.

경에서는 명명덕(明明德 : 명덕을 밝히는 일)·신민(新民 : 백성을 새롭게 하는 일)·지지선(止至善 : 지선에 머무르는 일)을 대학의 3강령(三綱領)이라 하고, 격물(格物)·치지(致知)·성의(誠意)·정심(正心)·수신(修身)·제가(齊家)·치국(治國)·평천하(平天下)의 8조목(八條目)으로 정리하여 유교의 윤곽을 제시하였다.

실천과정으로서는 8조목에 3강령이 포함되고, 격물 즉 사물의 이치를 구명(究明)하는 것이 그 첫걸음이라고 하였다. 이것이 평천하의 궁극 목적과 연결된다는 것이 대학의 논리이다. 전은 경의 설명이라는 뜻이다.

『예기(禮記)』는 중국 고대 유가(儒家)의 경전으로 총 49편이다. 오경(五經)의 하나로, 『주례(周禮)』, 『의례(儀禮)』와 함께 삼례(三禮)라고 하며 『의례』가 예의 경문(經文)이라면 『예기』는 그 설명서에 해당한다.

왕양명(王陽明, 1472~1528)
은 중국 명(明)나라 중기의
유학자로, 당시의 관학이었
던 주자학(朱子學)을 배웠으
나 만족하지 않았다. 양명학
파로서 명대(明代) 사상계에
큰 영향을 끼치게 될 기초를
세웠다.

주자는 본문에 착오가 있다 하여 교정하고, 또 '격물'의 전을 보충하였
다. 명나라의 **왕양명**이 주자학을 비판하면서부터 주자의 『대학장구』, 특
히 그 보전(補傳)은 유학자간의 논쟁의 중심문제가 되었다. 왕양명은 『대
학고본(大學古本)』에 의거하여 『대학고본방석(大學古本旁釋)』을 지었다.

『중용』은 오늘날 전해지는 것이 오경(五經)의 하나인 『예기』에 있는
「중용편」이 송 나라 때 단행본이 된 것으로, 『대학』・『논어』・『맹자』와
함께 사서(四書)로 불리고 있으며, '송학(宋學)'의 중요한 교재가 되었다.

여기서 '중(中)'이란 어느 한쪽으로 치우치지 않는다는 것, '용(庸)'이란
평상(平常)을 뜻한다. 인간의 본성은 천부적인 것이기 때문에 인간은 그
본성을 따르지 않으면 안 된다. 따라서 본성을 좇아 행동하는 것이 인간
의 도(道)이며, 도를 닦기 위해서는 궁리가 필요하다. 이 궁리를 교(敎)라
고 한다. 『중용』은 요컨대 이 궁리를 연구한 책이다. 즉 인간의 본성은
한마디로 말해서 성(誠)일진대, 사람은 어떻게 하여 이 성으로 돌아가는
가를 규명한 책이라고도 할 수 있다.

한편 주자는 『중용장구(中庸章句)』라고 하는 주석서를 지었는데, 여기
서 주자는 자사가 도학의 전통을 위해 『중용』을 썼다고 말하였다.

『대학』은 본래 『중용』과 함께 『예기』 49편중에 실려 있던 것을 주자가
독립시켜 『논어』, 『맹자』와 아울러 사서라 이름하고 유가의 필독서로 장
려하였다.

『중용』은 『대학』과 마찬가지로 『예기』중의 한 편이었다. 중용은 사서
가운데 특히 철학적 내용이 풍부한 책이다. 중용의 편차는 「중용장구서
(序)」, 「독중용법(讀中庸法)」, 「중용장구」 33장으로 편성되어 있는데 그
내용의 전반부는 중용을 설명하였고, 후반부는 성(誠)을 설명하였다.

따라서 오늘날 『대학』과 『중용』을 함께 거론한다는 것은 주희가 확립
한 사서 체계에 따라 두 문헌을 다룬다는 말과 거의 동일한 의미이다.

사서의 체계에서 『대학』과 『중용』은 유학을 배우기 위한 첫 번째 관문
과 마지막 관문으로 간주된다. 즉 「대학」은 개인의 자기 수양과 전체 사

회의 문제를 연속적인 것으로 파악하고 있다. 바로 이런 특징이 유학자들이 「대학」을 유학의 입문서로 간주하게 된 가장 중요한 이유가 된다.

『대학』을 통해 유학에 입문하면 『논어』, 『맹자』를 읽고 끝으로 『중용』을 읽는다. 『대학』이 유학이 지향하는 바와 그 과정 전체의 윤곽을 잡는 책이라고 한다면 『중용』은 이론적인 핵심을 확인하면서 정리해 나가는 책인 것이다.

『중용』은 공자의 손자인 자사의 저작이라 알려졌다. 『중용』은 인간의 본성을 일상에 구현하는 일이며, 나아가 한 개인의 심성과 일상생활의 수많은 문제가 하늘에 그 뿌리를 두고 있다고 설명한다. 『대학』이 유학의 지향점과 실천 과정을 제시함에 개인과 전체 사회를 연결시킨다면, 『중용』은 한 개인의 주변에서 일어나고 진행되는 일상생활과 삶의 도덕적 근원인 하늘을 중첩시키는 것이다.

◉ 대학 · 중용
• 성백효 역―전통문화연구회 • 이가원 역―홍신문화사 • 홍승직 역―고려운북스
• 김학주 역―명문당

자사(子思, BC 483~BC 402)는 중국 고대 노(魯)나라의 학자로, 이름은 급(伋), 자사는 자(字)로서 공자의 손자이며, 사서의 하나인 『중용(中庸)』의 저자로 전한다. 전 생애를 주로 고향인 노나라에 살면서 증자(曾子)의 학(學)을 배워 유학의 전승에 힘썼다. 맹자는 그의 제자의 제자이며, 공자-증자-자사-맹자로 이어지는 이 학통(學統)은 송학(宋學)에서 특히 존중된다.

064
철학에세이

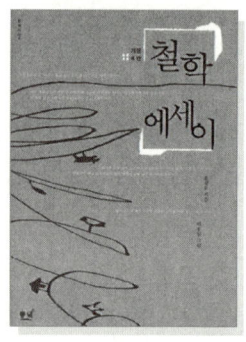

조성오

스테디셀러(steady seller)란 오
랜 기간에 걸쳐 꾸준히 팔리는
책을 말한다.

『철학에세이』는 1983년에 처음 출간되어 지금까지도 많은 독자가 찾고 있는 철학 스테디셀러이다. 변증법적 유물론을 쉽게 해설했을 뿐만 아니라, 철학이란 저 너머 허공에 있는 학문이 아니라 실생활에서 우리의 삶을 성찰하고 바꾸어 가는 데 필요한 도구임을 조곤조곤 이야기이다. 1980년대에는 대학에 첫발을 디딘 새내기들의 필독서로 통했다가, 몇 년 전부터는 논술시험과 수능에 대비하여 논리적인 사고력을 키우려는 고등학생들이 많이 찾는 책으로 자리를 잡아가고 있다.

그런데 『철학 에세이』의 지은이가 정작 실명을 찾은 것은 1993년 개정 2판을 내면서부터다. 초판이 나온 후 10년 가까이 '편집부 지음'으로 나갔기 때문이다. 당시에는 출간한 책 때문에 저자나 출판사 대표가 옥고를 치르는 일이 비일비재했기 때문에 출판사에서 저자를 보호하기 위해 일부러 그랬던 것이다.

1980년대에는 이른바 '의식화의 주범' 역할을 했으며, 1990년대 초반 사회주의권이 붕괴하면서 사회과학서적이 급격히 퇴조하는 분위기 속에서도 『철학 에세이』는 여전히 자신의 생명력을 잃지 않았다. 사회과학서적뿐만 아니라 인문학에 대한 관심이 점점 더 약화되는 지금도 『철학에세이』는 독자들의 사랑을 받고 있다. 게다가 대학생들이나 노동자들의 필독서였던 이 책을 이제는 고등학생들이 찾고 있다. 『철학 에세이』의 생명력이 이토록 긴 이유는 무엇일까? 그 이유는 이미 세 번이나 개정판이 나온 이 책의 개정판을 다시 준비한 이유이기도 하다.

첫째, 다음과 같은 언설에서 알 수 있듯이, 철학은 우리 삶과 관계없는 골치 아픈 학문이라는 일반적인 편견을 『철학 에세이』는 깨뜨렸다.

철학이라고 하면 사람들은 보통 어려운 것, 골치 아픈 것, 나와는 관계 없는 것이라 생각하고 이에 대해서 멀리합니다. 사춘기 때, 즉 인생에 대해 서 고민할 때에는 인생이란 무엇인가, 산다는 것은 어떤 의미가 있는가, 인생을 의미 있게 살기 위해서는 어떻게 해야 하는가에 대해 깊이 생각해 보기도 하고, 친구와 밤을 새워 토론하기도 하고, 이에 관한 책을 사서 탐독하기도 합니다. 그러나 점차 나이가 들면서 사느라고 바빠지면 이러 한 문제에 대해 심각하게 고민하기를 그쳐 버립니다. 그러고는 인생의 의 미라든지 철학이라든지 하는 것과는 전혀 관계가 없는 듯이 생활해 나갑 니다.(본문 17-18쪽)

둘째, 변증법과 유물론이라는 상당히 까다로운 논리를, 주변에서 흔히 접할 수 있는 다양한 일화와 사례를 들어 쉽게 풀이했을 뿐 아니라, 사람 들을 앞에 앉혀놓고 소곤소곤 설명하는 강의식 서술방식으로 쓰여 있다.

늑대는 사람들에게 불편을 주었지만, 한편으로 멧돼지를 잡아먹음으로 써 농가의 농작물을 보호하는 역할도 했습니다. 그런데 마을 사람들은 인 간과 늑대의 관계만을 생각했지, 늑대와 멧돼지, 멧돼지와 인간의 관계는 생각하지 못했던 것입니다.(본문 37-40쪽)

셋째, 인터넷 등 자신의 의사와 주장을 표현할 수 있는 공간은 많이 늘었지만 막상 그것을 표현하는 방식은 세련되지 못한 우리 청소년들이

변증법(辨證法, dialectic)은 동일률(同一律)을 근본원리로 하는 형식논리에 대하여, 모순 또는 대립을 근본원리로 하여 사물의 운동을 실명하려고 하는 논리이다. 이 말은 그리스어의 dialektike에서 유래하며, 원래는 대화술·문답법이라는 뜻이었다.

세계와 사물을 이해하고 자기 생각을 정리하는 데 시사하는 바가 크다.

일본 속담에 다음과 같은 것이 있습니다. "바람이 불면 통 장수가 돈을 번다." 언뜻 이해가 안 되는 말입니다. 그러면 어떻게 해서 이 말이 나왔는지 살펴봅시다. 바람이 분다 → 모래가 날린다 → 모래가 사람의 눈에 들어간다 → 장님이 많아진다 → 장님이 샤미센을 연주해서 돈을 벌어 생활한다 → 샤미센에 쓰이는 고양이 가죽이 많이 필요해진다 → 고양이 수가 줄어든다 → 쥐가 늘어난다 → 쥐가 통을 갉아 먹는다 → 통 주문이 늘어난다 → 통 장수가 돈을 번다.

이 논리에 따라 "바람이 불면 통 장수가 돈을 번다"라는 말이 나온 것입니다. 그러면 과연 이 말이 우리의 현실 경험에 합치할까요? 이 말을 곰곰이 따져 보면 어딘가 이상하다고 느껴집니다. 우리의 구체적인 경험과 합치하지 않기 때문입니다. 논리는 그럴듯한데 막상 우리의 현실 경험과 비교해 보면 석연치 않습니다. 왜 그런지에 대해 생각해 봅시다.

바람이 불면 모래가 날리는 것은 사실입니다. 영화에서 사막에 돌풍이 일어 모래 기둥이 생기는 것을 본 적이 있을 것입니다. 그런데 도시의 포장된 도로에서도 바람이 불면 모래가 날릴까요? 약간 날릴 수는 있겠지만 깨끗한 도로라면 모래가 거의 날리지 않을 것입니다. 따라서 도시에 산다면 바람이 분다고 꼭 장님이 되지는 않습니다. 설령 모래가 많이 날리는 곳에 산다고 하더라도 안대를 한다든지 모래 바람을 피한다든지 해서 장님이 되는 것을 방지할 수 있습니다.

또한 바람이 불면 모래가 날려 장님이 된다는 논리가 성립한다면 사막에 사는 사람은 모두 장님일 것입니다. 분명히 바람이 불면 모래가 날리고 그 모래가 사람 눈에 들어가면 장님이 될 수도 있습니다. 그러나 반드시 그런 것은 아닙니다. 설령 모래가 눈에 들어갔다 하더라도 치료를 받으면 장님이 되지 않을 수 있습니다.(본문 50-54쪽)

◉ 철학에세이
· 조성오─동녘

065
소크라테스의 변명

플라톤(BC 429–BC 347)

『소크라테스의 변명(Apologia Sōkratous)』은 플라톤이 저술한 철학서이다. BC 399년 소크라테스는 국가의 신들을 믿지 않고, 청년들에게 나쁜 영향을 끼쳤다는 혐의로 멜레토스에 의해 고발되었으나, 그는 이에 대하여 당당한 변론을 시도하였다.

이 변론은 최초의 변론, 유죄선고 후의 변론, 사형선고 후의 변론의 세 부분으로 되었다. 플라톤이 본 소크라테스의 철학적 핵심으로, 또한 소크라테스의 고발·판결·사형의 관련을 밝히는 것으로 매우 중요한 것이다.

플라톤에 의한 소크라테스 문학은 때로 작자의 창작이 섞인 것으로 생각되지만, 이 저작의 주요 부분은 역사적으로도 충실하다고 보는 견해가 많다. 문체로서는 플라톤의 작품에서도 뛰어나고, 예로부터 그리스 문학 사상 산문문학의 대표작으로 중히 여겨왔다.

플라톤(Platon)은 고대 그리스의 철학자, 형이상학의 수립한 아테네의 명문가 출신이다. 젊었을 때는 정치를 지망하였으나, 소크라테스가 사형되는 것을 보고 정계에 대한 미련을 버리고 인간 존재의 참뜻이 될 수 있는 것을 추구, 철학(philosophia)을 탐구하기 시작하였다. BC 385년경

그리스문학은 BC 800년경의 호메로스의 서사시로부터 현재에 이르기까지 약 3,000년간이나 끊임없이 계속되었는데, 유럽 르네상스에 이르러 그리스에의 복귀가 제창되고 비잔틴 제국 내에 자세하게 전해졌던 고대 문헌의 전통이 서유럽으로 옮겨져 근세 서유럽 문화 형성에 큰 영향을 끼쳤다.

아테네의 근교에, 영웅 아카데모스를 모신 신성한 곳에 학원 아카데메이아(Akademeia)를 개설하고 각지에서 청년들을 모아 연구와 교육생활에 전념하는 사이 나이 80에 이르렀다.

그 동안 두 번이나 시칠리아섬을 방문하여 시라쿠사의 참주 디오니시오스 2세를 교육, 이상 정치를 실현시키고자 했으나 좌절되었다. 그러나 그러한 시도는 그의 철학의 방향을 잘 말해준다.

생전에 간행된 거의 30편에 이르는 저서는 그대로 현재까지 보존되었는데, 1편을 제외하고는 모두가 일종의 희곡작품으로서 여러 가지 논제를 둘러싸고 철학적인 논의가 오간 것이므로 『대화편(對話篇)』이라 불린다. 소크라테스가 주요 등장인물이다.

'소크라테스의 다이모니온(the daimonion of Socrates)'은 『소크라테스의 변명』·『테아이테토스』 등에서 사용되는 표현으로, 소크라테스의 실존의 본질적 계기를 말한다.

다이모니온이란, '다이몬과 같은 것'이라는 뜻이며, 다른 대화편에서 말하는 '다이몬의 신호'와 같다. 소크라테스의 태도 결정에서 대개 금지의 형태로 나타나는 내적인 신의 소리, 마음속으로부터의 경고를 의미한다.

소크라테스는 책을 남기지 않았다. 그래서 플라톤의 대화편을 통해서 소크라테스의 사상을 알 수 있다. 이 책은 『대화편』 중에서 소크라테스의 변명과 향연, 파이드로스, 파이돈, 크리톤만 실려 있다.

우선 처음 변명 부분은 잘 알려진 소크라테스가 사형을 당하기 전에 스스로 변명한 것이다. 신탁에 의하면 소크라테스 자신이 가장 지혜롭다고 했는데 그것을 확인하기 위해서 소크라테스는 지혜롭고 현명하다는 사람들을 찾아간다. 그래서 이야기를 나눠본 결과 그들은 별로 아는 것이 없고 지혜롭지 못하다. 그러나 그들은 자신이 지혜롭다고 생각한다.

사실 '너 자신을 알라'는 고대 그리스 델포이의 아폴론 신전(神殿) 현관 기둥에 새겨졌다는 유명한 말이다.

소크라테스는 인간의 지혜가 신에 비하면 하찮은 것에 불과하다는 입

참주(僭主, tyrannos)는 고대 그리스의 폴리스에서 비합법적으로 독재권을 확립한 지배자로, 본래 이 말은 '폭군'이라는 뜻이 아니었다.

너 자신을 알라
(gnōthi seauton)
디오게네스 라에르티오스는 그리스 7현인(賢人)의 한 사람인 탈레스가 쓴 것이라고 하였지만, 같은 7현인의 한 사람인 스파르타의 킬론이 한 말이라고도 하고, 다른 현자의 말이라고도 하여 일정하지 않다.

장에서, 무엇보다 먼저 자기의 무지(無知)를 아는 엄격한 철학적 반성이 중요하다고 하여 이 격언을 자신의 철학적 활동의 출발점에 두었다.

사람에게 어려운 일이 무엇이냐는 질문을 받고 탈레스는 자기 자신을 아는 것이 어려운 일이며, 쉬운 일이라면 남을 충고하는 일이라고 대답하였다 한다.

이와는 반대로 희극작가 메난드로스는 오히려 '남을 알라'고 하는 쪽이 더 유익하다고 비판하였다. 키케로는 소크라테스와 마찬가지로 외적인 신체가 아닌 자기의 마음을 아는 것이라고 해석하였다. 플루타르코스가 전하는 데모크리토스도 신의 어려운 명령이라고 해석하였다.

◉ 소크라테스의 변명
•황문수 역－문예출판사 •지경자 역－홍신문화사 •왕학수 역－신원문화사 •최홍민 역－민성사

066

정치학 政治學

아리스토텔레스(BC 384-BC 322)

『정치학』은 고대 그리스의 학문을 집대성한 아리스토텔레스의 정치학에 관한 저서로, 최초의 정치학 교과서이다. 정치공동체로서의 국사의 기원과 본질, 민주정·군주정 등 정치체제의 성격과 장단점, 가장 좋은 나라의 체제, 다시 국가 체제들의 비판, 그리고 그 이외의 서양 정치학의 초석이 되는 기본 개념과 문제들이 이 책에서 다루어지고 있다. '정치란 무엇이냐'가 문제시 될 때 항상 다시 논의되고 조회되는 서양 정치 철학의 고전이다.

아리스토텔레스(Aristoteles)는 고대 그리스의 철학자로 BC 384년 스타게이로스에서 출생하였다. 17세 때 아테네에 진출, 플라톤의 학원 '아카데미아'에 들어가, 스승이 죽을 때까지 거기에 머물렀다. 그 후 여러 곳에서 연구와 교수를 거쳐, BC 335년에 다시 아테네로 돌아와서 **리케이온**에서 직접 학원을 열었다. 한때 알렉산드로스 대왕도 그 곳에서 교육을 받았다. 지금 남아 있는 저작의 대부분은 그 시대의 강의노트이다.

스승 플라톤이 초감각적인 이데아의 세계를 존중한 것에 대해, 아리스토텔레스는 인간에게 가까운, 감각되는 자연물을 존중하고 이를 지배하는 원인들의 인식을 구하는 현실주의 입장을 취하였다. 그러나 이 두 철

리케이온(Lykeion)은 그리스 아테네에 있었던 아폴로·리케이우스 신전 근방의 성벽으로 둘러싸인 김나지움(교육기관)과 정원의 명칭이다. 아리스토텔레스가 이곳에서 학문을 가르쳤기 때문에 그의 철학학교의 이름으로 사용되었으며, 나중에는 많은 나라에서 학교를 가리키는 말로 사용되었다.

학자가 대립되었다는 생각은 피해야 한다.

왜냐하면, 아리스토텔레스는 스승의 철학에서 깊은 영향을 받아 출발하였고, 뒤에 독자적인 체계를 구축하는 데도 플라톤의 철학적 범주 안에서 이루어진 것으로 생각되기 때문이다. 그의 사상적 특징은 주어진 것에서 출발하는 경험주의와 궁극적인 근거에까지 거슬러 올라가는 근원성, 지식의 전부분에 걸친 종합성에 있다.

『정치학』은 아리스토텔레스에 의해 처음부터 발간할 목적으로 어떤 주제에 대해 일관적으로 집필된 것이 아니고, 오히려 그 주제에 관련된 문제에 대하여 각각 다른 시기에 이루어진 강의나 논술을 뒤에 편집한 것인 듯하다.

제1권 「가족론」에서는 국가의 정의와 국가의 구성 부분으로서의 '가족'이 탐구된다. 여기서 그 유명한 "인간은 본성상 사회적 동물이다"라는 명제가 등장한다. 이것은 국가가 사람들의 상호 계약에 의해서 성립된 것이라는 당시 소피스트의 견해에 반론을 제기하려 했던 것으로 보인다.

제2권 「이상국가론」에서는 그의 스승인 플라톤을 비롯하여 여러 사람의 이상국가론을 비판하고 있다. 그는 플라톤과는 달리 철학자와 왕의 기능을 분명하게 나누었다. "왕이 철학자가 되는 것은 필요하지도, 유익하지도 않다. 오히려 왕은 참된 철학자들의 충언을 들어야 한다." 나아가 스파르타·크레타·카르타고의 국가 제도를 비판한다.

제3권 「시민과 헌정 질서에 대한 이론」에서는 국민의 정의, 국민의 덕, 그리고 이 덕으로 보아 국민이라 할 수 있는 사람들을 정의하고 있다. 국가의 목적은 국가 공통의 이익을 실현함에 있다. 이 견지에서 3가지의 선한 정체와 타락한 3가지의 정체를 논하고 있다. 선한 정체는 왕정·귀족정·시민정, 옳지 못한 정체는 참주정·과두정, 극단 과격한 민주정 등을 들고 있다.

제4권 「실제적 헌정질서와 변형」에서는 『정치학』이 다룰 과제로서 주요한 정체의 종류와 여러 가지 형태를 살펴보면서 보통 국가들에 공통적

소피스트(Sophist)는 BC 5세기 무렵부터 BC 4세기에 걸쳐 그리스에서 활약한 지식인들의 호칭이다. 그들이 실제로 가르친 것은, 개인이나 국가에 대해 선이란 이런 것이라는 지혜가 아니라, 선에 대해서는 아무것도 모르면서 선한 자인 체하는 기술만을 가진 데 불과하였다. 이 같은 사실을 밝힌 것이 철학자 소크라테스, 플라톤, 아리스토텔레스 등이다. 이후 '소피스트'란 말은 '지자(知者)'라는 뜻에서 '궤변을 일삼는 무리'를 의미하게 되었고, 궤변학파라고도 불렀다.

으로 적용될 수 있는 최선의 정체와 특수사정 아래서의 최선의 정체의 조직 방법에 관해 언급하고 있다.

제5권 「혁명의 원인과 헌정질서의 변화」에서는 정체 변혁과 그 일반적 원인, 각 정체의 변혁에 있어서의 특수 원인과 그 변혁의 방지책 등이 논의되고 있다.

제6권 「안정질서를 위한 민주제와 과두제의 건설방법」에서는 민주제와 과두제의 여러 형태와 특징 및 각각 정단한 조직 방법을 적고 있다.

제7권 「정치적 이상과 교육적 원리」에서는 아리스토텔레스는 국가의 목적을 전체로서의 공동체의 선을 보장하는 것임을 재확인한다. 최선의 정체는 그 안에 살고 있는 모든 사람이 가장 선하게 행동할 수 있는 사회다. 그러나 행복은 덕성 있는 행동에 근거하며, 그러기에 사람이 얼마만큼 행복을 누릴 수 있는가는 그가 덕을 얼마만큼 실행할 수 있는가에 달려 있다고 한다. 그래서 전체로서의 국가의 목적은 그 성원들로 하여금 덕을 위한 그들의 갖가지 능력을 충족시키는 것이다.

여기서 아리스토텔레스는 상상할 수 있는 최선의 국가가 아니라, 실현가능성을 가진 최선의 국가를 묘사한다. 그는 시민의 수, 국가의 크기와 본질, 도시계획 및 시민권을 향유할 수 있는 사람은 누구인가, 국가의 계급들 간의 관계들이 어떤 원리에 의해서 통치되어야 하는가 하는 문제들을 다루고 있다.

제8권 「청소년의 교육」에서는 교육의 문제, 특히 음악과 체육에 관하여 논하고 있으나, 이것은 완성되지 못한 채 끝난다.

『정치학』은 정치에 관한 최초의 체계적 저술로 평가되며, 근세에 와서는 국가 계약설이 부활될 때까지 고대와 중세를 통해 지배적인 영향을 미쳤다. 현대에 와서 그 의미가 완전히 퇴색한 것은 아니며, 서구 대학에서는 여전히 텍스트로 사용되고 있다.

◉ 정치학
•나종일 역─삼성출판사 •이병길 역─박영사

과두제(寡頭制, oligarchy)는 1인이나 다수 또는 전체가 지배하는 것이 아니라 몇몇 소수가 지배하는 정치체제를 말한다. 이를 플라톤은 법률의 준수여부를 기준으로 법률을 잘 지키는 공정국(公正國)을 귀족제라 하고, 법률을 잘 지키지 않는 불공정국(不公正國)을 과두제라 하여 구분하였다. 아리스토텔레스는 과두제를 귀족제의 타락한 정체로 파악하였다. 그러나 오늘날에는 부정적인 의미로만 사용하지 않고, 오히려 보다 폭넓은 의미로 사용하고 있다.

067
유토피아 Utopia

토머스 모어(1477-1535)

『유토피아』는 영국의 정치가이며 인문주의자인 토머스 모어(Thomas More)의 정치적 공상소설로 1516년에 라틴어로 간행되었다. 저자가 히스로디라는 선원으로부터 이상의 나라 '유토피아'의 제도·풍속 등을 들은 것을 기록하는 형식으로 이상사회를 묘사한 작품이다. 간접적으로는 당시의 유럽, 특히 영국사회의 현상을 비판하였다. 이 공화국에서는 전시민이 교대로 농경에 종사하는데 노동시간은 6시간, 여가는 교양시간으로 돌리며 필요한 물품은 시장의 창고에서 자유로 꺼내 쓸 수 있다.

토머스 모어는 런던의 법률가 존 모어의 아들로 태어나 어려서 캔터베리 대주교 존 모턴을 섬기고, 나중에 옥스퍼드대학에 입학했으나, 아버지의 요구로 중퇴하여 법률가가 되려고 링컨 법학원에 입학하였다. 대학 재학 중에 대륙의 르네상스 문화운동의 영향을 받아, 일찍부터 에라스무스와 친교를 맺었다. 그의 『우신예찬』도 모어의 집에 묵으면서 쓴 것이다. 법학원 졸업 후 변호사가 되었고, 의회에서도 의석을 차지하였다.

1515년에는 통상문제로 네덜란드에 건너가, 외교교섭에 수완을 발휘하였다. 이상적 국가상을 그린 명저 『유토피아』는 그때의 여행 중에 쓰기 시작하였으며, 이듬해 귀국하여 완성하였다. 그는 탁월한 수완과 식견으

『우신예찬(愚神禮讚, Encomium Moriae)』은 네덜란드의 인문학자 에라스무스의 유명한 풍자문(諷刺文)으로 『모리아예찬』이라고도 한다. 1511년 간행되어 작자의 친구 T. 모어의 라틴어 이름인 모르스에서 모리아[痴愚女神]를 연상하여 이러한 책이름을 붙였다.

로 헨리 8세의 신임을 얻어 1529년에는 대법관에 임명되었으나, 왕의 이
혼에 끝내 동의하지 않고 1532년 관직에서 물러났다. 1534년 반역죄로
런던탑에 갇혔다가, 1535년에 단두대의 이슬로 사라졌다.

그는 인문주의자로서 해학취미의 소유자로 신랄한 언사를 서슴지 않았
으나, 동시에 경건한 그리스도교도이며, 이름난 명문가・논쟁가로서 서
민 사이에 인기가 있었다. 작품에『피코 델라 미란돌라전』(1510),『리처
드 3세전』(1543) 등이 있다. 1935년 로마 교황은 그에게 '성인'의 칭호를
주었다. 그 내용은 여러 가지이지만 르네상스 휴머니즘의 정신을 반영하
고 있으며 종교적 관용・평화주의・남녀교육의 평등 등을 주장하고 있
다. 근대소설의 효시로 간주되며 사회사상사적으로도 고전으로 여겨지고
있다. 저자가 죽은 뒤인 1551년 영역판이 간행되었으며, 제목 '유토피아'
는 본시 그리스어에서 유래한 것으로 '아무 데에도 없는 나라'라는 뜻이었
으나 이 작품을 계기로 '이상향(理想鄕)'이라는 뜻을 가지게 되었다.

"유토피아는 사방 약 200마일의 섬나라이다. 원래는 대륙에서 뻗어 나온
갑(岬) 모양이었는데, 그 지방을 정복한 시조 유토푸스가, 15마일 길이의
호를 파게 해서 대륙과 떼어 놓았다. 이 섬에는 같은 크기에 같은 관습을
지닌 54개 도시가 있어 각 도시는 매년 한 번씩 세 명의 대표를 수도인
아마우롯에 보내어 국정을 토론하게 한다. 시민들은 주로 농사에 종사하
는데, 도시민들은 가족 단위로 일정한 기간을 시골에 있는 농장에서 일한
다. 이 때문에 유토피아의 백성들은 누구나 농업 기술을 터득하고 있다.
유토피아는 1760년의 오랜 역사를 자랑하고, 아름답게 꾸민 주택에는 정
성들여 가꾸어 놓은 정원이 있고 창문에는 모두 유리가 끼어 있어서 바람
을 막고, 햇빛을 풍성하게 받아들인다.
유토피아는 왕국이지만 왕은 가장 민주적인 방법으로 선출된다. 유토피아
의 으뜸가는 산업은 농업이다. 하지만 모든 시민은 제각기 한 가지씩의
기술을 가지고 있다. 스포그란트들은 시민이 단 한 사람도 무위도식하지
않도록 감시한다. 그렇다고 하루 종일 일만 하는 것은 아니다. 하루에 정

확하게 여섯 시간만 일하고 나머지는 각자의 취미에 따라 여가를 즐길 수 있다. 오락이라면 장기 같은 것을 둘 따름, 놀음이라는 것을 모르며, 대부분의 시민들은 독서를 즐긴다. 유토피아 사람들은 지상에서의 행복을 생의 목표로 삼는다. 그러기에 수요를 공급하기에 족할 정도의 노동만이 허용된다. 유토피아는 철저한 계획 경제를 실천하고 있다. 도시 인구의 조절법도 마련되어 있다.

학자로 성공할 자질을 지닌 사람들은 노동을 면제받고 학문에 몰두하여 높은 수준의 학식을 과시한다. 유토피아의 시민들은 인간 영혼의 사명을 믿고, 사후에 선에 대한 상을 받고 악에 대한 벌을 받는다고 믿는다. 남녀는 각각 스물두 살과 열여덟 살이 되면 결혼할 수 있고, 한 번 결혼하면 재혼이나 이혼을 할 수 없다. 유토피아에는 거의 완전한 신앙의 자유가 있다. 그러나 초창기에는 잡다한 교파가 난립하여 큰 싸움이 벌어졌지만, 시조 유토푸스의 지혜로 터무니없는 미신을 없애고, 결국에는 이성과 설득과 관용이 지배하는, 신교의 자유를 법적으로 확립하는 데 성공한다. 종교가 있으니 사제도 있게 마련이다. 사제들은 덕망 있는 사람들 중에서 극소수가 다른 관장들과 같은 방법으로 비밀 투표에 의해 선출된다. 사제들이 어떤 죄를 지으면 오직 그들의 양심에 맡기고 따로 벌을 주지 않는다. 사제들은 종군도 한다. 그러나 싸움터에 나가서는 꿇어앉아서 기도를 드리고, 자기편이 이기면 병사들 사이에 뛰어 들어가서 적에게 너무 가혹한 짓을 하지 않도록 타이른다."

영국 최고의 인문주의자 토머스 모어의 『유토피아』는 근대 경제체제로 접어들면서 나타난 여러 폐단과, 절대적 권위를 누리던 가톨릭교회의 권력 남용에 대한 한 인문주의자의 고뇌의 산물이다.

◉ 유토피아
•나종일 역—서해문집 •김용일 역—계명대출판부 •원창엽 역—홍신문화사 •박병진 역—육문사

유토피아(utopia)는 원래 토마스 모어가 그리스어의 '없는(ou-)', '장소(toppos)'라는 두 말을 결합하여 만든 용어인데, 동시에 이 말은 '좋은(eu-)', '장소'라는 뜻을 연상하게 하는 이중기능을 지니고 있다.

068
순수이성비판 純粹理性批判

임마누엘 칸트(1724-1804)

『순수이성비판(Kritik der reinen Vernunft)』은 독일의 철학자 I.칸트(Im-manuel Kant)의 저서로 1781년 간행된 비판철학의 첫 번째 저서이며 철학의 역사에 한 시기를 이룩한 책이다. 이 책은 원리론과 방법론으로 나뉘었는데 원리론은 다시 선험적 감성론·선험적 논리학으로 갈라졌다. 그리고 선험적 논리학은 또다시 선험적 분석론과 선험적 변증론으로 되어 있다.

칸트는 동(東)프로이센의 수도 쾨니히스베르크에서 출생하였다. 프랑스 혁명과 같은 시대의 사람으로 그 이전의 서유럽 근세철학의 전통을 집대성하고, 그 이후의 발전에 새로운 기초를 확립하였다. 그 영향은 여러 가지 형태로 오늘날까지 미치고 있으며, 근세 철학사상 가장 중요한 인물의 한 사람으로 꼽힌다.

말을 부르는데 쓰이는 기구를 제조하는 업자인 아버지와 경건하고 신앙심 두터운 어머니에게서 태어나 루터교 목사가 운영하던 경건주의학교에 입학하여 8년 6개월 동안 라틴어 교육을 받은 후 고향의 대학에서 공부하고 또 모교의 교수로 일생을 마쳤다.

스코틀랜드에서 이민해 온 변경의 소시민 가정에서 장성한 칸트는 프리드리히 대왕 시대의 계몽적인 시민육성책의 혜택도 받을 수 있어 지리적·역사적 조건이 그의 철학으로 하여금 독일적 특수성을 떠나 참다운 '세계시민적'인 철학이 되게 하였다. 대학 재학 중에는 당시의 신사상이었던 뉴턴역학에 특히 관심을 두었다. 특히 J.J.루소는 칸트로 하여금 문명에 침식되지 않은 소박한 인간의 존엄성에 대하여 눈뜨게 하고, 여기에다 그 후의 모든 사상적 노력의 숨은 기초를 뿌리박게 한 것이다. 이렇게 하여 뉴턴, 루소를 두 개의 기둥으로 삼고 D.흄을 부정적 매개체로 하여 중세 이후의 전통적 형이상학을 그 밑뿌리까지 파고들어 전면적 재편성을 시도함으로써 비판철학을 탄생시켰다.

칸트는 이 책에서 인간이성의 권한과 한계에 대하여 단적으로 질문하며, 학문으로서의 형이상학의 성립가능성을 묻는다. 즉 인간의 이성은 감성과 결합함으로써 수학이나 자연과학에서 볼 수 있는 것과 같은 확실한 학적(學的) 인식을 낳을 수 있지만, 일단 이 감성과 결부된 '현상'의 세계를 떠나서 물자체(物自體)의 세계로 향하게 되면 해결이 불가능한 문제에 말려들어 혼란되지 않을 수 없다. 따라서 초경험적인 세계에 관한 형이상학적 인식은 이론이성(理論理性)으로는 도달 불가능하며, 실천이성에 의한 보완이 뒤따르지 않으면 안 된다고 하였다. 그 후에 저술한 『실천이성비판』에서, 이 이론적으로는 해결불가능으로 여겨졌던 문제의 해결과 인간행위의 기준을 논하였다.

그는 『순수이성비판 Kritik der reinen Vernunft』(1781)에서 뉴턴의 수학적 자연과학에 의한 인식구조에의 철저한 반성을 통하여, 종래의 신(神)중심적인 색채가 남아 있는 형이상학의 모든 개념이 모두 인간 중심적인, 즉 넓은 의미에서의 인간학적인 의미로 바뀌어야 되는 이유를 들고, 나아가 일반적·세계관적 귀결을 제시하였다. 다시 말해서 인간적 인식이 성립되는 장면을 해명해야 할 인간학적 형이상학을 새로 수립하는 일을 통하여, 종래의 신적(神的) 형이상학이 이론적으로 성립하지 않는 이유를 제시한 것이다.

여기서 감성(感性)은 엄밀히 말하면 감성의 선험적 형식으로서의 공간과 시간을 말한다.

제2의 비판서인 『실천이성비판 Kritik der praktischen Vernunft』(1788), 제3의 비판서인 『판단력비판 Kritik der Urteilskraft』(1790)에서 칸트는 미(美)와 유기체(有機體)의 인식이라는 장면의 분석을 통하여 목적론적 인식의 구조를 명백히 하고, 또한 목적론과 기계론의 관계라는, 일생의 과제이며 동시에 세기적 과제에 비판적 해결을 부여하여 스스로의 철학적 노력을 결말지은 것이다.

근대 철학의 아버지라 불리는 임마누엘 칸트의 정제된 사상이 담긴 『순수이성 비판』은 눈에 보이지 않는 세계를 지나치게 이론적으로 증명하려고 한 기존의 모든 철학을 비판의 법정에 올려놓고 엄숙하게 심판하며, 나아가 보이는 세계에만 집착하는 경험적이고 실증적인 철학 역시 엄정하게 심판한다.

그런데 이 저작을 온전히 번역하지 않고 서문만을 번역한 것은 본격적인 비판에 앞서 왜 이러한 비판을 하게 되었으며, 이러한 비판의 근거는 무엇인지가 서문에 고스란히 밝혀져 있기 때문이다.

칸트는 당시 비판에 대해 완곡했던 철학계의 경향과 어려운 본문에 앞서 이 책을 읽게 될 모든 사람들에게 자신의 주장이 좀더 일목요연하게 전달될 수 있도록, 그리고 자신의 비판으로 인해 발생할 오해를 없애기 위해 서문을 썼다.

그래서 본격적인 내용보다 쉽고 간략하게 정리되어 있어 전체 텍스트의 내용을 한눈에 파악할 수 있다. 더욱이 초판(1781)이 발행된 뒤 수많은 철학자들 사이에서 칸트의 비판이 오해를 사자, 재판(1787)을 출간하면서 자신의 주장을 좀더 자세히 풀어 전하고 있다.

◉ 순수이성비판
•김석수 역―책세상 •이명성 역―홍신문화사 •윤성범 역―을유문화사
•김희정 역―일신서적출판사

실증주의 서설

069
실증주의서설

오귀스트 콩트(1798–1857)

『실증주의서설』은 오귀스트 콩트(Isidore-Auguste-Marie-Franois-Xaviér Comte)의 사상을 전체적으로 조망하기 위한 기본적인 참고서이다.

현실적이고 구체적인 하나의 질서를 구축하려는 실증주의의 목표 속에서 인류의 발전과정을 설명하고, 앞으로의 진행과정도 예견할 수 있는 사회학을 확립했다. 또한 콩트의 실증철학의 주요 개념들 가운데 가장 널리 알려진 **인간정신의 진보가 거쳐야 할 3단계**를 자세히 설명했다.

여기서 3 단계는 신학의 단계, 형이상학의 단계, 실증의 단계 등을 말한다.

콩트는 프랑스의 철학자·사회학의 창시자로 남프랑스 몽펠리에 출생하였다. 파리의 에콜 폴리테크니크 재학 중 교수 배척운동에 가담하여 퇴학당하였다. 그 후 수학·물리·화학·생물·정치·도덕 등에 관심을 두고 공부하였으며, 생시몽을 알게 되어 그의 잡지 편집을 도우면서 그에게서 사상적인 영향을 받았다. 콩트는 여러 사회적·역사적 문제에 관하여, 온갖 추상적 사변(思辨)을 배제하고, 과학적·수학적 방법에 의하여 설명하려고 하였다.

"절대적인 격률(格率:maxim)은 하나밖에 없다. 이것은 절대적인 것이라곤 하나도 없다는 말이다"라는 그의 말은, 형이상학적 학설의 절대성을 배격하고, 감각적 경험에 의하여 확증할 수 있는 여러 사실과 이것들의

여기서 사회학은 질서에 대응하는 사회 정학(靜學)과 진보에 대응하는 사회 동학(動學)으로 구분된다.

인류교는 그 자신이 대주교이며, 보 부인은 성녀이다.

관계에만 전념한다는 과학적이며 실증적인 상대주의의 입장을 표명하는 것이다.

또한 그의 유명한 3단계 법칙에서는, 인간의 지식의 발전단계를 신학적·형이상학적·실증적인 3가지로 구분하고, 최후의 실증적 단계가 참다운 과학적 지식의 단계라고 주장하였다. 나아가 실증과학의 체계는 대상의 복잡성에 따라 차례로 수학·천문학·물리학·화학·생물학·사회학으로 성립된다고 생각하였다.

그는 만년에 클로틸드 드 보 부인과 사귀게 되어, 그녀를 환상적인 애정으로 사랑하였으나, 2년 후 그녀가 죽고, 또 실직하자 친구들의 도움으로 생활하였다. 그의 까다로운 성품 때문에 친구들이 이반(離反)하는 등 당시의 상황도 원인이 되어 마침내 신비주의에 빠져 인간성을 숭배하는 인류교를 주창하게 되었다. 즉, 전기의 객관적 과학주의는 주관적·종교적 상징주의로 변모하였는데, 이 모순적인 변모 속에 인간 콩트의 진정한 모습을 볼 수 있다.

저서로는 『실증철학 강의 Cours de philosophie positive』(6권, 1830~1842)와 『실증정치학 체계 Système de politique positive, ou traité de sociologie, instituant la religion de l'humanité』(4권, 1851~1854) 등이 있다.

『실증철학강의(實證哲學講義, Cours de philosophie positive)』는 콩트의 사상체계를 집대성한 이 책은 1830년부터 12년간에 걸쳐 6권으로 완성되었다. 제1권은 전체의 서론과 수리철학, 제2권은 천체철학과 물리철학, 제3권은 화학철학과 생물철학, 제4권은 사회철학의 이론적 부분, 제5권은 사회철학의 역사적 부분, 제6권은 사회철학의 보완과 전체의 결론을 담고 있다.

『실증주의서설』에서 콩트는 인간은 3단계를 거쳐 지적 발달을 이루어 왔다고 주장하였는데, 이것이 유명한 콩트의 '단계의 법칙'이다. 첫 번째 단계는 신학적 단계로, 세계와 세계 속의 인간의 운명은 신의 의지에 의해 설명된다. 이 단계는 다시 모든 사물이 영혼을 지닌다는 물활론 단계와 다신교의 단계, 일신교의 단계로 발전해 나간다.

두 번째 단계는 형이상학적 단계로 신이 아니라 본질, 궁극원인 등 추상적인 개념들로 인간 및 세계의 운명이 설명된다. 마지막은 실증적 단계이다. 이 단계는 과학적 정신의 단계이며, 인간은 경험적인 관찰을 통해 또는 이성적 능력을 활용해 오직 주어진 사실에서 나타나는 유사성과 계속성의 법칙을 파악하고자 한다.

콩트는 반복되는 사실들을 관찰함으로써 그들 사이에 존재하는 불변의 법칙을 발견하게 되며, 이 실증적 단계에서 비로소 학문이 가능하다고 보았다.

또한 각 단계에는 거기에 상응하는 고유의 사회 형태가 존재하며, '실증주의' 단계에는 공업사회가 존재한다고 주장하였다. 이 이론은 '실증주의' 개념을 유행시켰으며, 19세기와 20세기의 중요한 학문방법론 중의 한 분야를 형성하였다.

1960년대까지만 해도 신마르크스주의적 프랑크푸르트 학파와 비판적 합리론의 '실증주의적' 대변자들, 즉 알베르트, 포퍼 간에 사회학의 올바른 연구방법에 관한 '실증주의 논쟁'이 불붙기도 하였다.

◉ 실증주의서설
• 김정석 역−한길사

프랑크푸르트학파(Frankfurter Schule)는 M.호르크하이머가 지도하기 시작한 후의 '프랑크푸르트 사회연구소'에 참가한 여러 학자들과 제2차 세계대전 후에 재건된 동 연구소에서 배출된 제2세대의 연구자를 포함한 총칭(總稱)으로 T.W.아도르노, H.마르쿠제, W.벤야민, E.프롬, F.L.노이만 등을 비롯하여 제2세대 연구자인 J.하버마스, A.슈미트 등이 포함된다.

070
차라투스트라는 이렇게 말했다

프리드리히 니체(1844-1900)

『차라투스트라는 이렇게 말했다』는 니체(Friedrich Wilhelm Nietzsche)의 후기 철학인 '디오니소스적 긍정의 철학'으로의 진입을 알리는 신호탄이자, 니체 사상의 정점을 이루는 대표작이다.

니체의 핵심사상인 신의 죽음, 권력의지, 영겁회귀, 더 높은 인간, 그리고 초인의 개념을 아우르며 이후 니체 철학의 토대와 방향을 제시하고 있다. 수많은 비유와 흥미로운 이야기, 신약에 대한 거침없는 패러디와 독설, 삶에 대한 찬미로 가득 찬 이 책의 문체는 디오니소스의 정열적 삶을 희구하던 니체의 사상을 있는 그대로 생생하게 보여주고 있다.

디오니소스(Dionysos0는 그리스 신화에 등장하는 술의 신으로, 로마 신화에서는 바카스라고 한다. 바카스 · 바쿠스 · 바커스 등으로도 불린다. 어머니가 둘인 자라는 뜻이다.

니체는 독일의 사상가이자 철학자이자 시인으로 1844년 프로이센 뢰켄에서 목사의 아들로 태어나 본 대학과 라이프치히 대학에서 신학과 고전문헌학을 연구했다. 1899년 스위스 바젤 대학에서 고전문헌학을 강의했다. 1888년 말 정신이상 증세를 보인 후 병마와 싸우다 1900년 8월 25일 바이마르에서 생을 마감했다.

『차라투스트라는 이렇게 말했다』에서 디오니소스의 아들인 차라투스트라는 자신의 이상을 대변하는 선지자이자 니체 자신이다. 니체는 차라투스트라를 '자신의 아들'이라 부르기도 했다. '차라투스트라'(Zarathustra)

라는 이름을 니체는 페르시아에서 발생한 종교인 조로아스터교의 창시자 '조로아스터'에서 빌려왔다. 종교를 싫어했던 니체가 왜 동방의 종교 창시자로부터 그의 이상이 되는 이름을 빌려왔는가에 대한 추측이 난무하지만 정확한 결론은 없다.

조로아스터가 새로운 도덕의 창시자로서 용감하게 전통적인 세계에 도전한 것이 니체의 시선을 끌었을 것이다. 특히 조로아스터교에서는 세계를 지배하는 두 신, 곧 선신과 악신이 인정되었는데 그것이 선과 악을 삶의 요소로서 인정하려 했던 니체의 마음을 사로잡은 것 같다. 그것은 디오니소스의 정신이기도 했다. 나중에 차라투스트라가 '황금의 별'이라는 의미를 지니는 말이라는 사실을 알았을 때 니체는 무척 기뻐했다.

1892년 7월에 전 부분이 포함된 『차라투스트라』가 최초로 출간되었다. 1893년 이후 계속 증판 되어 오늘날에는 세계 각국어로 번역되었고 독일 문학에서뿐만 아니라 세계 문학에서도 중요한 자리를 차지하고 있다. 러시아에서 이 책이 처음 번역되었을 때 '신에 대한 모독'이라는 이유로 검열대상이 되었으나 결국 허용되었다. 니체는 이 작품을 그가 쓴 것이 아니라 이 작품이 그를 덮쳤다고 말한다. 다시 말하면 계시된 작품이라는 것이다. 그리고 독자들에게도 차라투스트라를 읽는 대신 체험하라고 권한다. 그는 이 작품에 대하여 대단한 자부심을 갖고 있었다. 심지어 니체는 "이 책과 더불어 나는 인류에 가장 큰 선물을 했다"고도 말했다.

그러나 『차라투스트라』가 부분적으로 출간되었을 당시 세인의 반응은 전무했다. 이 책을 읽는 사람은 거의 없었고 이해하기는커녕 이 책을 진지하게 생각하는 사람도 없었다. 니체는 아직 때가 오지 않은 것이라고 자위했다. 1888년에 비로소 이 책을 세상에 알리는 계기가 생겼다. 덴마크의 독문학 교수인 브란데스가 이 책에 대한 강의를 하기 시작한 것이다. 그 후 니체 붐이 일어나서 히틀러가 정권을 잡던 1930년대에 니체 숭배는 절정에 달하였다. 군국주의적인 나치의 이념에 니체의 철학이 이용될 수 있었기 때문이다. 전후에는 다시 니체를 재건하려는 움직임이

조로아스터(Zoroaster, BC 630 ~BC 553)는 고대 페르시아 종교 조로아스터교의 교조로 차라투스트라의 영어명이다. 그가 역사상의 인물이라는 것은 고전 작가도 인정하지만, 어느 시대의 사람인지는 확실하지 않다.

니체의 초인(超人, superman) 사상은 그 후 나치스에 의하여 곡해(曲解)된 적도 있었지만, 현대에는 실존철학(實存哲學)의 입장 등에서 새로운 조명(照明)을 받고 있다. '초인'이라는 것은 인간이 자기를 초극해 나아가야 할 목표이고, 영겁(永劫)으로 회귀(回歸)하는 운명을 참고, 신을 대신하는 모든 가치의 창조자로서 풍부하고 강력한 생(生)을 실현한 자이다.

일어나 나치의 이념으로부터 정화된 니체의 모습을 새로이 정립하는 데 서구의 많은 철학자들이 심혈을 기울였다. 야스퍼스, 하이데거, 뢰비트, 핑크 등이 그 대표적인 예이다. 『차라투스트라』는 서설 이외에 4부로 구성되었고 각 부마다 20여 편의 짧은 글로 이루어져 있다.

제1부는 주로 기존 가치체계를 부정하는 내용으로 구성되어 있다. 그 핵심은 신의 죽음과 초인이다. 차라투스트라는 기존의 합리적인 사유체계, 기독교적 세계관, 국가체제, 기존의 낡은 도덕 등을 조목조목 비판한다. 제2부의 핵심은 권력의지이다. 기존의 가치에 대한 비판을 계속하면서 니체는 권력의지가 삶의 근본원칙이라고 강조한다. 아울러 염세주의를 극복한 니체 자신의 경험과 영겁회귀의 단초를 보여준다. 이 사상은 제3부에서 본격적으로 제시된다. 「환상과 수수께끼」, 「회복되어가는 자」는 영겁회귀 사유에 의해 초인이 실현되리라는 희망을 보여준다. 마지막 제4부에서 차라투스트라는 초인의 전 단계인 '더 높은 인간'을 찾는 여정에서 왕과 교황, 학자와 마법사 등을 만난다. 그러나 이들은 결국 신에게 귀의하고 차라투스트라는 이들에 대한 동정을 극복하고 새로운 자유정신이 도래할 것을 믿으며 동굴을 떠난다.

『차라투스트라는 이렇게 말하였다』는 된 철학적 산문시이기에 산 속에 숨어 살던 차라투스트라가 '신은 죽었다'고 하는 깨달음을 얻고 산을 내려와 여행하면서 가르침을 전하는 모습을 그린 철학적 서사시이다.

이 가운데서 니체는 초인·권력에의 의지·영겁회귀 등 그의 중심적인 사상을 전개하고, 창조적인 삶의 긍정과 충실을 설명하였다. 비유와 상징을 사용하고 아름다운 어구, 시적 표현을 아로새겨서 이러한 사상을 구상화하여 후에 사상가뿐만 아니라, 많은 시인과 문학가들에게도 영향을 끼쳤다.

● 차라투스트라는 이렇게 말했다
•장희창 역－민음사 •정동호 역－책세상 •강대성 역－한얼미디어 •유한준 역－대일출판사

1. 역사란 현재와 과거의 대화이기에, 역사가는 사회와 끊임없이 소통하고 있다. 사마천의 『사기(史記)』와 헤로도투스의 『역사(歷史)』, 그리고 유성룡의 『징비록(懲毖錄)』도 시공간(時空間)이 다르지만, 이에 부합한다고 볼 수 있다. 특히 헤로도투스의 『역사』는 거의 동시대에 쓰여진 사마천의 『사기(史記)』와 비교해서 보면 꽤 재미있는 점들이 많다. 이를 구체적으로 비교하면서 당시 동서양의 사회를 소통한 사마천과 헤로도투스의 역사관에 대하여 글을 쓰시오.

2. 조선시대부터 유교 경전인 사서(四書), 즉 『대학』·『논어』·『맹자』·『중용』 등은 중국 유교의 경전인 13경(經)에 속하지 않는 것이 『대학』·『중용』이다. 이를 읽어보고 주변의 자료를 살펴, 그 연유를 논리적으로 접근하여 글을 쓰시오.

3. 노장(老莊) 사상은 현대에 와서 현실의 변화를 촉구한 정치철학으로 재발견되는 한편, 현대 문명이 초래한 인간의 위기를 극복하는 가능성을 암시한다. 특히 『장자(莊子)』에서 어느 한 우화(寓話)를 들어 현대적 의미를 부여하여 그 가치에 대하여 글을 쓰시오.

4. 서양 철학사에서 그리스 철학은 『순수이성비판』 서문에서 I.칸트가 표현한 대로 '하나의 학문의 확실한 진로'를 보여 준다. 인류의 긴 암중모색이후 그리스인은 인류가 더 이상 궤도에서 벗어날 수 없는 확실한 진로를 발견했다고 말할 수 있다. 특히 철학은 그리스를 제외하고는 성립할 수 없다고 한다. 플라톤과 아리스토텔레스의 저작들을 읽고 그 철학 사상에 대해 글을 쓰시오.

제3부

사회와 과학

071
슬픈 열대

레비스트로스(1908-1991)

『슬픈 열대』(1955)는 인류학자이자 사상가인 레비스트로스(Claude Le
-viStrauss)의 대표작이다. 이 책은 23세에 프랑스의 철학교수 자격시험에
합격하고 브라질의 상파울로 대학 사회학 교수로 부임했던 레비스트로스
를 인류학적 구조주의의 창시자로 변신케 한 사상서이자 철학서이다.

파리대학에서 철학을 공부한 그는 대학 졸업 후 브라질의 상파울로
대학에서 사회철학을 강의했다. 그 덕분에 1938년에는 브라질 정부의
후원으로 브라질 내륙 지방의 원주민 사회 조사단의 일원으로 참여할
수 있었고, 이 때 조사한 4개의 원주민 부족에 관한 민족지가 바로 『슬
픈 열대』의 주요 내용을 이루고 있다.

이 책은 전부 9부로 구성되어 있는데 제1부에는 작가가 독일에 점령된
프랑스를 떠나 독일로 밀항하는 과정이 그려져 있고 제2부에는 작가가
민족학자가 된 과정이 나타난다. 제3부는 적도 무풍대를 통과하면서 느낀
것과 신대륙에서의 경험을, 제4부는 브라질 생활을 그리고 있다. 제5부는
카두베오족, 제6부는 보로도 족, 제7부는 남비콰라족, 제8부는 투피 카와
이브족이 나온다. 마지막 제9부에서는 지금까지의 체험과 조사내용을 종
합 정리하고 있다.

여기에서 레비스트로스는 생
의 전기를 맞이하게 된다. 브
라질에 체류하고 있는 동안
원주민에 관심을 갖게 되어
아마존 강 유역의 원주민 사
회를 답사하는 기회를 갖게
되었던 것이다.

이렇듯 『슬픈 열대』는 어떤 체계적인 이론을 제시하는 것이 아니라 저자의 사상적 편력과 그 귀결이 집약되어 있는 하나의 입문서이다. 이 책에서 그는 섬세한 관찰력을 독특한 문체로 표현하는 뛰어난 문학적 자질을 보이고 있는데 소설이 아니어서 콩쿠르 상을 못 받았다는 일화가 있을 정도이다.

그는 먼저 인류학자가 되는 과정에서 그에게 새로운 시야를 열어준 세 가지 만남으로 마르크스주의·정신분석학·지질학을 들고 있다. 그에게 마르크스의 변증법적 유물론은 모든 상부구조가 하부구조에 의해 규정됨을 제시했고, 프로이드는 의식의 기저에서 무의식의 세계가 지배하고 있음을 밝혀 주었으며, 지질학은 비표 밑에 존재하는 지층의 중요성을 인식시켜 주었다고 하였다.

곧 표면적인 현실은 더 근본적인 다른 하나의 현실에 근거한 것이라는 것, 따라서 참다운 진실은 표면에 나타나는 것이 아니고 밑바닥에 숨어 있다는 것, 그러므로 감추어져 있는 진실은 철저한 발굴 작업을 통해서만 드러난다는 것 등이다. 지질학자가 그의 훈련된 눈으로 지표 밑바닥에 있는 기본 구조를 꿰뚫고 보듯이 그는 인류학자이며 사회학자로서 인류문화와 사회현상의 표면을 뚫고 그 밑에 숨어 있는 근본 구조를 찾아내려는 것이다.

이러한 그의 사색과 감식안은 마침내 브라질의 원주민들의 삶에 무한한 애착을 느끼고 그들의 삶에서 인류의 삶의 원형을 발견하게 한다. 그는 이곳의 원주민들 즉, 카두베오족, 보로로족, 남비콰라족들의 삶을 통찰하고 그들을 '선량한 미개인'이라 이름 하기도 했다. 그의 이런 포괄적 사고는 인류에 대한 통찰, 원시에의 집념, 미개에의 애정의 산물이라 해도 좋을 것이다.

이 책은 아마존 밀림 인디언의 생활을 다루고 있으나, 결코 야만인에 관한 이야기가 아니며 본래 슬픈 모습으로 보이는 열대 지방에 관한 이야기도 아니다. 이 책은 원초적인 삶이 어떻게 슬프게 만들어져 가는지의

레비스트로스는 문명과는 담을 쌓고 사는 아마존 유역의 원주민들의 삶의 원천을 찾기 위해 원주민들의 친구가 되어 그들과 함께 생활하면서, 문명의 때를 묻히지 않은, 싱싱하고 살아있는 야만과 미개의 얼굴을 보고 끝없는 희열을 느꼈던 것이다.

과정에 대한 서정적이면서도 신랄한 고발이다. 저자는 과거로부터 현재에 이르기까지 서구인의 그릇된 사유방식으로 지배되어 온 문명과 야만의 통념에 강렬한 비판을 던지고 있는 것이다.

서구적 발상에서 원주민의 야만성은 식인풍습에서 특히 강하게 나타난다. 그러나 무엇보다 한 사회는 물질적인 면 못지않게 정신적인 가치도 중요한 요소로 작용한다는 판단이 결여되어 있는 것이다. 예컨대 원주민의 식인 풍습은 영혼과 육신의 일체화라는 종교적 차원에서 거행되고 있음에도 서구인의 시각은 단지 야만적 행위로만 규정한다. 그들은 조상의 몸의 일부나 적의 주검의 살점을 먹음으로써 죽은 자의 덕을 얻으려 하거나 그 힘들을 중화시키고자 하는 주술적인 의미를 지니고 있는 것이다.

이렇듯 저자의 시각은 문화적 다양성을 존중하는 상대주의 입장을 철저히 따르고 있다. 문명과 문명 사이엔 '좋고 나쁨'이 아니라 '다름'이 있을 뿐이며 그런 그에게 열대가 슬픈 까닭은 '야만'을 '문명'화한다는 이름으로 진행되는 서구의 개발에 의해 아마존 원주민들의 생활이 파괴되기 때문이다. 이러한 그의 입장은 문화적 상대주의로 불리는데 이 관점은 비서구 사회의 문화 연구에 필요한 시각을 제시한 것으로 평가되었다.

그런데 레비스트로스가 궁극적으로 내세운 원시인의 사고, 혹은 야생적 사고의 특징은 무시간성이다. 이러한 사고는 세계를 갈라 쪼개는 것이 아니라 하나의 전체, 시간과 공간마저 아우른 전체로 파악하려 한다. 이 같은 관점에 따르면 과거보다 진보한 오늘은 있을 수 없다. 이런 이유로 그는 역사의 진보에 회의적이라는 비판을 받기도 했다. 그러나 『슬픈 열대』가 서구식 진보 개념에 대한 통렬한 비판으로서 당시 지성계에 충격을 주었던 것만은 틀림없다.

◉ 슬픈 열대
• 박옥줄 역─한길사

『슬픈 열대』에 나타난 레비스트로스의 사상은 문명과 야만이라는 이분법적 도식이 서구 사회의 오만일 뿐이라는 것이다.

072
소유냐 삶이냐

에리히 프롬(1900-1980)

『소유냐 삶이냐』(1976)는 독일 태생의 정신분석학자, 사회학자이자 사상가인 에리히 프롬이 일생을 바친 연구의 결실이다. 1900년 독일 프랑크푸르트에서 출생, 대학에서 사회학과 심리학을 전공한 그는 다시 베를린 대학에서 정신분석학을 공부했다. 1933년 미국의 시카고 정신분석연구소의 초청을 받아 강의를 한 것이 계기가 되어 1934년 미국으로 망명, 귀화하여 예일, 미시건, 뉴욕 등의 대학에서 강의하였다.

그는 이른바 '인간주의적 정신분석'을 주장하여 신프로이드학파의 이론적 지도자로 활약하기도 하였는데, 이 책은 『자유로부터의 도피』, 『인간의 자유』, 『건전한 사회』 등의 여러 저서를 통해 저자가 일관되게 추구해온 '현대사회에서의 인간성의 문제'를 철학, 정신분석, 종교, 역사 등 여러 관점에서 깊숙이 파헤쳐 평이한 문체로 고찰하고 있는 그의 역작이다.

그의 여러 저작들에 나타난 근본적인 관심사는 언제나 인간성의 회복에 있었다. 그에게 있어서 인간의 목적은 끝없는 자기의 탄생을 경험하는 일이었다. 그의 사상적 활동에서 일관적인 것은 자기실현을 막는 것에 대해서는 개인적 차원이든 사회적 차원이든 타협 없는 비판에 의한 투쟁을 통해서 배제하려고 노력하였다는 점이다. 이 같은 의미에서 보면 프롬

프롬은 마르크스로부터 '경제 사관'을, 베버로부터 '이데올로기 사관'을 배움으로써 프로이드의 생물학주의를 극복하고 사회적 조건과 이데올로기 사이에 독자적인 사회적 성격 개념을 설정했으며, 역사적 사회 변동을 파악하려는 새로운 방법을 제시하였다.

역시 프로이드가 그랬던 것처럼 인간을 알려고 하는 것이 그의 최대의 과제였다고 볼 수 있다.

『소유냐 삶이냐』는 제목을 통해 짐작할 수 있듯 현대인의 생활양식을 '소유'와 '존재'로 이분하고 있는 책이다. 주된 논제는 두 가지 기본적인 존재 양식, 즉 '소유'의 양식과 '존재'에 양식에 대한 분석이다. '소유'는 현대 산업 사회에 있어서 기본적인 생존양식으로 현대인이 가지고 있는 것으로 자기의 주체성, 혹은 자기의 존재를 증명하는 데 익숙해졌음을 보이고 있다.

이러한 관계는 물건뿐 아니라 인간, 지식, 관념, 신, 나아가서는 건강이나 질병에까지 미치고 있는데 이는 주체와 객체를 '물건'으로 환원시켜 버리기 때문에 그 관계는 살아있는 관계가 아니라 죽은 관계로 따라서 그것은 끝없는 생산과 끝없는 소비라는 악순환을 낳게 되고 우리는 만성의 기아상태에 빠지게 된다는 것이다.

이에 반해 '존재'는 아무 것에도 집착하지 않고 아무 것에도 속박당하지 않고 변화를 두려워하지도 않고 끊임없이 성장하는 것이다. 그것은 하나의 고정된 형식이나 태도가 아니라 유통하는 과정이며 타자와의 관계에서는 주고, 나누어 갖고, 관심을 함께 가지는 살아있는 존재가 된다. 그것은 삶의 긍정이며, 프롬이 즐겨 쓰는 표현을 빌리자면 함께 삶의 무도회에 참가하는 것이다.

전체 구성을 보면 제1장에서는 두 양식의 차이에 관한 몇 개의 관찰을 제시하였고 제2장에서는 자기 자신의 개인적 경험 속에서 쉽게 관련지을 수 있는 매일 매일의 경험으로부터 예를 몇 가지 들어가면서 그 차이를 입증하였다. 제3장에서는 구약·신약 성서 및 에크하르트(Meister Eckhart)의 저작에 나타난 소유와 삶에 관한 견해를 제시하였다.

다음 4장에서 다룬 것들은 가장 어려운 문제, 즉 소유의 양식과 삶의 양식의 차이에 대한 분석을 경험적 자료에 바탕을 두고 이론적 결론을 수립하려고 시도하였으며 마지막 장에서는 새로운 인간과 새로운 사회의

소유와 존재의 양극 사이에서 다양하게 존재하는 인간들에게, 물질적 소유와 탐욕의 '소유양식'으로부터, 창조하는 기쁨을 나누는 '존재양식'으로 바꾸도록 이끌고 있다.

형성에 있어서의 이들 양식간의 관련성을 취급하고, 인간을 쇠퇴시키는 개인적 복리와 전 세계를 파국으로 이끄는 사회·경제적 진전에 대신하는 선택의 가능성을 추구하였다.

책의 마지막 부분에서는 이론에만 머물지 않고 실질적인 방안까지 제시하고 있는 것이 중요한 특징인데 이러한 그의 태도는 그 실현 가능성이란 측면을 고려한다면 한편으로는 공허하게 보일지 모르나 우리 스스로의 삶을 되살려 보게 하려는 강력한 설득력과 분석력을 보여 주는 것임에는 틀림이 없다. 삶을 긍정하는 '극단적 인도주의자'의 견지에서 새로운 삶과 미래를 열망하는 프롬이 현실적인 변혁의 수단에까지 눈을 돌려서, 중앙집권을 배제하고 개인이 완전한 정보를 얻을 수 있는 참여 민주주의의 원리에 대해 주장했다는 것은 그러므로 당연한 귀결이다.

산업 사회 패러다임이 지배하던 1976년에 출간된 이 책에서 제기한 방법들은 이미 현실화되어 있는 것들이 많다고 볼 수 있다. 이것은 '존재'라는 삶의 방식이 다소 생소하고 추상적으로 보이지만 오히려 설득력 있고 실현 가능성을 보여주는 것이라 하겠다.

그러나 '소유'와 '존재'를 구별하는 '최고 문화회의'를 구성한다든지 전국민을 300인 단위로 논의집단으로 묶는다든지 하는 중세적인 주장은 기이하게 느껴지기도 하는데 이는 프롬이 살았던 시대적 상황 때문일 듯하다. 아마도 그가 현대의 인터넷 쌍방향 의사소통 방법을 보았다면 다른 주장을 했을지도 모른다.

비단 이 책뿐 아니라 사회학자, 심리학자로서의 그의 주요 저서들의 사상의 밑바닥에는 무엇보다 휴머니즘의 정신이 짙게 깔려 있다. 이것은 그가 인간의 진정한 자유와 인간성 회복에 대한 근원적 해결책을 강구하는 데 얼마나 노력했는가를 알 수 있게 해 준다.

◉ 소유냐 삶이냐
• 장성환 역−홍신문화사

『소유냐 삶이냐』가 그의 나이 77세에 출간되었음을 고려하면 이 책은 그의 사상의 가장 완숙한 경지를 정리한 저서로 알려져 있다.

073
미디어의 이해

맥루한(1911-1980)

『미디어의 이해』(1964)는 캐나다 출신의 문명비평가이자 커뮤니케이션 이론가인 맥루한(Marshal Mcluhan)의 대표작이다. 우리가 현재 사용하고 있는 지구촌, 정보 시대 같은 용어들뿐 아니라, 현대 매스커뮤니케이션 이론에서 사용하는 '미디어'란 단어와 가장 근접한 개념이 제시된 것도 바로 이 책에서이다. 이 책의 출간 이후 맥루한은 '텔레페서'가 됐을 뿐 아니라 각종 강연과 인터뷰에 바쁜 스타교수가 되었다.

'금세기 최고의 미디어 이론가'라는 찬사에서부터 '바보상자의 도사'라는 평가에 이르기까지 엇갈리는 평을 받고 있는 맥루한은 정보 통신의 혁신적인 보급에 주목하고 이러한 혁신들이 기존 문화의 하부구조와 삶의 내면에 어떤 영향을 미치는가에 대한 의문을 가지게 되었다. 이러한 문제에 대한 대답으로 『미디어의 이해』가 탄생하게 된 것이다.

그는 이 저서를 통해 '미디어의 기술적 성격 자체가 메시지를 구성한다', '미디어는 인간 확장이다'라는 견해를 밝혀 현대 미디어 이론에서 말하는 '미디어'의 원형을 제시했을 뿐 아니라 미디어의 발전과 인간 존재의 관계를 연구하여 TV로 대표되는 전자미디어가 서구 문명에 미칠 영향을 예견하였다.

텔레페서(Tele-fessor)는 텔레비전에 잘 출연하는 교수를 말한다.

『미디어의 이해』는 미디어에 관한 일곱 주제의 에세이와 숫자와 구어, 게임과 광고, TV와 영화 등 매체별로 33개 부분으로 나누어져 있으며 책의 내용은 독립적이면서도 서로 순환하며 맞물리는 구성을 취하고 있다. 현란한 은유와 다양한 사례가 있지만 여기에 나타난 맥루한의 이론은 다음과 같이 요약될 수 있다.

먼저, 그는 모든 매체가 인간 능력의 확장이라고 본다. 감각 기관의 확장으로서 모든 매체는 그 메시지와 상관없이 우리가 세상을 인식하는 방식에 영향을 준다. 말하자면 매체가 곧 메시지라는 것이다.

여기서 그는 모든 매체를 그것이 전달하는 정보의 정세도와 수용자의 참여도에 따라 쿨미디어와 핫미디어로 구분한다. 그에 의하면 신문과 영화, 라디오는 핫미디어이지만 텔레비전, 전화, 만화 등은 쿨미디어이다. 쿨미디어는 핫미디어보다 정보의 정세도가 낮아서 수용자의 높은 참여, 즉 더 많은 상상력이 요구되는 매체라고 하였다. 그 시대의 지배적인 매체가 무엇이냐에 따라 문명의 성격도 달라진다고 그는 보았다.

따라서 원시부족시대에는 오감이 조화를 이뤄 감각의 균형을 유지하고 있었던 인간이 기술혁신으로 감각이 확장되면서 그 균형이 무너지고, 그것은 다시 기술을 낳은 그 사회를 재구성하게 된다고 보았다. 즉 인쇄문자의 발명은 시각 중심형 인간을 만들기 시작했고 19세기 중반 전신의 발명은 전자매체시대를 열었으며 텔레비전의 발명과 보급은 인간의 감각 균형을 복구시켜 궁극적으로 인류를 다시 부족화시킬 것이라고 보았다.

이렇듯 미디어가 낙관적인 미래를 가져다주리라고 보았던 40여 년 전 맥루한의 기술 결정론적 관점은 캐나다 사람인 해롤드 이니스의 영향이었다. 이니스는 커뮤니케이션 기술의 혁신이 사회변천의 원천이라고 보았으나 기술 혁신에 대한 그의 생각은 대체로 비관적이었다. 기술발전으로 인해 나타나게 될 커뮤니케이션의 독점이 궁극적으로 문화적 유산을 파괴하는 억압적 권력으로 작용한다고 보았기 때문이다.

그러나 초기에는 이니스의 영향을 크게 받았던 맥루한은 『구텐베르크

결국 매체가 다르면 메시지도 달라지고 수용자가 세상을 인식하는 방식도 달라진다는 것이다.

은하』와『미디어의 이해』에 이르러서는 테크놀러지의 잠재력을 찬양하게 된다. 현대의 전자과학 기술이 이 세계를 하나의 지구촌으로 만들고 인류를 인쇄시대의 선형적 세계에서 해방시킬 것이라고 본 것이다.

그의 이런 낙관론에 대해서는 그러나 비판적인 시각이 많다. 특히 그의 미디어 결정론은 사회적·정치적·경제적으로 해결해야 할 문제들을 단순히 발명된 미디어 기술의 특성 정도로 치부해 버릴 위험이 있다는 것이다. 또 상업주의나 파시즘적 위협처럼 미디어를 지배하는 사람들의 불순한 영향력에 면죄부를 주고 있다는 비판도 제기된다.

결국 그에 대한 비판은 미디어의 기술적 발전 자체가 단순히 기술적인 요인만이 아니라 사회적·정치적인 요인에 의해 결정되는 총체적 사회과정의 일부라는 관점에서 나오는 것이다. 문화파시즘이라든가 정보 불평등 문제 같은 전자미디어 시대가 낳는 여러 난제들을 함께 고려할 필요가 있다는 것이다.

이러한 그의 낙관주의와 역사인식에 대한 동의 여부와 상관없이 모두가 인정하는 사실은 그의 견해가 대단히 독창적이라는 것이다. 역사학자 코스텔라네츠는 다른 사람들이 데이타만 보거나 아무것도 보지 못하는 곳에서 중요한 의미를 찾아내는 데에 그의 탁월함이 있다고도 하였다.

그는 미디어에 대해 체계적으로 정의하고 역사적 성격을 부여한 최초의 학자였음에 틀림없고, 전자 미디어가 갓 출현한 60년대 중반 당시에 이미 이 미디어의 고유한 특징들과 앞으로의 사회적 파장에 대해 분석한 예언자적 면모도 있었음을 부인할 수 없다. 또한 미디어가 일종의 무한 권력이 되어 버린 오늘날의 새로운 사회적 현상들을 고민하는 사람들에게도『미디어의 이해』는 많은 시사점을 던져 준다.

◉ 미디어의 이해
•김성기 외 역─민음사 •박정규 역─커뮤니케이션북스

맥루한은 논리적 설명이 부족하고 통찰력과 직관에 의존함으로써 비과학적이라는 비판도 받았지만 여기에 대해 "나는 설명하지 않는다. 다만 탐구할 뿐이다."라고 말하면서 미디어에 대한 자신의 탐구를 인쇄시대의 방식으로 이해하려 하지 말고 TV시대에 맞게 해줄 것은 요구하기도 한다.

074
오래된 미래

호지(1946-)

『오래된 미래』(1992)는 스웨덴 출신의 여성학자 호지(Helena Norberg-Hodge)의 16년에 걸친 현지 체험에 기초를 둔 책으로 히말라야 고원에 자리 잡은 한 공동체에 대한 현장보고서라 할 수 있다. 호지는 '작은 티베트'로 불리는 북인도 라다크를 16년간 지켜보면서 그곳의 근대화 과정에 대한 비판적 분석을 통하여 오늘날 우리 사회가 직면한 사회적 생태적 위기의 본질을 파헤치고 있다.

라다크는 천년 넘게 독자적인 언어와 티베트 불교문화에 뿌리를 두고 자급자족의 삶을 꾸려가고 있던 공동체였다.

호지는 1975년 런던대학교 동양언어학과의 학위 논문 준비를 위해 라다크를 처음 방문하게 되었다. 1975년은 라다크가 속한 인도 중앙 정부의 결정에 따라 외국 관광객에게 문호를 개방하였는데 저자는 바로 이 해에 서구인 중의 한 사람으로 그 지역을 찾은 것이다.

이렇게 라다크에 머물게 된 그는 체류 1년 만에 라다크 말을 습득하게 되었고, 그 결과로 라다크의 전통 문화와 자급자족의 생활을 들여다볼 수 있었다. 거칠고 황량한 풍토 속에서도 건강하고 평화로운 공동체를 유지하고, 내면적 평정을 누리며, 물질적으로도 크게 불편을 느끼지 않고 살아가는 라다크 사회의 생태적 지혜와 철학에 매료되어 그는 장기 체류를 하게 된다. 그 결과 그는 지금껏 별다른 의문 없이 받아들여 왔던 서구식 산업 문명의 기본적 가치들에 대한 의문을 품게 되고 그 결과 '오래된 미래'로부터 배워야 한다고 말하게 된 것이다.

제1장 「작은 티베트」에서는 라다크의 자연 환경을 소개하고 있는데 그의 소개를 들으면 그곳을 누구나 무릉도원이라 여길 정도이다. 고지대의 황무지인 라다크가 그토록 풍요로운 모습을 지니고 있는가에 대한 물음에는 제2장 「땅과 함께 살기」가 대답해 준다. 라다크인들은 현대인들이 미신이라 여기는 문화를 통해 자연을 보존하고 있었다. 그들은 땅 위의 모든 생명체에 대해 고마움을 느끼고 있었으며, 그렇기 때문에 자연 상태를 위해 제사를 지내야 한다고 여기고 있었다.

가장 풍요롭고 안정된 삶을 위하여 그들은 최대한 생태의 본연 그대로를 유지시키려고 노력하였는데 이를 바탕으로 그들은 낭비가 없는 문화, 순환을 믿는 풍습, 빈약한 자원을 가지고도 자립할 수 있는 정신을 지켜나가고 있었던 것이다. 그들은 곡식과 버터차를 주식으로 하였으나 그것만으로 생존이 어려운 겨울에는 어쩔 수 없이 짐승을 잡기도 하였는데 이때에도 반드시 용서를 빌고 많은 기도를 올린 후에야 죽였다. 호지는 이에 대해 '사람과 사람이 의지하는 땅과 짐승들 사이의 관계는 몹시 감동적이었다'고 진술하고 있다.

제4장 「우리는 함께 살아야 한다」에서는 라다크인들이 가까운 이들끼리 '우리'라는 틀에 얽매여 움직이지 않고 있음을 보여 준다.

제5장 「안무받지 않은 춤」에서는 라다크가 여성이 존중받을 수 있는 사회임을 알 수 있게 해 준다. 서구에서와는 달리 라다크에서는 여성의 능력을 제대로 인정하고 있을 뿐 아니라 여성과 남성이 수직적 관계가 아닌 동등하고 상호 보완적인 역할을 하고 있음을 알 수 있다.

또 라다크에서는 노인이 생활의 모든 분야에 참여하여 젊은이들과 끊임없이 접촉함으로써 세대를 결속하게 하는 역할을 한다. 또한 태어난 아기는 그 부모만이 아니라 동네 사람 모두가 부모의 역할을 한다.

2부에서는 이 아름다운 라다크가 서구문명에 의해 파괴되는 모습을 적

라다크인들의 놀라운 개인주의 성향을 보여 주고 있는데, 예컨대 마을에 장례식이 있으면 하던 일을 멈추고 가보아야 한다는 등의 규칙이 라다크에는 없는 것이다.

나라하게 보여 준다. 서구 문물의 도입으로 공동체는 해체되고 사람들의 의식은 바뀐다. 부유하진 않지만 풍요롭던 마을은 갑자기 가난해지고 여유 없는 생활을 하게 된 것이다. 이러한 변화는 서구의 문물이 가져온 것으로 몇 백 년의 전통을 자본의 힘에 뺏기고 만 결과이다.

이렇게 변한 라다크가 살아나기 위해서는 예전의 지혜를 되찾아야 했다. 호지가 추진한 일도 바로 그것이다. 그는 세계 여러 나라를 돌아다니며 라다크에서 일어난 파괴에 대하여 고발하였고, 1908년에는 서구적 개발에 반대하는 '라다크 프로젝트'라는 국제 조직을 발족시켰다. 그러면서 동시에 서구에서 시도되고 있는 여러 생태 기술을 라다크에 전하고, 라다크인들이 예전의 지혜를 되찾도록 도왔다.

그러나 호지의 메시지가 단순히 옛 사회로의 복귀를 주장하는 것은 결코 아니다. 저자가 여러 곳에서 분명히 하고 있듯 라다크의 전통 사회가 이상적인 낙원은 결코 아니며 그런 점에서 삶의 개선을 위한 창조적인 노력은 계속되어야 하는 것이다.

아직 소수이긴 하지만, 현대 산업문명의 본질적인 폭력성과 파괴성을 깨달은 일부 라다크 사람들과 함께 호지가 사회발전의 대안으로 제시한 것은 '반개발'이라는 개념이다. 라다크뿐만 아니라 세계 전체가 건전한 삶의 기초를 위해서 무엇보다 시작하지 않으면 안 될 것이 '개발' 개념의 극복이라는 것이다. 이는 서구식 산업주의 길 이외에도 사회발전의 대안이 존재한다는 것인데 그 구체적인 아이디어로 '탈중심화'와 '적정기술'이 제시되고 있다.

이렇게 볼 때 호지는 『오래된 미래』를 통해 진보의 개념 자체를 물으면서 생태적 균형과 사회적 조화 없이 우리가 떠올리는 모든 미래는 없는 것과 마찬가지라는 경고의 메시지를 남긴 것이다. 우리의 미래는 라다크로부터 배울 줄 아는 사람들에 의해 지켜질 것이다.

◉ 오래된 미래
• 김종철 역—녹색평론사

공동체를 살리기 위해 호지는 일 년이면 반 이상을 라다크에서 지냈는데, 이 노력을 인정받아 1986년에는 대안적인 노벨상이라 불리는 '바른생활상'을 수상하기도 하였다.

075
꿈의 해석

프로이트(1856–1939)

『꿈의 해석』(1900)은 오스트리아 출신의 신경과 의사로 정신 분석학의 창시자인 프로이트(Freud, Sigmund)의 대표적 저작이다. 그는 전통적인 의식의 심리학에 대항하여 무의식의 심리학을 창건, 자유 연상법이란 특유의 방법으로 무의식의 세계를 파고들어 새로운 성격이론과 정신 이상자의 심리치료를 발전시킨 인물이다. 『꿈의 해석』은 정신 분석학의 토대를 마련했다는 평가를 받고 있다.

프로이트는 1881년 생리학의 학위를 받은 뒤 신경증에 관심을 가지고 연구하며, 1885년에는 브로이어(Breuer)와 공동으로 히스테리 연구서도 출간하기도 한 임상의였다. 빈에서 신경과 개업의로 일하고 있던 그는 자신의 신경증 환자들이 치료를 위한 대화를 하면서 항상 그들의 꿈에 대해 이야기하기 시작한다는 사실을 접하고는 꿈의 현상에 주목하게 된다. 그래서 그는 분석에 착수했고, 자신의 꿈에 나타난 몇 개의 사실을 해석함으로써 그 자신의 삶의 위기도 극복하게 되었다. 그 결과 꿈이란 단순히 어지럽게 나타난 하찮은 것이 아니라, 인간의 영혼에 대한 의미를 풀어주는 열쇠라는 점을 진단해냈다. 이렇게 『꿈의 해석』이 탄생하게 된 것이다.

무의식의 세계, 생의 본능과 죽음의 본능에 대한 프로이드의 연구는 이후 정신의학, 심리학 영역 뿐 아니라, 사회학 문하 인류학 교육학 철학 등에 이르기까지 지대한 영향을 미쳤다.

의식 세계를 분석하는 것이 심리학의 주된 연구였던 당시에 의식을 빙산의 일각에 비유하고 수면 속의 보다 방대한 무의식의 세계가 의식을 통제한다는 그의 혁신적 견해는 많은 논란을 불러일으켰다. 그의 분석에 따르면 꿈은 욕구의 표현이며, 이 욕구는 무의식적이어서 그대로 표현되지 못하고 '자아'의 검열을 거쳐서 '왜곡'되어 나타난다. 따라서 무의미한 것처럼 보이는 꿈을 분석해보면 무의식적 욕구를 확인할 수 있다고 보았다.

『꿈의 해석』에는 이론적인 기초 작업과 프로이드의 자서전 그리고 2백 개 이상의 꿈들에 대한 기술이 담겨 있다. 프로이드가 본질적인 것으로 설명하는 것은 다음과 같다. 꿈이란 꿈을 꾸는 사람이 거부해야만 하는, 배제되거나 억압된 욕구를 실현하는 것이다. 모든 숨겨진 욕망의 꿈들에는 충족되지 않고 머물러 있는 최초의 유아적 근원 욕구가 깔려 있다. 자신과 다른 성의 부모에 대한 근친상간적 욕구가 그것이다. 이런 욕구는 두 번째 욕구를 동반하는데, 바로 자신의 동성의 부모를 잠재적인 경쟁자로 여기고 제거하려는 욕구다. 프로이드는 이런 관계를 '오이디푸스 콤플렉스'라고 불렀다.

이런 충족되지 않고 배제된 이중의 욕구는 항상 자신을 드러내려고 시도한다. 특히 무의식의 시간인 밤은 유아기에 생겨난 오래된 욕구가 다시 나타나기에 적당하다. 잠을 자면 의식 세계가 일시 중단되므로 이 욕망의 힘이 고개를 들게 되고 그것이 꿈에 나타난다. 그러나 대체로 꿈은 마음속의 욕망이 '왜곡'되어 나타난다.

이 왜곡을 담당하는 것이 '검열'이라는 마음의 작용이다. 따라서 꿈에는 왜곡되어서 의식에 떠오르는 꿈과 무의식 속에 머물로 있는 꿈의 이중구조로 되어 있다. 그는 기억하고 있는 꿈을 '현재몽', 꿈의 잠재 내용을 '잠재몽'이라고 했다. 따라서 꿈의 해석이라는 것은 현재몽을 소재로 하여 연상에 의해 그 배후에 잠재되어 있는 내용을 밝히는 것이다. 그러기 위해서는 잠재내용이 검열에 의해서 왜곡되는 방법을 알 필요가 있다. 그는 이 왜곡작용을 '꿈의 작업'이라 부르고 압축·이동·극화·상징화·2차 가공 등을 들었다.

꿈의 잠재적인 의미를 알기 위해 프로이드는 꿈에 관한 자유로운 연상을 하도록 했는데, 정신분석가는 이 자유연상을 분석하는 한편, 환자의 개인적 욕구를 이해함으로써 꿈이 무엇을 나타내는지 판정할 수 있다. 이처럼 『꿈의 해석』은 꿈의 형성 과정을 거꾸로 거슬러 올라감으로써 무의식 세계에 숨겨진 참다운 내용을 밝히려는 작업이었다.

그러나 성격 형성에 있어서 성적 에너지인 '리비도'라는 본능의 역할이 강조되고 있는 데 비해 상대적으로 사회 환경적 요인의 역할에 대한 인식이 부족하다는 지적도 있다. 또 1992년 미국의 타임지에는 '프로이드의 퇴색'이라는 제하에 정신분열증과 우울증에 효과적인 약물이 개발되어 이들의 치료에 프로이드의 정신분석이 거의 무관하게 되었다는 내용이 소개되기도 했다.

그럼에도 불구하고 『꿈의 해석』이 심리학의 대상을 무의식의 세계로 확장시켜 심리학을 근대적인 학문으로 정립시켰을 뿐 아니라, 20세기 거의 모든 학문 분야에도 영향을 미쳤음은 누구나 인정하는 사실이다. 20세기에 가장 논란이 많고, 가장 중요한 사상가 중의 하나로 모든 사회 분야의 이론들이 형성되는 데 그만큼 지속적인 영향을 미친 사람도 드물 것이다. 독일 심리학자 보링이 금후 3세기는 프로이드의 이름이 인급되지 않고서는 심리학 역사를 쓸 수 없다고 했을 정도이다. 심지어 그의 무의식의 발견은 코페르니쿠스의 지동설, 다윈의 진화론 못지않은 혁명으로 간주되기도 한다.

◉ 꿈의 해석
•김인순 역─열린책들 •민희식 역─정민미디어 •김기태 역─선영사 •장병길 역─을유문화사
•홍성표 역─홍신문화사 •서석연 역─범우사 •조대경 편역─서울대학교출판부

과학성을 따지는 독일인에게는 『꿈의 해석』은 비과학적인 '해몽' 정도로 간주되어 그가 재직했던 빈 대학에는 아직도 독립된 강좌가 개설되지 않고 있다고 한다.

076
이데올로기의 종언

벨(1919–)

『이데올로기의 종언』(1960)은 미국의 저널리스트이자 사회학자인 벨(Daniel Bell)의 대표적 저작이다. 그는 콜롬비아 대학에서 수학, 사회학 분야에서 학위를 받은 후 저널리스트로 활약했다. 1958년부터 1961년까지는 콜롬비아 대학에서 사회학 강의를 했으며 1969년부터는 하버드 대학에서 석좌교수로 있다. 우리나라에서도 여러 차례 강연한 바 있으며 그의 많은 저서가 국역되어 있다.

그는 『이데올로기의 종언』에서 광신적인 이데올로기, 특히 동서를 끊임없는 대결로 몰아넣는 냉전 이데올로기의 종말을 예언하면서, 세계 자본주의의 수호자로 자신을 과신하고 있는 미국식 사고방식에 대해서도 비판을 가하였다. 이 비판으로 반공주의자들로부터 공격을 받기도 했지만 그 후 불과 10년도 되지 않아 미·소의 군축협상과 중·미 교류가 시작되면서 그의 이 저서는 다시금 주목을 받게 되었으며, 이로 인해 하버드 대학의 교수가 되기에 이르렀다.

그의 글쓰기는 정통 아카데미즘을 추구하는 학자들과는 달리 사실들을 적극 살려가면서 논의를 전개하는 특징이 있다. 저널리스트로 출발하여 교수가 된 그의 이력과 무관하지 않을 터인데 이는 저널리즘과 아카데미즘의 성공적인 접합으로 평가된다. 그가 이데올로기의 종언과 같은 예언자적 저작을 쓸 수 있었던 것도 이런 그의 글쓰기와 무관하지 않다.

사실 그의 예측은 50년대부터 나타나기 시작한 냉전체제 균열의 징후를 나열해서 저널리스트 출신답게 해설한 것이었다. 엄격한 학문적 객관성이나 집념의 정치적 목적의식보다 적당히 객관적이고, 적당히 낙관적인 저널리즘이 훨씬 객관적으로 바라볼 수 있게 해 준 경우이다. 스탈린 격하 운동 당시 이를 목격한 학자나 전문가들이 구구한 해석을 내놓을 때도 벨의 저널리즘은 이러한 변화를 그냥 있는 그대로 인정할 수 있었던 것이다.

이 책에 실린 대부분의 글은 원래 「코멘터리」와 「엔카운터」지에 발표된 것들이고 일부는 전체주의에 반대하는 국제 조직인 '문화자유회의' 주최의 회의에 연구보고서로 제출되었던 것이다.

본래 제1부 '현대의 미국-이론의 애매성', 제2부 '미국-생활의 다양성', 제3부 '유토피아 사상의 고갈'로 구성된 이 책은 번역 과정에서 제2부는 생략되고 제3부는 제2부로 차례가 바뀌었으며 일부 글은 제외되기도 하였다. 따라서 형식적으로 약간의 불균형이 있긴 하나 저자의 이론체계와 사상 구조에 해가 되지는 않는 수준이다.

제1부에서는 많은 미국 사회론의 불충분성은 대부분 유럽 사회학의 유동적 개념들을 미국사회의 전혀 다른 경험들에 무비판적으로 적용한 깃에 있다고 주장한다. 그 뚜렷한 예의 하나로 대중사회론을 들었다. 제1부의 여러 평론이 일반이론이라고 한다면 제2부는 미시적으로 미국 사회 영역의 자세한 연구에 집중하고 있다. 제3부는 정치에 있어서의 이데올로기의 역할과 이데올로기와 지식인의 관계에 몇 가지 핵심적 문제를 제기한다.

일련의 논의들을 통해 벨은 현대 미국 사회와 소련의 현실을 비판적으로 다루고 있으며 내재적 모순과 갈등을 예리하게 파헤치고 있다. 미국의 번영이 모든 사회 문제를 해결하는 것이 아니라 새로운 불안과 긴장, 위기

제2부는 번역서에서 생략되어 있으며, 제3부는 번역서에서의 제2부로 되어 있다.

를 초래하고 있다고 전제하면서, 브로커 스테이트가 돼 버린 미국 정부 그리고 매카시와 그 일파가 민주주의 구조에 가한 광범한 타격을 지적하면서 비판하고 있다.

또 미국에 있어서의 사회주의 운동이 실패한 원인을 윤리와 정치 사이의 근본적인 딜레마를 해결하지 못한 때문으로 간주하고 미국 사회주의 운동의 기회주의성을 비판하고 있다. 저자가 겪은 사회주의 좌절의 경험은 소련에 대한 비판과 공격으로 귀결되는데 특히 소련에서 있었던 일련의 불행한 사건들이 공산주의에 대한 불신과 회의의 감정을 더욱 깊게 한 것으로 보인다.

이렇듯 현대 미국사회와 소련의 현실을 비판한 저자는 복지국가의 용인, 바람직한 권력 분권화, 혼합 경제 체제 및 다원적 정치체제에의 합의가 이데올로기 시대의 종언을 의미한다고 하였고, 다른 한편 소련에 있어서의 이데올로기가 그 강제력과 설득력조차 상실하였기에 공산주의 세계에 있어서의 이데올로기의 종언이 가까워지고 있다고 본 것이다.

그러나 그가 말한 이데올로기의 종언이 교조적·광신적 이데올로기의 종언을 주장한 것이지 이데올로기 일반의 종언이 아니며, 낡은 19세기 이데올로기는 활력을 잃었으나 아시아, 아프리카 신생국가 등에서의 새로운 이데올로기가 형성되고 있다는 점, 또 유토피아의 종언을 선언한 마르쿠제와는 달리 이데올로기의 종언이 유토피아의 종언은 아니라고 한 점 등은 유의해야 할 것이다.

이데올로기가 거의 현실과 무관한 신념으로 굳어지면 문제가 발생한다. 현실이 이데올로기의 내용과 일치하지 않게 되는 것이다. 이 경우 이데올로기를 수정하든지, 아니면 현실을 왜곡하는 수밖에 없다. 1950년대 매카시즘은 후자의 대표적인 경우인데, 벨이 종언을 예언하고 또 종언을 고하기를 진심으로 바라고 있던 이데올로기란 바로 그런 종류의 이데올로기였을 것이다.

◉ 이데올로기의 종언
• 이상두 역―범우사

어떤 사회든 구성원들에게 소속감과 자부심을 느끼게 할 수 있어야 유지될 수 있다고 한다면, 어떤 것이 바람직한가를 말해 주는 가치 판단 기준이 바로 이데올로기라 할 수 있다.

077
자본론

마르크스(1818–1883)

『자본론(Das Kapital)』(1867, 1885, 1894)은 마르크스(Marks, Karl heinrich)의 대표작으로, 자본주의적 생산 양식을 총괄하여 이론적으로 조명하고 자본주의의 내부 구조와 운동 법칙을 비판적으로 분석하고 있다. 마르크스는 독일 출신의 사회철학자, 경제학자, 정치운동가로 이른바 과학적 사회주의의 제창차였다.

그는 엥겔스와 함께 저술한 『공산당 선언』에서 "만국의 노동자여, 단결하라"라고 호소했지만 1848년 혁명이 실패함에 따라 영국으로 망명해 정치 활동을 하면서 경제학 연구에 몰두하였다. 그 결과 1859년 독자적 체계의 제1부 '자본'의 제1편 '자본 일반'으로 『정치 경제학 비판』을 간행하였다. 자체는 자본의 생산 과정과 자본의 유통 과정, 자본의 전체 과정에 관한 여러 양태, 학설사 등의 4권으로 구성되어 있지만, 제2권과 제3권은 마르크스 사후에 엥겔스의 편집을 통해 각각 1885년과 1894년에 간행되었고, 제4권으로 예정되어 있던 것은 카우츠키에 의하여 『잉여 가치 학설사』로 정리, 출간되었다.

『자본론』 제1권에서는 '자본의 생산과정'에서는 자본이 어떻게 이윤 또는 잉여가치를 생산하는가, 그리고 자본의 축적 과정이 어떻게 자본 관계

를 유지하고 재생산하는가를 주로 연구한다. 그 결론은 이윤 또는 잉여가
치는 자본가가 생산 영역에서 착취한 임금 노동자의 잉여 노동이 응고한
것이고, 자본가는 더욱 큰 이윤을 얻기 위해 새로운 과학 기술을 끊임없이
도입하며, 이로 인해 실업자가 대규모로 발생함으로써 자본 관계가 유지
되고 재생산된다는 것이다.

제2권에서는 자본가가 투자한 화폐가 어떤 과정을 거치면서 증식하고
있는가를 연구하고 있다. 화폐가 투자되어 생산 요소들로 전환하고 이
생산 요소들이 상품을 생산하여 이 상품이 다 팔려 다시 화폐로 되돌아오
는 과정에 관한 연구이다. 여기에서는 자본의 회전 시간이 자본의 이윤율
에 미치는 영향이 분석되고 있고, 나아가서 1년 동안 생산된 상품들이
어떤 경로를 거쳐 판매되는가가 재생산표식에 의해 해명되고 있다.

제3권에서는 자본가 계급이 노동자 계급으로부터 착취한 잉여가치가
개별 자본가들 사이에 평균 이윤으로 분배되는 것, 그리고 잉여가치가
산업자본가·상업자본가·금융자본가·토지소유자 사이에 기업이윤·상
업이윤·이자·지대의 형태로 분배되는 것을 이론적으로 해명하고 있다.

이상의 논의들을 통해 마르크스가 전달하려는 요지는 다음의 두 가지
로 요약할 수 있다. 첫째는 자본주의 체제가 현대 사회의 조직 형태로는
부적합한 체계라는 것이다. 왜냐하면 자본주의 사회의 착취는 소수의 자
본가 계층에게는 고도의 생산력으로 엄청난 잉여의 혜택을 누리게 하면
서 다수의 대중에게는 경제적 예속에 따른 막대한 인간적 희생을 강요하
기 때문이라는 것이다. 또한 자본주의 체제는 주기적 불황을 초래하여
많은 대중들을 실업과 불안에 시달리게 만들고 노동자들을 궁핍화시킨다
고 보았다.

둘째는 자본주의가 역사적 소명, 즉 생산력 증대를 다하고 인류 역사의
무대에서 사라져야 할 뿐만 아니라 필연적으로 사라지게 되어 있다는 것
이다. 주류 경제학은 자본주의 시장에 대해 낙관하고 있었으나, 마르크
스는 자본주의를 역사 발전의 한 단계로 보고 사회주의가 도래할 것임을

과학적으로 증명하고자 한 것이다.

경제학은 원래 자본주의 사회와 밀접한 관련을 가지고 출발했다. 자본주의의 모국인 영국은 동시에 경제학의 모국이며 스미스, 리카도 등의 고전파 경제학을 낳았다. 그러나 고전파경제학은 시대적인 제약과 자본주의 사회를 인간의 본성에 부합하는 자연적·합리적인 사회로 간주하였기 때문에 그것을 영원시하고 절대시하는 오류에 빠졌다. 이와는 반대로 마르크스에 있어 자본주의 사회는 일정한 사회에 지나지 않는 것임과 동시에 이 사회로서 '인간 사회의 한 단계가 끝나는' 최후의 상태였다. 그리고 바로 그것을 자본주의 사회의 분석을 통해 과학적으로 논증하는 것이야말로 '경제학 비판'으로서의 『자본론』의 기본 과제였다고 할 수 있다.

마르크스가 생존한 19세기는 시민혁명과 산업혁명의 여파로 유럽 세계가 혼란스러웠던 시기였다. 이러한 초기 자본주의 혼란 상황을 목도한 마르크스는 산업혁명의 결과로 발전되기 시작한 자본주의가 필연적으로 붕괴되고 사회주의가 도래할 것이라고 생각한 것이다. 물론 몇몇 국가에 사회주의가 도래하였으나 그나마 현대에 와서는 마르크스의 주장과는 달리 사회주의 국가들은 붕괴되고 자본주의는 여전히 맹위를 떨치고 있다. 이는 오늘날의 자본주의를 설명하는 데 있어 자본론은 한계가 많다는 것을 드러낸다.

그러나 자본론의 그러한 한계가 자본론 무용론으로 빠져서는 안 되는 이유가 분명히 있다. 오늘날 자본주의의 특징을 신자유주의 세계화로 파악하는 사람들에게 자본론은 많은 교훈을 줄 수 있을 뿐 아니라 현재에도 근본적으로 해소되지 않고 있는 자본주의의 근본 모순 자체가 해결되지 않는 한 자본론이 등장했던 원인 역시 사라지지 않을 것이기 때문이다.

17, 8세기의 절대왕정을 타파한 근대사회 및 정치사상은 개인의 정치적·종교적 자유를 근간으로 하여 산업혁명을 거쳐 자본주의를 확립시키는 한편 자유주의적 사조를 만연시켰다. 이러한 사고는 정치적·종교적 자유와 더불어 경제적 자유를 요구하기에 이르렀다.

◉ 자본론
•김수행 역—비봉출판사 •손청성 역—풀빛

078
군주론

마키아벨리(1469-1527)

여기서 르네상스 시대의 이탈리아는 당시 피렌체 공화국을 말한다.

『군주론(Il Principi)』(1513)은 정치권력의 획득, 확장 및 유지를 목적으로 하는 정치 전략과 기술을 논한 마키아벨리(Machiavelli, Niccolo)의 주요 저술이다. 마키아벨리는 **르네상스 시대 이탈리아**의 역사학자이자 정치이론가였을 뿐 아니라 외교사절로서 뛰어난 역량을 보인 냉철한 정치인이기도 하였다. 1512년 공화 정부가 붕괴하고 메디치가의 지배가 부활됨에 따라 그는 자리에서 내쫓겼을 뿐 아니라 메디치가에 대한 음모에 가담했다는 죄로 투옥되었는데 얼마 뒤 석방되긴 하였지만 거주의 자유가 제한되어 이후 저술 활동에 전념하게 되었다.

이 책은 공직에 복귀하기를 바라던 마키아벨리가 메디치가에 헌정하기 위해 1513년 당시 집필 중이던 『리비우스론』을 중단한 채 쓴 책으로 알려져 있고 출판은 사후 몇 년 만인 1532년에 이루어졌다. 오늘날 정치적 목적 달성을 위해 어떠한 수단을 사용해도 좋다는 식의 권모술수주의가 마키아벨리즘이라고 불리게 된 연유도 바로 이 책에 있다.

마키아벨리는 군주는 항상 상황을 장악하고 있어야 하며 이를 위해 군주는 여러 가지 힘(virtus)을 가지고 있어야 한다고 주장한다. 이 힘은 정직함, 관대함, 자선심 등의 전통적인 덕목과는 전혀 관계가 없다. 『군주론』을 보편적인 기독교적 존재 질서의 이념과 결별하고, 정치의 본질을 완전히 세속적으로 파악한 최초의 근대적인 정치 이론서라 하는 이유가 여기에 있다. 여기에서 정치는 인간의 도덕적인 표상과는 무관한 행위 영역으로 규정된다. 당시 분열과 외국의 간섭으로 인한 정치적 혼란 상태에 빠진 이탈리아를 강력한 군주에 의하여 구하고자 한 마키아벨리의 애국심의 발로로, 조국을 위해서라면 종교도 도덕도 문제 삼지 않을 군주가 갖추어야 할 여러 조건이 논의되고 있는 것이다.

이 책의 구성은 메디치 가문에 바치는 내용의 서문과 전 26장으로 되어 있다. 1~11장까지는 여러 종류의 군주국과 통치 방법, 12~14장까지는 군주와 군대와의 관계, 15~25장까지는 군주가 추구해야 할 행위의 준칙에 대해 서술하고 있으며, 26장은 군주에 보내는 호소로 되어 있는데 1559년에 교황 파울루스 4세에 의해 '악마의 사상'이라며 금서로 지정되기도 하였다.

그것은 마키아벨리가 당시대에는 무자비한 군주로 기억되는 '체사레 보르자'를 모범적인 군주의 예로 제시하며, 권력을 빼앗기지 않고 존속시키는 냉혹한 정치이론을 이상으로 제시했기 때문이었다. 그 외에도 '군주는 필요하다면 도덕적으로 행동하는 것보다 부도덕하게 행동해야 할 경우가 훨씬 많다.' 또는 '군주에게 가장 필요한 특질은 위장기술이다. 따라서 군주란 파렴치한 행동을 해야 할 상황에서는 최대한 사람들이 그 사실을 알아차리지 못하도록 해야 하며, 훌륭한 덕성을 갖춘 것처럼 행동해야 한다.'는 등 종교가 지배적인 이념 역할을 하고 있던 당시로서는 너무나 파격적인 것들이었다.

『군주론』에서 제시한 이 같은 사상은 마키아벨리가 피렌체 공화국을 위해 일하는 외교관으로서 당대 이탈리아의 유력한 군주나 지배자들을 만나면서 형성된 것으로, 당시 새로운 가치관이 절실했던 시대적 배경에서 나왔다고 할 수 있다. 상대국 지도자들의 통치행위를 세심하게 관찰하면서 끝없는 정치적 불안을 겪고 있던 자신의 조국, 피렌체 공화국의 운명

『군주론』의 전체 내용은 '군주란 무엇인가', '그는 어떻게 권력을 획득하였으며 그것을 유지하는가', '그가 권력을 잃었다면 그 원인은 무엇인가'라는 물음들에 대한 답변이라 할 수 있다.

을 어떻게 하면 호전시킬 수 있을 것인가에 초점을 맞췄던 것이다.

이 같은 마키아벨리의 사상에서 찾을 수 있는 것은 철저한 실용정치의 원리라고 할 수 있다. 정치란 비도덕적인 것이 아니라 무도덕, 즉 도덕과 무관한 것이며, 윤리적인 행위나 선악의 가치 기준일 수 없으며, 국가를 존속시키는 수단이 될 때 그 정당성이 인정된다는 것이다. 비록 당대의 메디치가를 통해 구현되지는 못했으나 권력의 속성을 적나라하게 보여줌으로써 16세기 이후 수많은 사상가들에 의해 실용정치의 기술로 인정받았다. 마키아벨리즘을 통해 근대정치학의 기초를 다지게 되었다고 하는 것은 그가 종교와 도덕의 세계에서 독립된 정치의 세계를 발견했기 때문일 것이다.

이는 마키아벨리의 사상이 본질이 아니라 현상에 바탕을 두고 있다는 말이기도 하다. 정치의 본질적인 성격을 파헤치기보다는 변화무쌍한 정치 현상을 포착하고 그에 대처하는 것이 그의 사상의 기본인 것이다. 정치 현상에 대한 관찰, 분석, 종합 과정에서 그는 자연과학자가 자연 현상을 관찰하듯 일체적 윤리적·도덕적 선입견의 개입을 배제하는 태도를 견지하였다. 그가 비도덕적인 냉혈한으로 보이는 것은 냉혹한 정치 현실을 철저히 과학적 태도로 관찰했기 때문이라고 볼 수 있다.

근대 이후에도 『군주론』의 영향은 지속되어 17세기 영국의 정치철학자 홉스의 『리바이어던』에 영향을 미쳤을 뿐 아니라 독재자들의 애독서가 되기도 했다. 그러나 역사적 사실이란 그 사실이 이루어진 시대의 역사적 환경 속에서만 진실하게 이해될 수 있다는 관점에 선다면 당시 이탈리아의 정치적 상황을 고려할 때 마키아벨리즘은 비난받을 일이라기보다는 필요악으로 해석하는 것이 타당할 것이다. 그는 권력이 어떻게 기능하는가를 제대로 보여주었다. 권력의 속성을 그만큼 투명하게 밝힌 사람은 아마도 전무후무할 것이다.

● 군주론
•권혁 역—돋을새김 •신재일 역—서해문집 •강정인 외 역—까치 •이동진 역—해누리기획

마키아벨리가 정치정책에 관하여 언급한 모든 것은 인간의 본성이 본질적으로 이기적이며, 현실적인 권력이론은 그러한 입장 위에서 전개되어야 한다는 인간성에 관한 비관론적 견해가 바탕이 되고 있다.

079
리바이어던

홉스(1588-1679)

『리바이어던(Leviathan)』(1651)은 영국의 철학자이자 정치사상가인 홉스(Hobbes, Thomas)의 대표작이다. 홉스는 철학사적으로는 베이컨의 경험론에 기하학적 논리를 추가한 공적이 높게 평가되고 있으며, 정치 사상적으로는 사람들의 자기 보존권, 즉 자연권이 사회 계약에 의한 절대 주권의 설정을 통해서 합리적으로 실현될 수 있다는 주장을 세운 것으로 높이 평가되고 있다.

17세기 영국은 투쟁과 갈등, 내란과 변혁으로 혼란이 계속되었다. 특히 1649년에는 청교도 혁명이 일어나, 철기군을 이끄는 청교도 크롬웰 중심의 의회파가 왕당을 물리쳐 찰스 1세를 처형하고 공화제를 성립시켰다. 이 혁명으로 홉스는 프랑스로 망명하고, 이어 파리로 망명해 온 황태자의 왕당파로부터 위험 사상가로 지목되자, 이번에는 다시 크롬웰 정권하의 런던으로 도망친다. 이러한 불안과 혼란 속에서 새로운 정치 이론을 제시한 책이 바로 『리바이어던』이다.

파리로 망명해 온 황태자가 바로 후에 찰스 2세가 된다.

'리바이어던'이란 구약성서의 욥기에 나오는 지상 최강의 수중 괴물의 이름이다. 홉스가 이 글의 부제를 '국가의 재료·형태·권력'이라고 붙인 것을 보면, 『리바이어던』이 국가 권력 또는 주권에 관한 글임을 알 수

있다. 이 작품은 제1부 인간론, 제2부 국가론, 제3부 그리스도교 국가론, 제4주 몽매의 세계론으로 홉스는 이를 통하여 사회계약설의 입장에서 절대주의를 이론화하려고 하였다.

제1부에서 홉스는 인간에 대해 논의하면서 좋아함, 싫어함, 사랑, 중오 등의 인간의 정념을 마치 하나의 사물인 것처럼 다루고 있으며, 성악설의 입장을 취하고 있다. 그는 인간 행동의 동기를 권력욕, 즉 인간의 정열로 보고 있는데 이 정열은 사람이 살아 있는 한 계속되는 것이기 때문에 이러한 인간의 본성이 제한되지 않고 방치되면 무한한 혼란과 투쟁의 자연 상태가 벌어진다고 주장했다.

제2부에서는 인간의 이러한 본성을 억제하는 절대적인 수단으로 국가, 즉 리바이어던을 설정한다. 국가가 생겨서 이러한 자연 상태가 사라진다 하더라도 인간의 본성이 계속 작용하여 국가의 기능을 위태롭게 할 여지가 있으므로 국가가 그 존재를 확고히 유지하기 위해서는 개인의 본성을 철저히 부정할 수 있는 절대적 권력을 갖는 리바이어던이 되어야 한다는 것이다.

제3부에서는 지금까지 자연 이성의 논리로써 설명된 주권론을 성서의 계시에 의해서 논증하였다. 이는 당시의 시대적 상황이 성서를 인용하여 논증하지 않으면 권위가 서지 않았기 때문인 것으로 짐작된다.

마지막 제4부에서는 당시의 몽매와 정신적 암흑이 어디서 유래하는가를 규명하였다. 그 몽매와 기만으로써 이득을 보는 자가 누구인가를 따진 것은 『리바이어던』 중에서도 가장 탁월한 점이다.

그러나 홉스의 이 책은 정치적·종교적 진영 모두에게 경악을 불러일으켰다. 의회 신봉자들은 절대적 지배자의 이념이 마음에 들지 않았으며 왕권론자들에게 사회계약 사상 또한 마찬가지였다. 교회는 인간을 동물로 상정하는 홉스의 생각에 분노했고 홉스를 무신론자로 비방했다. 청교도들에게는 그의 생각이 공적인 윤리 감각의 결핍으로 비춰졌다.

절대주의 국가가 근대적 시민국가로 이행할 무렵에 씌어진 이 책은 자

1665년 런던에서 엄청남 페스트가 발생하여 초토화됐을 때 사람들은 홉스가 재앙을 가져왔다고 여길 정도였다.

홉스는 자기 이익을 추구하는 개인들의 이성적 판단 속에서 그들 모두로부터 분리된 근대적 국가성립의 원인을 찾고 있는 사회계약론적인 국가 이론을 최초로 제시한 것이다.

연 상태 속에서 '만인에 대한 만인의 투쟁 상태'를 극복하고 모두의 생명 보존을 위한 평화 상태를 창출하기 위해 국가를 성립시킨다는 점을 논증했다는 데 그 의의가 있다. 이는 국가를 단지 주어진 것으로만 파악하지 않고 인간에 의해 국가를 건설할 수 있다고 본 것이며 또 국가를 인간의 욕구를 충족시키기 위한 수단으로 본 것으로서 당시로서는 혁신적인 생각이었다.

정치사상사에서 차지하고 있는 그의 위치가 중요한 것은 서부 유럽에 봉건 제도가 무너지고 중세 교회의 종교적 권위가 동요되기 시작할 무렵, 그 부패한 봉건제도를 합리화하는 허위적인 스콜라 철학과 기만적인 사제주의 사상을 철저히 배격하고 경험과 추리에 의한 근대 과학의 토대를 닦는 한편, 근대적 민족 국가를 합리화하는 데 이바지한 공로가 컸기 때문이다.

『리바이어던』은 후세로 내려오면서 여러 가지 큰 영향을 끼쳤으며 또한 문제를 남겨 주고 있다. 『리바이어던』이 확고한 민주적 전통을 간직하고 있는 영, 미의 정치 사상에 끼친 영향은 거의 무시해도 좋을 만큼 경미한 데 반해서 그것이 권위주의적 전통을 가진 국가, 그리고 특히 20세기에 들어와 등장한 전체주의 국가에 끼친 영향은 두드러진다. 서구적 지식의 총체 속에 뿌리박고 있는 공산주의와 파시즘은 홉스류의 절대사상의 토대에서 성장해 나왔음을 부인할 수 없을 것이나.

그런데 세계화 시대며 무한 경쟁 사회인 현재 상황은 홉스가 말하고 있는 자연 상태 또는 전쟁 상태와 다를 바 없어 보인다. 그래도 인류가 파멸로 가지 않고 자유로운 시민사회로 남을 수 있는 것은 합리적인 이성의 힘과 자기 보존 본능, 그리고 계약의 정신이 버팀목이 되어 주기 때문이다. 홉스의 공헌이 있다면 그것은 바로 전통에 기대하지 않고 새로운 정치 철학을 세움으로써 시민 사회의 토대를 마련했다는 점일 것이다.

◉ 리바이어던
• 이연식 역—박영사 • 한승조 역—삼성출판사 • 서병훈 역—책세상

080
자유론

밀(1803-1873)

『자유론(On Liberty)』(1859)은 영국의 철학자이자 경제학자인 밀(Mill, John Stuart)의 대표작이다. 밀은 벤담 등과 함께 철학적 급진파로 분류되었던 제임스 밀의 아들로 어릴 때부터 특별한 조기교육을 받았다. 청소년기에 밀은 벤담주의의 연구와 보급에 노력했으나, 20세에 이르러 벤담주의에 의한 세계 개혁이라는 목적에 회의를 품기 시작했다.

밀은 이러한 위기를 극복하면서 벤담주의와는 다른 공리주의를 발전시켰다. 그 뒤 독일 낭만주의와 프랑스 사회주의, 실증주의 등 여러 사상을 섭렵하며 자신의 사상을 구축하였다. 뿐만 아니라 그의 오랜 동반자였던 해리엇 부인과의 공동 작업으로 여성해방론을 전개하기도 하였다.

『자유론』은 1854년에 쓴 짧은 에세이를 이듬해 아내 해리엇과 함께 개작하여 몇 번의 퇴고를 거듭한 것이다. 1858년 겨울 해리엇의 갑작스런 죽음으로 밀은 더 이상 수정을 가하지 않은 채 이듬해 출판했다. 밀은 그의 자서전에서 이 책에 대해 '하나의 진리를 설명한 철학 교과서 같은 것'이라고 스스로 평하며, '내가 쓴 다른 어떤 저술보다 생명력이 길 것이라'고 하였다.

19세기 영국은 공업화와 민주화의 전진이라는 커다란 변화를 겪던 시대로 자본주의 발전으로 형성된 자본가 계급과 노동자 계급간의 갈등이 격화됨으로써 자유주의는 새로운 변화를 겪을 수밖에 없었다. 이런 상황 속에서 자유주의와 사회주의 사이에서 고민하던 밀은 사회적 사유의 밑바탕을 분명하게 하지 않을 수 없었다. 밀의 『자유론』은 이러한 시대적 배경에서 필연적으로 나오게 된 것이다.

『자유론』은 전부 5장으로 19세기 중엽의 자유를 둘러싼 문제점에 대해 논하고 있다. 제1장은 서론으로 전편에 걸친 개괄적 설명과 더불어 개인 및 집단행동의 적절한 한계를 결정하기 위한 원리를 설명하고 있다. 종래에는 정치적 지배자들이 권력행사에 제한을 가하기만 하면 국민의 자유는 당연히 보장될 것으로 생각되었으나 이러한 낙관적인 생각은 쉽게 실현되지 못하였으며 새로이 '다수결의 횡포'라는 현상이 목격되었다. 그런데 그러한 압제는 정부기관뿐만 아니라 '여론의 압력'이라는 것도 있다.

제2장은 자유론 중에서 가장 핵심을 차지하는 부분으로 '사상과 언론의 자유'를 밝히고 있다. 밀은 우선 권력을 장악한 정부가 국민의 이름으로 자유에 간섭하는 것을 비난한다. 비록 현재 지배적인 사상이라 할지라도 독선에 이르지 않고 보다 나은 사상의 출현을 위하여, 사상의 문을 넓게 열어 놓는 겸손한 마음이 있어야 한다고 주장하였는데, 이것은 의견의 대립에 의해서만 진리의 발견이 가능하며, 진리의 발견은 사회의 진보에 유익하기 때문이라고 밝히고 있다. 소수의 반대 의견에 오류가 있다 하더라도 이런 이유로 관용해야 한다고 한 것이다.

제3장에서는 행복의 한 요소로서의 개성에 관해 논하고 있다. 밀은 개성 있는 자발적인 선택, 즉 개인적 취미의 다양성이 얼마나 인간 성장에 필요한 것인지를 역설하면서, 인간 행위의 자유는 타인에게 영향을 주지 않는 한 억제되지 말아야 한다고 주장하였다.

제4장은 개인에 대한 사회 권위의 한계에 관해 논하고 있다. 여기에서는 어떠한 행위가 자유로워야 하는가를 '오직 자기에게만 관계되는 행위'와 '다른 사람들에게 관계되는 행위'로 나누고, 후자의 경우에 있어서만

자유의 이론이 동요되지 않기 위해서는 일정한 원리의 확립이 필요한데 이것들이 ① 사상의 자유 ② 생활계획을 세울 수 있는 자유와 취미의 자유, 일을 할 수 있는 자유 ③ 개인과 개인의 단결의 자유 등이다.

국가나 사회 집단적 간섭이 합리화될 수 있다고 보았다.

마지막 제5장에서는 일상생활에서의 많은 실례를 들어 4장에서 말한 자유의 한계에 관한 원리를 보충 설명하고 있다. 이 같은 설명은 이 책의 핵심을 이루는 두 논점의 의의와 한계를 더욱 명료하게 하려는 데 그 이유가 있다.

1) 개인은 그 행위가 자신 이외의 어떤 사람의 이해에도 관계되지 않는 한 사회의 제재를 받지 않는다는 것,

2) 타인의 이익을 해치는 행위에 관해서는 개인은 당연히 사회에 책임이 있으며, 또한 사회가 다른 사람의 이익을 옹호해 주기 위해서 사회적 형벌을 가해야겠다고 판단할 때는 그렇게 해도 무관하다는 것이다.

이렇게 보면 『자유론』은 모든 개인의 자유 보장으로 꿈꾸어진 민주주의가 결과적으로는 다수의 전제를 가져오고, 모든 개인은 평균화하고 몰개성적이 되며 자유는 압박되고 결국 인간성의 위기가 도래한다는 경세의 책이었다. 인간을 목적의식적이고 자유롭게 선택할 수 있는 이성적 존재로 이해하고, 자유를 말살시키는 경향에 대해서는 엄격한 제한을 원칙으로 제시함으로써 개인주의적 자유론의 초석이 된 것이다.

정치 사회적 측면에서 본다면 개인의 사상과 행동의 절대적 자유라는 이념은 다른 이념을 해치지 않는 한 확실한 현실성을 가진다. 밀은 의견의 다원주의와 소수의 발언의 자유, 다양한 삶의 방식들의 존중, 진리에 대한 자유로운 접근, 개인의 불가침성, 공중의 의견으로부터 의식적으로 벗어날 수 있는 자유, 사회의 아웃사이더, 자유로운 토론, 어떤 일을 위한 이익집단을 조직할 수 있는 권리, 도덕의 독재로부터 벗어날 수 있는 권리 등을 옹호한다. 21세기 다중 문화사회에서도 밀은 여전히 교훈적이다. 또한 그의 생각은 오늘날 대부분의 나라에서 사상의 자유를 보장하는 사상적 기반이라는 데 의의가 있다.

◉ 자유론
•김형철 역─서광사 •정영하 역─산수야 •최요한 역─홍신문화사

밀이 인간을 이기심이나 쾌락·고통에 의해 지배되는 것이 아니라, 목적을 의식하여 자유로이 취사선택할 수 있는 이성자로 본 것은 지금까지의 자유에 대한 관점을 한 단계 올려놓은 것이며 하나로 통합한 것이었다고 할 수 있다.

081
프로테스탄티즘의 윤리와 자본주의 정신

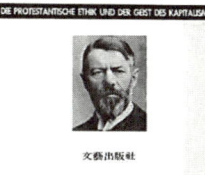

막스 베버(1864-1920)

『프로테스탄티즘의 윤리와 자본주의 정신』은 독일의 사회과학자인 막스 베버(Weber, Max)가 근대 자본주의의 발생 연관을 연구한 그의 대표작이다.

베버는 19세기 후반 독일 사회과학 방법론의 주류였던 신역사학파에 반기를 들었다. 그는 과학은 가치 판단과 명확하게 구별되어야 한다고 하여 학문에 있어서의 가치중립적인 태도의 중요성을 강조하였다. 또한 그가 주장한 방법론상의 '개념'은 사회 현상을 인식하는 주체가 주관적으로 구성하는 이념형이며, 이 같은 '개념'을 통해 여러 가지 역사적, 사회적 현상에 대한 과학적 인식이 가능하다고 생각하였다. 베버의 이러한 견해는 당시의 역사학파뿐 아니라 마르크스의 유물사관에 대한 비판이기도 하였다.

베버는 청교도의 금욕적 생활 방식이 근대 자본주의의 발생에 결정적인 영향을 주었다는 주장을 발전시키고 있다.

이러한 과학적 방법으로 특정한 종교적 관념이 자본주의 정신의 발전 또는 경제 윤리에 어떤 영향을 미쳤는가, 근대 경제생활과 금욕적 프로테스탄티즘의 합리적 윤리는 어떤 관계가 있는가를 규명하는 것이 바로 그가 이 책에서 밝히고자 했던 바이다. 베버는 자본주의로부터 비롯된 관료화 및 합리화를 종교적 원인, 즉 프로테스탄티즘 윤리에서 기인한 것으로

여긴다. 그리고 그러한 것들을 피할 수 없는 인간의 운명으로 간주함으로써 자본주의 사회를 간접적으로 변호하고 있다. 그가 보기에 자본주의와 프로테스탄티즘은 서로 조화를 이루어 경제 발전의 원동력이 되었다. 프로테스탄티즘은 자본주의의 이윤 추구를 정당화시켜 주었으며 또한 그것을 강제하기까지 했다. 특히 금욕과 소명 의식은 자본주의 정신 형성의 기초가 된 것이다.

이 책은 2부로 구성되어 있는데 먼저 1부에서는 자본주의 정신의 기원을 다룬다. 근대 유럽의 기업가, 자본가, 숙련된 고급 노동자들 중에는 프로테스탄트가 압도적으로 많은 현실에 주목하면서 프로테스탄티즘과 경제적 합리성과의 관계를 설명하기 위해 프로테스탄트 신앙의 특유한 성격을 살펴볼 것을 제안한다. 이어서 자본주의 정신의 기원과 실체를 명쾌하게 설명하고 자본주의 정신에 대한 일부의 오해를 해소하기도 한다. 즉 근대 자본주의가 도덕과는 무관한 개인의 이득 추구에 기초하고 있는 것이 아니라, 의무로서의 일에 대한 엄격한 책임에 기초를 두고 있다는 점을 밝혀낸다.

제2부에서는 금욕적 프로테스탄티즘의 영향을 분석하고 있다. 베버는 금욕적인 프로테스탄티즘을 칼빈교, 감리교, 경건파, 침례교 이렇게 넷으로 구분하여 이들 교리들 중에서 개인의 경제 행위에 영향을 미친 중요한 요소들—신의 영광, 신의 의도, 예정설—을 분석한다. 이렇게 분석된 결과에 의하면 이들 종교적 교리들은 다음과 같은 의미를 지닌다. 첫째, 신앙에 대해 아무런 의심도 없어야 신의 은총을 받을 수 있기 때문에 각 개인은 자기 자신을 선택받은 사람으로 간주해야 할 의무를 지닌다. 둘째, 열심히 세속적 활동을 하는 것이야말로 구원에 대한 자기 확신을 발전시키고 유지시키는 가장 적절한 수단이다. 따라서 훌륭한 일을 수행하는 것은 곧 신에 의해 선택받은 것을 의미한다. 이렇게 해서 물질세계에서 노동은 윤리적으로 높이 평가된다. 재산을 많이 가지고 있다고 해서 노동할 의무가 없어지는 것이 아니므로 개인은 신의 도구로서 성실히 자

소극적 직업의식을 갖게 하는 '루터주의'는 자본주의 정신의 주요 원천이 아니라, 적극적 소명의식을 장려하는 '칼빈주의'가 그 자리를 대신하고 있음을 분명히 밝힌다.

기 직업을 수행해야 한다. 물질적 이윤이 자기 직업에 충실한 결과라면, 그것은 허용될 뿐 아니라 도덕적으로 권장되기까지 한다. 이렇게 되면 가난은 오히려 신의 영광에 대한 훼손인 것이다.

이렇게 '종교'와 '자본주의'를 적용한 근대적 서구 경제의 기원에 대한 베버의 해석은 당대의 거의 모든 마르크스주의자로부터 반대를 불러일으켰다. 또한 가톨릭을 세속적 훈련을 결여한 특정한 종교로 특징짓는 것이나 근대 경제에 자극적인 영향보다는 지체적인 영향을 준 것으로 특징짓는 일은 많은 가톨릭 역사가들의 적대감을 낳았다. 그리고 청교도 분파의 역할을 강조하면서 프로테스탄티즘을 분석한 것은 결코 프로테스탄티즘 사상가들로부터 일치된 환영을 받을 수 없었다. 또한 자본주의라는 용어의 사용 자체도 논쟁적이었다.

그러나 베버의 업적은 사회과학의 분야에서 광범위하게 영향을 미치고 있다. 특히 사회과학 방법론의 확립, 관료제 연구, 권위의 유형, 가치중립적인 사회학 방법론의 제시 등이 그것이다. 이렇게 보면 『프로테스탄티즘의 윤리와 자본주의 정신』은 근대 자본주의의 특유한 본질과 그것을 낳고 발전시켰던 조건들에 관한 문제들을 일반적인 수준에서 처음으로 다룬 것으로 평가되고 있다. 베버가 탁월하다고 하는 것은 종교개혁과 근대 자본주의 간에 어떤 관계가 있음을 밝혔기 때문만은 아니다. 베버 자신에 의하면, 이 글이 이루어낸 업적은 프로테스탄티즘의 윤리로부터 자본주의 성신에서 강조하는 도덕적 명령들이 비의도적으로 파생되었다는 점을 밝혀냈다는 데 있다. 그러나 그는 자본주의의 극단적 미화를 유산으로 남겼고 노동문제의 소재를 자본주의 체제의 밖으로 몰아내버렸다는 비판에서는 자유롭지 못할 것이다.

◉ 프로테스탄티즘의 윤리와 자본주의 정신
• 박성수 역─문예출판사 • 이종오 역─계명대출판부 • 박종선 역─고려원

베버는 종교에서 비롯된 근면과 절약이 부를 낳지만, 부의 증가는 금욕적 신앙을 약화시킨다고 보았다.

082
법의 정신

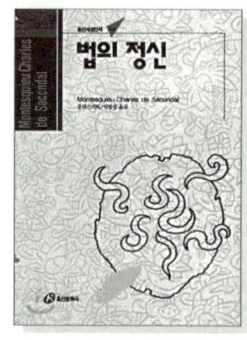

몽테스키외(1689–1755)

『법의 정신』은 프랑스의 법리학자로서 보르도 고등법원장을 지냈던 **몽테스키외**(C. L. Montesquieu)의 저작이다. 그는 1721년 32세의 나이로 〈페르시아인의 편지〉를 써서 유명해졌는데, 이는 편지 형식으로 당시 유럽 정세를 풍자한 것이었다.

그가 생존했던 당시는 절대 군주제를 확립하였던 루이 14세의 시대였다. 그런데 루이 14세의 권력이 절정에 달하자 프로테스탄트들을 중심으로 각 분야에서 반감의 기운이 고조되었다. 이에 프랑스에서도 정치적 자유주의 사상이 싹트게 되는데, 이것에 큰 영향을 미친 것이 영국의 시민 사회 사상이다. 영국은 일찍이 산업 혁명을 완성하여 근대의 자본주의적 사회 형태를 이룩하고, 그에 맞는 시민 사회의 철학을 마련한 나라였기 때문이다. 우선 프랑스의 계몽 사상가들은 백과전서를 편찬하고 인간의 능력을 신장시킨 다음, 합리적인 정치력으로 그것을 공공의 복리에 적용하면 된다고 생각하였다. 그리하여 영국의 자연법, 민주 주권, 또는 대의제 사상이 프랑스에 도입되어 프랑스의 합리주의적 경향으로 이론화·일반화·체계화되었다. 몽테스키외의 『법의 정신』은 이러한 시대적 분위기 속에서 이루어진 것이다.

몽테스키외는 1720년 아카데미 프랑세스에 들어갔고, 1729년 3년간 유럽을 여행하였는데 그 동안 영국에서 본 정치 조직에 감탄하여 수 년 간 연구와 집필에 노력하여, 1734년 『로마 성쇠의 원인에 관한 고찰』을 출간한 후, 1748년에 『법의 정신』을 출간하였다.

모두 3부로 이루어진 『법의 정신』 구성에 대해서는 많은 이론이 있지만, 대체로 이를 6개 부분으로 나누어 파악할 수 있다. 곧 법 일반에 대해 서술한 뒤, 공화제·군주제·전제제의 3가지 정치 체제와 법의 관계를 논한 제1부, 삼권 분립론을 비롯한 정치적 자유를 중심으로 다룬 제2부, 법과 풍토 그리고 일반 정신의 관계를 논한 제3부, 법과 경제에 관한 제4부, 법과 종교에 관한 제5부, 그리고 로마인의 상속법과 프랑크족의 봉건법 등을 역사적으로 연구한 제6부이다. 이 책 전체를 특징짓는 것은 몽테스키외의 기본적 방법론과 유명한 삼권 분립론이다.

몽테스키외는 『법의 정신』에서 법을 경험적·사회학적으로 고찰하고 있다. 그는 다양한 법과 습속 아래 살고 있는 구체적 인간을 거론하면서 단지 그 같은 다양성과 상대성만을 지적하는 데 그치지 않고 거기에 깃들여 있는 하나의 일정한 법칙과 관련성을 발견하고자 하였다. 그는 이미 자연과학 분야에서 성과를 내고 있던 경험적이자 인과법칙적인 인식의 방법을 법의 영역에 도입해 사회·기후·풍토와 같은 자연적 조건과 법의 관계, 사회의 종교·습속과 같은 정신적 조건과 법의 관련성을 밝히고자 시도한 것이다.

삼권분립론의 내용은 제11편 '정치적 자유와 국가 기구의 관계에 관한 법에 대하여'의 제6장 '영국의 국가 구조에 대하여'에 서술되어 있다. 그러나 이는 반드시 그 무렵 영국의 국가 구조와 일치하는 것은 아니었다. 영국에 대해 서술한다는 구실을 통해 새로운 제도를 주장한 것이라고 보아야 할 것이다. 권력 분립론에 관해서는 영국의 철학자이자 정치사상가인 로크의 이름도 거론되고 있지만, 몽테스키외의 권력 분립론은 로크의 그것과 매우 다르다. 몽테스키외는 집행권과 동맹권이 분리되어 있는 로크의 이른바 대내적 및 대외적 행정권을 하나의 집행권으로 정리했다. 또한 로크가 집행권 속에 포함시켰던 사법 권력을 재판권으로 독립시켰다.

로크가 인정했던 국왕의 대권과 의회 우위의 원칙, 잠재적 시민 주권의

자유주의자인 몽테스키외는 또한 권력을 지닌 자는 그것을 쉽게 남용하게 된다는 인식 아래 삼권 분립론을 주장했는데 이는 권력으로써 권력을 견제하는 장치가 필요하다고 생각했기 때문이다.

원리 등을 몽테스키외는 인정하지 않았다. 곧, 몽테스키외에 의해 현대적 삼권분립의 개념이 확립되었으나, 몽테스키외의 삼권분립은 국왕의 대권을 부정하는 동시에 국민 주권에 치우치는 경향도 인정하지 않는 것이었다. 몽테스키외의 삼권분립론이 목표로 한 것은 엄밀히 말하면 군주와 귀족, 시민이라는 사회적 세력 간의 균형일 뿐 그 이상은 아니었다.

그렇지만 이 삼권 분립론의 기초에 있는 것은, 자유에 관한 사회학적 관점이다. 자유주의를 고양하고자 한 것이 로크의 주안점이었다면, 몽테스키외의 주안점은 성공과 실패를 담고 있는 수많은 역사적 사례에 관한 지식에 기초해 자유의 실현과 확보에 확실한 도움이 되는 제도를 고안하는 데 있었다고 해야 할 것이다.

실명할 정도로 심혈을 기울여 쓴 이 책은 출판되자마자 비상한 관심을 불러일으켜 출판된 지 2년도 채 되지 않아 20판을 펴냈으며, 미국 헌법을 비롯해 영국의 정치사상에도 큰 영향을 주었다. 특히 그는 그 자신이 귀족 출신이었음에도 불구하고 전제주의를 열심히 비판하였는데, 이러한 그의 비판은 곧이어 일어난 프랑스 대혁명을 성취시킨 혁명사상의 싹을 배양하는 역사적 역할을 담당했다. 시민적 자유를 확립하기 위하여 필요한 조건을 검토하고 권력 분립의 사상을 만들어내어 그는 공법원리 건설자의 한 사람으로 후세 입법정체의 발달에 큰 공헌을 하게 하였다.

이처럼 보수주의자 · 귀족주의자 · 민주주의자 · 자연철학자 · 합리주의자의 다면적 특색을 가진 몽테스키외의 『법의 정신』은 오늘날 법사회학의 선구요, 비교법학의 모범으로서 그 귀중한 업적을 인정받고 있다. 그러나 무엇보다 『법의 정신』이 주는 가장 큰 교훈은 입법의 원리라는 뜻의 그 제목에 걸맞게 인간이 자의에 의해 지배당하는 것이 아니라 일정한 원리와 정신에 의해 지배당한다는 진리를 제시한 점이다.

◉ 법의 정신
・이명성 역—홍신문화사   ・권미영 역—일신서적출판사

몽테스키외는 미국 독립 운동의 이념적 지주가 되어 민주주의적 조직에도 큰 영향을 주었다.

083
성과 속

일리아데(1907–1986)

『성과 속』(1956)은 루마니아 출신의 종교 철학자이자 인도학 연구가로 신화와 종교에 관한 많은 연구 업적을 낸 일리아데(Eliade, Mircea. 1907~1986)의 대표적 저술이다. 이 책은 '종교의 본질'이라는 부제에서 알 수 있듯 직접적으로 종교의 본질을 탐구하지만, 공간·시간·자연·인간 등 철학의 주요 개념들을 다시 물으며 인간의 문화 전체를 성과 속의 개념으로 재서술하고 있다.

일리아데는 어려서부터 고전어는 물론 이탈리아어, 프랑스어 등의 외국어를 익혔을 뿐 아니라 종교에도 깊은 관심을 가졌다. 1949년 종교론 연구의 집대성이라 할 『종교형태론』을 발간하고 1956년 도미하여 이후 미국에서의 학술활동을 시작하였는데 그는 무엇보다 유럽 문명의 우월성이라는 가면을 벗기고 제3세계의 문화적 보편성을 깨우는 데 큰 역할을 한 학자이다.

일리아데의 이전에는 '성'을 놀랍고 비합리적인 경험으로, 신위(神威) 앞에서 느끼는 두려움의 감정으로 보았다. 그러나 일리아데는 성을 비합리적인 측면에서만 파악한 것이 아니라, 종교의 합리적 요소와 비합리적 요소간의 관계를 떠나 거룩한 것의 총체로 규정지었다. 거룩한 것의 총체

『성과 속』은 현대 종교학의 방향을 이해하고자 하는 사람에게뿐 아니라 삶과 우주의 본질을 알고자 하는 사람에게도 방향을 제시해 주고 있는 고전이다.

비종교적인 인간들에게도 자연은 신비하고 매력적인 것이라고 하는데 이를 일리아데는 종교적 경험의 퇴화된 기억이라고 부른다.

는 세속적인 것과 반대라는 뜻이다. 다시 말해 성과 속은 세계 속에 있는 두 가지 양식의 인간, 즉 종교적 인간과 비종교적 인간이 자신의 역사 과정 속에서 성장해 온 두 가지의 생존 상황을 말하는 것이다.

이러한 일리아데의 정의가 바탕이 된 『성과 속』은 제1장 '거룩한 공간과 세계의 성화(聖化)', 제2장 '거룩한 시간과 신화', 제3장 '자연의 거룩함과 우주적 종교', 제4장 '인간의 실존과 성화된 삶'에 대한 논의로 구성되어 있다.

제1장에서 일리아데는 종교인들이 어떻게 거룩한 공간, 즉 성스러운 공간을 발견하는가, 그리고 어떻게 자신이 사는 공간을 성스러운 공간으로 여기게 되는가, 종교적 인간의 공간 체험과 비종교적 인간의 공간 체험은 어떻게 다른가 하는 것들을 다룬다. 그는 여기에서 종교적인 인간들이 거룩한 공간을 발견한다는 의미는 인간에게 깊은 실존적 가치를 지닌다고 본다. 따라서 종교적 인간들은 교회·성당·수도원·사원은 물론 자신이 살고 있는 거주지까지도 거룩한 곳으로 간주하려 한다. 그런데 이러한 공간의 신성화는 비종교적인 인간에게서도 나타난다고 하였다. 자신의 출생지나 첫사랑의 장소, 젊은 시절 처음 방문한 외국 도시 등을 독자적인 공간적 의의를 갖는 것처럼 여기려는 성향이 있다는 것이다.

제2장에서는 거룩한 시간과 세속적인 시간이라는 두 시간을 다룬다. 종교적 인간은 거룩한 시간과 세속적 시간이라는 두 종류의 시간 속에서 살아간다. 종교적 의미의 시간은 거룩한 시간이며 원초적 신화의 시간이므로 모든 종교적 축제나 예배는 일상적 의미의 시간이 아니라 신화적 복귀를 의미하는데 이러한 신화적 의미를 종교적 의미로 실현하는 장소가 바로 사원이다.

제3장 '자연의 거룩함과 종교'에서는 종교적 가치가 가득 찬 곳으로 우주와 자연을 다룬다. 종교적 인간에게 자연과 우주가 종교적 가치로 가득 찬 신성한 공간인 것은 우주 만물이 신에 의해 창조되었기 때문이다.

제4장 '인간의 실존과 성화된 삶'에서는 종교적 인간의 행동과 정신세

계가 다루어진다. 종교적 인간은 이 세계를 초월해 있는 절대적 실재, 거룩한 것이 있다고 믿는다. 그러면서 그들은 이 세계 속에서 거룩한 역사를 재현함으로써 인간이 신에게 가까이 갈 수 있다고 생각한다는 것이다. 이러한 태도는 옛날부터 지속되어 온 것이기에 일리아데는 비종교적 인간도 종교적 인간의 후예이며 종교적 인간의 산물이라고 말한다.

이렇게 보면 성과 속은, 세계 속에 있는 두 가지 양식의 인간, 즉 종교적 인간과 비종교적 인간이 자신의 역사 과정 속에서 상정해 온 두 가지의 생존 상황을 말하고 있음을 알 수 있다. 인간은 성화된 우주 속에서 우주적 신성성을 공유하며 살고 있다고 본 것이다. 그는 특히 종교적 인간의 우주에 대한 인식과 일상적인 삶 속에서 나타나는 현상들을 종교적으로 해석해 나가는 제의적 측면을 주로 고찰하고 분석함으로써 과학적인 근대 사회의 속성 속에서 종교적 차원의 세계를 새롭게 발견하고자 하였다.

근대의 산업사회가 만들어놓은 탈신화적 특성들에 대한 비판을 통해서 그는 근대인들의 삶 속에서 신화적 삶이 사라지는 것이 단지 신화가 사라지는 것이라기보다는 근대인의 삶 속의 신화적인 것들이 근대의 소산으로 대체되었음을 뜻하는 것으로 보았다. 근대인들의 삶 속에서 신화적 의미를 되찾으려 노력한 것이다. 무엇보다 일리아데는 학자이기 이전에 한 인간으로서 진실을 찾는 구도자적인 풍모가 돋보이는데 그는 특히 서구 학자들에 대한 비판을 아끼지 않은 사람이다.

종교에 대한 역사적 비교 연구를 통해 그는 소수 민족을 포함한 모든 문화 형태를 단순히 정치사회적 맥락에서가 아니라 내부로부터 접근함으로써 동서양을 함께 아우른 학자였다. 또한 그의『성과 속』은 오늘날 천박한 문명에 대하여 칼날 같은 비판을 던지면서 신성이 행동하고 있던 세계의 비전을 제시한 책으로 현대 종교학이 낳은 가장 뛰어난 이론서라 불림에 부족함이 없다.

◉ 성과 속
• 이은봉 역―한길사 • 이동하 역―학민사

일리아데는 서구 학자들의 지나친 문헌학적 분석 경향과 전문화 경향을 지적하였으며 이로 인해 살아 있는 문화를 설명하지 못하는 병폐를 지적하고 창조적 해석학, 새로운 휴머니즘을 찾기 위해 노력한 사람이다.

084
열린사회와 그 적들

칼 포퍼(1902-1994)

칼 포퍼는 한때는 사회주의 중등학생연맹의 열성적인 회원이기도 했다. 그러나 그는 곧 사회주의나 공산주의 등의 전체주의 사상이 갖는 비인간성에 환멸을 느끼고 진보적 자유주의의 열렬한 대변자가 된다.

『열린사회와 그 적들』은 바로 그러한 상황 속에서 나왔으며 그의 사회철학을 대변하는 저작이라 할 수 있다.

『열린사회와 그 적들』(1945)은 오스트리아 출신의 철학자인 칼 포퍼(Popper, Karl Raimund. 1902~1994)의 정치 철학서이다. 그는 『과학적 이론의 발견』에서 이른바 '반증 가능성' 이론을 제시하며 비판적 합리주의를 확립한 과학철학자이다. 유태인인 그가 1936년 영국으로 망명한 뒤, 파시즘과 마르크스주의라는 좌우의 전체주의에 대해 그 사상적 근원을 탐구하고 극복을 모색하며 그리스 철학에서 현대에 이르는 사회 사상사를 섭렵한 것이 바로 이 저작이다. 여기에 나타난 그의 사회철학은 자신의 과학철학의 기본원리를 그대로 사회에 적용한 것으로 볼 수 있다.

과학철학자인 그는 특이하다 할 만큼 사회적 문제나 정치적 문제에 민감했는데 그것은 사회 문제에 관심이 깊었던 그의 아버지의 영향과, 1차 대전 말기부터 러시아, 독일, 오스트리아 등을 휩쓴 공산주의 혁명 및 이에 대항하는 파시즘의 등장 등으로 극히 혼란했던 상황 속에서 성장했기 때문인 것으로 추측할 수 있다.

포퍼에 의하면 역사는 열린사회와 닫힌사회의 투쟁과정으로 볼 수 있다. 물론 이것은 역사를 해석하는 유일한 관점은 아니지만, 인류가 지향해 왔고 지금도 추구하고 있는 가치 있는 사회를 제시하는 매우 편리한 하나의 패러다임이 된다.

포퍼는 열린사회를 닫힌 사회와 대립적인 성격으로 규정하며, 우리가 인간으로 살아남을 수 있는 유일한 사회라고 정의한다. 그리고 이 열린사회만이 참다운 과학적 이론의 기초 위에 서 있는 사회이다. 말하자면 그의 열린사회란, 참다운 과학적 방법으로 그가 제시한 방법론적 개체주의의 원리에 입각해 있는 사회로서, 전체주의에 대립되는 개인주의의 사회이며, 사회 전체의 급진적인 개혁보다는 점진적이고 부분적인 개혁을 시도하는 점진주의의 사회이다. 여기에서 우리는 포퍼의 열린사회의 이념이 고전적 자유주의의 흐름 위에 서 있음을 알 수 있다.

그가 말하는 열린사회란 사회 구성원 개개인들이 자신의 행위에 대해서 책임을 질뿐만 아니라, 자신의 독자적인 판단을 내릴 수 있는 사회이다. 따라서 어떤 불변의 규범이나 습관 같은 것이 개인들에 부과되는 강제적 사태라는 것은 열린사회 속에서는 존재할 수가 없다. 이렇게 볼 때 포퍼의 열린사회는 개인의 자유와 권리가 확보된 사회를 말하는데 여기에서의 자유란 다수와 의견을 달리하고 자기 자신의 길을 갈 수 있는 인간 진보의 원천으로서의 자유이며, 권리란 자신의 지배자를 비판할 수 있는 권리로서 규정된다.

그러한 열린사회를 파괴하고 그 발전을 저해하는 최대의 적은 역사주의라 불리는 신탁의 철학이라고 포퍼는 주장한다. 포퍼에 있어서 역사주의란 '역사적 예측을 사회과학의 기본적 목적이라고 생각하고, 이러한 목적은 역사 전반의 밑바닥에 깔려 있는 율동이나 유형, 법칙이나 경향을 발견함으로써 달성될 수 있다고 보는 사회 과학에의 한 접근법'을 의미한다. 이러한 역사주의는 본질적으로 방법론적 원리로서 규정될 수 있는 바, 방법론적 개체주의에 대립되는 방법론적 전체주의가 그것이다. 이런 규정에 따라 플라톤, 헤겔, 마르크스 등이 대표적인 역사주의자들로서 등장하게 된다.

이처럼 인류역사를 닫힌 사회와 열린사회의 투쟁으로 보는 포퍼에 의

칼 포퍼의 역사주의에 대한 비판은 주로 이 세 사상에 대한 비판이라 할 수 있다.

하면, 닫힌 사회에서 열린사회로의 이행은 인류가 수행한 가장 위대한 혁명 중의 하나이다. 이 혁명은 고대 아테네의 민주주의에서부터 시작되었다. 그곳에서 비로소 열린사회의 기본 신념인 이성과 자유 및 박애의 사상이 싹텄기 때문이다. 우리가 서구 문화의 기원을 고대 희랍에서 찾는 이유를 그래서 포퍼는 희랍이 아직도 시작 단계에 있는 것으로 보이는 위대한 혁명, 즉 닫힌 사회에서 열린사회로의 전환을 시작했기 때문이라는 것이다.

이상에서 보듯 포퍼의 『열린사회와 그 적들』은 인간에 대한 사랑과 합리성을 바탕으로, 자유의 가치와 인간이 지닌 비판적 힘의 가치를 제시해 준 저서라고 할 수 있다. 그의 열린사회는 우리에게 과학의 비판적이고 합리적인 방법을 사회 문제에 어떻게 적용할 것인가를 가르쳐주며, 민주적인 사회 발전의 건전한 원리들을 어떻게 수립할 것인가 하는 문제들에 관한 해답을 제시해 준다.

E.H. 카 역시 그의 저서 『역사란 무엇인가』에서 포퍼의 역사주의 비판과 점진적 사회공학에 대해 비판을 가하고 있다.

그러나 그의 열린사회의 원리는 긍정적인 측면에도 불구하고 그의 사상 전반을 꿰뚫고 있는 점진주의의 이념 때문에 비판을 받고 있다. 그는 정강이나 이념을 거부하며 명확한 계획에 따라 사회 전체를 개선하고자 하는 유토피아주의에 반대해서 점진적 사회공학을 주장한다. 그런데 우리가 알고 있는 인간 세계의 거대한 진보라는 것이 대체로 기존의 제도와 그 토대를 이루고 있는 전제들에 대한 근본적인 도전을 통해서 이룩되었음을 들어 현대의 비평이론가들은 포퍼의 보수성을 비판하고 있는 것이다.

그러나 이 책은 자유의 가치와 인간이 지닌 비판적 힘의 가치를 제시해 주고 있다는 점에 그 의의가 있다. 전체의 이익을 위한다는 미명 아래 개인의 희생을 요구하는 전체주의가 얼마나 허구적인가를 폭로하고 있는 현대철학의 고전이다.

◉ 열린사회와 그 적들
이한구 역—민음사

085
에밀

루소(1712–1778)

『에밀』(1762)은 『사회계약론』과 더불어 루소(1712~1778)가 남긴 대표적 저작 중의 하나로 원제는 『에밀, 교육에 관하여』이다. 여기에서 루소는 자연 예찬과 인위를 배격한 철학을 교육론으로 전개하고 있다.

그의 저서 『학문예술론』과 『불평등기원론』에서 자연과 문명, 진실과 가식, 선과 악, 자연인과 사회인의 대립된 개념을 분석, 비판한 루소에게 남은 일은 이상 사회 건설을 위한 이상적인 인간을 육성하는 일이었을 것이다. 이에 루소는 『에밀』이라는 한 아이가 태어나 인위적인 문명에 오염되지 않고 선한 본성을 그대로 발현하는 성장과정을 그린 소설로 그의 아동교육에 대한 구상을 예시하였다.

『에밀』은 전5편인데 전체의 주제는 에밀이라고 하는 어린이에게 자연에 입각한 교육을 시키는 것으로, 각 편의 주요 내용은 에밀의 발달 단계에 맞춰져 있다. 제1편은 유아기의 교육에 관한 내용이고, 제2편은 유년기, 제3편은 소년기, 제4편은 청년기 그리고 제5편은 에밀의 반려인 소피에 대한 교육과 여성 교육을 논한 내용으로 되어 있다.

제1부는 유아기 교육으로 교육의 기본 원리와 자연 교육의 목표, 그리고 구체적인 육아법이 제시된다. 창조주의 손에서 나오는 모든 것은 선하

여기에서 루소는 갓 태어난 아이의 양육 과정을 구체적으로 묘사하고 그 양육방법의 기초는 자연에 질서에 따라야 함을 강조한다. 그 구체적인 내용으로 신생아를 몸에 꼭 끼는 배내옷으로부터 해방시키기, 모유 대신 우유를 먹이는 엄마의 책임, 우는 아이 달래기, 아이에 대한 과보호의 문제, 건강의 중요성 등을 거론하였다.

고 아름답지만 인간의 손에 의해 추하게 변질되어 버린다는 것이 루소의 기본 사상이다. 그러므로 그가 생각하는 교육의 과제는 인간 속에 있는 자연적인 것, 본래적인 것, 원초적인 것을 보존하고 가꾸는 일이다.

제2부는 루소가 제창한 '소극적 교육'의 특색이 가장 잘 드러난 부분으로 어린이의 심신 발달과정과 이 단계에서 나타나는 특성과 요구를 고찰했다. 특히 감각기관의 발달에 유의하여 감각 훈련을 어떻게 할 것인가의 사례 연구가 제시되어 있다. 어린이를 둘러싼 환경은 자연에 접할 수 있는 전원 풍경이어야 하고 이 자연환경을 유일한 교육장소로 삼아야 한다는 것이다. 따라서 이 시기에는 책을 멀리해야 한다고 하였다. 직접적인 경험을 산 지식으로 보았기 때문에 그는 에밀이 경험할 수 있는 많은 기회를 항상 만들어 주어야 한다고 주장했다. 어린이의 놀이는 매우 중요한 활동이므로 이 시기에 알맞은 놀이를 통해 많은 경험을 얻도록 도와주어야 한다는 것이다.

제3부는 소년기 교육으로 적극적 교육과 이성의 도야에 관한 설명이 나타난다. 이 시기의 특징은 지적인 발달이다. 즉, 신체적·감각적 발달에 기초를 둔 이성을 발견하는 시기로 지적 호기심이 학문에 대해 호기심을 갖게 한다. 그러나 지리학·물리학과 같은 자연과학을 책과 측정도구가 아닌 관찰과 경험, 발견과 실험을 통해 공부한다. 또한 그는 손으로 일하는 노동의 필요성을 어릴 때부터 익숙하게 몸에 익히도록 해야 한다고 주장한다. 이런 경험은 책을 읽는 것보다 중요하며 기본적인 삶의 기술과 노동의 가치를 체험하게 한다는 것이다.

제4부는 청년기로 '제2의 탄생'에 해당하는 시기이다. 가장 의도적이고 본격적인 교육론이 전개되는 시기이기도 하다. 제3부까지의 교육은 청년기를 위한 기초 작업이라 할 수 있다. 이 시기에 들어서 본격적인 지적 교육이 실시되는데 문학, 역사, 철학, 법률 등의 다양한 교과목이 제공되며 청년기에 가장 깊은 영향을 주는 사랑과 종교에 대한 교육을 받게 된다. 이 시기에는 또한 다른 사람과의 관계를 유지하기 위한 도덕의 문

제가 등장한다. 이런 과정을 거쳐 에밀은 점차 사회로 진입할 시점에 도달하게 된다.

제5부는 결혼 적령기 남녀의 교육을 다루고 있다. 전반부는 여성교육과 관련된 부분으로, 이 부분에서 루소는 에밀의 짝이 될 소피를 주인공으로 삼아 남자와 여자, 여자의 결혼과 인격, 행복한 결혼의 전제 조건들, 에밀과 소피가 서로 상대를 사귀고 알아가는 이야기들을 다루고 있다. 후반부는 소피와 결혼을 약속한 에밀이 여행을 떠난다. 여러 나라를 여행하면서 정치와 사회를 배우고는 돌아와서 사랑의 감정과 결혼에 대한 마음이 변함없음을 확인하게 된다. 그런데 여기에서 루소는 그의 진취적인 일반교육론과는 달리 여성교육론에 있어서는 보수적이고 진부한 교육관을 전개했음을 알 수 있다.

그러나 루소로 인해 아이들은 어른들과 다르다는 사실을 알게 되었다. 루소 이전엔 아동기를 인간적인 불안정한 상태로 이해했지만 루소는 아동기를 여러 상이한 단계들을 거쳐 점차 어른으로 성장해 가는, 길고 중요한 발전의 시기라고 보았다. 그는 아이들이 어른들과는 다르게 생각하고 지각한다는 사실을 보여주었다. 또한 아이들은 전혀 이해하지 못하는 어떤 교조적인 규칙에서가 아니라 경험에서 배워야만 한다는 것을 보여주었다. 그는 사람들이 아이들을 그들의 나이에 전혀 해낼 수 없는 것을 요구해서는 안 된다고 밀했다. 또한 아이들은 식물처럼 자라야 하므로 그들이 어떤 특정한 형태를 가지게 여기저기 전제하는 일을 바로 시작해서는 안 되고 크고 강하게 될 때까지 우선 기다려야 한다고 했다. 『에밀』에서의 이러한 소극적 교육이라는 이념은 반교육, 또는 대안 교육 운동의 길을 열었고 오늘날까지도 이러한 교육 운동의 이론적 원천이 되고 있다.

◉ 에밀
•정영하 역−연암사 •김중현 역−한길사 •권응호 역−홍신문화사 •이애경 역−일신서적출판사

루소의 여성교육관은 서양의 교육원리가 되어 현대에 들어와 무차별적인 비판을 받아왔다.

086
이기적 유전자

리처드 도킨스(1941-)

『이기적 유전자』는 과학 분야 베스트셀러 1위 책으로 사회 생물학의 중심적인 문제를 자연선택설의 관점에서 파악해 진화론의 새로운 국면을 보여준다. 『이기적 유전자』가 출간되기 전까지는 머리카락, 피부색, 키 등 외모는 유전되지만 사회적 행동은 유전되지 않는다고 생각하는 것이 일반적이었다. 즉 인간의 사회적 행동은 학습이나 경험에 의해 달라지는 것이라고 믿었던 것이다. 그러나 『이기적 유전자』는 인간의 사회적 행동도 유전자에 의해 좌우된다고 주장함으로써 사회 생물학 논쟁에 불을 붙였다.

이 책의 저자 리처드 도킨스(Richard Dawkins)는 2차 세계대전이 한창이던 1941년 케냐 나이로비에서 태어났다. 아버지가 케냐에 파견된 공군 군속이었기 때문에 그는 어린 시절을 케냐의 아름다운 자연 환경 속에서 보낼 수 있었다. 1949년 가족과 함께 영국으로 다시 돌아와, 평범하게 성장하던 그는 1960년 옥스퍼드 대학 생물학과에 입학하였다. 이 대학에서 동물행동학 연구로 노벨상을 받은 니코 틴버겐의 제자가 되면서 본격적인 연구 활동을 시작하였다. 패턴과 기억 메커니즘 사이에 어떤 관계가 있지 않을까 하는 기상천외한 발상과 아이디어를 발표하여 전문가들을

깜짝 놀라게 했다.

도킨스는 동물 행동학에 정통할 뿐만 아니라 분자 생물학, 집단 유전학, 발생학 등의 인접 분야와 고전 문학, 시 등의 일반교양 그리고 수많은 사회 현상에 이르기까지 지식의 폭이 넓다.

도킨스는 『이기적 유전자』에서 유전자를 다음과 같이 소개하고 있다. "40억 년 전 스스로 복제 사본을 만드는 힘을 가진 분자가 처음으로 원시 대양에 나타났다. 이 고대 복제자의 운명은 어떻게 됐을까? 그것들은 절멸하지 않고 생존 기술의 명수가 됐다. 그러나 그것들은 아주 오래 전에 자유로이 뽐내고 다니는 것을 포기했다. 이제 그것들은 거대한 군체 속에 떼 지어 마치 뒤뚱거리며 걷는 로봇 안에 안전하게 들어 있다. 그것들은 원격 조정으로 외계를 교묘하게 다루고 있으며 또한 우리 모두에게도 있다. 그것들은 보존하는 것이 우리의 존재를 알게 해 주는 유일한 이유이다. 그것들은 유전자라는 이름을 갖고 있으며, 우리는 그것들의 생존 기계이다. 인간은 이기적 유전자를 보존하기 위해 맹목적으로 프로그램을 짜 넣은 로봇 기계인 것이다.

이 유전자의 세계는 비정한 경쟁, 끊임없는 이기적 이용, 그리고 속임수로 가득 차 있다. 이것은 경쟁자 사이의 공격에서뿐만 아니라, 세대간, 그리고 암수간의 미묘한 싸움에서도 볼 수 있다. 유전자는 유전자 자체를 유지하려는 목적 때문에 원래 이기적이며, 생물의 몸을 빌려 현재에 이르고 있다. 동물의 이기적 행동은 이와 같은 이유에서 비롯된 것이며 이타적 행동을 보이는 것도 자신과 공통된 유전자를 남기기 위한 행동일 뿐이다."

이런 맥락에서 유전자가 '이기적'이라는 말은 유전자의 일차적인 일이 자기 자신의 복사본을 남기는 일이라는 뜻이다. 일부 비판자들의 주장처럼 유전자가 어떤 의식이나 의도를 갖고서 그런 일을 한다는 뜻이 아니다.

도킨스에게 이기적 유전자는 "불멸의 코일"이다. 자연선택을 통해 궁극

리처드 도킨스의 그 밖에 저서로는 『확장된 표현형』, 『눈먼 시계공』, 『에덴 밖의 강』, 『풀리는 무지개』 등이 있다.

적으로 남는 것은 유전자뿐이기 때문이다. 개체나 집단은 유전자에 비하면 구름과 같은 존재에 불과하다. 그 실체가 지속될 수 없는 한시적 존재라는 뜻이다. 그는 유전자는 복제의 단위이면서 동시에 진정한 선택의 단위라고 주장한다. 그리고 개체나 집단은 기껏해야 그 유전자를 운반하는 '운반자'에 불과하다고 말한다. 운반자는 자기를 구성하는 자기 복제자들을 증식하도록 작용한다.

유전자에게 있어 절체절명의 핵심 과제는 '생존하라, 그리고 번식하라'이며, 생명은 단지 유전자의 생존을 보장하기 위해 경쟁을 벌인다. 그렇기에 한 종이 유전자를 담기에 적당한 그릇이 아니라고 판단되면 다른 종으로 갈아타는 것은 자연스런 일이고, 이것이 진화의 원동력이라는 것이다.

도킨스는 『이기적 유전자』에서 '인간의 정신도 유전자의 자기 복제처럼 모방을 통해 뇌에서 뇌로 번식하고 생존을 유지한다.'며 '밈'의 개념을 도입했다. 인류의 문화 역시 복제(모방)와 변이와 도태를 거듭하는 일종의 인자라고 규정했고, 이를 '유전자(gene,진)'에 대응해서 '밈(meme)'이라는 이름을 붙였다. 이전에는 문화를 창조하는 것은 개인의 정신이며, 인간만이 영혼의 반영이라고 생각했다. 그리고 이는 모든 종교의 기본이 된 모티브였다. 그러나 도킨스는 이를 반박하며 밈은 유전자처럼 복제되면서 퍼져나가는 습성이 있고, 복제되고 변형되는 과정 속에서 사람들에게 많이 알려진 ―즉, 환경에 적응한― 밈만 선택되어 존속되고, 나머지는 도태된다고 말한다. 이 논리에서 '사후 세계가 있다는 믿음'은 '너무도 전파력이 강력하여 인류 전체에 널리 퍼져 있는 강력한 밈'으로 받아들여진다.

이기적 유전자 개념은 개체들 사이의 경쟁을 통해 진화가 이루어진다는 전통적 생각을 복잡한 거대분자에 대응되는 유전자들 사이의 적극적 경쟁을 강조하는 것으로 대치시켰다는 점에서 큰 의의를 가진다.

◉ 이기적 유전자
홍영남 역―을유문화사

모방을 의미하는 그리스어 mimeme에서 착안하였다.

087
털 없는 원숭이

데즈먼드 모리스(1928-)

데즈먼드 모리스(Desmond Morris)는 1928년 영국 남부의 월트셔에서 태어나, 버밍엄 대학에서 동물학을 전공한 뒤, 옥스퍼드 대학에서 박사 학위를 받았다. 1959년부터 1967년까지 런던 동물원의 포유류관장을 지냈으며, 같은 기간에 영국 BBC 텔레비전의 '동물의 세계'라는 프로그램의 제작 및 진행을 맡아 인기 프로그램으로 정착시키는 한편, 동물 보호와 동물 행동 연구에도 힘써 수많은 논문과 저서를 발표했다.

그 뒤로 그는 저술 활동에 전념하여 20여 권의 저서를 펴냈는데, 그의 저서들은 세계적인 베스트셀러가 되어 그의 명성을 떨치게 했다. 특히 1967년에 출판한 『털없는 원숭이』는 20여 개 언어로 번역되어 1000만 부 이상 팔렸다고 한다.

그는 또한 뛰어난 초현실주의 화가로서 여러 차례의 개인전을 가졌으며, 『은밀한 초현실주의자』 같은 책을 쓰기도 했다.

『털없는 원숭이』는 인류를 동물학적으로 서술하려는 의도였지만 결과적으로 엄청난 파장을 몰고 왔다. 사람들은 인간을 마치 동물학 연구 대상인 일개 동물 종(種)처럼 다룬 이 책에 경악했다. 이 때문에 인간 진화론도 조롱거리로 전락하는 처지가 되기도 했다. 종교적, 성적 금기를 깨

데즈먼드 모리스의 그 밖의 중요한 저서로는 『예술의 생물학』, 『인간 동물원』, 『친밀한 행동』, 『인간 관찰』, 『신체 관찰』 등이 있다.

뜨렸을 뿐 아니라 인류가 선천적 충동에 지배를 받는다고 주장함으로써 저자는 '인간을 마치 짐승처럼 만들었다.'는 비난까지 받았다.

"사람이 동물이라면 왜 동물행동학을 사람에게 적용할 수 없는가"라는 모리스의 생각은 『털없는 원숭이』로 마침내 빛을 보게 된 것이다.

1장 '기원'에서는 '털없는 원숭이'가 생겨난 과정을 면밀하게 관찰한 다음, 혈통은 영장류이지만 육식동물의 생활양식을 채택한 인류의 진화를 다루고 있다. 여기에는 오늘날 우리의 행동양식이 갖고 있는 생물학적 측면을 이해해야만, 유별난 우리의 존재에 대하여 진실로 객관적이고 균형 잡힌 인식을 얻을 수 있다는 전제가 바탕에 깔려 있다.

2장 '짝짓기'에서는 자세한 통계 자료를 사용하여 성적 행동을 묘사하면서, 입술과 젖가슴이 직립 생활을 하면서 진화한 성적 신호라는 독특한 이론을 내세우며 짝짓기의 성공률을 높이기 위한 성기관의 진화를 다루고 있다. 2장의 일부는 후에 『접촉』, 『인간의 성』이라는 책으로 발전되었다.

3장 '기르기'에서는 두뇌의 계속적인 성장이나 신체적 특징 등 유태보존의 이익을 유지하기 위해서 '털없는 원숭이'가 짊어지게 된 운명인 아이 기르기에 관하여 이야기하고 있다. 이는 임신 및 생후 12개월에 이르는 아기의 행동을 연구한 『아기의 비밀 60가지』에 더욱 본격적으로 설명되어 있다.

4장 '모험심'에서는 진화하는 과정에서 변화하는 환경을 오히려 잘 이용하는 기회주의자가 된 '털없는 원숭이'의 호기심을 포착하고 있다. 사람의 아이만이 동그라미에서 발전된 초상화를 그릴 수 있는 능력을 가지고 있음을 침팬지에 견주어 보여주고 있다. 그는 『예술의 생물학』이라는 책을 펴내어 이에 관하여 다시 자세하게 설명하였다. 또, 외로운 동물들의 접촉을 꺼리는 틀에 박힌 행동을 도시라는 우리에 갇힌 사람들에게 투영하여, 『털없는 원숭이』 3부작의 한 책인 『인간 동물원』으로 정리하기도 했다.

5장 '싸움'에서 생물학적 차원의 적절한 공격은 적을 죽이는 게 아니라 복종시키는 것이라고 말하며, 가공의 적과 상대하는 현대전에서는 직접적인 복종의 몸짓에 관대해지는 성향은 발휘될 기회가 없다고 개탄한다.

6장 '먹기'에서는 직접 사냥감을 좇는 대신에 사무실에 출근하게 된 현대의 '털없는 원숭이'들은 그 변화한 행동 양식에도 불구하고 우리의 조상들과 기본적으로 거의 똑같은 식사를 하고 있다고 한다.

7장 '몸손질'에서는 사교를 위한 몸단장과 신호체계를 다루고 있는데 데즈먼드의 독창성이 빛나는 부분이다.

8장 '다른 동물들과의 관계'에서는 애완동물과 동물보호 등 다른 동물에 대한 행동양식을 다루고 더 나아가 지구상에 살고 있는 60억에 이르는 '털없는 원숭이'가 겪어야 할 미래의 운명을 이야기하고 있다.

결론적으로 그는 영장류로서의 행동 양식들은 사람들이 하는 모든 일에 아직도 뚜렷이 남아 있으며 우리가 그것을 이해해야 파국을 미연에 방지하고 문명을 발전시킬 수 있다고 주장한다. '털없는 원숭이'라는 다소 모욕적으로 들리는 표제를 사용한 것은 바로 이런 점을 부가시키기 위한 것이었다고 말하는 그는, 의도한 대로 대중의 관심을 얻는 데 성공했다.

얼핏 생각하기에, 우리는 이 책을 읽으면서 인류가 동물로 전락하는 낭패감을 느끼게 될 것 같지만, 실은 그 반대다. 오히려 우리는, 이 책을 읽고 났을 때, 존경과 감탄으로써 우리 자신을 바라보게 될 것이다. 그것은 마치 갓난아이가 자라면서 말을 배우고 두 발로 서고, 마침내 하나의 독립된 존재로 일어서는 것을 목격할 때 느끼는 경이와도 비슷하다. 그러기에 이 책은 인간의 존엄성에 대한 새로운 성찰로 읽히기도 한다.

◉ 털 없는 원숭이
• 김석희 역─문예춘추사 • 이충호 역─두레

제7장의 내용에 사진을 곁들인 『바디워칭』과 『맨워칭』이라는 책은 상당히 호평을 받은 바 있다.

088
엔트로피

제레미 리프킨(1945-)

'**엔트로피**'란 그리스 어원인
'en(알맹이)'과 'trepein(전환)'
이 합쳐진 것이다.

『엔트로피』는 제레미 리프킨(Jeremy Rifkin)의 이름을 우리에게 처음으로 알려준 책이다. 제목은 21세기의 새로운 세계관을 지칭하기도 한다. '엔트로피'는 열역학 제2법칙에서 따온 말로 이 법칙은 엔트로피 법칙이라 불린다. 열역학 제1법칙은 에너지보존의 법칙을 말한다. 두 열역학 법칙은 일과 일의 상호관련성의 원리를 경험적 일반화를 통해 서술한 것이다.

열역학 제1법칙은 우주의 물질과 에너지 총량은 일정하기 때문에 생성되거나 소멸될 수 없고, 오직 그 형태만 바뀐다는 점을 시사한다. 우리가 살고 있는 세계를 중심으로 볼 때, 에너지는 이동할 뿐이지 에너지 자체의 양이 변하지는 않는다는 것이다. 만약 이 열역학 제1법칙밖에 없다면, 에너지를 한정 없이 사용하더라도 에너지는 바닥나지 않을 것이다. 그러나 우리는 경험상 그렇지 않음을 알고 있다. 예를 들어 석탄을 태운다고 할 때, 그 연소 과정에서 에너지의 총량에는 변화가 없으나, 에너지는 탄산가스나 그 밖의 배기가스로 변하여 공기 중에 풀어져 버린다. 문제는 이런 상태에서 배기가스를 다시 태워서 앞서와 같은 열을 얻을 수 없다는 것이다.

이것에 대한 설명을 열역학 제2법칙이 해준다. '엔트로피의 법칙'이라고 불리는 열역학 제2법칙은, 열의 힘이 항상 높은 데서 낮은 데로는 흘러가지 않는 이것을 불가역 과정, 즉 거꾸로 진행되지 않는 과정이라고 한다. 모든 열은 따뜻한 곳에서 찬 곳을 이동하는데, 그 흘러가는 정도를 엔트로피라고 한다. 그래서 엔트로피가 증가한다는 말은 열의 분자들이 사방으로 흩어져 차갑게 된다는 뜻이 된다. 에너지가 어느 한 상태에서 다른 상태로 변할 때에는 모종의 불리한 상황이 부과되는데, 그것은 앞으로 사용 가능한 에너지의 양이 줄어드는 것이다. 따라서 엔트로피의 증가는 사용가능한 에너지의 감소를 뜻한다. 이처럼 사용 불가능하게 된 에너지가 바로 공해의 원인이 된다. 결국, 환경오염은 엔트로피가 증가하여 사용이 불가능하게 된 에너지 때문에 생기는 것이다.

에너지를 많이 소비할수록, 그 과정이 복잡할수록 엔트로피의 총량이 많아진다. 그러므로 산업혁명 이후 기계화가 가속화되면서 더 많은 양의 전기와 자원이 사용돼 왔으며 따라서 엔트로피의 양도 급속도로 늘어나 현재는 포화 상태에 이르렀다는 것이 저자의 경종이다.

저자 제레미 리프킨은 그동안 주목할 만한 책을 여러 권 발표하였다. 그 중에서도 그의 이름을 전세계에 알린 것은 『엔트로피』다. 그 후 그는 『노동의 종말』을 통해 정보화 사회가 창조한 세상에서 오히려 수많은 사람들이 일자리를 잃고 미아가 될 것이라고 경고하는가 하면, 『소유의 종말』을 통해서는 소유가 아닌 '접속'으로 상징되는 새로운 세상을 어떻게 살아갈 것인지 우리에게 질문을 던지기도 하였다. 그의 이론이 지나치게 비관적이라고 보는 사람들도 있긴 하지만 미래에 대한 전망과 현실 비판은 여전히 호소력을 가지고 있다.

『엔트로피』의 주안점은 엔트로피의 도입에 의한 새 세계관의 확립을 요청하고, 거기서 비롯될 새 사회의 개념을 규정하려는 데 있다. 저자는 인류 문명사의 골격은 그 시대마다 에너지 환경이 조성하고 있다는 사실을 지적하고, 지금까지 인간이 믿어 온 세계관은 어떻게 수립되었으며, 어떤 역할을 해 왔는가를 밝히는 동시에 현대의 세계관이 내포하고 있는

엔트로피의 증가는 사용가능한 에너지의 양이 줄어드는 것이다.

기계적 세계관에 바탕을 둔 현대문명을 비판하고 에너지의 낭비가 가져올 재앙을 경고한 것이 바로 '엔트로피' 개념이었다.

치명적인 결함에 대해서도 언급하고 있다. 또한 인간의 역사가 진보할 것이란 믿음은 엔트로피의 문제를 눈가림한 망상일 뿐이라고 경고한다. 오히려 역사는 퇴보하고 있으며 수렵사회에서 농경사회, 그리고 기계화를 거치면서 점점 인간의 삶은 고달파지고 생활을 영위하기 위한 에너지는 점점 더 커져왔다는 것이다. 현대인이 누리는 작은 질서를 창출하기 위해 부수적으로 더 많은 양의 무질서가 만들어지고 지구의 에너지원은 고갈 상태에 다다르게 돼 인류는 파멸에 직면하게 되었다는 주장이다.

저자는 문제의 해결책으로 속도를 늦추는 방법, 다시 말해 저 엔트로피 사회 시스템으로 전환하는 방법을 제시한다. 그 외의 방법은 부가적으로 더 큰 양의 에너지를 소비하게 되므로 부당하다는 것이다.

저자는 현대인의 과제에 대해 이렇게 말한다. '인간이 살아가는 궁극적인 목적은 모든 물질적인 욕구를 만족시키는 것이 아니라, 우주의 진리와의 합일을 도모하여 여기서 얻는 만족으로부터 비롯되는 인간적인 해방감을 체험하는 것이다.' 요컨대, 우리를 자유롭게 해방시켜 주는 진리를 발견하는 것이 제일 중요한 과제라는 이야기이다.

『엔트로피』는 물리학적 관점에서 환경의 문제를 다루고 미래에 다가올 문제를 경고하는 데에서 큰 의미를 지닌다. 이 책은 세계적으로 엔트로피에 대한 관심을 유발시키는 촉매제 역할을 했으며 최근 우리나라에 소개된 뒤 환경문제와 관련, 넓은 범위에 영향을 미쳤다.

'엔트로피'라는 개념을 중심으로 전개되는 리프킨의 문명비판은, 에너지 문제를 포함하여 물질만능·과학만능의 근대적 인간에게, 오만에 찬 편견에서 벗어나 인류사 발전을 생태학적 시각에서 바라보게 한다. 리프킨은 환경오염과 유전자 복제로 치닫고 있는 현대 과학기술의 맹목적인 진행에, 새로운 세계관으로 윤리적 개입을 시도하고 있다. 우리는 이 책을 통해 새로운 에너지 개발과 그 효율적 이용 방안을 포함한, 저엔트로피의 산업후사회를 준비해야 하는 시대적 과제를 실감할 수 있다.

◉ 엔트로피
・이창희 역—세종연구원 ・최현 역—범우사

089
카오스

제임스 글리크

『카오스』의 저자 제임스 글리크(James Gleick)는 뉴욕 타임스의 과학 기자로 2년 8개월에 걸쳐 2백여 명의 과학자를 인터뷰하고 수천 편의 논문을 검토한 끝에 카오스 이론을 소설처럼 쉽게 읽을 수 있도록 설명해 놓았다. 고도의 수학을 필요로 하는 카오스 이론을 설명하면서 고등학생이면 이해할 수 있는 정도의 간단한 수학 외에는 들어있지 않다.

카오스(chaos)란 '혼돈'을 뜻하는 말이다. 카오스는 외관상 무작위해 보이지만 내적인 질서와 규칙성을 갖고 있는 현상을 말한다. 예일대학의 이론물리학자 로데릭 젠슨 교수가 말한 대로 카오스는 '결정론적인 비선형계에 나타나는 불규칙하고 예측불가능한 현상'을 의미한다.

결정론적 법칙에 의해 지배되는 운동이 카오스와 같이 무작위한 양상을 보일 수 있다는 것은 정확한 카오스의 의미를 파악하기 전에는 그 정의가 임의적으로 보일 수 있다. 카오스의 결정론적 비예측성은 매우 모순되는 개념처럼 들리지만 이는 일명 '나비 효과'에 의해서 이해될 수 있다.

결정론적 법칙에 의해서 지배되는 모든 운동이 카오스 운동인 것은 아니다. 또한 카오스를 유발하기 위해서 그 계가 매우 복잡한 계일 필요도

원래 카오스는 조화로운 자연이 창조되기 전의 무질서한 상태를 가리키는 개념으로 사용되었는데, 이는 고대 동서양에서 공통적으로 가졌던 개념이었다. 하지만 오늘날 과학용어로써 사용되고 있는 카오스는 다른 의미로 사용되고 있다.

없다. 시계추의 진동과 같은 간단한 경우도 카오스 운동을 보일 수 있다. 카오스 운동이 일어나기 위한 여러 가지 조건들이 알려져 있지만 그 중 가장 중요한 것은 운동법칙에 내재된 비선형성이다. 원인에서의 작은 변화가 결과에도 항상 작은 변화를 야기할 때 우리는 그 계를 선형적이라고 한다. 하지만 비선형계가 카오스 운동을 보일 때 초기 오차는 시간이 흐름에 따라 지수 함수적으로 급격히 증가한다. 따라서 무한히 정확한 초기 조건을 모르는 한 우리는 잠시 후의 결과에 대해 대략적인 예측도 할 수가 없게 된다. 즉 카오스는 초기 조건에 매우 민감하게 의존하여 초기 조건이 조금만 달라도 전혀 다른 양상의 운동을 하게 된다.

카오스 현상을 최초로 문제제기한 사람은 프랑스 수학자인 프앵카레(Jules Henri Poincare, 1854~1912)이다. 그는 뉴턴 역학의 방법으로는 어느 정도 근사치까지는 맞출 수 있지만 완벽하게 운동을 예측하고 설명하는 것은 불가능하다고 하였다. 그는 어떤 물체의 운동을 예측하고자 할 때 초기의 작은 조건에 의해 전혀 반대의 결과를 얻을 수 있고 이러한 카오스의 잠재성은 자연계 자체의 특성에 기인하며 규칙적으로 공전하는 태양계와 같이 완전히 예정되어 있는 것처럼 보이는 시스템이라 할지라도 작은 변화에 의해 전혀 예측할 수 없는 결과를 초래할 수 있다는 것을 예견하였다.

예견되어 오던 카오스 현상을 나비효과란 말로 대중에게 널리 알린 사람은 미국의 기상학자인 로렌츠(Edward N. Lorents)이다. 로렌츠는 1979년 미국의 첨단과학회에서 '브라질에 있는 나비의 날개짓이 미국 텍사스 주에 발생한 토네이도의 원인이 될 수 있을까?'라는 제목의 충격적인 주제 강연을 통하여 유명하게 되었다.

미국 MIT대학 교수로 재직하고 있던 로렌츠는 '현대과학이 일월식 같은 천체 운동, 로켓 운동 등은 정확하게 예측하면서도 왜 유독 날씨만은 정확하게 예측하지 못하는가?'라는 의문을 품고, 1960년경 날씨 변화를 설명할 수 있는 간단한 기상 모델을 설정하여 컴퓨터를 이용해 시뮬레이

선 한 결과 '초기조건에의 민감성' 결과 즉 나비효과를 관찰하게 되었다.

나비효과를 예를 들어 설명하면 중국 북경에 있는 나비의 날개 짓이 대기 흐름에 영향을 주고 또 그 영향이 시간이 지날수록 증폭 왜곡되어 시간의 경과와 함께 미국 뉴욕을 강타하는 허리케인과 같은 엄청난 결과를 가져온다는 것이다. 나비 효과는 만약 이 나비가 가만히 꽃에 앉아 있었다면 허리케인이 뉴욕을 지나는 일이 없었을 것을 의미하기도 한다. 이처럼 카오스는 스스로 불규칙하게 변화할 뿐만 아니라 나비 효과와 같이 작은 차이가 엄청난 결과를 가져온다.

학자에 따라 비선형계 이론(nonlinear system theory), 복잡계 이론(complex system theory) 등으로 불리는 카오스 이론은 로렌츠의 연구에 뒤이어 1970년대에는 학계에 폭풍을 불러 일으켰다.

미국과 유럽의 관련 과학자들은 카오스에 숨어 있는 '무질서'를 탐구하였다. 생리학자들은 심장 마비의 주요 원인인 심장활동의 불규칙성을 연구하던 중 거기에서 카오스의 질서를 발견했다. 생태학자들은 집시나방의 수의 증감을 연구하며 수리생물학에서 쓰이는 단순한 함수의 반복과정이 믿을 수 없을 만큼 복잡한 카오스 현상을 일으킴을 보았다. 경제학자들도 과거의 주가 변동 자료를 조사해 새로운 분석을 한 결과 주가변동 주기의 카오스적 특성을 발견하였다.

카오스 이론은 과학의 경계선을 붕괴시키고 있다. 카오스 이론은 게(系)의 전체적 본성에 관한 과학이기 때문에 서로 떨어져 있던 분야의 전문가들을 함께 묶어가고 있다.

◉ 카오스
• 박배식/성하운 역―동문사

카오스 이론은 자연 현상에서는 기상, 물체의 진농, 뉴체의 특성 등, 사회 현상에서는 경제 현상, 인구의 변화 등, 의료 분야에서는 심장질환이나 간질 발작 등의 예견까지 연구 영역을 확장하고 있다.

090
과학 혁명의 구조

토머스 쿤(1922-1996)

『과학혁명의 구조』의 저자 토머스 쿤(Thomas S. Kuhn)의 과학관은 거의 모든 분야에 걸쳐서 가장 심오한 영향을 끼치고 있는 사상이라고 해도 과언이 아니다. 그의 패러다임 명제가 실린 『과학혁명의 구조』는 1962년 그 초판의 출간과 동시에 열광적인 찬사와 비판의 대상이 됨으로써 광범위한 영역에서 '쿤 혁명'을 일으켰다. 그의 과학 변천 및 발전에 관한 이론은 특히 과학철학 분야에서 심각한 논쟁을 유발시켰고, 자연과학 분야는 물론이고 나아가서 사회과학 분야에 더욱 심오한 영향을 미치게 되었다.

토머스 쿤은 하버드 대학의 대학원에 진학하여 학위 과정을 밟은 후 과학사 강사와 조교수를 지냈고, 다시 프린스턴 대학에서 과학사 및 과학철학과 교수를 거쳐 MIT의 언어학 및 철학과 교수로 재직한 바 있다.

『과학혁명의 구조』에 실린 에세이들은 저자가 이론 물리학 전공의 대학원 재학 시절에 착상했던 프로젝트에 대한 완간된 보고서이다. 책의 서문에서 밝히고 있듯이, 그는 화학자이면서 과학사에도 조예가 깊었던 모교의 제임스 코넌트 총장이 개설한 비자연과학 계열 대상의 자연과학 개론 강의를 거들게 되면서 과학의 역사적 측면에 관하여 깊은 흥미를 느끼기 시작한다. 과학사에 대한 쿤의 관심은 1948년 하버드 대학 '신진

토머스 쿤은 1922년 미국의 오하이오 주 신시내티에서 태어나서 하버드 대학에서 물리학 전공으로 수석 졸업한 뒤 과학 연구 개발 연구소(OSRD)에서 2년간 일하였다.

연구원' 기간과 1951년 하버드 대학 교양과정 및 과학사의 강사와 조교수 경력을 거치면서 과학 사상의 혁명적 변화들에 대한 깊은 이해로 이어진다.

쿤의 과학사관은 한 마디로 과학적 지식의 변천 및 발전이 혁명적이라는 데 있다. 그가 그리는 발전 모델에 의하면 과학혁명은 하나의 패러다임이 전체적 부분적으로 대체되는 비축적적인 변화의 에피소드들을 가리킨다는 것이다. 여기서 패러다임이라는 말이 제시되는데, 그 의미는 언어 학습에서 사용되는 '표준예(exemplar)'라는 뜻의 단어로, 그것은 다시 다양한 구성 요소로 이루어진다. 과학 분야의 기본 이론과 법칙, 개념, 지식 등은 물론, 거기에 소요되는 실험 기술과 장치라든가 심지어 연구의 방향을 제시하는 형이상학적 원리, 과학자 사회의 공유된 관념 등도 당연히 포함된다.

형이상학적 원리는 예를 들면 정확성, 간결성, 체계성 등을 중시하는 해당 분야의 가치관을 말한다.

쿤의 분석에 따르면, 과학자들은 패러다임에 안주하여 대체로 세 가지 유형의 연구 활동에 종사하게 된다. 첫째로 패러다임의 틀 속에서 자연 세계 현상들의 본질에 대한 사실 탐구, 둘째로 직접 관찰한 사실과 기본 이론들로부터 예측되는 결과를 비교 설명하는 작업, 셋째로 예측과 사실 사이에 부합되는 정도를 증진시키는 방향으로의 패러다임의 수정, 보완 및 명료화 작업으로 분류된다.

정상과학은 퍼즐 풀이(puzzle-solving)에 비유한다. 둘 사이의 공통점은 푸는 사람들이 확실한 해답의 존재를 알고, 풀이를 얻는 데에 필요한 규칙과 지침을 터득하고 있다는 점이다. 정규적 연구에서 패러다임의 기본 이론과 상치되는 결과를 얻는 경우에는, 이론의 성립 여부가 의심되는 것이 아니라 과학자의 능력 여부가 의문시되는 것이 상례이다.

그러나 그 과학자 사회가 더 이상 설명할 길이 없는, 기본 이론과 모순되는 이상 현상들이 누적되는 경우 정상과학은 위기를 맞게 되며, 그 반응은 과학 연구의 성격을 변화시킨다. 기존 패러다임에 기초한 활동과 판단에 의문이 제기되면서 급기야 새로운 이론 체계들이 나타나며 과학자 사회는 결국 새로운 패러다임에 합의하기에 이른다.

이때 연구 방법과 현상을 지각하는 관점에서의 대규모 재조정이 수반되며, 개념 체계 역시 재구성의 과정을 겪게 된다. 쿤은 이것을 가리켜서 '과학혁명'이라고 일컫는다. 과학자는 자기가 속한 분야의 패러다임을 통해서 자연 세계의 어느 측면을 바라보는 것이므로 새로운 패러다임의 선택은 새로운 세계관으로의 전향을 의미하며, 이렇듯이 새로운 기반으로부터 그 분야를 다시 세우는 과학혁명을 통해서 지식은 변화를 일으키는 것이다. 쿤은 기존 정치제도가 기능을 발휘하지 못해 위기가 조성된 끝에 반대진영이 민중의 지지를 얻어 구제도를 뒤엎는 정치혁명과 과학혁명을 비교하고 있다.

쿤에 따르면 과학혁명은 기존 질서와 단절하고 사물을 보는 새 방법으로서의 '게슈탈트 전환(Gestalt switch)'이다. 그러므로 과학은 과학자들이 현상의 앙상블을 어떻게 보는가에 의해 달라진다. 과학혁명에서 과학의 논리적 구조보다 과학자들이 속해 있는 사회의 심리학과 사회학이 중요시되는 것은 바로 이 때문이다. 쿤의 패러다임은 여러 다른 분야에서 앞을 다투어 원용되었다. 그가 다루지 않은 생물학을 비롯해, 역사학, 경제학, 인류학 같은 분야들에서 이 개념을 끌어갔다. 특히 문학사, 미술사, 정치사에서는 패러다임을 크게 환영했다.

쿤이 『과학혁명의 구조』를 통해 말하고자 하는 것은 과학도 인간의 여타 활동과 유사한 방식으로 변화하는 것이며, 보통 과학의 특성이라고 간주되었던 객관적, 논리적, 가치중립적 성격들이 다른 분야보다 정도가 더한 것은 사실이지만 본질적으로는 크게 다르지 않다는 것이다.

과학은 우리가 가져온 통념처럼 사회로부터 독립된 가치중립적이고 객관적이고 절대적인 지식이 아니라, 사회의 다른 부문과 밀접한 영향을 주고받으며 발전해 온, 인간 사회의 주관적이고 상대적인 지식 체계의 한 부분임을 밝히고 있다.

◉ 과학 혁명의 구조
• 김명자 역―까치 • 조형 역―이화여대출판부

과학혁명은 낡은 패러다임의 개선이나 연장이 아니라, 결정적으로 다른 해결 방법과 목표를 채택하는 것이다.

091
생명이란 무엇인가

에르빈 슈뢰딩거(1887-1961)

"생명이란 무엇인가"라는 물음은 아마도 과학이 도전하고 있는 가장 궁극적인 난문 중 하나일 것이다. 사실 이 질문이 그토록 어려운 주된 이유는 생명을 바라보고 그것에 대해 의문을 품는 우리의 접근 방식에 있는지도 모른다. 처음 이 물음을 본격적으로 제시한 사람은 물리학자 에르빈 슈뢰딩거(Erwin Schrodinger)였다. 그는 1943년에 『생명이란 무엇인가』라는 기념비적인 저서를 출간해서 결국 생명현상이 물리법칙에서 벗어나지 않는다는 중요한 주장을 제기했다. 슈뢰딩거의 이 책은 1953년 DNA 이중나선 구조를 발견해서 오늘날 생명공학의 기반을 제공했다고 평가받는 제임스 왓슨과 프랜시스 크릭을 비롯해서 많은 생물학자들에게 결정적인 영향을 미쳤다.

띠지고 보면 왓슨과 크릭은 슈뢰딩거의 가르침을 충실히 따라 생명 현상의 토대로 생각된 DNA의 물리적 구조를 밝힌 셈이다.

1887년 비엔나에서 태어난 슈뢰딩거는 오스트리아의 물리학자이다. 어린 시절부터 아버지와 친구로부터 다윈의 『종의 기원』에 대해 알게 되고, 이와 관련된 여러 생물학의 논의를 마음깊이 새긴 후, 비엔나 대학에서 물리학을 공부하였다. 그는 예나와 슈투트가르트와 브레슬라우를 거쳐 취리히에서 지내게 되는데, 거기서 1926년 드브로이의 '물질파' 개념을 받아들여 '파동역학'의 기본 방정식을 완성하였다. 1927년 당시 아인슈타인이 속한 베를린 대학 물리학과의 정교수 자리를 넘겨받았다. 1933년 나치 정권은 슈뢰딩거에게 노벨상 수상의 거절을 강요했지만, '원자이론의 새로운 유익한 형식의 발견'이라고 평가받은 파동역학으로 영국의 디락과 함께 노벨 물리학상을 받았다. 1939년부터는 그를 시달리게 만든 나치와 전쟁을 잊고 더블린의 고등학술연구소에서 행복한 17년을 보냈다. 그는 1943년 『생명이란 무엇인가』와 1954년 『자연과 희랍인』 그리고 1956년 『정신과 물질』을 완성하였다. 2차대전이 끝난 후 10여 년이 지나고, 비엔나 대학의 명예교수로 귀향하고 1961년 1월 4일 74세로 비엔나에서 세상을 떠났다.

이 책 『생명이란 무엇인가』는 더블린 고등학술 연구소의 후원으로 1943년 2월 더블린의 트리니티 칼리지에서 행한 몇 차례 강연의 원고를 토대로 만든 것이다. 이 책에서 슈뢰딩거는 물리학자의 관점에서 '생명이란 무엇인가'를 묻고, '살아있는 세포에 대한 물리학적 관점'을 보여주려고 한다. 그렇다고 그는 유기체에 대한 생물학적 논의를 물리학으로 환원하려는 게 아니다. 그는 오직 물리학의 원리를 유기체의 생물학적 설명에 적용해 두 분야를 결합해 보려고 시도했다. 무생물을 다루는 물리학과 생물을 다루는 생물학은 나뉘어 논의되지 않는다. 그는 고전역학의 세계에서 논의하는 무생물과 양자역학으로 말하는 생명 있는 유기체에 더 이상 차이를 두지 않는다. 즉 유기체는 무생물과 마찬가지로 물리적 체계이다.

물질이 무질서 상태로 가는 자연적 경향은 기본적인 물리법칙으로 인정된다. 슈뢰딩거는 생명을 말하기 위해 바로 이 열역학 제2법칙(엔트로피 원리)을 이용한다. 고립된 체계인 비가역적 자연계에서 엔트로피는 증대한다. "따라서 살아있는 유기체는 계속해서 자체 내의 엔트로피를 증대시켜 …죽음을 뜻하는 최대 엔트로피의 위험한 상태로 다가가는 경향을 나타내게 된다." 그렇지만 이를 구성하는 더 작은 부분들은 나름대로 복잡하긴 하지만 질서를 갖는다. 즉 "생명은 질서가 무질서로 전환하는 경향에만 근거하는 것이 아니라 계속 유지되고 있는 질서에도 부분적으로 근거하는 물질의 질서정연하고 규칙적인 현상인 것 같다." 슈뢰딩거가 모순처럼 보이는 이 상황에서 '음의 엔트로피'를 말하는 것은, 열역학의 엔트로피 원리에 어긋나지 않으면서 열린 체계로서 유기체를 말하려고 하기 때문이다. 볼쯔만이 통계역학적으로 말하는 열역학 제2법칙에 따르면, 엔트로피의 증가란 미시적 상태의 수가 적은 거시적 상태에서 미시적 상태의 수가 많은 거시적 상태로 바뀌는 것을 말한다. 혼란이(양의) '엔트로피'로 말해진다면, 질서는 '음의 엔트로피'이다. 생물은 자신의 질서 있는 구조를 유지하기 위해 엔트로피의 증대를 억누른다. 그리고 이를 위해 "생명은 음(陰)의 엔트로피를 먹고 산다"면, "유기체는 환경으로부터 '질서'를 얻어내어 유지"되는 셈이다.

『생명이란 무엇인가』에 나오는 구절은 분자생물학을 예언한 대목으로 유명하다.

"유전물질의 일반적 형상에 관한 델브뤽의 모델로부터, 생명을 가진 물질은 지금까지 확립된 '물리법칙들'에서 벗어나지 않으면서 동시에 여태껏 알려지지 않은 '다른 물리법칙들'도 포함할 것 같다는 견해가 도출된다. 그러나 이러한 '다른 물리법칙들'은 제대로 밝혀지게 되면 전자, 즉 알려진 법칙들만큼 이 학문의 중요한 부분을 형성하게 될 것이다."

『생명이란 무엇인가』의 수제 역시 이와 관련이 있다. 이 책은 "살아 있는 유기체(생명체)라는 공간적 울타리 안에서 일어나는 '시공간상의' 사건들을 물리학과 화학으로 설명"하는 것이 목적이다.

덧붙여 슈뢰딩거는 당시의 물리학과 화학의 역량이 그러한 생물학적 사건들을 분명히 설명할 수 없다고 해서 앞으로도 그러리라고는 보는 것은 잘못이라고 말한다. 과학이 그 문제들을 언제가 해명하리라는 것은 의심의 여지가 없다는 것이다.

◉ 생명이란 무엇인가
• 서인석 역—한올

슈뢰딩거는 음의 엔트로피를 이용해서 유기체에도 적용되는 물리법칙을 주장한다. 이를 통해서 무생물을 다루는 물리학과 생물을 다루는 생물학은 나뉘어 논의되지 않는다.

092
부분과 전체

하이젠베르크(1904-1976)

하이젠베르크는 김나지움 시절 이미 뛰어난 재능을 인정받았으며, 특히 수학과 물리학에 깊은 관심을 보였다.

『부분과 전체』의 저자 하이젠베르크(Werner Karl Heisenberg)는 1901년 뷔르츠부르크에서 태어났고 뮌헨에서 성장했다. 그의 아버지는 상당히 저명한 비잔틴 문학자로서 뮌헨대학의 교수를 역임했다. 따라서 하이젠베르크는 교육자 및 학자의 가정에서 태어났다고 할 수 있다.

그는 1920년 뮌헨 대학에 입학한 뒤 수학 공부를 하려 했으나 하이젠베르크가 물리학에 관심이 너무 많다고 생각한 수학 교수가 학생으로 받아들이지 않아 할 수 없이 이론물리학 교수 조머펠트에게 갔다. 조머펠트와의 만남을 통해 그는 양자론을 본격적으로 연구하게 되었고, 또 다른 양자역학의 주역인 파울리를 평생 친구로 만나게 되었다.

뮌헨대학을 나온 뒤 괴팅겐대학, 코펜하겐대학에서 막스 본과 닐스 보어의 지도를 받고, 라이프치히대학, 베를린대학 등에서 이론 물리학 교수를 지냈으며, 막스프랑크연구소 소장, 괴팅겐대학 교수를 역임하였다. 1925년에는 불확정성 이론을 발표하고, 1932년 노벨물리학상을 받았다.

제1차 세계대전 때는 농장 노동력으로 동원되기도 했고, 전쟁 후에는 국토 순례와 청년 운동을 하였다. 제2차 세계대전에는 독일의 핵무기 개발에 핵심적 역할을 했고, 독일이 패전한 후에는 연합군에 체포되어 8개월간 구금 생활을 했다.

이후 20여 년간 하이젠베르크는 독일 과학 재건에 온 힘을 기울여 독일 연구협의회 초대 의장을 맡았으며, 훔볼트재단을 설립하여 많은 독일 학생들을 지원했다.

『부분과 전체』는 하이젠베르크가 현대 물리학의 꽃으로 불리는 양자역학을 만들어내기까지의 과정이 20편의 대화록 형식으로 이루어져 있다. 원자 물리학에 대해 평생에 걸쳐 연구한 내용이 실려 있지만, 물리학의 어려운 이론보다는 오히려 인간적이고 철학적이고 정치적인 문제들이 자주 등장한다. 그 이유에 대해서 하이젠베르크는 "자연과학이 이와 같은 일반적인 문제들과 분리되어서는 성립되기가 매우 어렵다는 사실을 분명히 밝히는 데 큰 도움이 되리라고 생각하기 때문"이라고 스스로 밝히고 있다.

19세 때 친구들과 나눈 '원자론과의 만남'이라는 대화에서 시작하여, 60세가 넘어 막스 플랑크 연구소에서 칼 폰 바이츠제커, 한스 페터 뒤르와 나눈 '소립자와 플라톤 철학'으로 끝난다. 그가 24세 때 당시 이미 세계적 석학이었던 아인슈타인과 나눈 대화는 다섯 번째 편에서 펼쳐진다. 일본 히로시마에 원자 폭탄이 투하된 1945년 8월 6일 바로 다음날 바이츠제커와 나눈 '연구자의 책임에 대하여'라는 대화에서는 세계의 미래를 우려하는 하이젠베르크의 고뇌와 혜안을 엿볼 수 있다.

불확정성의 원리는 물질을 구성하는 전자와 같은 소립자의 세계에서 그 위치와 속도를 동시에 측정하는 것은 불가능하며 다만 확률적으로만 설명이 가능하다는 것, 즉 모든 물질은 밑바탕에 불확정의 요소가 있다. 세계는 불확실하다는 말이다. '신은 주사위 놀이를 하지 않는다'고 말한 아인슈타인의 상대성이론과 하이젠베르크의 이 불확정성 원리는 바로 현대 과학의 양대 축이다. 하이젠베르크는 양자역학의 철학적 기초를 마련함으로써 기계론적 자연관과는 다른 비결정론적 세계관을 제시, 20세기 인류의 세계인식에 엄청난 영향을 미쳤다. 모든 것이 자연법칙에 의해 양자역학이 없었더라면 트랜지스터도, 레이저도, 분자유전학도, 핵융합도, 컴퓨터도 탄생하지 못했을 것이다.

이미 확정돼 있다는 고전 물리학의 신성한 원리가 폐기 처분된 것이다. 『부분과 전체』에는 하이젠베르크가 이 같은 사상과 이론을 형성해가는 과정, 서른두 살에 노벨상을 받고, 히틀러 치하 독일 병기국 우라늄클럽 실무 책임자였던 전력 때문에 구금되기도 했던 천재 과학자의 인간적인 면모가 생생하게 드러나 있다. "하루의 3분의 1은 양자역학을 공부하고, 3분의 1은 등산을 하고, 3분의 1은 괴테의 시를 외우는 생활을 했다"고 밝힌 하이젠베르크는 원자폭탄 개발에 대해서는 "선을 위해서는 원자탄을 만들어야 하고 악을 위해서는 만들어서는 안 된다. 도대체 누가 선과 악을 결정하는가"라고 고뇌하고 있다.

언제나 현대 물리학의 대발견이 일어나는 사건의 핵심에 있었던 하이젠베르크는 자기가 만난 여러 주요한 물리학자들과의 대화, 또는 일화를 이야기하면서, 자연스레 내부적으로는 하이젠베르크 자신의 삶과 생각을, 외부적으로는 20세기의 주요한 현대물리학의 역사를 설명하는 효과를 거둔다.

그러나 하이젠베르크가 이야기하고자 하는 것은 과학 그 자체가 아니라, 삶 속에 들어가 있는 과학, '부분이 아닌 전체'로서의 과학이란 어떤 것이어야 하는지에 있다. 인문과학과 자연과학, 종교와 과학, 정치와 개인 등 현대원자물리학의 철학, 윤리, 정치적인 책임에 대한 저자의 생각이 책의 전면에 깔려 있다.

하이젠베르크 자신이 밝히듯이 이 책은 우리 시대 논쟁의 중심에 서 있는 '과학'과 관련된 다양한 성찰과 토론의 계기들을 만들어 준다. 그리고 자신의 구체적인 경험에 근거해서 이루어지고 있기에 더욱 값지다.

◉ 부분과 전체
• 김용준 역―지식산업사

093
이중나선

제임스 왓슨(1928-)

인간 게놈 프로젝트의 창시자인 미국 생물학자 제임스 왓슨(James D. Watson)이 영국 케임브리지대학의 크릭과 함께 DNA의 이중나선 구조를 해명한 것은 50여년 전 일이다. 크릭은 연구실에서 뛰쳐나와 "생명의 비밀을 풀었다"고 외쳐댔다. 왓슨도 "다윈 이래 생물학계 최대 발견"이라고 자랑했다. 물리학자들이 우표수집과 같은 정도의 학문이라고 비하했던 생물학이 분자생물학을 거느리고 20세기 과학의 주역으로 등장한 순간이었다.

제임스 왓슨은 1928년 4월 미국 시카고에서 태어났다. 그는 수재라는 소리를 들으며 15살에 시카고대학에 입학했고, 1950년 대학 졸업한 지 3년 만에 인디애나대학에서 동물학으로 박사 학위를 받았다.

1951년 봄, 영국 케임브리지의 캐번디시 연구소로 가게 됐는데, 거기서 그는 인생을 바꿔 놓을 공동연구자 프란시스 크릭을 만났다. 런던의 유니버시티 칼리지 출신으로 물리학에서 생물학으로 전공을 바꿨던 크릭은 왓슨보다 12살이나 많았지만 두 사람은 곧 의기가 통했다. 왓슨과 크릭은 생물학과 물리학을 바탕으로 DNA의 비밀을 밝혀나가기 시작했다.

이들은 나중에 노벨상 생리의학상을 공동 수상한 모리스 윌킨스의

과학자들은 이미 유전정보의 비밀은 DNA에 있다는 사실을 알고 있었다. 문제는 DNA가 어떤 구조를 가지고 있느냐였다.

DNA의 X선 사진으로부터 결정적인 힌트를 얻었다. 결국 DNA는 두 가닥의 핵산이 서로 꼬인 나선형의 사다리 구조를 이루고 있음을 밝혀냈고, 그 결과는 1953년 4월 25일자 〈네이처〉지에 역사적 논문으로 게재됐다. 왓슨의 나이 겨우 25살 때였다.

1967년에 햇빛을 본 『이중나선』은 순수한 이론적 접근서가 아니라, 저자인 왓슨이 이중의 나선, 곧 DNA라는 구조를 발견하기에 이르는 개인적 체험이 담긴 자전적 기록이다. 흔히들 자연과학이라고 하면 단순히 실험실에서의 실험과 연구의 소산이라고 단순하게 생각하기 쉽지만, 실은 그런 모든 과정과 활동들이 인간이 모여서 하는 일이라는 사실, 따라서 거기에는 여러 가지 사연들과 발명을 둘러싼 이면이 없을 수 없다. 그런 점에서 우리는 저명한 연구자의 개인적 내면 혹은 주위 동료들과의 인간관계를 대하면서 인간학으로서의 과학의 면모를 새삼 깨닫게 되는 것이다.

왓슨과 크릭의 DNA 발견은 1953년 4월 25일자 〈네이처〉지에 한쪽짜리 짤막한 논문으로 실렸다.

"우리는 여기에 DNA의 구조를 제안하고자 한다. 이 구조는 생물학적으로 대단히 흥미있는 특징들을 가지고 있다."는 문장으로 시작된 이 논문은 1940년대부터 불붙은 유전자의 본질을 찾으려는 과학자들 사이의 치열한 경쟁에 종지부를 찍은 것이었지만, 일반인들에게 별다른 반향을 불러일으키지 못했다. 그러나 1962년 왓슨과 크릭, 윌킨스가 노벨생리의학상을 받고, 이어 1968년 왓슨이 'DNA 구조 발견에 대한 개인적인 이야기'라는 부제가 달린 이 『이중나선』을 출간하면서 이 발견은 뒤늦게 선풍을 일으켰다.

DNA 구조를 발견하는 과정을 적은 이 『이중나선』은 17개 국어로 번역되어 1백만 부 이상이 팔린 베스트 셀러였지만 동료 과학자들에게 근거 없는 상처를 주고 자신에 대해서는 자화자찬으로 일관했다는 비판이 쏟아지기도 했다.

DNA 발견의 역사적인 무대는 1951년 영국 케임브리지의 카벤디시연구

DNA 분자 구조의 해명 과정에서 1950년에 있었던 치열한 과학적 경쟁의 이면, 당시 20대의 저자가 느낀 주변의 과학자들의 비인간성, 경쟁심, 공명심 등을 가감 없이 적절하게 담아내고 있다.

소였다. 당시 DNA의 비밀을 캐기 위한 경주에는 왓슨과 크릭말고도 당대 최고의 화학자로 칭송받던 미국 캘리포니아 공대의 라이너스 폴링(1954년 노벨 화학상, 1962년 노벨 평화상 수상)과 런던 킹스 칼리지에서 일찍부터 X선 회절 사진을 통해 DNA를 연구하던 모리스 윌킨스와 로잘린드 프랭클린 등이 선두를 다투고 있었다.

그리고 여성 과학자 프랭클린이 찍은 DNA의 훌륭한 X선 회절사진은 이중 나선구조를 확신하는 결정적인 자료가 됐다. 프랭클린의 허락도 없이 윌킨스가 사진을 분석하고, 이를 케임브리지의 왓슨과 크릭에게 보내 DNA의 이중나선구조를 발표했기 때문에 "프랭클린의 영광을 도둑질했다", "프랭클린은 여성차별의 희생자"라는 등의 비난을 듣기도 하였다.

『이중나선』을 통해서 몇몇 학자들이 벌이는 DNA 구조 밝히기 경쟁이 얼마나 치열했는지를 알 수 있고, 과학자들의 경쟁과 집념의 면면을 읽을 수 있다.

이밖에도 이중나선이라고 하는 DNA의 구조를 발견하는데, X선 결정학, 화학적 및 생물학적 지견들의 도움이 필수적이었다는 점은 특히 주목에 값한다. 저자는 이들 서로 다른 분야의 방대한 자료를 종합 정리하여 그 결과 이들 실험적 지견을 설명할 수 있는 구조는 필연적으로 이중나선이라는 결론에 도달한 것이다.

학문적인 분야를 초월하여 사람을 꺼리지 않고, 이토록 솔직하게 진지한 견해를 교환할 수 있었다는 점은 귀감이 되고도 남는다. 아울러 자연과학의 여러 분야, 물리학, 화학, 생물학 등의 서로 하나가 되어 축적됨으로써 가능했던 것이지, 특정한 몇몇 천재의 노력에 의한 우연의 결과가 아니라는 점은 오늘날에도 학제 간 협동의 주요한 측면을 시사하고 있다.

◉ 이중나선
• 하두봉 역―전파과학사

폴링이 1951년 단백질의 기본 구조가 나선모양임을 밝혀내 선수를 치는 동안 왓슨과 크릭은 DNA가 3중 나선구조라는 잘못된 결론에 도달해 시간을 뺏겼다. 하지만 미국의 생화학자 에르빈 샤르가프가 밝힌 DNA의 화학조성에 관한 데이터는 그들에게 DNA 염기배열에 중요한 암시를 주었다.

094
코스모스

칼 세이건(1934-1996)

'코스모스'는 우주의 질서를 뜻하는 그리스어로, 카오스에 대응되는 개념이기도 하다. 코스모스를 거대한 바다라고 생각한다면 지구 표면은 곧 바닷가에 해당한다. 광활한 우주에서 보면 지구는 '쥐면 부서질 것만 같은 창백한 푸른 점'일 뿐이다.

"오늘에 와서야 우리는 우리가 우주의 중심이 아니며 우리의 존재가 우주의 목적일 수도 없다는 현실을 마지못해 받아들이기 시작했다."

『코스모스』는 과학의 발전을 철학적 사색과 엮어 조명한다. 에라코스테네스, 갈릴레오, 뉴턴, 다윈 같은 과학 탐험가들의 발자취를 따라가며 과거·현재·미래의 과학이 이룬 것과 앞으로 이뤄야 할 것을 풀어놓는다. 우주의 탄생, 은하계의 진화, 별들의 삶과 죽음, 천문학의 발달, 외계 생명의 존재 등이 흥미롭게 펼쳐진다.

출간된 지 20년이 지났고 그 사이 수많은 과학의 진전이 있었지만 『코스모스』의 매력은 결코 줄어들지 않은 듯하다. 대중적이면서도 문학적인 칼 세이건(Carl Sagan) 특유의 문체는 온갖 과학지식과 인문학적 상식을 종횡으로 엮어 우주라는 거대한 주제를 명쾌하면서도 알기 쉽게 독자들에게 전달하고 있다. 시시콜콜할 정도로 오래되거나 전문적으로 보이는 소재들을 간결한 설명과 적절한 비유로 풀어내 500쪽이 넘는 두께에 대한 부담을 잊게 만든다.

칼 세이건은 1950년대부터 NASA의 자문 조언자로서, 여러 행성 탐사 계획에서 실험관으로서 활동했으며, 최초의 행성 탐험 성공(마리너 2호)을 목격했다. 또한 핵전쟁의 전 지구적 영향에 대한 이해, 우주선에 의한 다른 행성의 생물 탐색, 생명의 기원으로 이끄는 과정에 대한 실험 연구 등에서 선구적 역할을 했다.

칼 세이건은 1975년 인류 복지에 대한 공헌으로 성 조셉 상, 1978년 『에덴의 공룡, The Dragons of Eden』으로 문학 부문 퓰리처상 등 일일이 나열할 수 없을 정도로 많은 상을 수상했다. 또한 베스트셀러 작가로서 수많은 책과 논문·기고문을 남겼는데, 그 중 『코스모스, Cosmos』는 지금까지 영어로 출판된 과학 서적 중 가장 널리 읽힌 책으로, TV시리즈로 방영되어 현재까지 60개국 5억의 시청자를 매료시켰다. 그는 코넬 대학교의 데이비드 던컨 천문학 및 우주과학 교수, 행성연구실험실의 소장, 캐리포니아 공과대학의 제트 추진 실험실의 초빙교수, 세계 최대 우주 애호가 단체인 행성협회의 공동 설립자이자 회장을 역임했다. 1996년 12월 골수병으로 세상을 떠난 저자는 NASA의 숱한 무인 우주탐사계획에 참가한 과학자이기도 했지만 한편으로는 1977년 '에덴의 용'으로 퓰리처상을 받기도 하고 1985년 '콘텍트'는 1997년에 영화화될 정도로 대중적인 글쓰기를 실천한 사람이었다.

책을 관통하는 것은 '우주적 관점에서 보는 인간의 본질'이란 무엇인가라는 의문이다. 그 의문은 "우리도 코스모스의 일부이다. 이것은 결코 시적 수사가 아니다. 인간가 우주는 가장 근본적인 의미에서 연결돼 있다"라고 서문에서 세이건이 밝힌 대답으로 도돌이표 지시에 따르듯 저절로 되돌아오게 된다. 인간은 가늠할 길 없는 우주라는 무한 공간의 부속일 수밖에 없으며, 그래서 우주에 대해 알려고 하도록 정해진 존재라는 것이다. 곧 우주를 알아가는 것은 인류 필연의 과정이자 필수적인 일이라고

미국 우주 계획의 시초부터 지도적인 역할을 해 온 칼 세이건은 뉴욕 브루클린에서 태어나 시카고 대학교에서 인문학 학사, 물리학 석사, 천문학 및 천체 물리학 박사학위를 받았다.

"인류라는 존재는 코스모스라는 찬란한 아침 하늘에 떠다니는 한 점 티끌에 불과하다. 그렇지만 인류의 미래는 우리가 오늘 코스모스를 얼마나 잘 이해하는가에 크게 좌우될 것이라고 나는 확신한다."

세이건은 강조한다.

우주라는 거대한 바다로 나아가는 변두리 바닷가인 지구 표면에서 시작하는 세이건의 우주 답사는 번잡한 세상사를 떠나 사람이 생각할 수 있는 가장 거대한 차원의 세계를 주유한다. 인간에서 지구로, 지구에서 태양계 행성들로, 그리고 은하수로, 그리고 미래와 우주 생명의 가능성을 돌아본 뒤 다시 지구도 돌아온다.

세이건은 화성에 착륙한 바이킹 우주선이 보내온 자료에 대한 정밀 분석을 거친 뒤 "사람이 탄소와 물을 기초 물질로 하는 생물인 것은 생명이 처음 태어날 즈음에 지구에 탄소와 물이 가장 흔했기 때문이 아닐까? 지구 이외의 행성에서는, 예를 들어 화성에서는 생명이 물과 탄소가 아닌 다른 물질로 만들어지지 않았을까"라는 질문을 던진다. 그는 스스로 이렇게 해답을 제시한다.

"내 생각에는 다른 많은 외계 세상에 존재할 법한 생물도 대부분 지구의 생물과 동일한 원자로 이루어져 있을 것 같다. 원자는 물론이고, 심지어는 분자 속에서도 아마 많은 세상의 외계 생명들이 단백질이나 핵산과 같은 지구 생물과 동일한 분자들로 이루어져 있을 것이다. 그러나 그 조합의 방식은 우리에게 낯선 것인지 모른다. 예를 들어 대기가 아주 농밀한 행성이라면, 생물들이 공중에 둥둥 떠다니면서 삶을 영위할 터이므로 굵은 뼈가 필요하지 않을 것이다."

이 한권의 두툼한 책은 물리학, 화학, 생물학, 지질학, 분자과학, 천문학 등등 인류가 축적한 과학 지식을 알기 쉽게 풀이하고 있을 뿐만 아니라 우주 대항해의 상상력을 작동시키는 무수한 입담으로 인해 한 편의 서사 문학처럼 읽힌다. 독자들은 이 책을 통해 과학과 우주의 경이로움에 취하면서 지식뿐만 아니라 풍부한 상상력을 키울 수 있다.

● 코스모스
홍승수 역─사이언스북스

세이건의 우주답사는 인류가 무한한 우주 속에서 그만큼 미세하고 나약한 존재임을 새삼 알려주는 동시에 그 이상으로 인간이란 존재에 대해 자긍심을 키워준다.

095
종의 기원

다윈(1809-1882)

다윈(Charles Darwin)은 1809년 2월 영국의 슈루즈버리에서 태어났다. 케임브리지 대학을 졸업한 그는 5년여에 걸친 긴 세계 여행길에 올랐다. 해안 측량의 임무를 띤 해군 함선 비글(Beagle)호 선장의 동료 자격으로 떠나는 여행이었다. 남아메리카에서는 3,200킬로미터 이상 말을 달리며 대륙 탐험을 시도했다. 이 여행에서 그는 오늘날에도 귀중한 자료로 인정되는 동식물 표본들을 채집했다. 또한 지질학, 생태학, 진화론 등의 중요한 근거가 되는 자료들을 얻었다.

1858년 6월 『종의 기원』을 집필 중에 있을 때, 말레이 군도 부근에서 동식물 관찰을 하던 월리스(A. R. Wallace)라는 사람이 자연도태에 기초를 둔 진화론이 기술된 논문을 보내왔다. 그래서 두 사람의 논문은 같은 해 7월 런던의 린네학회 석상에서 동시에 발표되었다. 이리하여 최초로 자연도태설이 공표되는 것이다.

18세기 다윈에 의해 확립된 진화론은 과학사의 일대 전환점이었다. 그리고 『종의 기원』은 생물 진화론의 체계를 확립한 저작으로 과학뿐만 아니라 사상사 전체를 통틀어 획기적 고전의 하나로 평가된다. 다윈은 진화의 근본 요인을 설명하기 위해 자연도태설을 제창하였으며 이 학설은 아

다윈은 일찍부터 과학 분야에서 중요한 업적을 이루겠다는 야심 찬 결심을 했고, 그 목적을 이루기 위해 온힘을 다했디. 그러나 가장 격렬한 논쟁거리가 될 이론을 세상에 알리는 데는 20년 동안 주저했다.

직도 현대 집단 유전학의 기초를 이루고 있다.

『종의 기원』의 내용을 간략히 정리하면 다음과 같다. 첫째, 사육하는 과정에서 생길 수 있는 변이를 논하고 있다. 우리는 여기서 유전적 변화가 많이 일어나고 있음을 볼 수 있고, 더 나아가 선택에 의해 연속적으로 일어나는 조그만 변이들을 누적시키는 능력이 인간에게 얼마나 위대한 작용을 미치는가를 살필 수 있다. 둘째, 자연 생태에서의 종들의 변이성을 설명하고 있다. 생물이 기하급수적으로 증가함으로써 불가피하게 일어나는 모든 생물들 사이의 생존경쟁이라는 것이 그것이다. 각각의 종에서 살아남을 수 있는 개체보다 훨씬 많은 수가 태어나고, 그 결과 생존경쟁이 일어나며, 특정한 개체는 자신에게 유리한 방식으로 약간의 변화를 통해 살아남을 가능성을 높이게 되어 최종적으로 자연히 선택되고 도태된다는 점이다.

이후 다윈은 종전의 계획을 축소, 1859년 11월 24일 『종의 기원』을 단행본으로 간행하였다. 이 책의 원명은 『자연도태의 방법에 의한 종의 기원, 또는 생존 경쟁에서 있어서 유리한 종족의 보존에 대하여』(On the Origin of Species by Means of Natural Selection)이다.

『종의 기원』은 과학 분야의 고전임에도 불구하고 그 탁월함으로 후세에까지 널리 읽히고 있으며, 아울러 당대의 교육 받은 일반 독자를 대상으로 쓰인 것으로서 과학적 상상력이 담긴 많은 작품 중에서도 독보적인 자리를 차지하고 있다. 다윈의 시대에도 그리고 오늘날에도 여전히 『종의 기원』은 매우 중요한 책이다. 다윈의 '진화론'은 바로 현대 생물학의 초석이며, 다윈의 이 저서는 진화론의 기초를 이루고 있기 때문이다.

그러나 동식물의 종(種)이 시간이 지나면 변할 수 있다는 사실을 처음으로 제시한 사람은 다윈이 아니었다. 그에 앞서 18세기 후반에 그의 할아버지인 에라스무스 다윈(Erasmus Darwin, 1973~1802)이 '진화'에 관한 글을 썼으며, 그 얼마 후인 1809년에 프랑스 박물학자 J.라마르크(Jean Baptiste de Lamarck, 1774~1829)는 생물학적 종이 변할 수 있다는 사실

『종의 기원』초판은 발간 당일에 모두 팔려나갔다. 1860년 1월에는 이미 제2판이 준비되었고, 이후 다윈이 살아 있을 때까지 총 6판이 거듭 출간되었다. 이 책은 세상에 그 첫 모습을 나타낸 뒤로 판을 거듭하며 계속 출간되었고, 30개 국어로 번역되기까지 했다.

을 고찰한 『동물학』을 출판하였다.

사실상 다윈 스스로 진화에 관한 글을 쓴 선배들을 20여 명이나 꼽고 있다. 그러나 현대 진화론은 명실상부하게 다윈으로부터 비롯되고 있다. 그 이유로 다음 두 가지를 들 수 있다.

첫째, 다윈은 이 문제에 관한 온갖 증거를 대단히 끈기 있게, 실로 면밀하게 체계적으로 조사하였다. 그는 1837년에 이미 종은 영원하며 변화할 수 없다는 설에 대해 의문을 품기 시작했다. 그 후 1859년까지 여러 가지 과학 활동으로 바쁜 나날을 보내는 중에도 종의 기원에 관한 문제를 자주 생각해 보았다. 그는 이 주제를 해명하기 위해 폭넓게 독서를 하고, 깊이 사색하였으며, 신중하게 실험하였다. 그 결과, 『종의 기원』이라는 방대하고 깊이 있는 저작이 탄생한 것이다.

둘째, 다윈은 종이 어떻게 변화할 수 있는가를 설명하는 메커니즘, 즉 자연 선택을 제시할 수 있었다. 그는 1838년 정치 경제학자인 토머스 맬서스(Thomas Malthus, 1766~1834)의 『인구의 원리에 관한 에세이』를 읽고 거기에서 처음으로 이 개념을 착안했다. 맬서스는 주로 인구에 대해서만 관심을 가졌으나 다윈은, 생물은 완전히 성장할 때까지 살아남으리라고 예상되는 수보다 훨씬 많은 자손을 낳는다는 자연의 일반 법칙을 지적하였다.

다윈이 『종의 기원』을 통해 이룩한 업적은 두 가지였다. 하나는 그가 진화의 증거를 면밀하게 제시했다는 점이고, 다른 하나는 새로운 종이 형성될 수 있었던 메커니즘을 제시했다는 점이다. 그러나 생전에 그는 오직 첫 번째 점에서만 성공을 거둘 수 있었고, 20세기에 와서야 비로소 다윈의 확신을 깨달을 수 있었다. 현대 유전학 및 많은 야외 관찰, 실험실 연구는 다윈의 이론이 올바름을 여실히 보여준다. 『종의 기원』은 현재에도 여전히 진화의 의문점을 풀어주는 훌륭한 입문서이다.

◉ 종의 기원
• 강태정 역—일신서적출판사 • 허영칠 역-박영사

다윈은 맬서스의 연구에서 중요한 사실을 포착할 수 있었다. 즉 자손들 가운데 어느 것이 살아남고 어느 것이 죽는가 하는 선택이 있을 수 있다는 점이었다. 변이가 실제로 일어난다고 가정한다면, 변이의 결과는 어디에서나 관찰할 수 있지만 다윈은 '자연 선택'으로 생물학적 진화를 설명할 수 있다고 한다.

096
곤충기

장 앙리 파브르(1823–1915)

파브르는 흔히 곤충학자로 알려졌지만 식물학과 거미학, 균학 등 생물학 전반과 기계공학, 요리 등의 생활과학을 탐구하기도 했다.

파브르 『곤충기』(1879~1907), 너무도 익숙한 제목이라 책을 읽지 않은 사람조차도 그 내용을 다 알 것만 같은 느낌의 책이다. 그러나 정작 제대로 읽었다는 사람을 만나기 쉽지 않은 책이 또 이 책이다.

장 앙리 파브르(Jean Henry Fabre)는 1823년에 프랑스의 산간마을인 생 레옹에서 태어났다. 고학으로 아비뇽 사범학교를 졸업하고 몽펠리에 그리고 툴루즈 대학 등에서 문학, 수학, 물리학으로 오늘날의 석사와 비슷한 학위인 라이센시(licensee)를 취득하였다. 1855년에는 소르본느에서 박물학을 전공하여 벌의 생태에 관한 연구로 이학박사를 받았다.

그가 곤충 연구를 시작한 것은 1854년, J.M 레옹 뒤푸르의 사냥벌에 관한 연구를 읽은 후라고 한다. 1879년 공직에서 물러난 후 세리니앙의 아르마스로 옮겨가면서부터는 곤충 연구에 전념하게 되는데, 『곤충기』는 이때 쓴 역작이다.

『곤충기』는 10권이라는 분량도 분량이지만 그 집필 기간이 30년이 넘는다는 점에서도 주목을 끈다. 그가 이 책을 다 썼을 때는 그의 나이가 여든을 훌쩍 넘은 때였으니 그의 학자로서의 자세 또한 본받을 만한 것이라고 하겠다.

『곤충기』는 파브르의 노력과 인내, 그리고 곤충에 대한 애정이 아니었다면 결코 가능하지 않았을 작업이라고 할 수 있다. 그의 연구 결과가 동물학에 대단한 공헌을 하였다는 점은 새삼 언급할 필요가 없을 것이다.

『곤충기』는 그 부제가 '곤충의 본능과 생활기술의 연구'로 되어 있는데, 갑충류나 벌류를 중심으로 해서 곤충들의 집 만들기, 먹이 먹기, 유충 기르기 등 복잡하고도 미묘한 습성을 상세하게 관찰, 기록하고 있다.

각 권별로 내용을 살펴보면 1권 벌, 2·3·4권은 과변태(過變態), 5권은 벌과 매미, 사마귀, 6권은 꽁지벌레와 쇠똥구리, 7·8권 깃털이, 도롱이벌게, 꿀벌, 파리 등 여러 곤충, 9권은 거미와 전갈, 10권은 쇠똥구리와 몇몇 곤충의 습성이나 생태에 관해서 기술하고 있다.

『곤충기』는 곤충에 대한 단순한 관찰기록만이 아니라 파브르의 개인적인 의견과 감정을 담은 에세이이기도 하다. 특히 문장도 아름답고 유머가 넘쳐서 문학성이 풍부한 책으로도 인정받고 있다. 그와 동시대의 문호였던 빅토르 위고는 파브르를 일러 '곤충들의 호머'라고 했다고 한다.

파브르 당시에는 동물도 생각할 수 있다고 믿는 경향이 있었다. 그러나 파브르는 곤충들이 자연 상태에서 믿을 수 없을 만큼 정교한 행동을 하지만 갑자기 다른 환경에 놓이면 무모한 행동을 반복하다 생명을 잃기도 할 만큼 지능이 없는 것을 증명하였다. 애완동물과 새를 이용한 실험에서도 같은 결과를 얻은 파브르는 사람과 동물은 본실석으로 달라 지능이 비교될 수 없다는 결론을 내렸다.

또 50여 년 동안 심혈을 기울여 사냥말벌의 본능을 연구하였다. 나나니벌, 대모벌, 노래기벌 같은 단독으로 사는 사냥말벌들은 애벌레의 먹이가 되는 다른 곤충을 사냥해 집에 저장해 놓고 알을 낳는다. 이때 먹이를 죽이기보다는 독침으로 움직이지 못하게 마취시켜 신선하게 유지시켜 놓고 그 몸에 알을 낳는다. 또 뇌에서 먼 피부조직에 알을 산란하고, 부화된 벌의 유충도 본능적으로 먹이의 뇌 부분은 맨 나중에 먹는다. 뇌가 파괴되면 먹이가 곧 죽어 신선도가 유지되지 못하기 때문이다. 파브르는 사냥

『곤충기』는 곤충 세계의 '일리어드'와 '오디세이'인 셈인데, 이는 그만큼 『곤충기』가 문학적으로 가치 있는 글이라는 사실을 입증해주는 것이다.

말벌이 독침을 찌르는 회수와 위치 같은 행동에서 개체 간에 변이가 나타나는 점을 인식하였다. 그러나 그런 행동에도 원칙적인 기본유형이 있다고 보아 개체 간에 나타나는 다른 행동유형은 예외적인 경우로 보았다.

이에 대해 동시대의 유명한 박물학자인 찰스 다윈은 다르게 해석하였다. 즉 행동의 기본 유형이 있다기보다는 여러 가능한 행동유형 중에서 많이 나타나는 행동일 뿐이며, 여러 행동 유형들은 환경에 따라 선택되거나 도태되거나 할 대상이라는 것이다.

파브르는 진화와 자연선택을 묶어서 생각했다. 그래서 자연선택을 인정하지 않으므로 진화도 인정하지 않았고 그저 탁상공론적인 학설로 보았다. 파브르는 『종의 기원』 중에서 "…약간의 판단력이나 지능만 있어도 놀이(장난)를 할 수 있다. 심지어 자연계에서 하등한 동물도…"라는 부분을 못마땅해 하였고, 더구나 지능이 동물에서 사람까지 연결되어 점차 고등화된다는 연속성 가설에 이르러서는 자신의 생각과 정면으로 반대되므로 '진화로는 설명되는 게 없다'면서 인정하지 않았다.

파브르는 1862년에서 1891년 사이에 95권이나 책을 썼고 모두 많은 판매량을 기록하였다. 파브르 생전에도 『곤충기』를 능가하여 판매된 책들이 많았다. 그 중에는 1996년에 일본에서 출간되어 파브르의 재발견이란 관점에서 엄청난 판매 부수를 기록하고 우리나라에도 번역된 『파브르 식물기』도 있다.

그러나 가장 널리 알려진 것은 역시 남프랑스에 서식하는 곤충들의 관찰 기록을 담은 『곤충기』다. 흔히 '파브르 곤충기'라고 불리는 『곤충기』는 그 관찰의 세밀함만이 아니라 그것을 기록한 문장의 시적 아름다움으로도 유명하다.

◉ 곤충기
•정석형 역·두레

097

상대성 이론

아인슈타인(1879–1955)

아인슈타인(Albert Einstein)은 1879년 독일 남부 뮌헨 근처에서 태어났다. 그는 다섯 살 때 아버지가 보여준 나침반에 매료되었으며, 이때의 경험이 자신의 생애에 커다란 영향을 주었다고 자서전에서 말하고 있다. 열두 살 때 유클리드의 평면 기하학에 관한 책을 접했는데, 이때 유클리드 기하학의 명확성에 아주 깊은 인상을 받았다고 한다. 그 뒤 독학으로 미적분학을 공부하기도 했다.

그는 열다섯 살 때 아버지가 사업을 하던 이탈리아로 이주했다. 그러나 가족의 전기 회사 사업이 실패하고, 가족들의 권유도 있고 해서 그는 전기 공학자가 되기 위해 다시 공부했다. 그는 스위스 취리히에 있는 국립 공과대학에 진학하려고 시험을 보았는데, 수학과 물리학 성적은 좋았지만 현대어 같은 다른 과목 성적이 나빠 떨어지고 말았다. 그 뒤 공과대학장의 권유로 스위스의 간톤 학교를 1년간 다닌 후 대학을 입학하게 되었다. 대학을 졸업하고 특허국에 근무하면서 특수 상대성 이론과 노벨상을 받게 한 광전 효과에 관한 논문을 발표했다. 1911년부터는 현재의 막스 프랑크 연구소, 즉 카이저 빌헬름 연구소에서 자유로운 연구 활동을 했다.

아인슈타인이 세기의 위인으로 당당히 손꼽힐 수 있는 것은 '상대성이론'이라는 황금 열쇠를 인류에게 선물했기 때문이다. 아인슈타인이 인류에게 제공한 황금 열쇠는 빛의 세계를 새롭게 들여다 볼 수 있는 새로운 차원의 세계로 인도해 주는 귀중한 열쇠였다. 아인슈타인은 상대성이론을 통해 인간에 빛의 속도를 새롭게 해석하고 인식할 수 있도록 안내해 주었다. 이러한 안내에 따라 인간은 공간만으로 이루어진 3차원의 세계, 즉 우리가 지금 생활하고 있는 이 세계에서 벗어나 공간의 세계에 시간의 개념을 더한 새로운 차원의 세계인 4차원의 세계로 생각과 사고를 뻗칠 수 있게 되었다.

1905년에 발표된 「움직이는 물체의 전기역학에 관하여」가 바로 그 후 '특수상대성이론'이라 불리게 된 상대성이론의 핵심 논문이다. 이 논문에서 아인슈타인은 광속도 불변의 원리를 바탕으로 등속도로 움직이는 모든 관측자들에게 고전 전자기 법칙이 불변으로 유지되는 새로운 시공 개념을 제시했다.

이때 아인슈타인은 광속도 불변의 원리를 채택하면서 고전전자기학이 가정하고 있던 가상적인 물질이었던 에테르의 존재를 부정했다. 빛이 파동일 경우 꼭 필요했던 매질인 에테르를 부정한 아인슈타인은 이미 그해 3월 17일에 완성한 논문에서 진공 중에서도 빛이 전달되는 이유를 설명하기 위해서 빛의 입자성을 나타내는 광양자 가설도 새로이 제안했다. 후일 아인슈타인의 광양자 가설은 빛에 관한 파동 - 입자 이중성 개념으로 일반화되었고, 그가 제안한 빛에 대한 새로운 해석은 현대 양자론의 형성에도 커다란 영향을 미치게 된다.

아인슈타인의 상대성이론을 학계에 널리 퍼지게 만드는 데에는 독일 물리학에의 거물인 플랑크(Max Planck)의 역할이 컸다. 아인슈타인이 상대성이론을 발표했던 「물리학 연보」의 편집인이었던 그는 상대성 이론을 공개적으로 지지했을 뿐만 아니라, 초창기 상대성이론의 발전에 많은 기여를 했다.

그런데 아인슈타인은 뉴턴의 상대성 원리를 확장시켜 역학뿐만 아니라 전자기학, 따라서 물리학 전반에서 성립하는 상대성 원리를 발전시켰다.

아인슈타인은 독일 나치스당이 정권을 잡고 유태인을 추방하자 1933년 미국 프린스톤 대학에 망명하여 1955년 세상을 떠나기까지 통일장 이론에 관한 연구에 심혈을 기울였다.

한편 1907년 12월 아인슈타인은 중력장과 이에 상응하는 기준좌표계의 가속운동이 완전히 물리적으로 동등하다는 '등가원리'를 처음으로 인식하게 되는데, 이후 아인슈타인은 등속도 운동만이 아니라 가속운동에도 적용되는 일반상대성이론을 완성하기 위한 머나난 학문적 여정을 떠나게 된다.

1915년 베를린에서 아인슈타인은 1913년 자신이 버렸던 리만 기하학의 방법론을 다시 채택하게 되었고, 마침내 그해 11월 25일 최종적인 장 방정식을 얻는 데 성공했다. 이때 그는 뉴턴의 중력 방정식을 자신의 '등가원리', 에너지 보존 법칙, 물리적 인과성, 뉴턴의 중력 방정식으로의 근사적 접근 등을 만족하도록 확장하는 물리적 추론과 리만 기하학과 텐서 미적분학과 같은 수학적 방법의 도움으로 자신의 완전한 장 방정식을 얻어냈던 것이다. 20대 젊은 시절의 참신한 기지로 얻어낸 특수상대성이론과는 달리 아인슈타인은 일반상대성이론을 많은 실수와 오랜 방황의 끝에 힘겹게 얻어냈다.

아인슈타인은 저술을 의외로 적다. 그의 『상대성 이론』라는 책자도 사실은 그가 손수 상대성 원리를 성명하기 위하여 쓴 것이 아니라 상대성 원리를 학계에 알리기 위하여 주로 「Annalen der pgysik」에 발표한 논문을 한데 묶어 책으로 만든 것에 불과하다. 그런데 아이슈타인의 저서로 이외에 알려진 것에는 아인슈타인의 『나의 인생과』과 폴란드의 물리학자인 인펠트와의 공저인 『물리학이 발달되어 온 과정』이 있다.

새로운 빛의 세계를 안내해 줌으로써 4차원의 세계와 함께 타임머신을 통한 시간 여행의 가능성을 열어 준 아인슈타인은 기존의 관념에 얽매이지 않고 창의적 사고를 통해 새로운 지식의 세계를 적극적으로 개척했다는 점에서 충분히 '세기의 천재'로 평가될 수 있다. 콜럼버스가 새로운 대륙을 발견해 인류 역사에 공헌했다면, 아인슈타인은 새로운 차원의 물리적 세계를 발견해 인류에게 선물했다고 볼 수 있다.

◉ 상대성 원리
강주영 역—눈과마음

파블로프(1849-1936)

098
조건 반사

1904년 파블로프는 노벨상을
받았지만, 이것은 조건 반사
에 대한 연구에 대해서가 아
니라 그의 소화 생리에 관한
연구 업적 때문에 주어졌다.

러시아가 자랑하는 위대한 과학자 중의 한 사람인 파블로프(Ivan Petrovich Pavlov)는 중부 러시아의 랴잔에서 시골 목사의 맏아들로 태어나 그곳에서 소년 시절을 보냈다. 처음에는 신학을 공부하다 페테르부르크대학교로 가서 화학과 생리학을 공부하였다. 페테르부르크의 임페리얼 의학아카데미에서 의사 자격을 획득한 그는 독일로 유학을 갔다.

독일 대학에서 당대의 생리학 석학인 카알 F.C.W 루드비히 및 루돌프 하이든하임 밑에서 공부했다. 이후 귀국한 그는 1891년 사상 최초로 실험 의학 연구소를 설립함과 동시에 생리학 연구실에 외과부를 신설, 본격적으로 실험 의학을 개척했다.

조건 반사에 대한 파블로프의 연구는 1902년부터 1936년 그가 세상을 떠날 때까지 계속되었으며, 이에 대한 일련의 연구를 집대성하여 최초로 발표한 것은 1924년이었다.

파블로프가 개의 타액 실험에 착상하게 된 것은 우연한 일이 계기가 되었다. 파블로프는 연구를 위하여 귀밑샘에 수술을 가하고 뺨 밖으로 타액이 흐르도록 한 개를 사육하고 있었다. 어느 날 늘 개의 먹이를 나르던 조수의 발소리가 들리자 개의 타액이 흐르기 시작하는 것을 발견했다.

이에 개밥을 줄 때마다 메트로놈을 울리는 실험을 반복한 결과 개밥을 주지 않고 메트로놈만 울려도 개에서 타액이 흐르는 것을 관찰했다. 그러나 개밥을 주지 않고 메트로놈만 울리는 것이 계속되면 개는 다시 타액을 분비하지 않았다.

이와 같이 일시적으로 획득한 반사를 파블로프는 타고난 무조건 반사와 대비하여 '조건 반사'라 불렀다. 이때에 개에 타액이 흐르게끔 하는 자극(개밥)을 '무조건 자극'이라 하며, 무조건 자극에 겹쳐서 주는 자극(메트로놈의 소리)을 '조건 자극'이라 한다. 이 때 주의할 것은 일정한 시간 간격을 두고 조건 자극을 무조건 자극에 선행시켜야 하며, 조건 자극이 무조건 자극에 뒤지게 하면 개는 조건 자극만으로는 타액을 흘리지 않는다.

조건 반사는 파블로프가 발견한 앞의 예에 국한되는 것이 아니다. 무조건 반사에 생래적으로 존재하지 않던 새로운 조건을 결합시켜 새로운 조건 반사를 형성할 수가 있다. 즉 조건 자극은 메트로놈의 소리가 아닌 기타의 소리(청각), 정동(靜動)적인 각종 형상이나 빛깔(시각), 열·촉·통중의 피부 자극(피부 감각)이나 근육 감각 등 동물이 수용할 수 있는 각종 자극이 될 수 있다. 무조건 자극으로서도 타액 반사 외에 위액 분비, 취장액 분비, 광반사, 쓸개 반사 등 여러 가지가 있다.

파블로프의 의견에 의하면 독일의 학자들은 신경이나 근육 등을 몸 밖으로 떼 내 연구를 하고 있으나 이런 식으로는 생명체가 그 전체로서 어떠한 기능을 하는지 알 수 없다는 것이었다. 그는 생명의 있는 그대로의 모습을 연구하기 위해서는 신체 전체를 직접 관찰하지 않으면 안 된다고 생각했다. 이에 따라 그가 최초로 손을 댄 혈액 순환의 실험도 살아있는 동물을 이용해 했으며, 후의 소화선에 관한 연구도 위장이나 췌장 등을 동물 체내에 남겨 놓은 채 외부에서 관찰하기 쉽도록 약간의 특수한 수술을 가했을 뿐이었다. 이러한 독특한 방법에 의한 연구 업적으로 그는 1904년 제1회 생리학 부문 노벨상을 수상했다.

파블로프는 독일에서 보나 발날된 의학 생리학 지식을 습득하고 페테르부르크로 돌아온 후 군의 학교의 교수가 되었으나 독일류의 의학연구방법에 만족하지 않고 새로운 연구 방법을 생각해 내었다.

파블로프는 그 후 의사로서보다는 생리학 연구, 특히 대뇌의 연구에 몰두했다. 음식을 입에 넣으면 침샘에서 침이 나온다든가, 뜨거운 것에 손이 닿으면 뜨겁다고 생각하기 전에 손을 뗀다든가 하는 것은 우리가 일상생활에서 경험하는 일이다. 이러한 타고난 현상을 '무조건반사'라고 한다. 앞에 언급했듯이 개에게 메트로놈 소리를 들려주면서 먹이를 주는 훈련을 되풀이 하면 개는 메트로놈 소리만 듣고도 침을 흘리게 되는 현상은 생태적으로 타고난 것이 아니라 후천적으로 습득된 반사행동이며 이를 파블로프는 조건반사로 이름 붙였다. 조건 반사는 학습의 원시적 형태 가운데 하나다. 이런 조건 형성의 학습에서 조건 자극(종소리)에 이어 무조건 자극(먹이)을 줌으로써 조건 자극과 반응의 결부를 촉진하는 과정을 '강화' 또는 '보강'이라고 한다. 고등 동물일수록 조건 반사를 형성시키기 쉽다. 조건반사는 일단 형성되면 그 뒤로 상당 기간 소멸하지 않지만, 조건 자극만 되풀이하고 무조건 자극을 주지 않으면 결국 소멸한다. 다시 말해, 개에게 벨소리만 울리고 먹이를 주지 않아 버릇하면 나중에 그 개는 벨소리에 침을 흘리지 않게 된다. 또 조건반사가 형성된 뒤 그 조건 자극과 비슷한 종류의 자극을 주어도 마찬가지로 조건반사를 일으키는 경우가 많다.

파블로프는 한걸음 더 나아가 이미 이러한 조건이 몸에 익은 개에게 메트로놈 소리를 들려주기 전에 검은 사각형을 보여주는 훈련을 계속한 결과 이 개는 검은 사각형만 보고도 침을 흘리는 것을 알 수 있었다. 그는 이를 제2차 조건반사라고 불렀다.

조건반사 연구는 그 뒤 상트페테르부르크 교외의 파블로프 생리학 연구소에서 30여 년간 이어지며 사람들의 시선을 끌었다.

◉ 조건 반사
• 이관용 역 — 교육과학사

◉ 파블로프
• 이조인 역 — 시공사

조건 자극과 비슷한 종류의 자극은 예컨대 조건 자극이 종소리일 경우 그 종소리와 비슷한 소리 등이다.

099
인간 본성에 대하여

에드워드 윌슨(1929–)

『인간 본성에 대하여』라는 책의 제목만 들으면 자연 과학 서적이라기보다는 지극히 인문과학, 혹은 사회과학적인 냄새가 난다. 그러나 이 책의 저자인 하버드 대학의 동물행동학자인 에드워드 윌슨(Edward O. Wilson)은 지금으로부터 이삼십 여 년 전에 『곤충의 사회들』(1971), 『사회생물학 : 새로운 종합』(1975)과 이 책을 저술하여 사회생물학이라는 새로운 분야를 창조한 인물이다.

에드워드 윌슨은 1929년 미국 앨라배마 주의 버밍엄에서 태어났으며, 어린 시절을 다소 불우하게 지냈다. 1946년 앨라배마대학에 진학한 무렵에는 곤충에 대해 상당히 조예가 깊어 1학년 신입생인 그에게 학교에서 실험실과 전용 현미경을 마련해 줄 정도였다.

개미에 관한 연구로 앨라배마대학에서 생물학 학사 및 석사 학위를 마치고, 하버드대학에서 생물학 박사학위를 받았다. 개미 연구의 세계적인 권위자이며, '생물 다양성'과 '사회 생물학'의 아버지로 불리는 그는, 1956년부터 하버드 대학교 교수로 재직해 왔으며, 현재는 하버드 대학교 펠레그리노 석좌 교수로서 미국 학술원 회원이기도 하다. 또한 20여 권의 과학 명저를 저술한 과학 저술가로서 『인간 본성에 대하여』와 『개미』로 퓰

에드워드 윌슨은 부모가 7살 때 이혼한 데다, 함께 살던 아버지마저 이사가 잦았기 때문이다. 형제도 없었고, 친구도 사귀기 어려웠고, 주로 자연을 벗 삼아 늪을 뒤지고 곤충, 뱀, 개구리를 관찰하고 채집하며 지냈다고 한다.

리처상을 두 번이나 수상했다. 그 밖에도 미국 국가 과학메달, 국제 생물학상, 크러포드상 등을 수상했으며, 비단 생물학뿐만 아니라 학문 전반에 지대한 영향을 준 20세기를 대표하는 과학 지성으로 손꼽힌다.

1978년에 출간된 『인간 본성에 대하여』는 윌슨이 사회생물학을 완성시킨 역작으로, 태초부터 지금까지 지구의 역사를 돌이켜볼 때, 개체란 잠시 태어났다 사라지는 덧없는 존재이고 자손대대로 영원히 살아남을 수 있는 것은 오직 유전자뿐이라는 것이다.

유전자로 하여금 더 많은 복사체를 만들 수 있도록 도와준 형질, 즉 생명체의 특성은 성공적으로 살아남아 지금 우리와 함께 있는 것이고 그렇지 못했던 것들은 모두 사라지고 없는 것이다. 이 지극히 간단한 논리가 윌슨으로 하여금 생명의 다양성은 물론 인간의 특성 모두가 필연적으로 진화의 산물일 수밖에 없다고 결론짓게 만든다.

DNA야말로 진정한 생명의 주체라는, 달리 생각하면 지나치게 극단적이고 섬뜩한 주장이다. 사회생물학이 계급주의, 인종 차별, 남녀 불평등 등 온갖 정치적 부조리를 합리화한다는 비난을 받는 이유가 여기에 있다. 하지만 저자는 평생 개미를 연구한 곤충 학자답게 냉정한 시선으로, 생물학과 인문학의 접목 또는 화해를 시도한다.

"신경생물학을 힌두교 지도자로부터 배울 수는 없으며 유전자의 결론들을 입법부를 통해 결정할 수도 없다. 이제 남은 유일한 길은 인간 본성을 자연과학의 한 부분으로서 연구하는 것이다."

윌슨의 논의는 다소 충격적이다. 인류사의 보편적 양상인 일부다처제를, 공격적이고 변덕스럽고 무차별적인 수컷일수록 배우자 선택에 유리하다는 입장에서 정당화한다. 인간은 이러한 생물학적 원리에 충실히 복종하는 '닭'일 뿐이라는 것이다. 우리 스스로가 숨 쉬고 먹고 마시며 인생을 살다 죽어가기 때문에 우리는 우리가 생명의 주체라는 것을 의심해본 적이 없다. 하지만 생명체란 태어나서 일정 기간을 보낸 다음 어김없이 사라지는 존재일 뿐이라고 주장한다.

이 책의 제목에서 알 수 있듯이, 저자는 다른 생물에서는 쉽게 발견되지 않고 인간에만 특이하다고 여겨지는 인간 본성에 주로 초점을 맞추어 유전자 결정론을 설명하고자 한다. 기존의 심리학이나 사회학에서 제시하던 이론과는 달리, 이타주의나 종교, 희망과 같은 물리적으로 설명하기 어려운 작용도 실은 생물학적인 원리인 다윈적 진화론이나 유전자 선택론으로 설명될 수 있다고 주장한다.

특히 이러한 인간 특이적인 현상은 문화적 진화 과정에서 나타나는 일종의 이상 발달이라고 규정하고 있다. 그 한 예로 인간만이 갖고 있을 법한 이타주의도 유전자의 생존과 증식을 위한 수단으로 해석한다. 울새나 개똥지빠귀도 매가 접근하면 다른 새에게 경고를 보내고, 개미나 말벌 등은 집을 방어하기 위해 침입자에게 미친 듯이 돌격할 준비가 돼 있다는 연구 결과를 제시한다.

사회 생물학은 다윈의 이론에 입각하여 '인간을 포함한 모든 동물의 사회적 행동을 체계적으로 연구하는 학문'이다. 윌슨은 무엇보다 우선 개미생물학의 세계 제1의 권위자다. 그러나 그는 『곤충의 사회들』과 『사회생물학』에서 벌, 개미, 흰개미 등 이른바 사회성 곤충들의 행동과 그들이 구성하여 살고 있는 사회의 구조가 원숭이나 심지어는 인간의 사회적 행동과도 일맥상통한다는 점을 일깨움으로써 생물학은 물로 다른 많은 학문에 자극을 주었다.

『사회생물학』의 첫 장과 마지막 장에서 윌슨은 인간의 본성을 이해하는 데 사회생물학적 방법론이 가장 중요한 역할을 할 것이라고 주장했다. 그의 표현에 따르면, 지구상에 존재하는 모든 사회성 동물을 조사하러 다른 행성으로부터 날아온 동물학자에게 인문학과 사회과학은 모두 인간이라는 한 영장류에 관한 사회생물학에 불과하다는 것이다. 다시 말해서 모든 인문사회과학은 궁극적으로 생물학의 소분야로 존재하게 될 것이라는 예측이다.

⦿ 인간 본성에 대하여
이한음 역—사이언스북스

에드워드 윌슨의 『사회생물학』은 무려 607페이지에 50만 단어 이상을 담고 있고 참고문헌이 2,000개가 넘는 방대한 저서로서 사회생물학이라는 새 학문을 여는 기초가 된다.

100
정재승의 과학 콘서트

정재승(1972-)

정재승은 한국과학기술원(KAIST)에서 카오스 이론으로 석사학위를 받았으며, 박사과정에서는 카오스 이론과 복잡성의 과학을 신경과학에 접목해 물리학적인 관점에서 뇌의 사고 기능을 이해하기 위해 연구했다.

박사학위를 받은 후 미국 예일대학교 의과대학 신경정신과 및 응용물리학과 박사후 연구원(1999~2001)을 거쳐 고려대학교 물리학과에서 연구교수를 역임하였다. 2004년에 한국과학기술원 교수로 임용되어 바이오생물물리학 및 전산 신경과학 강의와 연구를 하고 있다.

사람의 뇌를 연구하는 정 교수는 인간의 의식 활동 자체에 관심을 갖고 뇌의 정보처리 기능을 분석하는 연구를 하고 있다. 특히 물리학과 신경학의 학제간 연구를 통해 국내외 각종 학술협회에서 수차례 베스트 논문상을 수상하는 등 관련 분야에서 가장 주목받고 있는 과학자 중의 한 사람이다.

평소의 지론인 과학의 대중화를 위해 영화에 나타난 '알기 쉽고 흥미 있는 과학'에 관심을 가졌다. 그래서 동아일보에 '시네마 사이언스'를 연재하였고, 「과학동아」 등의 잡지에 기고하였으며, MBC FM '홍은철의 영화 음악실' 등의 프로그램에 고정 출연하기도 했다. 저서로는 『물리학자는 영화에서 과학을 본다』가 있다.

젊은 물리학자 정재승 교수의 저서『과학 콘서트』는 우리 주변의 현실 문제를 과학자의 시각으로 다루고 있다. 이 책에서는 학교 시절 배웠던 뉴턴 패러다임의 고전 물리학과는 선명하게 구분되는 비(非) 선형 물리학이라든지, '복잡성의 과학'이 등장한다.

그런데 용어가 생경하다 해서 지레 겁먹을 필요는 없다. 그가 소개하는 현대물리학은 철저하게 '인간의 얼굴'을 하고 있기 때문이다. 예전의 고전 물리학자들의 관심은 자연과 우주, 즉 너무 거대하거나 아니면 눈에 보이지 않는 미시 세계에 머물러 왔다.

반면 요즘의 물리학은 '사람이 모여 사는 세상'에 눈을 돌리고 있다. 비틀스 음악과 잭슨 폴록 그림에 숨겨진 프랙털의 구조, 주식이 널뛰는 이유, 백화점의 미로 공간에 숨겨진 상술(商術) 등 말이다.

정재승의『과학콘서트』에서는 '복잡한 사회현상의 뒷면에 감춰진 흥미로운 과학이야기'를 구수하게 들려준다. O.J 심슨 살인사건, 서태지에서 할리우드의 줄리아 로버츠까지 종횡무진 등장하는 에피소드도 적재적소에서 빛난다.

책의 구성은 제목대로 콘서트 방식이다. 제1악장 '매우 빠르고 경쾌하게 Vivace molto'에서 시작해 제2악장 '느리게 Andante', 제3악장 '느리고 장중하나 너무 지나치지 않게 Grave non tanto', 제4악장 '짐차 빠르게 Poco a poco Allegro'로 종료된다.

저자는 고전적 자연과학의 시대는 완전히 갔다는 사실, 즉 새 패러다임을 바탕에 깔고 있다. 고전물리학은 '풀어야 할 문제를 풀기보다, 풀 수 있는 문제만 풀어왔다' 대신에 현대물리학은 고전물리학이 제쳐놨던 '사람이 만들어내는 행동 패턴, 즉 복잡한 사회현상'에 눈길을 돌린다고 저자는 설명한다.

그 도구 중의 하나가 프랙털이다. 질서정연한 유크리트 기하학의 잣대로 자연을 단순화해 칼질하지 않고, 보다 유연해진 프랙털의 잣대를 활용

이제 물리학은 사회과학인 경제학의 이론에 끼어들어 '과학의 훈수'를 두거나 주식시장에 뛰어들어 깜짝 이론의 카드를 뽑기도 한다.

『과학콘서트』가 매력적인 이유는 「네이처」 등의 일급 과학 저널 수십 권 분량의 최신 과학 정보를 쉽게 접할 수 있기 때문이다.

하는 것이다. 그러면 프랙털이란 무엇인가. '세부구조들이 끊임없이 전체 구조를 되풀이하는 형상'이다.

이를테면 눈의 결정 구조나 한반도 서해안의 곡선을 보라. 물감을 정신 없이 흩뿌려 만드는 잭슨 폴록의 그림도 그렇다. 그동안 서구과학이 카오스라고 해서 내처 뒀던 이들 안에는 '보다 복잡한 규칙 내지 패턴', 즉 자연이 뭉텅이로 숨어 있고, 따라서 이것을 응용해 대도시의 도로망, 헤비메탈 음악, 심장박동의 리듬에까지 접근하려는 것이 현대 자연과학이다.

"과학은 일상과 긴밀히 연관돼 있으며 모든 사람들은 과학의 혜택과 피해를 함께 나눌 수밖에 없습니다. 그러나 사람들은 학교만 졸업하면 과학책을 덮어버립니다. 과학적 이슈에 대해 모두가 발언하고 토론할 수 있어야 하는데, '시민과학'이 없어요."라고 주장하는 그는 "박사학위를 받고서야 비로소 사람들이 물리학자를 조금도 멋있게 생각하지 않을뿐더러 재미없고 따분하여 세상일에 별 관심 없이 연구만 하는 사람이라 여긴다는 걸 알았다."고 고백했다.

자괴감은 다행히도 대중에게 친근하게 다가가는 유쾌한 글쓰기를 통해 생산적으로 해소되기 시작했다. 그는 해박한 지식과 폭넓은 시선을 과학에 접목시켜, 과학을 이야기하며 동시에 총체적 세계 인식을 말하고 있다. 따라서 『과학콘서트』는 과학을 쉽고 흥미 있게 접할 수 있는 교양 과학서인 동시에 인문학적 성찰로도 읽히는 책이다.

◉ 정재승의 과학콘서트
• 정재승—동아시아

『과학콘서트』에는 파레토 법칙, 케빈 베이컨 게임, 머피의 법칙 등이 무수히 나와 지적 호기심을 자극하는 데 성공하고 있다. 1백 25개 항목의 논문 및 웹페이지 주소도 생생한 정보다.

1. 마르크스가 '자본주의 체제는 인간 소외를 초래하는 체제'라 주장하게 된 이유를 그의 논거를 통해 도출해 내시오.

2. 사실 무근의 데이터 조작이 과학에 있어서 어떤 결과를 초래할 수 있는지 생각해 보고, 간단히 정리하시오.

3. 현재의 환경오염 실태를 '엔트로피' 개념을 설명하시오.

부록

· 글쓰기의 절차
· 서평쓰기

글쓰기의 절차

인간은 자신의 의사를 표현하는 수단으로 언어를 사용한다. 언어는 음성 언어인 말과 문자 언어인 글을 자칭한다. 그런데 말과 글은 인간의 표현 수단이라는 점에서 공통점이 있지만, 그 표현 방식이 다르기 때문에 생겨나는 차이점 또한 적지 않다.

말은 일회적이고 즉흥적이며 직접적인 의사 수단이다. 따라서 다소 문법에 맞지 않는 표현을 썼거나 미처 다 표현하지 못한 부분이 있더라도 보충해서 설명할 수 있는 기회를 마련하기가 쉽다. 또한 직접적인 만남 속에서 발화가 이루어지므로 얼굴 표정이나 몸짓 등 주변적인 요소를 통하여 어느 정도 의사 표현을 보충할 수 있다. 그러나 글은 이와 다르다. 일단 글로 써 놓은 것은 지속적으로 남아 있다.

글을 쓴 사람은 자신의 생각을 모두 글을 통해 표현해야 하며, 일단 발표를 하고 나면 빠진 내용이 있거나 수정하고 싶은 대목이 있더라도 이를 보충하거나 수정할 기회를 가지기는 어렵다. 또한 말은 일상생활에서 사용할 기회가 많지만, 글은 특별한 노력을 기울이지 않으면 쓸 기회가 많지 않다. 흔히 '말하기'는 쉬운데 '글쓰기'는 어렵다는 이야기를 하는 이유는 바로 이와 같이 말과 글의 속성이 다른 데서 찾을 수 있을 것이다.

글쓰기는 무엇인가? 글쓰기란 하고 싶은 말을 글로 적어 보이는 것이다. 글쓰기는 사람이 자기를 잘 나타내는 가장 효과적인 방법 가운데 하나이다. 하고 싶은 말이 없으면 글을 쓸 필요가 없다. 억지로 짜내는 글은 좋은 글이 될 수 없다. 무엇인가를 표현하지 않으면 안 되겠다는 강한 표현 욕구를 느낄 때 글쓰기가 필요하다.

자기 주변의 일이나 생활, 관심을 가지고 있는 분야, 문제적이라고 느끼는 제반 현실 등이 모두 글쓰기의 좋은 소재가 될 수 있다. 그러나 하고 싶은 말이 있더라도 그것을 어떻게 하면 효과적으로 표현하여 자신의 생각을 정확하게 글로 전달할 수 있을 것인가가 여전히 문제로 남는다.

일차적으로는 '무엇을 쓸 것인가'를 생각해야 하지만, 그 다음으로는 '어떻게 쓸 것인가'에 대해 고민해야 한다는 말이다. 글쓰기의 어려움은 여기에 있다. 자신의 생각이 아무리 많아도 그것을 제대로 표현할 수 있는 능력을 갖추지 못하면 소용이 없다. 우리가 글쓰기를 공부하는 이유는 자신의 생각을 정확하고 올바르게 표현하는 능력을 기르기 위해서이다. 풍부한 체험을 바탕으로 하여 효과적인 표현으로 감동을 일으킬 수 있는 글이 좋은 글이다. 그래서 좋은 글쓰기는 자신의 인격과 개성과 생명력을 살아나고 뻗어 나가게 하면서 모든 사람들의 생각과 행동을 높여 주게 된다. 그러나 나쁜 글쓰기는 그와는 반대의 결과를 가져온다.

글쓰기보다 말하기가 더 쉽다고 생각하는 것은 당연하다. 그러나 말은 일단 입 밖으로 나와 버리면 다시 주워 담을 수 없기 때문에, 말하기 전에 다시 한 번 더 생각을 가다듬고 신중을 기할 필요가 있다. 이에 비해 글은 그것을 발표하기 전에는 얼마든지 수정할 수 있는 기회를 가질 수 있다. 자신의 생각을 한 번 더 정리할 수 있는 기회를 가짐으로써 실수를 줄일 수 있는 것이다. 이 때 가장 먼저 점검해야 할 사항은 '쓰려고 한 것이 충분히 나타났는가'하는 것이다. 처음에 생각해 두었던 내용인데도 글을 쓰다 보면 빠뜨리거나 불충분하게 쓸 수도 있기 때문이다. 다음으로 '무엇을 썼는지 알 수 없는 곳, 확실하지 않은 표현을 한 곳은 없는가'를 검토한다.

글은 자족적인 목적으로 쓸 때도 있지만, 누군가에게 읽힐 목적으로 쓰는 경우가 대부분이다. 그런데 무슨 말을 하는 건지 알 수 없게 쓰거나 모호한 표현을 써서 오해를 불러일으킬 수 있는 여지가 생긴다면 문제가 아닐 수 없다.

'필요 없는 말, 줄여도 될 말은 없는가'도 살펴보아야 한다. 군더더기 말은 초점을 흐리거나 공연히 짜증을 일으킬 수 있다. '꼭 맞는 말을 썼는가'도 잘 살펴보아야 한다. 선택이 가능한 여러 표현들 가운데에서 그 상황에 가장 잘 어울리는 표현을 찾아내는 능력은 평소에 많은 독서와 글쓰기 연습을 통해 키워 나갈 수 있다.

그런데 글쓰기에서 가장 중요한 것은 '자기의 말로 쓰는 것'이다. 사람은 모두 각자의 개성을 가지고 있다. 마찬가지로 글도 사람에 따라 그 스타일이 다르게 나타난다.

"문체는 곧 그 사람의 인격을 나타낸다."라는 말이 있다. 글의 개성이 바로 문체이다. 그래서 자기의 개성을 잘 드러낼 수 있는 글, 다른 글과 구별되는 표현 방법을 터득해 나가는 것이 중요하다.

우리가 글을 쓰는 것은 크게 다음의 두 가지 경우이다. 실용적인 목적으로 쓰는 경우와 군이 실용성을 염두에 두지 않고 쓰는 글이 그것이다. 편지나 일기, 신문, 연설문 등이 전자에 해당하는 글이라면, 시나 소설, 수필과 같이 문예적인 성격의 글이 후자에 해당한다.

실용적인 글은 목적의식이 뚜렷하기 때문에 그 목적을 달성하는 데 효과적이냐의 여부가 글의 성패를 가늠하는 중요한 기준이 된다. 그러나 실용성을 염두에 두지 않은 글은 글 쓰는 사람마다 그 동기가 다르다.

좋은 글쓰기란 가능하면 '진부한 표현'은 피하는 것이 좋다. 묵은해를 보내고 새해를 맞이할 때 우리는 연하장을 주고받는다. 이럴 때 연하장을 받고도 기분이 개운하지 않을 때가 간혹 있다. 지극히 추상적이고 보편적인 인사말을 담은 연하장을 받았을 때이다. 물론 연하장의 성격상 덕담을 건네는 것만으로도 충분하다고 생각할 수 있다. 그렇지만, 이왕 연하장을 보내려면 상대와 공유할 수 있는 어떤 구체적인 체험이나 감정을 담아 전하는 게 보다 효과적일 것이다. 다음의 두 예문을 비교해 보자.

① 새해 복 많이 받으세요. 올 한해도 댁내 두루 평안하시고 하시고자 하는
일 모두 이루시길 기원합니다.

② 이름만 들어도 늘 정겨운 얼굴이 떠오릅니다. 청담동의 〈샤갈의 눈 내리
는 마을〉에서 만났던 때가 벌써 지난여름이던가요. 새해에는 좀 더 여유
를 가질 수 있으면 좋겠습니다.

'상투적인 표현'으로 일관한 글과 상대를 생각하면서 정성스럽게 쓴 글의 차
이가 분명하게 나타나며, 여기에는 글의 길이가 문제되지 않음을 알 수 있다.
누구나 할 수 있는 표현은 변별성을 가지지 못한다. 그 상황에서의 자신의 감정
이나 느낌을 드러내 줄 수 있는 정확하고 효과적인 표현을 찾아내는 일이 필요
할 것이다. 그러기 위해서는 표현 대상에 대한 통찰력과 자신의 내면세계를
찬찬히 들여다보는 반성적 자세가 요구된다. 적절한 표현을 찾지 못했다는 것
은 아직 대상을 명확하게 인식하지 못했다는 사실을 의미한다.

글쓰기는 인식의 결과물이기도 하다. 인식 능력은 언어의 구사 능력과 비례
한다. 우리는 언어를 통해 현상을 이해하는 것이다. 그래서 "세계는 기호로 이
루어졌다"는 극단적인 주장이 나오기도 한다. 기호란 바로 문자요 그것이 모여
글이 되는 것이다. 그러니까 글쓰기란 세계를 이해하는 유력한 방법인 것이다.

글쓰기는 언어를 가지고 새로운 세계를 창조하는 작업인 것이다. 그런 만큼
글쓰기는 많은 고통을 수반한다. 자기의 생각을 나타내는데 적절한 표현을 찾
아내고 그것을 적절히 배치하여 한 편의 글을 완성하는 일이 여간 까다롭고
힘든 것이 아니다. 그러나 적절한 표현을 찾아 나서는 끊임없는 과정이야말로
또한 자아를 발견하여 확립하고 실현시켜 나가는 과정이라고 할 수 있다.

1. 주제의 설정

글을 쓰는 사람은 '말하고 싶은 어떤 것'을 갖고 글을 쓰기 마련이다. 그것이 무엇이든지간에, 어떤 글에서 작가가 결론적으로 정리하여 말하고자 하는 그 내용을 사람들은 주제(主題, Subject)라고 부른다. '전통의 가치는 단순히 보존될 뿐만 아니라 오늘의 현실에 맞게 재창조되어야 한다'는 주장을 가지고 글을 완성했다면, 바로 그 내용이 이 글의 주제라고 할 수 있다. 그래서 주제는 자연스럽게 어떤 글의 핵심적인 위치에 놓이게 된다. 주제를 어떤 글의 핵심적인 혹은 중심적인 내용이라고도 하는 것은 바로 이런 이유 때문이다.

1) '가주제'와 '참주제'

주제란, 우리가 글을 쓰고자 할 때, 그 글의 중심적인 사상이나 정서, 글 쓰는 이가 말하고자 하는 참된 의도를 말한다. 가령 이 글은 '민주주의'에 대해 썼다. 혹은 이 글은 '우정'에 대해 썼다라고 했을 때, '민주주의'나 '우정'이 바로 주제이다. 이와 같은 주제를 막연한 주제 즉, 이야기하는 소재로서의 주된 제재라 한다. 글을 쓸 때 '내가 무엇을 쓰겠다'에서 무엇이 곧 막연한 주제이다.

그러나 민주주의, 사랑, 국민교육과 같은 막연한 주제를 가지고는 글을 시작할 엄두를 내지 못한다. 이때 우리는 막연한 주제에 대하여 일정한 태도나 가치 평가를 끌어들여야 한다. 이를 참주제 혹은 발전된 주제라 한다.

글을 쓰는 것은 바로 이러한 참주제를 설정했을 때 가능하다. 이것은 글쓴이가 표출하고자 하는 구체적인 사상이나 정서, 인생관, 세계관과 관련된다. 막연한 주제에서 참주제에 이르는 단계는 다음과 같다.

가령 '철학→철학과 현실과의 관계', '한글맞춤법→한글맞춤법의 원리', '한국사→한국사의 보편성과 특수성', '학문→학문의 본질과 목적' 등을 설정할 수 있을 것이다.

주제를 고르는 방법은 여러 가지가 있을 수 있겠으나 다음 사항은 반드시 고려되어야 한다.

첫째, 주제는 되도록 한정적이어야 한다. 범위가 너무 넓고 막연하면 글의 논지가 모호하게 되어 글쓰기가 어렵게 된다.

둘째, 주제는 글 쓰는 이의 능력에 알맞으며 관심을 가지고 있는 것이어야 한다. 관심을 가지고 있지 않은 주제를 선택하여 글을 쓰고자 하면 글쓰기가 지루하고 고통스럽게 느껴질 뿐이어서 좋은 글을 쓰기가 어렵다.

셋째, 독자가 이해할 수 있고 관심을 가지는 것이어야 한다. 글은 누군가에게 읽히기 위해 쓰는 것이다. 따라서 독자에게 공감을 불러일으킬 수 있는 주제를 설정하여 글을 쓸 때, 보다 효과적인 글쓰기가 될 수 있다.

넷째, 정해진 분량을 초과하지 않고 주제를 살리는 데 필요한 소재를 용이하게 구할 수 있는 주제를 설정해야 한다.

이러한 사항을 고려하여 주제를 설정하면, 글의 방향과 의도를 분명히 하기 위해 그 주제에 맞는 주제문을 써 보는 것이 좋다. 원칙적으로 하나의 글은 하나의 단일한 주제로 통일되고 긴밀한 짜임새를 갖추어야 하는 것이므로, 주제문은 논설문, 설명문, 보고문 등 어떤 성격의 글을 쓰더라도 반드시 선행해서 작성해야 할 필수 과정이라 할 수 있다.

2) 주제와 주제문

주제는 포괄적인 것보다 구체적이고 한정적인 것이 바람직하다고 했다. 그러나 실제 글을 쓰는 과정에서 주제는 처음부터 구체적이고 한정적으로 설정되지는 않는다. 구상의 과정을 거치면서 차츰 구체적이고 한정적인 방향으로 나아가는 법이다. 다음을 한번 비교해 보자.

① 사랑
② 남녀 간의 애정관
③ 조선조 남녀 간의 애정관

위의 경우처럼 자신이 잡은 주제의 내용이 ①에서 ③로 심화되었다고 하자. 주제의 내용은 ①이 가장 포괄적이고 ③은 상대적으로 가장 한정적이다. ①처럼 포괄적인 것은 실제 글을 쓰는데 별로 유익하지 않다. 이런 것은 주제의 범위를 한정시켜가는 데 임시적인 기능밖에 하지 못한다. 그래서 이러한 주제를 '가(假)주제'라고 부르고, 이보다 구체적이고 한정적인 ③과 같은 것을 실질적인 주제라는 뜻에서 '진(眞)주제'라고 부른다. 그런데 가주제와 진주제는 서로 상대적인 개념이다. 처음 잡은 주제가 ①이고, 최종적으로 잡은 주제가 ②라면 ①이 가주제이고 ②가 진주제가 되지만, 처음 잡은 주제가 ②이고, 최종적으로 잡은 주제가 ③이라면 ②가 가주제이고 ③이 진주제가 되는 것이다.

3) 주제문의 위치

원칙적으로 어떤 글의 주제는 그 글의 각 부분들이 모여서 만들어 낸다. 만약 그 글의 어떤 부분이 그 주제에서 벗어났다면, 그 부분은 잘못 들어간 것이므로 마땅히 삭제하는 것이 좋다. 각 부분들이 하나의 주제 아래 통합되어 있는 것을 글의 통일성이라고 한다. 그런데 글의 주제가 한 편의 글 전체에 걸쳐 있다고 해도, 글에 따라서는 주제문이 직접 표현되기도 한다. 주제문의 표현은 글 쓰는 사람의 자의적 선택의 사항일 뿐이다.

2. 글감의 취재와 정리

1) 글감과 주제와의 관계

글감은 글의 주제를 뒷받침하며, 글의 내용을 이루는 재료이다. 흔히 소설에서는 '소재(素材 natural materials)'라고 하고, 논문에서는 '자료(資料 datas)'라 한다. 그리고 일반적으로는 '재료(材料 materials)', '제재(題材 theme and materials)'라고 한다.

그런데 원래 글의 내용은 매우 광범위하다. 좁게는 우리 인생이나 자연계의 온갖 것들에 관한 것이 되고, 넓게는 우주에 관한 것이기 때문에, 무엇이든 다 글감이 될 수 있다. 이처럼 글감은 우리의 주변에 무수히 널려 있다.

그러나 이 글감은 바로 글이 될 수는 없다. 그것은 취사선택되어, 글의 주제를 뒷받침하고 확실하게 하는 재료가 되어야 옳은 글감이 된다. 그러므로 글감이란, 글을 쓰는 데 필요로 하는 효율적인 재료를 가리키는 말이다.

2) 좋은 글감의 선택 방법

1. 예리한 관찰을 하라

사물이나 현상을 무심히 바라보면, 그것을 본다 하여도 참모습이 보이지 않는다. 그것을 듣는다 하여도 참소리가 들리지 않는 법이다. 반면에 덤덤히 보아 넘기는 예사로운 일들도, 면밀하고 예리하게 관찰하면 다르다. 그것에서 새로운 진실을 발견하고, 깊은 뜻도 찾아 낼 수 있게 된다.

2. 깊이 있는 체험을 쌓아라

체험이 깊고 진실하며 풍부할수록 좋은 글감을 얻게 되어, 독자에게 깊은 감동을 주는 좋은 글을 쓸 수 있게 된다. 그러므로 문학을 전공하는 사람들은, 좋은 글감을 얻기 위하여 이 체험을 생명처럼 귀히 여겼다.

3. 자신 있는 글감을 모아라

우리는 글을 쓸 때에, 항상 자기 자신이 그 내용을 잘 알아 자신만만한 글감을 골라야 한다. 자기 능력 밖의 글감을 함부로 다루는 것은 공연한 욕심이다. 막연히 잘 써 보겠다는 허세만으로 글이 이루어지는 것은 아니다. 우리가 글감의 특징이나 내용을 잘 알고 있으면 그 방면에 정통해지고, 그것에 정통해지면 또 구체적·전체적으로 나타낼 수 있어, 결국 그 문장은 독자에게 감동을 줄 수 있다.

4. 읽고 듣고 생각하라

대체로 우리가 글감을 찾는 데는 두 가지의 방법을 생각할 수 있다. 즉, 우리가 일상생활과 몸소 부딪치는 직접 경험과, 독서·청취·사고 등을 통한 간접 체험 등이 그것들이다.

우리는 좋은 글감을 모으자면, 많은 책을 읽고 남의 이야기들을 귀담아 듣고, 또 그것들을 객관화하는 사고의 과정을 겪는 것이 바람직하다.

5. 설득력 있는 글감을 찾아라

자기의 사상이나 감정을 독자에게 완벽하게 전하는 문장을 설득력이 있는 문장이라 한다.

예킨대 숫자나 통계 및 속담·금언·일화 등의 글감이 들어 있는 문장은 여느 문장보다도 설득·신뢰·권위 같은 것을 받게 된다.

6. 글감을 메모하라

지나간 생활 지표나 닥쳐 올 생활 설계에 대한 비망록이 메모이다. 우리는 책상 위에 다이어리이나 메모지를 놓아두고, 이를 가지고 다닌다. 메모 작성에는 일정한 형식은 요구되지 않으나, 뒷날 그 기억을 재생시키기 위해서, 다음과 같은 점들에 유의해서 작성해야 한다.

① 뒤로 미루지 말고, 그때그때 그 자리에서 곧바로 적어야 한다.

② 요점이나 골자만을 디딤돌 식으로 간결하게 적어야 한다.

③ 글씨는 흘려 쓰거나 흐리게 쓰지 말고, 뒷날에도 알 수 있게 환하고 또박또박 써야 한다.

④ 중요한 내용에는 밑줄을 치거나, 따로 특별한 표지를 해둠이 좋다.

⑤ 기억의 재생을 위해서, 메모 날짜와 내용·장소·출처 등을 적어 둠이 좋다.

⑥ 가급적이면 그 메모는 그날 중으로 더 자세하게 정서해 두는 것이 좋다.

⑦ 어떤 위치나 어떤 형체를 메모할 때에는, 약도나 약화 등을 그려 두는 것이 편리하다.

7. 일화·고사·실화 등을 모아라

평소에 읽고 보고 들은, 일화나 고사 및 실화 등을 모아 두면, 좋은 글감이 될 수 있다. 그리고 이런 것들은 독자에게 이해나 감동을 촉진시킬 뿐더러, 강한 설득력을 가지고 있다.

물론 이 일화·고사·실화 그것만으로도, 훌륭한 한 편의 글이 되기도 하지만, 대개의 경우는 한 삽화로서 인용되는 수가 많다.

3) 글감의 정리

우리가 글을 쓸 때에 글감들이 많이 준비되었다면, 그것은 글 쓸 의욕을 고취하게 될 것이다. 그러나 그 수집된 글감이 당장 다 글에 사용된다는 보장은 없다. 그 많은 글감 가운데서, 지금 당장 필요한 것만을 골라내어야 한다.

이것은 마치 우리들이 냇가에 나가서, 모양 좋고 아름다운 돌을 찾아 주울 때와 마찬가지다. 그때 대개의 경우는, 눈에 뜨이는 모양 좋고 아름답다고 생각하는 돌은 일단 주워 모으게 된다. 그런 다음에 그 중에서 가장 좋은 것만을 골라내어 가져오게 된다.

이처럼 많은 글감 가운데서, 일단 쓸 만한 것을 골라내는 작업이 주제와 구성이다.

(1) 주제란 무엇인가

주제란 문장의 중심 과제요, 자기가 쓰고자 하는 주안점이다. 그리고 문장 최초의 동력이며, 재료나 줄거리를 구사하여 그것들을 통일하는, 가장 근본적인 것이다.

그러나 우리가 흔히 남의 이야기를 듣거나 어떤 글을 읽었을 때, 그것이 무슨 이야기인지 좀처럼 그 핵심을 종잡을 수 없는 때가 있다. 말하자면 이런 이야기나 글은, 나타내고자 하는 근본, 즉 주제가 불투명하기 때문이다. 단, 화제(話題 topic)는 주제를 풀이하는 재료이다. 그러나 그 화제가 중심 사상이 될 때에는, 주제와 일치하기도 한다.

(2) 주제설정 방법

1. 투명한 주제를 택하라

주제가 투명하지 못하다면, 그 문장은 그만큼 호소력과 설득력을 잃고 만다. 글을 쓰는 사람은, 자기가 말하고자 한 중심 사상이 뚜렷하게 나타나도록 힘써야 한다.

2. 참신하고 독창적인 주제를 택하라.

주제는 너무 평범하거나 너무 거창한 것은 피하는 것이 좋다. 주제가 너무 평범하면 독자에게 새로운 생명의 긍정을 시킬 수 없고, 또한 주제가 너무 거창하면 그 문장은 관념적·추상적인 문장이 되기 쉽다.

3. 자기 능력에 맞는 주제를 택하라.

자기 능력에 맞는 주제는 자신이 그 글감에 정통해지고, 그만큼 자신이 생겨서, 구체적·전체적으로 표현할 수 있게 된다. 그러므로 항상 자기 주위에서나 자기 체험에서 주제를 택하는 것이, 명문장을 쓰는 열쇠가 된다는 것을 잊지 말아야 한다.

4. 인생에 α 를 더할 수 있는 주제를 택하라.

우리가 남의 글을 읽는 목적이 무엇일까? 이 목적은 사람에 따라 얼마만큼은 다를 수도 있다. 남의 글을 통해, 자기 인생에 유익함을 구하기 위함이라고 할 수 있다. 현대는 모든 분야에서 속도를 요구하고 전문화를 요구하고 있는데, 인생에 무익한 남의 글을 읽는 것은 무의미하다.

5. 자기 주위·자기 체험에서 택하라.

우리 주변에는 글감이 무수하게 널려 있다. 글감을 굳이 먼 데서 구해 오지 않더라도 주의 깊게 관찰하면 우리는 얼마든지 우리 주변에서 그 글감을 찾아 올 수 있다. 다만 우리 주변의 사물이나 현상을 무심히 보아 넘기기 때문에, 글감을 놓쳐 버리는 것이다. 글을 쓸 때에, 자기 주위의 사물이나 현상을 예리 하게 관찰하고 체험을 깊게 한 것들 중에서 글감이나 주제를 찾는 것이 현명하 다. 그 이유는 그런 것들 중에서 새로운 사실과 깊은 뜻을 발견할 수 있기 때문 이다.

6. 관념적인 주제는 피하라.

주제는 구상적일수록 설득력과 호소력을 가진다. 만약 주제를 '인생이란', '결 혼이란'식의 관념적 추상적인 주제는 글을 쓰기도 어려울 뿐더러 관념적인 글 이 되기 쉽다. 이때 이 주제가 '인생이란 괴로운 것', '결혼이란 인생의 새출발이 다'식으로 구체성을 띤다면, 그 글은 독자에게 투명한 인상을 줄 뿐더러, 쓰기도 훨씬 쉬워질 것이다.

그러므로 설령 관념적·추상적인 주제를 택하더라도, 그 글 속에 주제를 뒷받침하는 많은 실례·실화·통계 등을 제시한다면, 그 글은 구상성을 띠게 되어 독자에게 공감을 불러일으킬 수 있다.

7. 한정적인 주제를 택하라.

주제는 구상적·한정적일수록 좋다. 주제가 외연적·추상적일 때에는 작자의 의도가 모호해질 우려가 있다. 주제가 투명해질수록, 쓸 내용이 한정되어 인상의 통일을 가져오게 된다.

서평(書評, book review) 쓰기

　서평이란 주로 새로 나온 책에 대한 비평과 평가로 볼 수 있다. 바로 그 책이 가지는 의의와 가치에 대한 평가를 목적으로 쓰는 글을 말한다. 서평은 단지 책의 소개를 목적으로 하는 경우도 있지만, 책의 가치에 대한 평가가 주된 기능이다. 따라서 서평은 객관적이고 공평무사해야 한다. 이러한 서평은 신문이나 잡지 또는 학술지 등에 많이 게재되는데, 이러한 서평은 주로 해당 서적의 내용에 관계된 분야의 전문가가 집필한다. 새로 출판된 책을 간단하게 소개만 하는 신간안내와는 다르다.

　이러한 서평은 일반 수필이 아니기에, 두서없이 자기의 일방적인 감상만 쓰는 것은 곤란하다. 서평은 작자의 생각이나 책의 내용에 가능하면 충실하게 하고 비슷한 다른 책과도 비교하는 형식이 일반적이다. 특히 서평은 책의 내용이 중요하기에, 책의 개요를 소개하는 것이 필요하다. 가능하면 전체를 잘 파악할 수 있는 개요가 중심이 되어야 한다.

　또한 서평지(書評紙·誌)라고 하여 신간서적에 대한 비평이나 소개를 전문으로 하는 신문이나 잡지를 말한다. 그러나 이러한 서평지에는 출판이나 잡지 등에 관한 정보나 해설도 실으며, 또한 논단이나 문단(文壇)의 동향 등 문화현상에 관한 논평도 게재한다. 따라서 광범한 의미로는 문화신문이나 문화잡지라고도 할 수 있다.

　현재 우리나라에서는 교보문고의 '교보문고'를 비롯하여 대형서점이나 출판사들이 이러한 서평지들을 여러 종 발행하고 있다.

어머니 품에 안긴 듯 속엣말 안개처럼-곽재구의 〈포구기행〉

〈책과 사람〉(한겨레신문)

고명섭

폭풍우 칠 때 난바다의 배를 불러들이듯, 포구는 어머니의 품처럼 길을 따라 흘러온 낯선 사내를 품는다. 포구의 풍경에 합류한 사내는 마음 깊은 곳에 묻어 두었던 기억을 꺼내 천천히 되새김질한다. 〈곽재구의 포구기행〉은 시인 곽재구 씨의 상념과 추억이 그가 찾아든 포구 안에서 안개처럼 낮게 풀어져 흐르는 기행산문집이다. 동해의 화진에서 서해 변산반도 왕포까지, 해남의 어란포구에서 더 멀리 남제주군 사계포까지, 여기 소개된 포구들은 시인의 언어를 통해 푸른 빛과 붉은 빛이 조금씩 스며들어 인상파 화가의 풍경화를 닮은 그림이 된다. 『노을빛이 다 스러지고 난 뒤 갈대밭은 어둠에 잠긴다. …자세히 보면 푸르스름한 쪽빛의 기운이 어둠 속을 흐른다.』 그렇게 저문 포구에서 지은이는 『시와 사랑과 추억의 아름다움에 대해서, 눈물과 고통과 쓸쓸함의 깊이에 대해서』 나직이 이야기한다. 그가 직접 찍은 포구의 사진들이 아름답다.(△ 〈곽재구의 포구기행〉 곽재구 지음/ 열림원 펴냄·9500원)

생활사 읽기의 즐거움

〈주제가 있는 책읽기〉(어문생활)

허순용

생활사는 정치사나 경제사, 그리고 사상사의 틈을 메우며 한 시대를 온전히 복원해 내는 데 중요한 역할을 하는 분야이다. 그러나 우리 학계의 경우 생활사에 대한 연구가 아직 미미한 수준에 머물러 있는 것이 사실이다.

이런 와중에 최근 조선시대 양반가의 생활상을 복원한 두 권의 책이 출간되었다. 하나는 『홀로 벼슬하며 그대를 생각하노라』(정창권 지음, 사계절)이며, 다른 하나는 『사대부 소대헌·호연재 부부의 한평생』(허경진 지음, 푸른역사)이다. 이 두 권의 책은 시기는 다소 다르지만 모두 조선조 양반가의 생활 모습을 담고 있으며, 앞으로의 생활사 연구에 디딤돌이 될 귀중한 저술이다. 특히 『홀로 벼슬하며 그대를 생각하노라』에는 당시 양반 계급의 생활 모습이 소상히 드러나 있을 뿐만 아니라, 여성과 가족에 대한 새로운 안목을 열어주는 훌륭한 역사 교양물이라 할 수 있다. 이 두 권은 각각 따로 읽어도 재미있겠지만 접근 방법이나 자료 해석 등 여러 차원에서 비교하면서 읽으면 더욱 흥미로울 것이다.

『홀로 벼슬하며 그대를 생각하노라』는 조선 중기 선비인 유희춘(柳希春)의 개인일기인 『미암일기(眉巖日記)』에 기초하여 16세기 양반 가정의 생활을 재현한 책이다. 미암 유희춘은 1567년에서 1577년까지 약 10년에 걸쳐 거의 매일 한문으로 일기를 썼는데, 공직에서 있었던 일뿐만 아니라 자신의 가정에서 일어났던 일을 숫자 하나까지 정확하게 기록해 놓았다. 예컨대 어느 달 그가 받은 녹봉이 '쌀 13섬·보리 1섬·명주베 1필·삼베 3필, 임금 하사품으로는 노루와 꿩, 대구, 새우, 젓항아리'였다는 식이다. 저자는 이처럼 다양한 이야기가 꼼꼼하게 기록되어 있는 미암의 일기를 해체하여 '관직생활', '살림살이', '나들이', '재산 증식', '부부 갈등', '노후생활'의 6가지 주제로 재구성했다. 각각의 주제에 해당하는 내용을 미암일기에서 찾아 하나하나 풀어 설명하고, 해당 사건을 다시 한번 소설 형식으로 서술하는 방법을 사용하여 당시의 생활상이 선연히 잡히도록 하였다.

이 책에 나타난 16세기 사회의 모습은 일반에 알려진 통념과는 다른 면이 많다. 가장 눈에 띄는 것은 남존여비의 관념이 그리 강하지 않고 오히려 여성이 당당하게 자기 주장을 펼친 시대였다는 것이다. 아들과 딸을 가리지 않았고 본손(本孫)과 외손(外孫)을 구별하지 않았으며, 여자의 집으로 장가를 들고 처가에서 눌러 살던 방식이 일반적이었다. 또 상속도 균등하게 이루어졌으며 여성들의 학문과 예술 활동이 장려되었다. 미암의 아내 송덕봉(宋德峯)은 이러한 사례의 전형이었다.

그녀는 평소 남편을 잘 보필하면서도 남편이 잘못한 일이 있을 때는 따끔하게 꾸짖었다. 미암이 『서울로 올라와 관직생활을 하면서 홀로 지낸 지 서너 달. 그간 일절 여색을 가까이하지 않았으니 당신은 갚기 어려운 은혜를 입은 줄 아시오』라고 편지를 보내자, 『군사가 행실을 닦고 마음을 다스림은 당연한 일인데, 어찌하여 겨우 몇 달 독숙(獨宿)했다고 고결한 체하며 은혜를 베풀었다고 하시오. 당신은 아무래도 인의를 베푸는 척하면서 남이 알아주기를 바라는 병폐가 있는 듯하오』라고 대답하는 장면은 그 대표적인 예이다.

또 남편이 공직생활로 집을 비울 일이 많았던 당시에는 여성이 집안의 대소사를 이끌고 농사일을 지휘했으며 가문 전체의 정신적 지주까지 맡는 일이 많았다. 가부장제가 굳어지기 전 16세기 조선의 모습은 이렇게 개방적이었다. 그래서 저자는 이 시기에 신사임당(申師任堂), 황진이(黃眞伊), 이매창(李梅窓), 송덕봉(宋德峯) 같은 걸출한 여성들이 출현할 수 있었던 것이라고 본다.

한편 『사대부 소대헌·호연재 부부의 한평생』은 조선 후기 영·정조 대의 양반가의 모습을 보여준다. 조선 후기 명신 동춘당(同春堂) 송준길(宋浚吉)의 증손인 소대헌(小大軒) 송요화(宋堯和)와 그의 부인 호연재(浩然齋) 김씨가 주인공인데, 소대헌은 큰 업적이나 이름난 문집이 없어 거의 알려지지 않은 반면 그의 아내 호연재는 많은 시를 남긴 시인으로 유명하다. 현재 대전 송촌동에 있는 은진(恩津) 송씨(宋氏) 종가에는 그들과 그 후손들이 남긴 수많은 유물이 전해오는데, 그 내용을 보면 온갖 서책에서부터 의복, 생활용품, 놀이도구 등 한마디로 없는 것이 없다. 즉 이 책은 수많은 자료들을 토대로 소대헌과 호연재의 한평생, 나아가서 조선 후기 양반가의 생활상을 전하고자 한 것이다. 저자 허경진은 소대헌과 호연재의 혼인에서부터 집 장만 과정, 가족 구성, 교육, 놀이, 관직생활, 글쓰기, 죽음에 이르기까지 그들의 삶을 11개 장에 걸쳐 약 300컷의 사진과 함께 정리했다.

이 책은 무엇보다 방대한 자료를 정리했다는 데 의미가 있다. 그러나 생활사라는 프리즘으로 보자면 여러 가지 아쉬운 점을 남기고 있다. 온갖 자료는 풍부하지만 깊이 있는 정보나 생생한 묘사가 드물다는 것이 이 책의 치명적인 약점이다. 그리하여 소대헌과 호연재 부부의 삶의 실상을 충실히 재현하거나 그것을 넓게 확대하고 깊이 소화하여 당시 시대상을 전해주는 데까지는 미치지 못하였다. 『홀로 벼슬하며 그대를 생각하노라』가 주제의식이 뚜렷하고 글의 초점이 분명한 '생활사'라면, 『사대부 소대헌·호연재 부부의 한평생』은 이 가문의 '자료집'에 머무르고 말았다는 느낌을 주는 것이다. 하지만 생활사라는 분야가 아직 국내에서 미개척 분야나 다름없다는 점을 감안할 때, 앞으로 그 한계를 뛰어넘을 수 있는 기회는 얼마든지 있을 것으로 본다. 이런 시도와 노력이 계속된다면 우리도 『물질문명과 자본주의』나 『사생활의 역사』 같은 생활사의 대작을 가지게 될 날이 그리 멀지는 않을 것이라 생각한다.

『연금술사』 파울로 코엘료

나를 찾아 떠나는 여행(인터넷 교보문고 서평)

전수정

지금 이 순간까지 단 한 번이라도 내 자신에 대해 진지하게 고민해본 적이 있었던가. 나에게 자아정체감을 확립할 수 있는 시간적 여유는 없었던 것 같다. 세상은 순간순간 나에게 한꺼번에 너무도 많은 것들을 강요해왔다. 10대 소녀이던 시절 나는 그 과정에서 뒤처지면 인생이 끝날지도 모른다는 불안감에 가슴이 저렸었다. 그런 내게 자아의 신화를 찾는다는 말은 끔찍이도 소름끼치는 표현으로 다가왔다.

금을 만든다는 연금술을 떠올릴 때마다 나는 호기심보다는 일종의 미신과도 같은 것이라는 생각을 했었기에 영혼을 가꾸는 연금술을 상상하는 것은 쉽지 않은 과정이었다. 그랬다. 나는 그저 금이라는 반짝이는 물체가 지닌 경제적 가치에 집착하는 사람이었다. 연금술에 대해 과학적으로 많은 것을 알고 있었지만 결국 연금술사를 만나는 것엔 실패하는 영국인과도 같은 사람이었다. 그런 내가 이 책을 읽고 느끼는 것들은 어쩌면 다소 현실적이고도 조잡한 것에 지나지 않을지도 모른다. 작가가 이야기하고자 하는 그 깊이 있는 바를 모두 읽어내지 못하는 내 무능력을 탓할 수밖엔 달리 방법이 없었다.

산티아고, 그에게는 그만을 믿고 따르는 양들이 있었고 한없이 떠돌 수 있는 세상이 펼쳐져 있었다. 하지만 그에게 같은 모습으로 나타난 두 번의 꿈은 그의 미래를 전혀 다른 것으로 바꾸어 놓았다. 갑자기 양떼를 팔고 여행자가 되어 이집트 피라미드에 있다는 보물을 찾아 떠난다. 그 과정 하나하나는 어쩌면 유혹이고 고통이라고 표현할 수도 있을 것이다.

그는 가진 돈을 모두 도난당했고, 사랑하는 사람을 만났으나 자신의 갈 길을 재촉해야만 했다. 순간순간의 유혹은 너무도 컸기에 끊임없이 그는 되돌아가고 싶음을 고백해야만 했고, 금 만드는 연금술을 가르쳐달라 요구하기도 했다. 하지만 그 시간을 통해 그는 아랍어를 배웠고 양떼에 갇혀있던 자기 자신을 보다 넓은 세상 속에서 해석하는 방법을 배웠다. 그렇기에 그는 세상 곳곳에 널려있는 표지를 이해할 수 있었고, 자신의 삶을 가능케 하는 요소들에 눈뜰 수 있었다. 하지만 무엇보다도 그는 자기 안에 잠들어있던 마음과 대화할 수 있었고 그 마음을 자신의 것으로 만들 수 있었다. 그랬기에 그는 바람을 움직여 사막을 휘날리게 할 수 있었고, 결국 바람이 될 수 있었다.

여전히 난 연금술이라고 하는 것에 대해 '무엇이다'라고 정의를 내려야 할진 잘 모르겠다. 연금술의 언어를 전혀 이해치 못할 뿐더러 흉내를 내려 한 적도 없는 내가 이 소설 하나로 연금술을 깨우쳤노라고 말하는 것은 다소 무리가 있을 것이다. 연금술에 대한 저자의 해석이 저자만의 독특한 것인지 아니면 본래 연금술이라는 것이 이토록 깊이 있는 학문이었는지는 잘 모르겠다.

다만 저자가 이야기하는 연금술은 금이라는 반짝이는 고체를 만드는 것은 결코 아니었다. 그것은 자신의 삶을 조용히 바라보고 판단할 줄 아는 무언가 이었다. 마음이 이끄는 대로 나아가고 결국엔 자아를 발견할 수 있는 무언가 이었다. 산티아고, 그가 마지막에 얻은 금화가 가득 담긴 궤짝은 바로 자아가 아니었을까 한다. 지금껏 그의 삶을 가능케 했던 것, 그에게 삶의 가치를 일깨워주고 사랑하는 방법을 가르쳐 준 것, 그것은 다름 아닌 산티아고 자신의 마음 이었던 것이 아닐까 한다. 그런 보물이 나에게도 허락된다면, 아니, 이제부터 나도 그런 보물을 찾아 길을 떠나야겠다. 나를 위한 보물을 찾을 수 있는 존재 는 나 자신 뿐일 테니 말이다.

임영봉

중앙대학교 대학원 현대문학 전공 문학박사
1997년 『문학사상』 평론부문 신인상 수상(「윤대녕론」)
현재 문학계간지 『리토피아』 편집위원
　　　중앙대 교양학부 교수

『한국현대문학비평사론』
『상징투쟁으로서의 한국현대문학비평사』
『늪에 빠진 언어의 표정』(문학평론집) 등

신현규

중앙대학교 대학원 고전문학 전공 문학박사
1998년 문화관광부 우수 학술도서 수상(『조선조 문인졸기』, 보고사)
현재 중앙대 교양학부 교수

『한국문학의 흐름과 이해』(공저)
『꽃을 잡고; 파란만장한 일제강점기 기생 인물·생활사』
『중국간체자여행』 등

김미선

중앙대학교 대학원 국어학 전공 문학박사
현재 중앙대 교양학부 교수

『현대인의 언어와 표현』(공저)
『현대인을 위한 글쓰기 기술』(공저) 등

글쓰기를 위한 책읽기

교양도서 100선

2006년 3월 6일 초판 발행

저 자·임영봉 신현규 김미선
발행인·김홍국
발행처·도서출판 **보고사**
등 록·1990년 12월(제6-0429)
주 소·서울시 성북구 보문동 7가 11번지
전 화·922-5120~1(편집), 922-2246(영업)
팩 스·922-6990
메 일·kanapub3@chol.com

ISBN 89-8433-379-4(03010)

정가 13,000원